투 트랙 민주주의 1권

-제도정치와 운동정치의 병행 접근

조희연(曺喜昖)

서울대 사회학과를 졸업하고 연세대 사회학과에서 석사학위와 박사학위를 받았다. 미국 남가주대학교(USC), 대만 국립교통대학교, 일본 케이센대학교에 초빙되어 한국학 강의를 했다. 1990년부터 2014년 6월까지 성공회대 사회과학부 겸 NGO대학원 교수로 재직하였다. 교무처장, 기획처장, 시민사회복지대학원장, NGO대학원장, 민주주의연구소장, 민주자료관장 등을 역임하였다.

대학 외부에서, 민주화를 위한 전국교수협의회 상임의장, 학술단체협의회 상임대표, 한국비판사회학회 회장, 한국 사회운동과 정치연구회 회장, 『월간 사회평론』 편집기획주간 등을 역임하였다. 1988년 22개 진보적 인문사회과학연구단체의 연합체인 학술단체협의회 창립에 적극 참여했으며, 1994년 박원순 변호사(현 서울시장)와 함께 참여연대 창립에 주도적으로 나서기도 했다. 1999년 이재정 전 성공회대 총장(현 경기도교육감)과 함께, 시민운동가 재교육기관인 성공회대 NGO대학원을 설립하고 2007년 아시아 사회운동가 재교육과정으로서의 MAINS(아시아비정부기구학과정)를 설립하는 등 현재 성공회대의 진보적 정체성을 형성하는 데 주도적으로 참여하였다. 시사저널 700호 기념 시민운동가 대상 여론조사에서 '가장 영향력 있는 지식인'으로 선정되기도 했다.

2014년 6월 4일 지방자치단체선거에서 서울특별시 교육감으로 당선되어 '교육행정가'로서의 제2의 인생을 살고 있다.

주요 저서로 『계급과 빈곤』, 『한국 사회운동과 조직』, 『한국의 민주주의와 사회운동』, 『한국의 국가 · 민주주의 · 정치변동』, 『비정상성에 대한 저항에서 정상성에 대한 저항으로』, 『박정희와 개발독재시대』, 『민주주의좌파, 철수와 원순을 논하다』, 『동원된 근대화』(『朴正熙, 動員された 近代化: 韓國, 開發動員體制の二重性』이라는 제목으로 일본어로 번역됨) 등이 있다. 박현채 선생과 함께 편저한 『한국 사회구성체논쟁』(전 4권) 등 수많은 편저가 있다.

영어로 <Breaking the barrier: inter-asia reader on democratization and social movement>, <States of Democracy: Oligarchic Democracies and Asian Democratization>, <From Unity to Multiplicities: Social Movement Transformation and Democratization in Asia, A Reader to the Korean Society: Critical Perspective>을 편집하였다.

서강학술총서
086

투 트랙 민주주의 1권

-제도정치와 운동정치의 병행 접근

조희연 지음

서강대학교출판부

서강학술총서 086

투 트랙 민주주의 1권

제도정치와 운동정치의 병행 접근

초판 1쇄 발행 | 2016년 8월 26일
지 은 이 | 조희연
발 행 인 | 유기풍
편 집 인 | 우찬제
발 행 처 | 서강대학교출판부
등록 번호 | 1978년 9월 28일 제313-2002-170호

주 소 | 서울특별시 마포구 백범로 35번지
전 화 | (02) 705-8212
팩 스 | (02) 705-8612

ISBN 978-89-7273-315-7 94340
ISBN 978-89-7273-139-9(세트)

값 32,000원

* '서강학술총서'는 SK SUPEX 기금의 후원으로 제작됩니다.

책머리에

한국 민주주의의 정치사회학을 향해

이 책의 목적은 제도정치와 운동정치의 상호작용을 중심으로 한국 민주주의의 변화 과정을 설명하는 것이다. 한국 민주주의를 정당체계 기반의 제도정치 혹은 반대로 운동정치의 관점에서만 접근하는 일면적인 분석과 달리, 나는 이 책을 통해 제도정치와 운동정치의 상호관계 안에서 한국 민주주의의 변형 과정을 보다 통합적으로 설명할 수 있는 분석을 시도하고자 하였다. 이를 나는 '투 트랙 민주주의'라고 표현하였다.

제도정치와 운동정치는 모두 한국 민주주의의 일면이다. 제도정치 일면이나 운동정치 일면으로 한국 민주주의의 전체 차원을 환원하는 분석 일면주의와 구별하기 위해, 나는 나의 연구방법을 제도정치와 운동정치의 '병행 접근'(two track approach)이라고 표현하고 있다. 이런 병행 접근 방법을 전면화한 이유는 나의 연구가 제도정치 일면주의의 한계를 강조하는 과정에서 촉발된 또 다른 운동정치 일면주의로 나아가거나 혹은 그런 방향에서 해석되는 것에 대한 경계이자 지적 반성의 차원 또한 지닌다. 한국 민주주의의 민주적 변형 과정의 동력은 제도정치와 운동정치 양 측면 모두에서 나온다. 병행 접근의 방법은 이 양 측면을 보다 통일적으로 파악하기 위한 하나의 방법론이다. 동시에 이는 실천적인 요구에 대한 응답의 문제이기도 하다. 왜냐하면 제도정치와 운동정치 중 선택을 강요하는 제도정치와 운동정치의 허구적인 대립에 기반을 둔 오래된 이분법을 넘어서는 것이 지금 우리가 직면한 한국 민주주의의 위기를 넘어서는 과정에서 필요하기 때문이다.

이러한 병행 접근의 관점에서 볼 때, 근대 민주주의체제하에서 정치의 중심을 이루는 제도정치는 '인민의 정치'의 일부일 뿐이다. 근대 시민혁명은 자기 삶의 문제를 스스로 결정하고자 하는 '인민 주체의 정치'의 극히 일부만을 대의민주주의에서 공인되는 대표자 정치로 제도화했으며 나머지는 '비(非)정치'로 외부화 했다. 근대 시민혁명을 통하여 상층계급에 한정되던 정치가 인민에게 개방되고 인민이 정치의 주체가 되었지만, 반대로 인민이 위임한 대표자 정치가 정치의 전부가 되고 정작 인민 자신의 다양한 정치적 행위는 비정치가 되었다. 나의 시각에서 보면 제도정치의 경계 너머에 있는 인민 주체의 정치는 사회운동, 운동정치, 시민사회운동, 집단행동 등의 형태로 주변화된다. 이 책은 이런 의미에서 근대 민주주의 체제하에서 공인된 제도정치만 아니라 본래 인민정치의 일부인 운동정치의 상호작용 속에서 민주주의의 변화를 분석하고자 한다. 민주주의는 부단한 제도정치와 운동정치의 각축 속에서 변화해간다.

민주주의가 안정화되고 혹은 '정체'되어 있을 때에는 제도정치와 운동정치의 경계가 확고해지고 정치와 비정치의 구분이 명확해지게 된다. 그러나 민주주의가 한 단계 높은 단계로 이행하거나 역동적 변화에 돌입하면 그 양자 간의 경계가 약화된다. 제도정치는 운동정치에 의해 도전을 받게 되며 제도정치 내의 기성정당들 간의 타협적 공존은 해체된다. 제도정치와 운동정치 사이에 다양한 '경계정치'가 출현한다. 이에 맞서 제도정치, 특히 제도정치 내의 지배적 정당이나 집단들은 대중의 불만을 수렴하거나 그 인물을 수혈하는 방식으로 제도정치의 재안정화를 도모한다. 이것이 바로 근대 민주주의의 구성적 각축의 보편적 양상이다. 한국과 같이 민주주의의 역동적 변화를 경험하는 사회에서는 이러한 양상이 더욱 극적이고 지속적으로 출현하게 된다. 나는 병행 접근의 방법론에 서서, 기존의 정치나 민주주의의 역동성을 새롭게 조명하고자 한다. 그리고 우리가 경험해온 해방 이후의 극적 변화들을 단순히 한국 특유의 현상이 아니라, 보편적인 현상으로 독해하려 노력했다.

병행 접근의 방법론은 근대 대의민주주의에 대한 이중전망을 전제한다. 민주주의 정치의 상을 재구성하고 이를 실현하기 위해서는 현재 우리가 직면하고 있는 대의민주주의의 구조와 그 동학을 인민의 능동화를 위한 투쟁의 관점에서 파악할 수 있는 분석 체계의 구성이 필요하다. 대의민주주의는 민주주의의 한 유형일 뿐, 그 전체가 아니다. 민주주의를 구성하는 요소와 관계, 그리고 이를 접합하는 원리는 다양한 집단과 개인들의 투쟁과 실천이 응결된 하나의 역사적 구성물일 뿐이다. 따라서 대의민주주의를 민주주의 그 자체와 동일시하는 관점은 민주주의를 우리의 실천과 분리된 하나의 자연적 대상으로 인식하는 물화 과정의 산물일 뿐이다. 대의민주주의는 하나의 대상인 동시에 우리들의 실천을 매개로 작동하면서 우리들의 실천에 의해 재생산되는 실천의 산물이다. 따라서 대의민주주의는 인민의 능동적인 실천과 효과적인 개입을 통해 민주적인 변형이 가능하다. 그런데 대의민주주의와 민주주의 그 자체를 동일시하는 관점은 대의민주주의를 발생시킨 현재의 권력 체계와 질서에 대한 이런 민주적인 변형의 관점이 봉쇄되어 있다. 민주주의는 대의민주주의를 넘어 또 다른 민주주의로 나아갈 수 있다. 다시 말해 우리가 직면한 민주주의에 대항하는 또 다른 민주주의 투쟁이 가능하다.

그러나 반대로 현재 우리가 직면한 대의민주주의의 민주적 변형 과정을 대의민주주의에 대한 부정과 동일시하는 관점 또한 동일한 문제를 내포한다. 대의민주주의의 민주적인 변형 과정은 대의민주주의를 구성하는 요소와 관계, 그리고 원리들에 대한 완전한 부정이 아니라, 그 요소와 관계를 재구성하는 대안적인 원리의 창안을 통해 이루어진다. 대의민주주의는 이른바 '부르주아' 계급의 전체 사회에 대한 지배 구성의 내적 요소이지만, 대의민주주의의 구조와 그 동학은 인민들의 투쟁과 실천이 열려 있는 동시에 이를 통해 민주화되어 왔다. 비록 인민들의 대의민주주의의 민주화 투쟁이 대의민주주의를 발생시킨 전체사회의 권력 체계의 총체적인 변형 과정과 연결되지 않았다 하더라도, 민주주의의 민주화는 존재하는 모든 이를 위한 자유와 평등, 그리고 연대라는 보편 이념과 이에 기반을 둔 보편 권리 체계의 확장이 실현되어져 왔다. 대의민주주의와 인민의 일상생활 사이에 간극과 균열이 존재하더라도, 대의민주주의의 민주화는 바로 이런 간극과 균열에 직면하여 인민의 입장에서 민주주의의 입증을 향한 투쟁의 결과로 존재하는 것이다. 비록 불완전한 타협으로 민주주의가 제약된다 할지라도, 바로 이 타협 또한 인민의 민주주의 입증을 향한 투쟁을 통해 산출된 것인 동시에 인민의 일상생활 개선을 위한 조건이 된다.

대의민주주의는 민주주의의 물화된 형태가 아닌 것처럼, 민주주의의 완전한 부정이 아니다. 대의민주주의는 민주주의의 요소, 관계, 원리를 특정 형태로 구조화한 역사적 구성물로서, 민주주의를 통합하는 동시에 배제하는 이중구조를 통해 작동한다. 대의민주주의의 민주적인 변형은 대의민주주의 안에 통합된 민주주의의 요소를 현재의 맥락에서 재구성하는 동시에 그 외부로 추방된 민주주의의 요소와 다시 조우시켜, 현재 전체사회 권력체계의 민주적 변형을 지향하는 것이지, 통합의 차원에만 집중하거나 혹은 배제의 차원에만 집중하여 대의민주주의를 민주주의 정치와 분리하는 입장과는 구별되어야 한다. 곧 대의민주주의의 내부적인 변형과 대의민주주의 외부에서의 민주주의에 대한 대안적인 사회적 상상과 이를 구체화할 수 있는 민주주의 패러다임, 그리고 이를 구현할 수 있는 대항 규범과 제도의 창안 과정을 연결하는 과정이 우리가 직면한 민주주의에 대항하는 민주주의 투쟁의 변형주의이다. 이런 관점을 인민 주도의 민주적 변형주의라고 한다면, 이를 위한 출발점은 인민의 능동화라는 지향 안에서 대의민주주의의 구조와 그 동학을 위에서 언급한 민주주의 원리의 통합과 배제라는 이중구조의 관점에서 분석할 수 있는 대안의 접근을 발전시키는 것이다. 이런 대안의 접근은 인민의 능동화가 단지 대의민주주의 내부의 실천을 통해서만이 아니라, 동시에 대의민주주의 외부의 실천을 통해서만 이루어진 것이 아님을 보여줄 것이다. 인민의 능동화는 대의민주주의와 함께 대의민주주의에 대항하여, 대의민주주의를 넘어 나아가는 민주주의 정치의 실천을 통해 실현된다. 이것이 병행 접근론의 이중전망(dual perspective)이다.

이 책은 바로 이런 관점에서 2000년대 이후 작업해온 나의 연구 성과를 보완하고 재편성한 결과이다. 이 책의 이론적 프레임 관련 작업은 2006년『우리안의 보편성』에서부터 2011년《데모스: 급진민주주의리뷰》에 이르기까지 진행한, 민주주의에 대한 새로운 재해석의 프레임에 기초하고 있다. 또한 지난 수년간 여러 학자들과 진행한 논쟁도 중요한 기반이었다. 예컨대 최장집 교수와의 2007년 '진보논쟁'이나 '정당이냐 운동이냐'의 논쟁에서 나는 '정당 중심주의적 시각'에 대립하는 '사회운동 중심주의적 시각'을 구체화해보고자 했다. 이 책에서 나는 후자를 중심으로 하면서도 '제도정치와 운동정치의 병행 접근의 방법론'라는 이름으로 양자의 상호작용을 드러내는 식으로 분석 방법을 확장하고자 했다. 손호철 교수와 진행한 2009년 '체제논쟁'도 중요하다. 이 논쟁은 '경제주의 대 정치주의'의 대립, 구체적으로는 87년체제와 97년체제의 관계에 대한 시각의 대립을 중심으로 진행됐다. 나는 당시 내 입장을 출발점으로 하면서도, 손호철의 시각을 나의 분석안에 통합하고자 노력하였다. 따라서 다른 각도에서 본다면 이번 책은 논쟁 상대방의 합리적인 핵심을 수용할 수 있는 방법을 찾기 위한 모색의 결과라고 볼 수도 있다.

또한 이 책은 2000년대 이후 성공회대 민주주의 연구소를 통해 발간된 민주주의와 사회운동의 동학에 대한 일련의 연구들, 그리고 2012

년『민주주의 좌파, 철수와 원순을 논하다: 포스트민주화 시대의 정치혁신과 희망의 대안』에서 천착한 것의 종합이라고 할 수 있다. 위 연구들을 통해 공개된 일부 연구는 이번 책에 다시 통합되었다. 이 책은 또한 한국현대사에 대한 내 나름의 연작(連作)의 일부이다. 박정희 시대를 다룬『박정희 시대와 개발독재』와『동원된 근대화』에서 나는 60·70년대 개발독재시기를 주로 다루었다. 여기서는 이 시기를 포괄하면서도 주로 박정희 시대 이후 민주화 이행기를 다루고 있다.

이 책을 포함해 한국현대사를 포괄, 종합하는 방향에서 서술된 내 연작들은 기존 한국현대사 연구 경향에 대한 반성으로부터 출발했다. 이는 한국 학문세계의 '식민지성'에 대한 반성이기도 하다. 한국현대사 연구는 각각의 연구들이 파편화되어 있다. 한국 현실은 학문적 종주국에 해당하는 미국의 이론들에 의해서 의미를 갖는 것만 부각이 되고, 또한 그런 방향으로 의미가 부여된다. 우리 한국의 역사와 현실이 우리의 시각에서 일관되게 상호연관적으로 해석되고 서술되지 않는다. 이런 문제를 넘어서기 위해 나는 이 책에서 한국현대사를 통일적이고 총체적으로 파악할 수 있는 시각을 구성하기 위한 노력을 진행하였다.

한국의 민주화 과정의 역동성을 제도정치와 운동정치의 상호관계 속에서 파악하면서, 나는 몇 가지 요소에 초점을 맞추었다. 먼저 민주주의의 역동적 변화에서 민주화의 동학과 세계화의 동학이 어떻게 상호작용하는가이다. 이른바 87년체제의 핵심적인 특징을 나의 시각에서 보면, '민주화의 동학'이 작동하는 체제라고 할 수 있다. 반면에, 이른바 반독재민주정부의 집권기인 97년체제는 '세계화의 동학'이 한국사회에서 본격적으로 작용하게 된 체제라고 할 수 있다. 이런 점에서 민주화의 동학과 세계화의 동학이 어떻게 복합적으로 상호작용하는가 하는 것이 나의 중요한 관심사였다.

한국의 반독재세력은 사실 독재와의 저항에서는 동남아시아의 많은 나라들에 비해 상대적으로 성공한 나라라고 할 수 있다. 그러나 반독재세력은 역설적으로 집권세력이 되면서 세계화의 도전에 적절히 응전하지 못하고 패배해갔다고 할 수 있다. 이런 점에서 한국의 반독재자유주의 세력(우파와 좌파)이 세계화의 동학 속에서 어떻게 변화해 가는가는 중요한 질문이다. 예컨대 반독재자유주의 우파세력이 집권한 문민정부가 어떻게 친세계화 정책으로 나아가게 되며, 반독재자유주의 좌파세력이 집권을 한 국민정부가 외환 위기 극복과정에서 어떻게 신자유주의적 정책기조로 나아가게 되는 가의 문제이다. 이를 통해서 민주화의 동학과 세계화의 동학이 어떻게 복합적으로 작동하면서 87년 이후 한국 민주주의의 구성적 각축을 규정·구성하는가를 드러내고자 한 것이다.

다음으로, 한국적 특수성의 일반화라고 하는 문제의식이었다. 이 책에서 나는 '한국'의 민주화 과정이야말로, 제도정치와 사회운동의 역동적 상호과정을 보여주는 예외적이면서 일반적인 사례라고 규정하고 접근하였다(여기서는 사회운동이라는 개념 대신 '운동정치'라는 개념을 사용한다). 지난 수년간 나는 아시아 민주주의 및 민주화 과정에 대한 비교연구를 진행하였다. 나는 이 과정에서 서구 민주주의의 경험과 다른 한국 및 아시아적 경험을 '새로운 준거'로 하여 새로운 '한국적 이론화'를 추구해야 한다는 점을 절실하게 느꼈다. 어떤 의미에서 이 책은 한국 민주주의와 민주주의 투쟁을 단지 '아주 특수한 사례'가 아니라, 서구의 민주주의 경험이 드러내주지 못하는 어떤 일반적인 지식을 알려주는 사례로 해석하려는 시도이다.

근대 민주주의를 제도화된 정치(의회, 정당, 대표자 정치 등)로 파악하는 시각 자체가 서구 중심의 특수한 이론화를 전제로 한 것이라는 인식이 나의 출발점이다. 오히려 한국의 민주주의와 운동 경험을 일반론적으로 해석해 본다면, 근대 이후 서구의 민주주의의 역사조차도 한번도 정당민주주의나 제도화된 정치로 일체화된 적이 없다. 정당 중심의 민주주의는 없다. 한국이 시민사회운동이나 운동정치의 역동성이 대단히 큰 사례라고 할 때, 그것은 아주 예외적인 사례이자 과도기적 사례가 아니라 그래서 빨리 서구적인 민주주의 모델로 회귀해야 하는 과제를 안고 있는 사례가 아니라, '후기' 최장집은 바로 '정당 중심의 민주주의'를 '보편적' 표준으로 생각하고 한국의 정치를 분석하였다고 나는 평가한다. 서구의 경험에 대한 기존의 해석이 적절히 드러내지 못했던 어떤 일반적 특징을 극적으로 드러내주는 사례라고 해석될 수 있다. 바로 이 점을 설명하기 위해 나는 투 트랙 민주주의라는 이름으로, 근대 이후 대의민주주의는 인민의 자기정치로서의 사회적 정치와 일체화된 적이 없고, 오히려 제도화된 정치와 정당정치 '외부'의 사회적 정치, 그 일부로서의 운동정치와의 역동적 상호작용 속에서 보아야 제대로 볼 수 있다는 점을 주장을 했다. 이러한 시도는 민주주의 이행론이나 공고화론이라고 하는 '일반론' 속에서 한국 민주주의의 특수성을 해소해 버리는 것이 아니라 이를 집중 조명해서 다루는 것을 의미하며, 더 나아가 역으로 이러한 특수성 속에서 기존 일반론 속에서 포착하지 못하는 어떤 '보편적' 측면들을 발굴하는 것이기도 하다.

하지만, 특수한 예외적 상황 속에서 '정당 중심의 민주주의'는 있다는 점도 언급해 두어야겠다. 지배적 정당들이 사회적 요구를 대거 수용하여 운동정치가 설 공간이 극도로 협소해지고 그 결과 정당정치와 비정치의 경계가 선명하게 존재하는 상황에서 이른바 정당 중심의 민주주의는 존재할 수 있다. 그것은–근대 속에 존재하는 어떤–통치가 정당 중심의 민주주의를 통해 안정화되는 경우일 것이다. 그러나 이러한 예외적 경우를 빼놓고 정당정치는–정당과 사회의 괴리만큼–언제나 운동정치의 도전을 받는다. 물론 사회적 정치와 운동정치가 후술하는 바와 같이 스스로를 '경계정치'로 확장시킬 수 있을 때, 정당정치와 사회적 정치 및 운동정치의 경계는 약화되며, 정당정치와 운동정치의 역동적 상호작용의 본래적 모습은 더욱 선명하게 드러날 수 있을 것이다. 우리의 현대정치 속의 예를 찾는다면 노무현 정부 시기가 가장 근접한 예가 될 것이다. 그만큼 노무현정부 시기는 민주주의의 '보편적' 모습이 잘 드러나는 시기이기도 하면서 전통적인 표현으로 하면–통치자의 진정성이 가장 극적으로 드러나는 시기이기도 하면서–통치의 안정성이 낮은 시기였다(이 점을 나는 두 개의 '사회적 내전'이라는 개념을 통해 드러내고자 했다).

다음으로, 이 책에서 나는 최장집의 〈민주화 이후 민주주의〉와 그의 일련의 저작들을 중요한 출발점으로 삼고, 그것을 계승하면서 그것을 넘어서고자 나름대로 노력했다. 나는 오랫동안 '한국 사회과학의 식민화'는 '상호 인용 및 상호 준거(self–referencing)'의 부재에서 연유한다고 생각해왔다. 미국이나 서구 이론의 적용 대상으로 한국 사례를 생각하는 한, 한국 사회과학의 전통은 존재할 수 없고, 우리끼리 인용하는 관행이 정착하지 않는 한, 한국 사회과학의 토착화는 어렵다. 나는, 일종의 '한국 정치사회학'의 '자기준거의 축적'이라는 점에서, 최장집의 『민주화 이후 민주주의』와 그의 일련의 저작들을 중요한 출발점으로 삼았다. 이미 '보통명사'가 될 정도로, 한국 민주주의와 현대사에 대한 그의 저작은 상당히 깊숙하게 정치사회학의 전통의 일부가 되고 있다. 일종의 '한국 정치사회학'의 '자기 준거의 축적'이라는 점에서 나는, 최장집을 출발점으로 하되, 그것을 비판적으로 검토하고 그것을 뛰어넘는 또 하나의 민주주의 연구 작업을 산출하는 것이 나의 또 다른 집필의도이다. 또한 나는 투 트랙 민주주의론을 진보적 민주주의론의 확장과 혁신으로 발전시키기 위해, 손호철의 논의를 또다른 비판적 계승의 대상으로 삼았다.

바라기는, 20~30년 후 한국 사회과학도가 현대 한국 민주주의를 논의할 때, 최장집도 비판하고 그를 비판적으로 서술하는 나의 저작도 비판 하는 식으로 '한국 민주주의에 대한 연구의 축적'이 이루어졌으면 하는 마음이다. 그럴 때라야 '서구 중심주의'를 넘어가는 것이 가능하리라.

사실 내 개인의 사고 또한 파편화된 인식들이었다. 그동안 내 자신도 역동적으로 변화하는 각축의 시공간에서 글을 쓰다 보니, 거시 역사적 흐름 속에서 미시적 사건들이나 경험을 해석하기 보다는, 그때 그때의 미시적 시각에서 각각의 사건들의 의미를 해석하는 경우가 많았다. 이런 점에서 이 책은 나 스스로가 한국 민주주의의 구조와 전개 과정을 일관되고 총체적으로 파악하기 위한 연구의 일환이라고 말할 수 있다. 시각(perspective)이란 입장은 이 책을 관통하는 나의 서술 방법과 관련된 것이기도 하다. 왜냐하면 나는 구체적인 역사 사실의 발견이나 이의 재해석보다는 우리에게 알려진, 역사와 사건들을 전제로, 이를 통일적으로 파악할 수 있는 하나의 시각으로 이 책을 서술했기 때문이다. 바로 이 때문에 나의 책은 한국 민주주의를 바라보는 또 다른 하나의 '시각'의 차원에서 독해되고 토론되기를 바란다. 나 또한 한국 현대사와 현대 한국 사회의 문제에 대한 보다 깊고 풍부한 경험 연구를 통해 이런 '시각'을 아래로부터 이론화할 수 있는 작업을 추후 진행하고 싶었으나, 현재 입장에서 이런 후속 연구를 할 수 있는 위치가 아니라는 사실이 이 방법론에 대한 하나의 변명이 되기를 바랄 뿐이다. 나는 책을 쓰면서 언제나 역사학적 연구와 사회과학적 연구의 긴장을 많이 느꼈다. 아무래도 사회과학은 분석적 개념을 사용하는 방식으로 작업을 하고, 역사학은 사실에 집중하는 식의 작업을 한다. 단지 이 책은 하나의 주제에 대한 실증적인 경험연구라기보다는, 일정한 역사적 사실들을 기반으로 하면서도 그것을 일관된 사회과학적 프레임으로 해석적으로 종합해 보고자 하는 작업이라고 말해 두어야 할 것 같다.

이 책은 11장으로 구성되어 있다. 이론적·개념적 논의를 하는 1장과 2장이 있다. 1장에서 나는 근대 민주주의, 제도정치와 운동정치, 한국 민주주의를 바라보는 여러 시각들을 검토한 후, 이 책의 분석적 프레임을 제출한다. 그런 이후 2장에서는 운동 혹은 운동정치의 위상을 분명히 하기 위한 논의를 한다.

이런 기초 위에서 3장에서부터 4장까지는 50년대와 60·70년대 개발독재시대를 다룬다. 3장에서는 50년대 극우반공분단체제와 60·70년대 개발독재체제하에서의 '민주주의의 구성적 각축'을 제도정치와 운동정치의 상호관계 속에서 다루었다. 4장은 50년대 비합법정치, 60년대의 재야, 광주꼬뮨 등을 통하여 제도정치와 운동정치의 경계가 각 시기에 따라 상이하게 수정되며 각축하는 과정을 다루었다.

5장에서 10장까지가 이 책의 핵심이라고 할 수 있는데, 민주화체제하에서의 제도정치와 운동정치의 상호작용을 통해 민주주의의 구성적 각축과정 혹은 변형과정을 다룬다. 11장에서는 이명박정부 이후의 이른바 '포스트민주화체제'를 다룬다.

민주화체제 분석에서는, 민주화체제 20년의 시기를 세 개의 경합국면으로 나누게 된다. 즉 87년 6월 민주항쟁으로부터 90년 3당 합당의 시기, 3당 합당 이후 97년까지의 시기, 다음으로 김대중·노무현정부라고 하는 반독재민주정부 시기에 민주주의의 구성적 각축이 어떻게 상이하게 전개되는지를 분석하게 된다.

1권에서는 제1경합국면과 제2경합국면까지를 다루고, 제3경합국면의 전반부인 김대중정부까지가 다루어진다. 2권에서는 제3경합국면의 후반부인 노무현정부 시기를 다룬다.

5장, 6장, 7장, 8장은 제1경합국면에서 제도정치와 운동정치의 상호작용을 중심으로 민주주의의 구성적 각축을 다룬다. 이어서 9장에서는 민주화체제하에서 동반되는 변화를 수동혁명적 민주화와 포스트개발자본주의로의 이행이라고 규정하고 이것이 운동정치에 어떤 변화를 동반하는가를 다룬다. 10장에서는 제도정치와 운동정치의 상호작용을, 제도정치를 감시하는 운동과 제도정치를 대체하고자 하는 '대체정당운동'으로 나누어 분석한다. 11장에서는 포스트민주화체제하에서 제도정치와 운동정치가 어떻게 상호작용하는지를 분석한다.

이 책의 핵심적인 분석 시기인 80년대 이후의 민주주의의 변화에 대해서 그 핵심적 논지를 독자 편의를 위해 서술해 보고자 한다. 1987년 6월 민주항쟁은 50년대 극우반공분단체제와 60년대 이후 개발독재체제하의 제도정치의 내적 균열이 극한으로 확대되면서, 민주화체제로의 이행을 강제한 결정적 사건이었다. 87년에 정점에 이른 80년대의 역동적 상황은 기존의 제도정치 내에서의 여러 정치세력들 간의 타협적 공존이 와해되고 제도정치와 비(非)정치로서의 운동정치의 경계가 해체된 상황을 의미한다. 여기서 민주화체제로 이행하면서 '위기의 제도정치'를 재구성하기 위한 구성적 각축이 시작된다. 그 출발이 바로 87년 6월 민주항쟁이고 그에 대응하는 사건이 6·29선언이었다. 이로써 제1경합국면이 시작된다.

이 경합국면은 90년 1월 22일 '3당 합당'을 전기로 해서 2차 경합국면으로 이행하게 된다. 제1경합국면에서, 제도정치 내의 지배적 정치세력은 기존 제도정치의 지형 자체를 유지하면서도 70년대 이후 '배제'된 반독재중도자유주의 세력(김영삼 및 김대중으로 상징됨)의 통합을 통해 제도정치를 재안정화시키고자 하였다. 그 결과는 직선제의 부활 및 상대적인 자유선거의 부활 등의 경로를 통해 이루어진 민선군부정부로서의 노태우정부의 등장과 88년 4.26총선이었다. 그러나 반독재중도자유주의 세력을 '주변집단'으로 머물게 하면서, '위기의 제도정치'를 재안정화시키고자 했던 시도는 실패로 돌아가게 된다. 노태우정부 초기 실행된 북방정책 등 파격적인 정책들도 군부세력을 중심집단으로 유지하는 조건에선 제도정치의 안정화를 이루어낼 수 없었다. 여기서 3당 합당이라고 하는 '파격적인' 전환이 시도되었다. 이는 반독재중도자유주의 세력를 중심으로 초대하는 방식으로 제도정치의 재편을 시도한 것이었다. 3당 합당은 3당 합당세력을 중심으로 재구성하면서, 반독재중도자유주의 세력의 급진파를 주변집단으로 배치하는 제도정치의 재안정화 프로젝트였다. 그리고 이 프로젝트는 일정한 '성공'을 거두었다. 이 프로젝트에 따라 국가와 시민사회의 관계, 제도정치와 운동정치의 관계가 재규정되었고, 이를 통해 민주화체제하의 제도정치는 일정한 안정성을 확보할 수 있었다. 이 조건에서 민주화체제하의 제2경합국면으로 이행하게 된다.

제2경합국면에서 운동정치는 제1경합국면을 통해 구성된 제도정치의 경계를 극복하는 데 일정한 한계를 노출했다. 91년 5월 투쟁이 80년대 투쟁의 전투성을 뛰어넘는 분신과 같은 급진적 전투성을 드러냈음에도, 결국은 3당 합당 질서를 균열시키지 못하고 '실패'로 끝났던 것이 이를 상징한다. 역설적으로 이 제2경합국면에서의 제도정치의 불안정과 위기는 3당 합당 세력이 재집권에 성공한 이후에 도래했다. 문민정부가 추진한 '세계화 정책'의 파괴적 결과가 대중의 역동적 진출과 운동정치 재활성화의 조건이 되었던 것이다. 하나회 해체, 금융실명제의 실시, 공직자 재산 공개 등과 같은 문민정부 이후 일련의 개혁들은 3당 합당 질서의 정당성과 대중 기반을 강화하였다. 운동정치는 이를 충분히 균열시킬 수 없었다. 그러나 문민정부가 OECD 가입을 매개로 국정지표로서 '세계화'를 설정하고 경제개방화정책 등을 추진하면서 과거와는 다른 위기의 양상이 출현하였다. 3당 합당 기반의 제도정치 균열을 잉태한 것은 바로 이 위기였다. 그리고 이 위기가 제3경합국면의 조건이 되었다.

제3경합국면은 기존 제도정치의 주변적 집단이었던 반독재자유주의 세력의 급진파(DJ로 상징)가 정부를 구성하는 것이 계기가 되었다. 이것은 제1경합국면, 제2경합국면에서의 제도정치 내의 지배집단 대 주변집단의 관계를 역전시켰다. 제2경합국면에서 그랬던 것처럼, 제3경합국면이 민주화체제의 균열이자 포스트민주화체제로의 이행의 전기가 된 것은 역설적으로 보수적 운동정치와 급진적 운동정치의 도전에 의해서가 아니었다. 그것은 한편으론 87년 이후 민주화체제의 의제들이 일정 수준 이상으로 실현됨으로써 나타난 '성공의 위기'와, 다른 한편으론 외환 위기 극복과정에서 반독재중도자유주의 세력 급진파가 수용한 개방화 정책과 친세계화 정책의 파괴적 결과로 나타난 '실패의 위기'를 통해서였다. 전자와 관련해서, 김대중정부와 노무현정부는 민주화체제의 주요 의제들을 정책의제로 전환시켜 이를 실현해냈다. 국가인권위원회 신설, 각종 과거청산, 각종 악법들의 개폐 등이 그 예이다.

그런데 민주화체제하에서 민주주의 헤게모니 블록의 내적 균열이 나타나게 되었다. 반독재중도자유주의 세력과 대중의 결합은 이완되었고, 그 균열의 공간에서 보수 세력들의 능동화와 이들이 주도하는 '시민사회의 보수적 활성화'가 확대되었다. 후자와 관련해서, 김대중정부와 노무현정부는 김영삼정부의 친세계화 정책, 더 나아가 80년대 이래의 개방화정책, 민영화정책, 친시장정책의 기조를 수용하면서, 경제 활성화를 위한 이른바 신자유주의적 구조개혁에 나서게 되었다. 이것은 경로의존적인 방식으로 경제적·사회적 양극화를 확대하게 되었고, 반독재민주정부에 대한 보수적 이반과는 별개로 진보적 이반을 촉진하게 되었다. 그 결과 신보수정부의 등장과 함께 민주화체제는 포스트 민주화체제로 이행하게 된다.

돌아보면 이 책은 여전히 부족한 점이 많지만 지난 수년 동안의 나의 '도피'의 성과물인 셈이다. 지난 수년 간 가능하면 서울의 일상적 삶으로부터 부단히 도피해서 집필과 연구의 시간을 가지려고 노력했다. 안식년 기간에 대만과 일본에 있었고, 국내에 있는 동안에는 여름과 겨울 제주도로 '도피'했다, 2013년까지 제주대학교의 국제교류회관은 나의 집필실이었다. 그래서 그나마 바쁜 일상으로부터 벗어나 집필의 시간을 가질 수 있었다.

2014년 전반기 나의 삶의 궤적이 크게 바뀌었다. 2014년 6월 4일 지자체 선거에서 서울시 교육감에 출마하고 당선된 것이다. 사실 교육감 선거에 나서기 전에 많이 망설였다. 그 망설임 속에는 이 책을 더욱 완성된 내용으로 내놓고자 하는 의욕, 나아가 내가 구상하고 있는 일련의 저작들을 완성하고 싶은 마음도 있었다. 그러나 나는 '학자 조희연'을 마감하고 '교육행정가 조희연'으로 살아야 하는 처지가 되었다. 이제 이 책을 더욱 완성도 높은 책으로 만드는 작업 자체가 시간적으로 불가능하게 되었다. 그래서 부끄럽지만 현 상태로 책을 냄으로써 이것을 사회과학계의 자산으로 편입시키고 내가 의도했던 작업은 이제 동료들과 후학들에게 이월하기로 마음을 먹었다. 동료와 후학들이 나를 비판하면서, 학문을 전진시키기를 바란다. 한 가지 더 바란다면, 이 책이 현대사를 다루는 정치학, 사회학 등 사회과학 연구자 및 역사학 등 인문학 연구자들에 의해 읽혀지기를 소망하지만, 더 나아가 매일 단편적인 일에 매몰되어서 활동하고 있지만 거시적인 관점에서 바람직한 발전방향을 고민하는 많은 국회의원이나 시의원 등 정치인, 정당인, 시민사회 활동가, 노동운동가 등에게도-비록 학술적인 언어로 쓰여졌기는 하지만-지적인 도움이 되기를 바란다. 한국사회와 정치가 너무 역동적이기 때문에, 우리는 너무 매순간의 미시적 역동성에 집중하고 있는 것이 아닌가 생각한다.

한 가지, 이 책을 읽는 독자들에게 당부하고 싶은 것이 있다. 이 책에 담겨진 내용을 현재의 교육감의 입장이나 정책 방향, 이념적 지향과 동일시하거나 연관시키지 말기를 바란다는 것이다. 교육감이 되기 전 학자로서 쓴 글을 현재의 교육감으로서의 조희연의 사고와 분리할 수 있는 것은 아니지만(물론 나는 교육감으로서 담당하는 교육행정과 교육감으로서 내가 내리는 결정들을 과거의 비판적 인식틀에서 어떻게 평가하고 자리매김할 것인가 하는 성찰적 관점을 견지하려고 노력하고 있다), 그렇다고 학자시절의 사고와 생각을 그대로 교육감 조희연에 투사해서 동일시하지는 말아주기를 바란다. '제2인생'을 사는 '교육행정가 조희연'과 제1인생의 '학자 조희연' 간에 많은 차이가 있음을 이해해 주시기를 바란다. 교육감 출마 이전 이미 서강대출판부와 계약을 한 바가 있어, 이를 마무리 짓는 것이 도리라고 생각했다. 또한 한국 사회과학 공동체에 대한 '학자 조희연'의 작은 기여라고 생각하며, 용기를 내어 출판을 결심했다는 점도 밝혀 두고 싶다.

이 책 속에는 다른 프레임 하에서이지만, 이전 나의 저작 속에 있는 내용들도 많이 포함되어 있다. 한 가지 말해 두어야 할 것은 초고와 이 책 사이에는 차이가 많다. 초고는 새로운 연구물을 낸다는 점을 목표로 하고 있었지만, 이 책은 그것을 기초로 하면서도 나의 다른 연구들을 종합해서 최근의 일련의 연구를 통해서 하고자 했던 작업을 종합적으로 드러내는 것을 지향한다. 그래서 중복도 무릅쓰게 되었고, 한 권의 초고가 현재와 같이 두 권의 책으로 바뀌었다. 현대사를 민주주의의 관점에서 총체적으로 보여주고자 하는 이 책의 목표를 달성하기 위해, 이전의 나의 논문이나 책에서 일정 부분이 별도의 인용 없이 삽입된 부분이 있다. '자기표절'이라고 비판하지 않으시기를 바란다.

노력형 인간과 천재형 인간이 있다면 아무래도 나는 전자에 속하는 듯 하다. 자랑이라기보다는 나의 부족함을 말하는 것이다. 우리 아버지, 어머니가 나에게 조금만 더 명석한 두뇌를 남겨주셨으면 하는 '불효스러운 원망'을 했던 적도 있다. 그러나 부족한 것을 어쩌랴. 내 능력의 최대치가 여기까지인 것을!

이 책을 쓰면서 동료들과 후배, 제자들의 도움이 컸다. 무엇보다도 급진민주주의 연구모임의 성원들과의 긴 대화들, 성공회대 사회학과 및 NGO대학원생들과의 수업에서의 토론에 많은 도움을 받았음을 기록해 두지 않을 수 없다. 많은 이름들을 다 열거해야 하지만, 무언의 감사를 전하는 것으로 하고자 한다. 나아가 사회과학부 동료 교수들과도 콜로키움을 통해서 지혜를 빌리기도 했다는 점을 말하고 싶다. 그리고 이 책의 큰 틀과 서술에서 장훈교의 도움이 컸다. 그는 나의 제자이기도 하지만 나의 한계를 뛰어넘는 통찰력과 학문적 능력을 보유한 내가 많이 배우는 나의 스승이기도 하다. 학교를 떠난 이후 초고 전체 원고를 그에게 맡겨 완성 하도록 요청했고 그는 특유의 성실함으로 초고를 완성본으로 만들어 주었다. 이 자리를 빌어서 고마움을 전하고 싶다. 초고를 정성스럽게 체크하고 수정해 준 나의 제자이자 학문동료들인 손우정, 김재민, 정경윤, 조철민, 정규식, 김연수, 추진환 등에게도 깊은 감사를 전하고 싶다. 아울러 성공회대 민주주의연구소와 민주자료관을 10년 이상 함께 해 온 오유석, 조형연, 김정훈 박사 등과의 '한국 및 아시아 민주주의' 공동연구와 토론은 이 책의 곳곳에 스며들어 있다. 이 자리를 빌어 10년 이상의 지적인 빚에 대해 감사할 뿐이다.

날개의 사진은 양수리 두물머리에서 유기농지 철거에 반대하는 농민들의 투쟁이 한창이던 2012년, 민교협 교수들과 함께 성원방문하였을 때 서강대 손호철 교수가 찍어준 사진이다. 이 자리를 빌어 역시 감사를 드린다.

이 책은 맺음말이 상당히 길다. 두 권에 이르는 방대한 분량 때문에 독자들의 쉬운 이해를 위해, 상당히 자세하게 요약을 담았기 때문이다. 이를 미리 밝혀 둔다. 일반적인 독자라면 맺음말만 읽어도 전체 책의 내용을 파악할 수 있을 것으로 기대한다. 이 책이, 부족한 대로 한국 민주주의와 정치 및 운동에 대한 한국적 이론화의 작은 밑거름이 되기를 바래본다.

2016. 2.

조희연

일러두기

이 책에는 기존에 발표된 아래의 글들 중 일부를 참조하거나 그 내용 일부를 인용 · 변형하여 본 책의 문제 설정에 맞추어 재구성한 부분이 존재한다. 이 책 자체가 나의 기존 연구에 기초해서 만들어진 것이기 때문에, 나의 연구 역사에 의존하는 과정은 피할 수 없었다. 다만 기존 나의 책이나 논문과 이 책의 다른 점이 존재한다면, 연구 과정에서 지난 글을 단순히 반복해서 발표하는 것이 아니라 나의 글을 해체하여 나의 현재 관점 및 문제의식과 다시 접합하여 나의 연구초점을 보다 정확하게 표현할 수 있는 방법을 찾는 방향으로 지난 연구들을 활용했다는 점이다. 본문에 직접 인용되거나 혹은 간접 인용 혹은 원고 자체를 다시 가져와 재구성한 원고나 책은 아래와 같다. "장외(場外)정치, 운동정치와 '정치의 경계 허물기'-비합법 전위조직, 재야운동, 낙선운동, 광주꼬뮨"(신정완 · 조희연 외, 2006, 『우리안의 보편성』, 한울, 2006), "민주항쟁 이후 사회운동 변화와 그 특성-4가지 측면을 중심으로"(『한국시민사회운동 15년사, 1987-2002』, 시민의 신문, 2004), 민주주의 좌파, 철수와 원순을 논하다』(한울아카데미, 2012), "'87년체제', '97년체제'와 민주개혁운동의 전환적 위기"(김종엽 편, 『87년체제론』, 창작과비평사, 2009), "체제논쟁과 헤게모니전략-손호철의 97년체제론에 대한 비판적 개입"(〈맑스주의 연구〉 15호, 6권 3호, 2009년 가을호, 2009), "'외재하는 적'에서 '내재하는 적'과의 각축으로-한국 민주주의의 구성적 각축과정에 대한 일 연구"(〈계간 경제와 사회〉 86호, 2010년 여름호), "'거대한 운동'으로의 수렴에서 '차이의 운동들'로의 분화 - 민주화 과정에서의 사회운동의 변화과정에 대한 연구"(조희연 · 김동춘 · 오유석 편, 2010, 『거대한 운동에서 차이의 운동들로 - 한국 민주화와 분화하는 사회운동들』, 한울아카데미), "정치사회적 담론의 구조 변화와 민주주의의 동학- 한국현대사 속에서의 지배담론과 저항담론의 상호작용을 중심으로"(조희연 편, 한국의 정치사회적 지배담론과 민주주의동학, 함께읽는책, 2003), "87년 이후의 '수동혁명'적 민주화와 시민운동의 구조적 성격"(맑스코뮤날레 조직위원회, 『지구화시대 맑스의 현재성 2』, 문화과학사, 2003), "민주주의이행과 과거청산"(조희연 편, 『국가폭력, 민주주의 투쟁, 그리고 희생』, 함께읽는책, 2012), "한국적 '급진민주주의론'의 개념적 · 이론적 재구축을 위한 일 연구"(〈데모스 - 급진민주주의 리뷰〉, 1호, 데모스미디어, 2011).

목 차

서론

근대 민주주의의 정치사회학을 위한 시론

서론

근대 민주주의의 정치사회학을 위한 시론

시민혁명을 통해 확립된 민주주의는 인류의 거대한 정치사적 성취라고 할 수 있다. 왜냐하면 시민혁명은 지배 권력과 사회구성원의 상호관계를 시민혁명 이전과 이후로 나눌 수 있을 정도로 정치적 차원에서 근대로의 전진을 이루어 냈기 때문이다. 근대 시민혁명을 통해 국가주권의 궁극적인 담지자이자 원천이 왕에서 인민으로 전환되었다. 물론 시민혁명은 절대주의 및 기타 봉건세력을 타도해서 부르주아계급 및 광범한 일반 시민을 해방한 경험을 지닌 일부 국가 곧 영국, 미국, 프랑스 등의 경험일 뿐이다. 그러나 시민혁명을 경유하면서 만들어진 정치제도로서의 근대 대의민주주의는 단지 일부 국가들의 경험을 넘어, 1990년대 이후 모든 국가의 기본원리이자 제도로 인식되고 있다. 대의민주주의 정치체제에 대한 공산주의 운동의 오랜 비판과 자유민주주의와는 또 다른 민주주의의 실천을 위한 활동과 경험이 존재하지 않는 것은 아니었다. 하지만 20세기 동유럽 사회주의의 몰락과 함께 대의민주주의는 전체 사회를 통치하는 유일한 통치체제로 압도적인 동의를 확보하고 있다. 대의민주주의는 그 원리상 두 개의 모순적인 원리의 종합이다. 왜냐하면 대의민주주의는 모든 인민이 동등한 정치적 주체로서 정치적 결정과정에 평등하게 참여하는 '참여'와 '평등'의 원리에 기반을 두면서도, 인민이 스스로 직접 통치하는 것이 아니라 인민이 선출한 대표에게 인민에 대한 통치권력을 위임하기 때문이다. 이런 모순적인 두 원리의 종합을 통해 만들어진 대의민주주의는 20세기 공산주의혁명의 '몰락' 이후 유일 통치체제로 군림하고 있지만, 그 작동 과정은 자신의 약속과 달리 언제나 모순적이며 불안정하다. 인민의 자기결정의 원리로부터 나왔지만 인민의 타자로 전환되는 통치제제의 모순과 역설 과정이 대의민주주의 그 자체에 내재해 있기 때문이다. 한국 대의민주주의가 일본으로부터의 해방 이후 외부로부터 부과되는 과정에서 한국적인 맥락과 결합하면서 변형되어 왔음은 더 이상 거론할 필요조차 없다. 그럼에도 대의민주주의라는 정치제도가 국가를 통해 전체사회를 통치할 때 발생하는 기본적인 모순과 역설의 구조를 파악하는 일은, 이 모순과 역설이 한국의 맥락과 어떻게 조우하는가를 탐색하고 분석하는 데 도움을 줄 수 있다.[1]

1 여기서 나는 근대 시민혁명을 중심으로 서구의 사례를 근거로 논의를 전개한다. 그러나 '근대 서구=민주주의, 비서구=비민주주의'라는 식으로 사고할 필요는 없다. 오히려 전근대의 사상 속에서 근대 민주주의적 사고의 원형은 서구나 비서구에서 폭넓게 존재했다. Murphy(2000)는 민주주의의 맹아적 사고는 중국에서도 '민본(民本)'이라는 유교적 사상 속에서 이미 존재했다고 주장한 바도 있다. 단지 민주주의의 발생은 단지 정치적 상상력의 변화만이 아니라 사회경제적 토대의 변화, 그것에 기초하는 인민의 주체화 정도의 진전 등에 따른 총체적인 변화이며, 비서구의 민주주의적 사고의 맹아가 폭넓었으나 서구가 먼저 근대로 이행하고 스스로의 우월한 사회경제적·정치적 힘으로 비서구를 식민화함으로써 비서구에서 맹아적인 민주주의 사상이 근대적인 민주주의 사상으로

전환되지 못하고, 오히려 서구의 근대 민주주의적 사고와 제도를 이식받는 형태로 민주주의가 출현하게 되었다고 분석할 수도 있다. 예컨대 한국을 보자. 조선은 서구와 비서구의 많은 전근대 사회와 같이 기본적으로 왕을 중심으로 기술되어 있다. 이러한 왕 중심의 서술로 인해 조선 사회가 대단히 '절대주의'적 관계 속에서 왕 중심으로 작동한 것으로 이해되기 쉽다. 그러나 현실은 그렇지 않았다. 왕 권력은 귀족 권력과의 관계 속에서 그리고 '백성'과의 관계 속에서 안정되기도 하고 대단히 취약하기도 했다. 조선 시대의 사상을 보면, '형식적'으로는 왕 중심의 사상인 듯하지만 근대적 사유의 맹아가 대단히 폭넓게 존재하고 있음을 알 수 있다. 근대적 전환이 이루어지지 않았을 뿐이지 어떤 의미에서는 서양의 전근대 사상보다도 권력의 상대성, 권력의 궁극적인 소재지가 백성, 곧 인민이라는 사상이 대단히 강력하게 존재하고 있었다. '백성이 곧 나라의 근본'이라는 민본(民本)사상, '민심은 곧 천심'이라는 사상, '모든 인간은 귀천이 없다'는 사상 등은 서양의 근대 민주주의 사상의 합리적 핵심이 한국의 전통 사상 속에 이미 폭넓게 존재하고 있음을 보여주고 있다. 물론 지배의 중심이 왕이기 때문에 왕이 스스로 백성을 '어여삐 여기고 모범이 되며 그들의 잘 살게 해주어야 한다'라는 언술로 표현된다. 『조선왕조실록』에는 세조가 의정부에 전지(傳旨)하기를 "백성은 하늘이니, 백성의 마음이 편안한 뒤에 하늘의 마음도 편하여지는 법이다. 나라를 다스리는 도리는 마땅히 백성을 편안하게 하는 것을 우선으로 삼아야 하는 것인데, 백성이 무량(無良)에게 괴로워하면 제어할 방법이 없게 된다"(김재문, 2007: 161에서 재인용)라는 기록이 있다. 이 외에도 『조선왕조실록』에는 유사한 표현이 많이 등장한다. "백성이 나라의 근본이고 (왕의 책무는) 그들을 편안하고 해고 곤궁하게 해서는 안 된다. ……세상을 다스리는 데 백성을 사랑하는 것 만한 방법이 없다." "백성은 지극히 어리석지마는 신령한 존재이니, 백성의 원망을 조심하지 않을 수 없사온데"(김재문, 2007에서 재인용) 등과 같은 말들이다. 물론 이것은 동양의 사상이기도 하다. 『서경』에 있는 "백성은 나라의 근본이고 근본이 튼튼해야 나라가 편안하다"라는 글이 조선에도 그대로 확산되어 있었던 것이다. 이렇게 보면 조선의 사상적 구도는 다음과 작동한다고 볼 수 있다. 비록 군왕이 막강한 권력을 가지고 있지만, 스스로는 백성의 아버지로서 그들을 보살피며 그들의 원하는 것을 실현하는 존재가 되어야 한다. 즉, 절대권력을 가졌다고 하는 왕의 사명은 백성과의 관계 속에서 설정(군주에게 '백성은 하늘이다')된다. "조선 시대의 하늘이란 이치(理致), 천리, 자연법칙 같은 것을 의미한다. 따라서 왕의 통치가 백성의 요구에 부응하면 순천(順天)이 되는 것이고 이에 어긋나면 역천(逆天)"(김재문, 2007: 160에서 재인용)이다. 나는 조선 시대에 표현된 가장 최고의 근대적인 민주주의 사상의 맹아는 동학의 '인내천(人乃天) 사상'이라고 생각한다. '사람이 곧 하늘이다'라는 사상은 민주주의 주체로서의 민의 중심성을 극명하게 드러내기 때문이다. 이것은 근대 시민혁명에서 나타나는 '인민이 권력의 중심'이라는 사상의 한국적 형태라고 할 수 있다. 따라서 나는 민주주의의 최고 발전태는 아마도 '인내천(人乃天) 민주주의'가 될 것이라고 생각한다. 근대 이후에도 다양한 국면에서 인민이 권력의 중심이라는 사상이 표현되었다. 동유럽 혁명의 과정에서 나온 "We, the people(우리가 인민이다)"이라는 구호도 하나의 예가 될 것이다. 공

1. 근대 민주주의의 이중성

근대 시민혁명을 통해 확립된 민주주의는 인민의 거대한 정치적 성취이지만, 대표자 정치와 인민 자신의 정치 간의 괴리 속에서 정립되었다. 주지하다시피 근대 이전에는 신분제적 질서에 의해 정치가 일부 상층 귀족계급의 영역으로 한정되었다. 인민은 정치의 주체가 아닌 '통치'의 대상일 뿐이었다. 그러나 인민의 정치적 각성과 권리의식의 고양 및 인민의 혁명적 저항으로 전근대적 지배는 위기에 처하게 되었다. 이러한 도전의 정점에 시민혁명이 존재한다. 사회구성원에 영향을 미치는 집단적인 의제의 공적 결정을 둘러싼 집단 및 개인의 상호관계와 활동을 '정치'라고 한다면, 시민혁명을 정점으로 하는 아래로부터의 투쟁으로 전근대적 지배는 인민이 정치의 주체로 참여하는 새로운 질서, 즉 '근대 민주주의적 정치'로 전환되었다. 근대 시민혁명이 가져온 변화의 핵심적인 측면은, 지배에 있어 '정치'가 생겨나게 되었다는 것이다. 이에 따라 상층 계급에게만 한정되던 정치가 인민에게 개방되고, 또한 인민이 정치의 주체가 되었다. "생명체로서의 인간이 이제 더는 정치권력의 대상이 아니라 주체로서 자신을 드러내는 과정"(아감벤, 2008: 47)이 근대 민주주의의 탄생인 것이다. 이 점에서 나는 근대 민주주의를 새로운 '정치 공간', 즉 인민이 자기통치와 스스로 권력 중심이 되는 상태를 실현하기 위한 '인민의 주체적 정치 공간'의 탄생이라고 생각한다.

산주의에 저항하는 동유럽 인민은 스스로를 '인민, 즉 권력의 주인'이라고 선포함으로써 민주주의의 진정한 본질을 드러냈다.

'정치에 의한 지배'의 작동은 아래로부터의 인민 투쟁으로 쟁취해 지배세력에게 강요한 것이다. 근대 민주주의의 '성취'라는 측면은 근대 민주주의의 핵심적 측면의 하나로 인식되어야 한다. 이것은 민주주의의 이상이라고 할 수 있는 '인민의 자기통치'와 '인민의 자기권력 실현'의 역사적 도정에서 대단히 중요한 의미를 갖는다. 민주주의에 내포되는 선거, 시민권, 천부인권, 주권재민 등의 사상은 사회구성원의 정치적 삶이 운영되는 방식을 주체화 했다. 이는 정치의 주체로 인민이 새롭게 위치하게 되었음을 의미한다. 근대 민주주의 하에서 인민이 중심적 위치를 갖게 되면서 지배는 인민의 인식과 태도에 의존적이고 연동되는 것으로 변화했다.

근대 시민혁명을 통해 탄생한 근대 민주주의는 동시에 인민 정치가 '대표자 정치' 형태로 귀결되는 특징을 갖는다. 인민의 입장에서 보면, 정치의 주인이 인민임이 확인하고 권력의 궁극적인 원천이 인민이라는 점을 정초하는 데 성공했으나, 인민의 지위는 직접적인 정치의 주체로 구현되기보다 대의자를 뽑는 선출의 주체로 형식화된다. 일종의 '엘리트' 대표자 정치의 출현이다.[2]

2 시민혁명을 분기점으로 하여 근대에 보편적인 정치프레임으로 확립된 민주주의는 기본적으로 민의 자발적인 자기통치를 이상으로 한다. 집단적인 의제를 민중들이 집단적인 자발적 결정을 하는 것을 이상으로 하고 있다. 그런데 이러한 이상으로서의 민주주의는 근대의 맥락에서는 대의민주주의 형태로 구현되었다. 민주주의의 이상이 현실에서는 대의자를 통한 민주주의로 구현되었다. 즉 근대 민주주의는 최소주의적 규정에 따를 때, 각 개인이 동등한 시민적·정치적 권리를 향유하면서 자유롭고 정기적인 선거를 통해서 자신들의 대표자를 선출하고 그 대표자들에 의해서 자신들의 집단적인 의제들이 결정되도록 하는 이른바 대의민주주의 형태로 구현되었다. 시민적·정치적 권리는, 각 사회집단들이 자유로운 정치적 결사를 하고 스스로가 대의자가 되고 정치적 활동을 통해서 정치권력을 획득하는 자유로운 활동을 할 수 있다는 것을 의미한다. 이러한 전제 위에서 대

근대 민주주의의 핵심적인 기제인 선거를 포함한 제도정치적 기제들은 사회적 갈등이 '정치적 내전'으로 전환되지 않도록 한다. '총탄에서 투표용지로(from bullet to ballot)'라는 표현이 시사하듯, 근대 시민혁명으로 고양된 인민의 사회적·정치적 요구 앞에서 한 공동체가 유지되려면 근대 대의민주주의와 같은 형태로 '내전'화된 사회적 갈등을 수렴할 수밖에 없었다. 이것을 거부한 곳에서는 프랑스혁명과 같이 아래로부터의 전면적인 혁명이 발생했다. 영국처럼 지배적 세력이 이를 수용한 경우에는 '타협적 이행'을 경험했다. 근대 시민혁명기 대의(선거) 민주주의의 정립은 봉건적 세력에 대한 내전적 투쟁을 감행하는 인민의 요구를 수용해 그들을 정치 주체로 정립하면서도 동시에 대표자가 권력을 갖는 근대 대의민주주의로 '타협적으로' 재정립된 것이라고 파악되어야 한다. 네그리에 따르면, "근대 주권은 내전을 끝내기 위해 기획된 것이다"(네그리, 2008: 289). 근대 민주주의는 인민이 획득한 주체적 정치 공간이면서 동시에 그 정치를 통해 지배가 전근대와는 다른 방식으로 재생산되는 공간이기도 하다.

따라서 병행 접근의 관점에서 볼 때, 근대 대의민주주의는 근원적으로 (정치의 출발로서의) 인민 및 (정치를 발생시키는) 사회와 괴리되어 존재하는 체제로 파악할 수 있다. '인민 주체의 정치'와 '대표자 정치' 간

의민주주의는 작동하게 된다. 근대정치는 바로 민주주의적 프레임을 통해서 이루어지게 된다. 근대는 모든 사회적 행위자들이 자유로운 정치활동을 할 수 있는 것을 의미한다. 시민적 권리(법 앞에서의 만인의 평등 등)를 기초로 하면서, 정치적 권리가 존재하게 되는데, 이 정치적 권리는 최대주의적인 의미에서 보면 민이 자유로운 결사를 하고 정치 권력을 획득할 수 있는 활동의 자유를 의미한다. 그러나 최소주의적 의미에서 보면, 이는 주기적으로 대의자를 뽑는, 때로는 자신이 입후보할 수 있는 권리로 이해된다. 그런 점에서 결사의 자유와 정치적 참정권은 근대 민주주의를 구성하는 주요한 프레임이 된다.

의 괴리는 근본적으로는 인민이 구성하는 '사회'와 대표자의 정치로 표현되는 '정치' 간의 근원적 괴리를 의미한다. 네그리에 따르면, "대의는 두 가지 모순적인 기능을 수행한다. 즉, 다중을 통치(정부)에 연결시키는 동시에 분리한다. 대의는 연결시키는 동시에 자르며 접착시키는 동시에 분리시킨다는 점에서 이접적 종합이다"(네그리, 2008: 293). 그는 이러한 괴리를 극복하는 직접적인 인민 자치의 모형을 파리코뮌에서 발견했다.

나는 이러한 근대 시민혁명의 이중성이 근대 민주주의의 '원형적 결손(deficiencies)'을 구성한다고 생각한다.[3] 더욱 일반론적으로 말한다면 '근대성의 내재적 모순'이라고 표현할 수도 있다. 근대 민주주의는 대표자 정치만을 '제도화된 정치'(협의의 정치)로 만들었고 인민 자신의 정치를 '비(非)정치'로 만들었다. 이와 같은 '(제도화된) 정치'와 '인민(정치)' 간의 괴리가 정치를 구성적 일부로 하는 근대 민주주의의 한계이자 본원적인 문제를 낳는다. 통상적인 주류 정치학의 흐름에서 보면, 근대 대의민주주의에서 정치의 중심은 제도화된 의회정치이다. 이런 시각에서 보면 다양한 사회적 갈등의 의제는 제도화된 의회정치의 장에서 제도정당에 의해 타협되고 조정되고 결정되는 식으로 작동한다. 근대 시민혁명의 정신에서 보면 제도화된 대표자의 정치 영역은 인민

3 카터는 민주주의의 제도적 형태를 벗어나는 '직접행동(direct action)'이 "사회의 갈등구조가 통상적 정치 채널로 소통되지 못하는 '민주주의의 결손' 지점에서 나타"나며, 직접행동은 "민주주의의 결손 그리고 거기에서 시민이 느끼는 좌절감에 대한 반응"이자 "민주적 자력화(democratic empowerment)의 한 형태"(카터, 2007: 32)라고 본다. 이를 내 관점에서 재해석한다면, 근대 대의민주주의의 이러한 근원적인 결손은 정치에서 실현되지 못하는 사회적 요구가 존재하는 것을 의미하고 이러한 요구가 제도정치의 불안정성과 전환을 촉발하는 대중적 에너지로 존재한다는 것을 말해 준다.

의 정치를 반영하는 '수단적' 영역으로 설정되지만, 현실에서는 후자가 '정치(제도화된 정치 혹은 제도적으로 인정되는 정치)'가 되고 정작 인민의 정치는 '비정치'가 되는 역설이 발생하는 것이다. 이런 점에서 병행 접근의 방법론은 정치의 중심을 제도화된 의회정치로 바라보는 관점을 부정한다. 결국 근대 민주주의는 인민이 정치의 주체가 되는 인민 정치의 출현이라는 점에서 거대한 성취였지만, 그것이 대표자 정치와 인민 정치의 괴리 속에서 작동한다는 점에서 원형적 결손을 가지고 있다는 점에 주목해야 한다. 이 점이 병행 접근의 방법론이 제안하는 근대 민주주의의 이중성이다.

2. 지배와 저항: 근대 민주주의를 둘러싼 구성적 각축

근대 민주주의는 인민의 주체적 정치 공간인 동시에 지배가 재생산되는 정치 공간이라는 이중성에 의해 규정된다. 곧 근대 민주주의는 지배의 극복이 아닌 근대 지배체제의 작동원리로서의 특성을 보유한다. 인민은 이 민주주의 정치 공간에서 지배와 각축하면서 민주주의를 변형하기 위한 실천을 전개한다. 모든 민주주의체제에서 지배의 헤게모니화를 위한 실천이 진행되고 그것이 때로 성공을 거두지만, 지배의 헤게모니는 언제나 완전하지 않으며 일정한 틈새를 내장하는 식으로 존재한다. 라클라우와 무페가 말했던 것처럼, "균열된 사회구조를 하나의 폐쇄된 총체성으로 완벽하게 봉합하는 것이 궁극적으로 불가능”(라클라우·무페, 1990)하기 때문이다. 이런 균열에는 이전 시기의 저항이 지배 안으로 통합되어, 지배 안에 이질성을 도입하는 틈새들도 존재한다. 지배와 저항의 상호 관계라는 점에서 보면, 한 단계의 저항은 지배에 대항하는 과정에서 일정한 성취를 획득한다. 이러한 성취는 다음 단계 지배의 일부가 되는데 그렇기 때문에 새로운 지배에는 이전 시기의 투쟁 효과로 나타나는 ‘저항이 숨쉬는 틈새’가 존재하기 마련이다. 지배의 틈새는 저항을 통한 성취가 이후의 지배에 각인됨으로써 나타나는 것이며 완전히 봉쇄되지 않는다. 이것은 랑시에르에 따르면 “정체성과 주체화의 틈, 즉 정해진 자리와 기능의 공동체로 정의된 ‘치안’ 공동체와 이 자리를 정체성의 분배를 해체하는 주체화 과정으로 정의된 정치 공동체 사이의 틈”(랑시에르, 2008: 28)이라고 할 수 있다.

급진적 지향을 갖는다고 하는 이론적 논의들에서 근대 민주주의는 ‘지배의 음모’에 의해 발생했거나 지배의 형식으로만 파악되는 경향이 있다. 그러나 한계와 동시에 인민의 저항에 의한 ‘성취물’이라고 하는 점이 강조되어야 한다. 성취물로 획득된 진보적 제도들은 이후의 지배의 조건이자 제약, 지배의 틈새와 내적 균열선이 되면서 지배 내부에 ‘인민이 숨쉬는 공간’을 제공한다. 특별히 민주주의 발전의 역사를 보면, 일정 단계의 계급적·사회적 투쟁을 통해 획득된 제도는 지배 내부에서 구성적 긴장으로–저항에 의해 획득된 것이므로–존재하면서, 이후의 계급적·사회적 투쟁의 근거이자 공간으로 작동한다. 민주주의, 인권, 시민권 등도 투쟁을 통해 획득된 제도들이다. 이러한 제도들을 비록 이후에 자본가계급과 정치사회적 기득권세력이 무력화·형식화시킨다고 하더라도, 부단히 지배의 내적 균열과 모순을 낳는 방식으로 이후의 계급적·사회적 투쟁에 영향을 미친다고 말할 수 있다. 물론 지배는 이렇게 인민의 저항에 의해서 강요된 '공간'을 지배의 새로운 요소로 재편하고자 한다. 이에 따라 구성적 각축이 발생한다.

저항이 지배에 맞서 성취한 것이 이후 지배의 조건을 이루게 되고, 인민에게는 일정한 틈새와 공간으로 존재한다. 이 지점에 근대 민주주의 출현의 '질적 비약의 의미'가 존재한다. 인민은 저항과 해방을 통해 근대 민주주의를 확립하고, 자신의 권력을 민주주의와 결합하였다. 또한 저항의 주체로서의 권리, 즉 '저항의 합법성'을 획득했다. 그래서 이전과 달리 근대 이후의 지배에서는 인민의 자기해방을 위한 저항의 공간이 체제의 합법성 속에 상존하게 되었다. 모든 권력은 인민으로부터 나온다는 인민주권론은 그 상징이었다. 인민주권론은 지배의 틈새를 만들어 주는 근거가 되었다. 아무리 파시즘이 인민주권론을 역이용해 '대중독재'의 형태로 스스로의 지배를 정당화한다고 해도(임지현, 2004), 근대의 지배가 인민을 온전히 포획할 수 없는 이유가 여기에 있다.

더 나아가 지배 헤게모니의 틈새가 존재하는 또 다른 이유는, 근대 이후의 민주적 지배가 인민의 '형식적 평등과 포섭'을 전제로 작동하기 때문이다. 민주주의는 인민의 정치적 평등을 전제한다. 이런 인민의 정치적 평등은 지배의 작동 과정에서 와해되거나 공동화될 수 있지만, 민주주의를 폐기하지 않는 이상 언제나 지배는 이를 전제로 작동해야만 한다. 이 '평등'이란 전제가 언제나 현실의 민주주의를 상대화시키면서, 그것을 변화시키는 동력으로 작동한다. 곧 평등이 민주주의 정치를 통한 지배의 전제 조건이 되면서, 인민이 평등의 원리를 통해 지배에 대항할 수 있는 무기가 된다. 그래서 근대 민주주의는 지배에 의해 평등의 원리가 형식화되는 구조이지만 동시에 그 안에 근대 민주주의의 존재 원리인 평등을 지배의 한계 내에서, 그리고 지배의 한계 너머로 확장할 수 있는 가능성 또한 내재하고 있다. 즉 평등을 향한 급진적 잠재력의 계기 또한 존재한다. 이는 평등이란 원리를 둘러싼 해석의 정치학이 근대 민주주의의 구성적 각축을 둘러싼 정치사회투쟁의 또 하나의 차원이라는 것을 말한다. 민주주의의 전제이자 이상인 '평등'에 대한 해석 자체가 현실의 민주주의에 영향을 미치기 때문에, 민주주의를 어떻게 인식하느냐 그 자체가 해석 투쟁의 대상이 될 수 있다.

3. 적대의 다원화: 근대 민주주의를 통한 인민 주체화의 확장

지배의 헤게모니화에 대항하는 인민의 주체화는 지평을 달리하면서 확장되어 왔다. 민주주의는 인민의 정치이기 때문에 인민이 어떤 차별과 억압의 의제를 문제시하고 쟁점화하느냐에 따라 구성적 내용이 달라진다. 20세기 전반에 주로 계급 차별과 억압의 문제가 쟁점이 되었다면, 20세기 후반에는 다양한 사회적 차원의 권력 독점, 차별과 적대, 억압이 쟁점으로 떠올랐다. 페미니즘, 반인종주의 등 다양한 사회적 해방의 담론은 이러한 쟁점화를 지향했다. 인민이 이전에 문제로 느끼지 않던 전 삶의 영역이 쟁점화되는 것은 인민의 자기해방 과정에서 긍정적인 현상이다. 인민의 삶을 질곡 하는 사회적 조건을 주체가 더욱 폭넓게 인식하게 되었기 때문이다. 동시에 이 과정은 인민이 주체화되는 영역을 확장했다. 민주주의는 인민의 주체화에 따라 과거와는 다른 또 다른 적대와 갈등에 직면하게 된다. 이런 갈등 및 적대와 민주주의가 어떻게 직면하는가에 따라 민주주의가 인간 해방의 과정에서 진보적인 역할을 하는가, 아니면 과거의 질서를 방어하는 보수적인 역할을 하는가가 결정된다. 따라서 인민의 주체화가 확장되면서 제기되는 다양한 적대와 민주주의가 접합하여 발생하는 새로운 민주주의 운동은 그 자체로 발전적이고 진보적인 현상이다. 다양한 사회적 적대를 대상으로 하는 독립적 운동의 출현은 민주주의의 심화를 위한 전제 조건으로 파악해야만 한다.

민주주의에 대한 병행 접근은 기존의 민주주의에 의해 비정치로 규정된 인민의 전 삶의 문제를 정치화하는 것을 출발점으로 한다. 인민이 자신의 다양한 삶의 문제를 정치의 문제로 파악하고, 문제의 해결을 위해 투쟁의 주체가 되는 과정으로부터 해방의 정치는 시작된다. 병행 접근은 정치의 외부에 존재하는 비정치의 문제를 부단히 정치의 영역으로 인입하는 것을 추구한다. 병행 접근의 방법론은 인민이 평등과 자율이라고 하는 민주주의의 이상에 비추어 자기 삶의 문제를 '주어진' 것으로 수용하는 것이 아니라, 스스로 결정해야 하는 어떤 것으로 인식하고 투쟁하도록 한다. 민주주의의 이상인 '인민의 자기통치' 원리는 모든 삶의 공간에 확장되어야 한다. 가족, 공장, 직장, 친구관계, 소집단, 다양한 지역적·성적·인종적 집단 내부로 민주주의는 확장되어야 한다.

이런 관점에서 볼 때 "민주주의는 단지 하나의 정치제도가 아니라 사회적 · 계급적 각축과정을 통해서 새롭게 구성되는 역사적 · 현재적 구성물"(조희연 · 김동춘 · 유철규, 2008: 56)로 규정될 수 있다. 왜냐하면 민주주의의 역사는 근대 지배 집단이 대중의 정치적 주체화에 대응하여 기존의 정치질서에서 '비정치'로 규정되는 활동을 선택적으로 내부화하고 포섭하는 방식을 통해 지배의 정치를 재생산하는 과정이었기 때문이다. 이런 관점은 민주주의를 단지 지배의 외피 혹은 지배의 수단으로만 바라보는 도구주의적인 관점뿐만 아니라, 지배에 대항하는 인민의 운동 안에서만 발견하려는 입장 모두의 한계를 보여준다. 민주주의를 지배가 전유할 수 없었던 것만큼이나 운동정치 또한 민주주의를 자신만의 도구나 의미로 전유할 수는 없다. 민주주의는 이 두 정치의 각축과정의 산물이기 때문이다.

4. 사회중심주의: 제도정치 중심주의를 넘어

비정치의 공간에 할당된 모든 삶의 공간을 정치의 공간으로 전환하는 것, 그리고 그것을 민주주의와의 접합을 통해 파악하는 이런 병행 접근의 방법은 근대 민주주의 제도정치만을 '정치'로 규정하는 제도정치 중심주의의 일면성을 비판한다. 민주주의 정치는 사회 구성원들이 자신들의 집단적인 의제들을 토론하고 협의하여 결정하는 전체 행위로서, 근대 민주주의 제도 정치를 포함하지만 이로 환원되지 않는다. 그 핵심적인 원인은 두 가지이다. 하나는 대의민주주의의 원형적인 결손으로 인해 발생하는 제도정치와 전체사회와의 괴리와 균열 때문이고, 또 다른 하나는 전체사회를 구성하는 요소와 관계들, 그 관계들의 관계들도 민주주의 정치의 실천 대상으로 존재하기 때문이다. 근대 대의민주주의라는 제도정치의 공간은 전체사회를 구성하고 있는 이러한 다양한 정치적 실천 중의 일부를 특정 권력관계를 반영하는 형태로 제도화한 것이다. 곧 인민을 대의하는 원리를 통해 구조화된 특정 체계만을 '정치'로 규정하는 특정 권력관계가 역사적으로 구조화된 것이다. 그럼에도 민주주의를 대의민주주의와 동일시하는 접근은 민주주의 정치를 근대 대의민주주의의 대의체제 내에서 작동하는 정치 활동으로 협소하게 정의한다. 이 과정에서 대의체계 외부에 존재하는 정치 활동은 대의체계 내부의 실천에 종속되거나 혹은 이와 비교하여 독립적이고 자율적인 의미를 지니지 못하는 '비(非)민주적 실천' 혹은 보다 공세적인 의미로는 대의체계를 위협하는 반정치와 동일시하는 '제도정치 중심주의' 관점이 부상한다.

정치를 제도와 비제도의 경계를 중심으로 파악하는 관점 혹은 제도 내부의 정치적 실천만을 민주주의 정치와 동일시하는 접근은 정치를 전체사회와 분리하는 동시에, 전체사회를 구성하는 실천을 배제한다. 제도와 비제도의 경계는 인간의 실천 외부에서 주어진 것이 아니라, 인간의 실천을 통해 역사적으로 구성되는 산물일 뿐이다. 곧 정치와 비정치의 경계, 제도와 비제도의 경계 그리고 민주주의의 경계 또한 인간 실천의 역사적 구성물이다. 이런 점에서 모든 정치는 정치와 비정치 사이의 특정하게 구조화된 '경계'(boundary)를 갖는다.[4] 예컨대

4 사실 나는 정치의 경계의 가변성뿐만이 아니라 모든 경계의 구성적 성격과 가변성을 사회이론적으로 확대해서 논의할 수 있다고 생각된다. 모든 억압과 피억압의 이론은 '경계

근대의 패러다임에서 가족과 같은 사적인 영역은 정치의 대상이 아니었다. 하지만 가족 관계와 그 요소들의 문제가 쟁점화되면서, 가족은 근대 민주주의 정치를 구성하는 일부가 되었다. 민주주의 실천이 투입되고 관철되어야 하는 또 하나의 정치 영역으로 규정된 것이다. 곧 비정치에서 정치로의 전환이 발생했다. 이는 동시에 정치로부터 분리된 사회의 특정 요소와 관계가 정치화되는 과정이기도 하다. 바꾸어서 말한다면, 인간의 실천에 의해 정치와 정치 아닌 잔여로서의 사회의 경계 또한 역사적으로 구성되어 변형되는 것을 말한다. 이런 과정은 권위주의에서 민주주의로의 이행을 경험한 한국의 경험 안에서 곧바로 확인된다. 한국의 경우, 60년대 군부독재 체제하에서 제도정치란 사회 내에서 이루어지는 정치행위 중 군부독재에 '종속'된 정치만을 의미했

의 사회이론'으로 확장해서 이야기할 수 있다. 몇 가지 예로서 경계론을 더욱 확장해 보자. 사실 페미니즘을 포함하여 사회적 소수자들의 저항이론은 어떤 의미에서 패권적 주체들이 설정하고 고정화된 경계를 상대화하고 그것을 뛰어넘는 것을 핵심으로 하고 있다고 생각된다. 여기서 경계의 저편에 있는 하위주체들의 '주체화'가 대단히 중요한 것이라고 생각한다. 장애인과 비장애인의 경계 역시 마찬가지이다. 경계를 둘러싼 패권적 집단들은 하위주체들의 주체화에 대응하여 경계를 재구성하는 방식으로 경계를 재생산한다, 1868년 베스트팔렌조약 이후 서양의 근대적인 영토적 경계가 고정화되었고 이를 침범하면 외세의 문제가 되고 이 경계 내부에는 민족국가의 치외법권이 존재하게 되었다. 지구화시대 우리가 '초(超)민족주의'적 관점에서 '영토의 경계'를 상대화할 수 있을 것이다. 이른바 '변경(邊境)론(임지현 편, 2004)'도 이런 맥락에서 의미를 가질 수 있다. 단지 이러한 영토의 경계 허물기가 위로부터의 권력과 자본에 의한 경계 재구성이 아니라 아래로부터의 민중의 주체화를 통해서 이를 넘어서야 한다. 또 다른 예로서 우리의 의학의 경계 역시 가변적이고 구성된 것이라고 할 수 있다. 의학의 경계는 역사적으로 구성된 것이고 그것을 제도권화된 의학권력이 이를 재생산하는 데 중요한 역할을 한다. 사실 비(非)의학의 영역에 속하는 많은 민간의학과 경계의학들이 존재한다. 의학과 비의학의 경계는 사회적인 것이며 거기에는 권력이 작동한다. 이러한 경계를 둘러싸고 기존의 패권적 집단들은 경계 너머에 있는 민중들의 주체화에 대응하여 경계를 재구성하는 방식으로 경계를 유지하며 하위주체들은 바로 그러한 경계를 통한 권력적 관계를 극복하고자 하는 것이다.

다. 곧 군부독재 체제 내부의 대의정치만이 합법정치로 인정되고 제도정치 외부에서 제도정치에 대항하는 다양한 사회적 실천은 억압되었다. 이런 군부독재의 대응으로 제도정치 자체가 매우 협소하게 유지되었고, 이는 권위주의에서 민주주의로의 전환 이후 한국 대의민주주의를 제약하는 중요한 특성이 되었다. 이런 과정을 통해 구축된 한국의 제도정치만을 민주주의 정치의 대상으로 바라보게 되면, 민주주의 정치는 매우 협소해진다. 민주주의 정치는 협소화된 제도정치의 '외부'와 그 내부에서 이에 대항하는 광범위한 관계와 요소들의 총체로 파악되어야 한다.

5. 국가와 경제: 민주주의와의 관계

국가와 경제는 인민의 삶을 규정하는 핵심 요소들이다. 인민은 민주주의를 통해 국가와 경제의 변화를 추동하는 방향으로 개입할 수 있다. 바로 이런 특성으로 인해 근대 민주주의 체제와 인민의 관계는 전근대 지배와는 다른 복합성을 갖는다. 모든 지배체제는 불완전하고 결함을 갖는다. 국가체제와 그것과 상대적으로 독립된 경제(근대 자본주의 시장경제체제)는 인민의 삶을 규정하고, 그 체제의 불완전성과 결함에서 발생하는 모순을 인민의 삶에 각인시킨다. 여기서 인민은 그 체제의 모순에서 발생하는 잠재적 저항성을 갖게 된다. 민주주의는 인민의 잠재적 저항성이 분출되고, 요구가 실현되는 통로가 될 수 있다. 민주주의는 국가를 인민의 실천 외부에 존재하는 물화의 대상에서, 제도정치와 운동정치의 병행 접근을 통해 인민의 실천에 따라 변형되는 대상으로 전환시킨다. 국가의 속성이 인민의 실천에 따라 변형될 수 있다는 것은, 국가에 대한 인민의 민주적인 통제를 통해 국가권력이 작동하는 방식을 변형시킬 수 있다는 것을 의미한다. 이는 곧 경제 관계 내에서는 종속적인 계급 위치를 점하고 있는 인민들이 국가의 민주적 변형을 통해 경제 관계의 민주적인 변형을 위한 국가의 개입을 도출해 낼 수도 있음을 말한다. 이 때문에 국가 또한 제도정치와 마찬가지로 전체사회를 구성하는 일부이지만, 전체사회에 대한 개입 능력을 보유하고 있는 국가의 민주적 변형은 인민의 일상생활을 규정하는 경제 관계의 민주화와 분리되어 고찰될 수 없다. 바꾸어서 말한다면 근대 지배체제는 '정치를 기반으로 작동하는 국가'와 그것으로부터 상대적으로 독립되어 작동하는 경제(자본주의 시장경제)로 재구성된다. 이때 인민은 한편에서는 그 국가와 경제에 의해 그 경제적 삶이 규정되는 존재이면서 다른 한편에서는 그 경제에 대한 공적 통제권을 갖는 국가의 주인이 되는 존재가 되며 국가를 매개로 경제에도 영향을 미칠 수 있다고 말할 수 있다.

국가의 민주화와 경제의 민주화가 구별은 되지만 분리할 수 없는 민주주의 작동 과정의 산물이라면, 이를 추동하는 인민 또한 두 과정과 접속하는 과정에서 구별은 되지만 분리할 수 없는 두 개의 주체 위치를 부여받게 된다. 하나는 국가와의 관계에서 부여되는 시민이란 주체 위치이고, 또 다른 하나는 경제와의 관계에서 부여되는 계급 위치이다. 근대적 지배체제하에서 살아가는 인민은 국가에 대면하여 정치의 주인이 되는 존재로서의 '공통성'을 갖지만, 그 인민은 국가체제와 그 국가체제가 재생산하는 계급적·사회적 균열선에 의해서 차별화된 존재가 되는 '상이성'을 갖는다. 이 계급적·사회적 균열선은 경제에 의해서, 그리고 그 체제의 역사적·문화적 구조에 의해서 구성된다. 이렇기 때문에, 근대 인민은 두 가지 존재의 성격을 갖는다. 하나는 국가에 대립하는 시민권적 존재이고, 다른 하나는 경제와 다양한 차별의 역사적·문화적 구조에 의해서 그 삶이 규정되는 계급적 존재이다.

기존의 지배체제하에서 국가는 법을 통해 현존하는 계급적·사회적 균열의 재생산을 담당하지만, 반대로 인민은 국가를 통해서 그러한 균열을 재생산하는 경제와 차별의 역사적·문화적 구조를 변화시켜 갈 수 있다. 여기서 당연히 국가에 대립하는 투쟁은 이중적 성격을 갖는다. 즉 한편에서는 국가에 대립하는 범시민적 투쟁이 있고, 다른 한편에서는 계급적·사회적 투쟁이 존재한다. 전자는 계급적·사회적 균열을 넘어 국가에 대항하는 어떤 공통의 투쟁이고, 후자는 경제에 의해서 규정되는 계급적 균열선을 따라서 적대적 각축을 하는 투쟁이 된다.

이런 두 주체 위치의 종합을 통해 인민은 국가 및 경제와 관계를 맺는다. 두 주체 위치가 구별은 되지만 분리될 수 없는 주체 위치라는 점은 중요하다. 왜냐하면 경제의 민주화를 위한 인민들의 투쟁과 국가의 민주화를 위한 인민들의 투쟁은 각기 다른 주체 위치로부터 발생하는 투쟁이기 때문이다. 경제의 민주화를 위한 투쟁은 일차적으로 계급 위치로부터 발생하여 계급 관계의 민주적 변형을 위한 투쟁이기 때문에, 그 속성은 국가의 민주화를 위한 주체 위치인 '시민'의 정체성에 기반을 둔 민주주의투쟁과는 다르다. 그러나 두 투쟁은 또한 분리되어 있지 않다. 왜냐하면 시민의 민주주의가 계급 관계의 민주적 변형을 위한 과정에 국가를 통해 개입할 수도 있기 때문이다. 두 주체 위치가 분리될 수 없다는 사실을 확인하는 것은 한국 민주주의의 정치사회학에서 또 다른 중요한 의미를 지니는데, 왜냐하면 1987년 민주화 이후 시민과 계급 위치로서의 노동이 분리되어 발전하는 현상이 나타나고 있기 때문이다. 국가의 민주화와 경제의 민주화 과정의 차별적인 전개라고 부를 수 있는 이런 현상은 분리될 수 없는 시민 위치와 계급 위치를 분리 배제시키고 있는 한국 민주주의의 중요한 특성을 보여준다. 이는 역으로, 한국 민주주의가 발전하기 위해서는 이렇게 분리된 주체 위치들의 분열을 넘어 민주주의가 정치와 경제의 위치를 만나도록 하고, 이 과정에 개입하는 방향으로 발전해야 함을 말해 주기도 한다. 이런 점에서 두 주체 위치를 구별하고, 두 주체 위치의 분리와 종합이 어떤 과정을 통해 구성되는가를 추적하는 것은 한국 민주주의를 구성하는 정치적 각축들의 지형을 파악하는 데 중요한 실마리를 제공한다.

6. 신자유주의적 지구화와 민주주의 정치의 재구성

근대 민주주의는 근대 국민국가를 자신의 기반으로 하기 때문에, 국민국가의 속성을 변화시키는 지구화 맥락은 근대 민주주의의 작동 과정 자체를 변형시키는 또 하나의 조건이 된다. 헬드(D. Held)가 말했던 것처럼, 국민국가의 다양한 정치적인 행위들은 국경을 넘어 확장되는 지구화의 관계와 요소들에 의해 재규정되는 동시에 국민국가의 운동을 한계 짓고 있기 때문이다(Held, 1995). 1970년대 중후반부터 모든 민주주의 국가에게 부과되고 있는 신자유주의적 지구화란 맥락은 국민국가 경계 내부에 구조화된 민주주의의 구조를 해체·변형시키면서, 정치의 작동 과정 자체를 자본계급과 시장의 효율적인 운영에 종속시키고 있다. 이런 흐름이 복지국가라는 일종의 사회국가 단계를 경험하지 못한 제3세계 국가에겐 더욱 가혹한 결과를 강제하고 있다. 왜냐하면 취약한 사회보장 기반을 더욱 약화시키는 동시에 빈약한 공적 서비스 체계마저 민영화의 논리에 의해 자본 영역으로 전환되고 있기 때문이다. 신자유주의적 지구화는 전체사회의 불안정성을 증폭시키는 동시에, 인민의 관점에서 보았을 때 민주주의를 무력화시키는 현대의 핵심 조건이 되고 있다.

제도정치의 공간 역시 변화시킨다. 신자유주의적 지구화가 요구하는 국가 경쟁력 강화와 관련된 요구와 이해는 제도정치 공간에 반영되기가 용이한 반면, 비정규직·이주노동자 등 하위주체의 요구와 이해는 주변화되기 쉽다. 신자유주의적 지구화는 민주주의를 재구조화하는 국민국가 외부의 객관적인 힘으로 작동하기 때문에, 이에 대한 응전의 폭은 제한적이다. 신자유주의적 지구화는 자기 자신의 이념과 무관하게 제도정치를 구성하는 모든 정치세력 일반에게 노동과 배제된 자들의 요구보단, 자본과 시장의 요구를 더욱 강력하게 담지하도록 만든다. 민주주의 제도정치의 이념적인 스펙트럼을 우익화하거나 혹은 우익 일변도의 방향으로 협소화 시키는 것이다.

제도정치의 이념적인 스펙트럼이 우익의 방향으로 협소화된다는 것은 전체사회에서 발생하는 갈등을 반영할 수 있는 제도정치의 기능이 악화된다는 것을 의미한다. 이에 따라 제도정치와 사회와의 불일치가 증가하는데, 바로 이 때문에 제도정치의 불안정성은 일반화되는 동시에 증폭된다. 제도정치 내로 투입될 수 없는 사회의 갈등이 증폭하고 동시에 그 갈등의 강도가 신자유주의로 인한 전체사회의 해체로 인해 강화되면서, 사회갈등은 일종의 또 다른 수단에 의한 내전과 같은 양상으로 전개된다. 곧 일상과 전쟁이 구별되지 않는 내전적 삶의 양식이 일반화된다.

그러나 신자유주의적 지구화는 다른 한편에서 기존의 국민국가적 질서 자체를 해체하는 효과를 동반함으로써, 저항 가능성의 공간을 확장한다. 기존의 국민국가적 질서 속에서 상대적으로 '고정화'되어 있었던 체제, 구조, 제도, 정체성, 관계 등은 해체되고, 일종의 '재구성의 각축' 과정이 발생한다. 이것은 국민국가적 질서 속에서 인민에게 헤게모니적으로 주어졌던 정체성을 성찰하면서 인민이 새롭게 주체화될 수 있다는 것을 의미한다. 국민국가적 질서의 지구적 재구성 과정에서 지배적 권력은 국민국가적 질서 속에서 인민이 민주주의 투쟁을 통해 쟁취했던 '진보적' 요소를 해체하고, '자유시장'적인 질서를 재정초하고자 한다. 반대로 인민은 민주주의의 확장을 통해 지구적 수준에서도 민주주의의 잠재적인 평등성이 관철되는 질서를 재정초하고자 한다. 이러한 양 지향의 각축에서 민주정치 가능성의 공간을 어떻게 현실화할 것인가는 지구화에 부응하는 인민의 주체화의 속도와 범위에 달려 있다고 할 수 있다(조희연, 2011b: 318-320).

1장

민주주의 병행 접근의 방법론

1장
민주주의 병행 접근의 방법론

근대 민주주의 하에서 정치의 경계, 정치의 내용을 결정하는 요인은 무엇인가? 앞서 이야기한 것처럼 민주주의는 근대사회에서 정치의 기본틀로 작용한다. 나는 민주주의를 단순히 선거절차나 제도정치의 규칙이 아니라 계급적·사회적 투쟁과정이자 그러한 투쟁에 의해서 정치의 경계와 내용이 규정되는 공간이라고 정의하였다(조희연, 2008c: 56, 2001: 1장). 이것은 민주주의 하에서의 정치의 구성 자체도 이러한 사회적·계급적 투쟁과정에 의해서 규정되면서 변화하는 것으로 파악되어야 할 것임을 의미한다. 즉 근대 민주주의와 근대 정치 자체가 계급적·사회적 투쟁에 의해서 결정되는 가변적이고, 비(非)고정적인 것이며, 그 결과에 따라 경계가 구성되는 것으로 파악될 필요가 있다. 근대 이후 민주주의가 사회의 정치적 삶의 보편적 형식으로 자리잡는 것도 바로 이러한 이유 때문이라고 할 수 있다. 근대 이후 정치적 삶의 보편적 형식 속에 담겨지는 정치의 내용과 그 경계가 사회구성원들의 관계에 의해서 부단히 변화할 수 있다는 것이 바로 민주주의의 특징이자 장점이고 보편성의 근거라고 할 수 있다. 하나의 역사적 제도로서의 민주주의는 분명히 계급적 투쟁의 과정이자 결과로서 존재하는 것이다.[1]

1. 근대 민주주의 하에서 '정치의 국가화' 대 '정치의 사회화'의 각축
– 계급적·사회적 투쟁으로서 민주주의와 그 결과로서의 정치의 구성

전통적인 맑스주의 프레임의 주된 관심은 국가와 사회의 관계였다. 특별히 계급적으로 구조화된 사회와 국가의 관계였다. 그리고 핵심 질문은 "국가권력이 사회 내의 어느 계급의 손에 존재하는가?"였다. 하지만 정치는 크게 주목되지 않았다. 정치는 기본적으로 자발성을 전제로 하는 개인 간·집단 간의 상호관계이기 때문이다. 맑스주의 국가론의 흐름에서 정치를 고민한 것은 그람시였다. 주지하다시피 맑스주의 국가론에 있어서 국가의 핵심적인 특징은 계급성과 폭력성이라고 할 수 있다. 국가는 폭력이라는 강압적 수단을 가지고 지배계급

1 여기서 계급적·사회적 투쟁이라고 하는 표현을 사용하는 이유는 경제주의적으로 협애화된 계급적 투쟁 만이 아니라 광의의 계급적 투쟁, 즉 사회적 투쟁이 정치를 규정하기 때문이다. 사실 맑스가 인류 역사를 계급투쟁의 역사로 규정하는 것 자체가 자본주의 사회에서의 노-자 간의 계급을 넘는, 다양한 형태의 지배와 피지배집단의 투쟁, 즉 광의의 사회적 투쟁으로 보는 것을 의미한다.

의 계급적 이해를 위해서 활동하는 도구의 성격을 가진다. 그러나 그람시에게서 국가는 이러한 폭력적인 도구적 국가를 넘어서서 정치의 실체로 등장하게 된다. 최소한 근대국가에서는 그러하다. 근대국가는 정치 자체가 국가의 구성적 일부가 되는 새로운 지배형태이다. 그람시는 맑스주의 국가론의 틀 내에서 정치를 재발견했다고 할 수 있다.[2] 이런 점에서 제레미 레스터(Jeremy Lester)가 이야기하는 것처럼 그람시는 동-서의 문제에서 서(West) 국가의 특수성을 이야기하는 것이 아니라, 국가 일반론을 이야기하는 것이 된다(Lester, 2000).

물론 그람시의 중요한 관심 대상은 이 정치의 문제 자체보다도 헤게모니론을 중심으로 하는 각축의 장으로서의 시민사회였다. 그러나 부치 글룩스만(Christine Buci-Glucksmann)이 적절히 지적하였듯이 '정치는 곧 헤게모니'이다(Buci-Glucksmann, 1980: vii). 바로 지배의 헤게모니와 저항의 헤게모니가 각축하는 정치의 장에서 지배에 대한 동의가 창출되고 또한 균열되기도 한다. 그람시가 근대 민주주의 국가를 강압(협의의 국가)과 동의창출(정치)의 상호관계 속에서 작동하는 것으로 보았던 이유이다. 그람시는 국가를 강압적 국가로서만이 아니라 동의의 창출을 통해서 작동하는 윤리적 국가로 파악하였다. 여기서 국가는 지배와 헤게모니의 양 측면에서 작동하는 존재가 된다. 국가는 시민사회를 매개로 지배에 대한 동의 기반을 확충한다. 이 글에서 이야기하는 정치는 바로 그람시가 이야기하는 시민사회에 내포된 어떤 측면을 이야기한다. 지배에 대한 동의가 형성되고 그것에 대항하는 또

2 그람시 논의에 대해서는 다음을 참조. 그람시, 1999; 사쑨 편저, 1984: 7장; 샹탈 무페, 1992.

다른 헤게모니가 출현하고 기존 질서와 각축한다. 그 속에서 지배의 균열이나 해체 혹은 지배에 대한 새로운 동의가 만들어진다. 정치란 바로 이런 활동 일체이다.

이렇게 보면 그람시가 이야기하는 시민사회 관련 활동을 두 가지로 나누어 볼 수 있게 된다. 즉 제도화된 정당들이 수행하는 정치와 시민사회의 자발적인 비(非)정당적 기구들이 수행하는 정치이다. 전자가 제도정치이고 후자가 바로 사회적 정치이다. 그리고 사회적 정치의 일부로서 운동정치가 존재한다. 사실 그람시가 이러한 양자의 정치 자체를 모두 "시민'사회'"로 인식한 데에, 바로 페리 앤더슨이 지적하는 그람시 이론의 모순지점이 존재한다.[3] 즉 그람시에게서 광의의 국가는 동의 창출의 장이 되는 시민사회를 포괄하는 개념이다. 국가와 사회가 같은 범위의 실체가 된다. 현재적 관점에서 보면, 그람시의 시민사회론은 강압과 동의 창출의 '기능적' 측면을 지칭한 것으로 보아야 하고, 국가는 강압으로서의 국가와 제도화된 정치를 포괄하는 것으로 파악되어야 한다. 단지 여기서 그람시가 시민사회를 국가적 질서의 일부로

3 앤더슨은 국가와 시민사회, 헤게모니의 소재에 대한 3가지 모델이 모순적으로 불확명화하게 공존하고 있다고 보았다. 즉 국가와 시민사회는 대칭되고 헤게모니는 시민사회에만 존재한다고 하는 모델, 국가와 시민사회는 대칭되지만 헤게모니는 정치적 헤게모니와 시민사회 헤게모니의 형태로 양자 모두에 존재한다고 하는 모델, 국가가 정치사회와 시민사회를 포괄함으로써 국가는 시민사회와 일체화되는 모델이 바로 그것이다(페리 앤더슨, 1995: 62-80. 임영일은 이러한 모순을 사회 유형들과 대응시키는 식으로 해소하려고 한다(임영일, 1992: 176-9). 최장집은 국가, 정치사회, 시민사회의 3원구도를 설정하는 방식으로 해결하려 하고 있다. 최장집에게서 정치사회는 국가와 시민사회의 중간층위의 성격을 갖는다(최장집, 앞의 책, 379-86). 이 점은 사실 개념적인 문제에서 발생하는 것이기도 하다. 그람시에게서 정치사회는 강압으로서의 국가와 동일시되는 개념인데 반하여, 최장집에게서 정치사회는 제도화된 정치의 대표체계로서의 정당정치영역이나 공적 의사소통을 매개하는 언론 등을 포괄하는 영역이다.

파악한 문제의식에서 바라보게 되면, 제도화된 정치와 구별되는 시민사회적 정치가 존재하게 되는 것이다. 이는 순수한 비국가적인 시민사회적 활동일 뿐만 아니라 제도화된 정치의 경계를 상대화시키면서 제도화된 정치를 뛰어넘고자 하는 정치라고 할 수 있다. 그람시가 이야기하는 시민사회적 활동은 제도화된 정치와 (시민)사회적 정치를 포괄하는 개념이 된다.[4] 이 책은 이런 그람시의 정치 개념에 기초한다.

전통적인 맑스주의에서는 정치를 일부로 하는 국가가 사회로 흡수되고 그로 인해 국가가 소멸하는 것을 이상적인 것으로 생각하여 왔다(맑스주의의 '국가소멸론'). 이는 사회가 정치를 포섭하는 경우라고 할 수 있을 것이다. 여기에서 정치라는 것은 독자적으로 인정되지 않는다. 그런데 근대 민주주의는 자본주의가 계급적 관계에 의해 분열된 공간이라는 것을 인정하면서도, 자본주의의 총체화 논리로 환원될 수 없는 공적인 공간 및 그를 통해서 작동하는 공론의 영역으로서의 정치의 공간이 존재한다고 말한다. 그람시는 시민사회라는 개념을 통해 이런 의미의 정치 공간을 포착하고자 한 것이다. 그러나 이와 반대로 정치가 사회를 포섭하는 자유주의 모델이 존재한다. 자유주의 모델에 입각해 근대 민주주의를 바라보면, 정치는 다양한 기제를 통해서 사회의 요구를 제도화하는 과정이다. 이 관점에서 사회는 사실상 소멸한다. 왜냐

4 오페가 신사회운동을 분석하면서 그것을 비제도화된 정치라고 표현하는 것도 이러한 의미에서 이해될 수 있다. 신신사회운동으로 표현되는 운동적 집단행위들은 제도화된 정치를 유일한 정치로 볼 때 비정치가 되는 것이다. 그러나 정치라는 것을 집단적 의제들을 결정하는 공적 과정으로 볼 때 이는 '비정치의 정치'가 되는 것이다. 우리는 바로 이러한 비정치의 정치의 정치성을 주목해야 한다. 이런 의미에서 정치와 비정치의 경계가 상대적인 것으로 보아야 한다(클라우스 오페, 1993).

하면 파편화되고 분산된 개인들의 집산주의에 기초해 민주주의 과정을 바라보기 때문이다.

이 점에서 나는 이 글에서 맑스주의 맥락에서 그람시의 논의를 따르되, 그람시의 정치를 제도화된 정치와 시민사회의 정치(사회적 정치, 그 일부로서의 운동정치)로 나누고자 한다. 이렇게 보면, 국가는 폭력을 본질로 하지만 폭력으로 환원될 수 없는 정치의 공간을 갖는다. 그러나 그것은 불완전한 것이며 (시민)사회와 불일치하는 것으로 작동한다. 여기서 중요한 것은 바로 그 정치가 각축하는 헤게모니 투쟁의 장이자 대상이 된다고 하는 점이다. 정치는 지배적 집단의 헤게모니를 창출하는 방향으로 작동할 수도 있고 반대로, 피지배적 집단의 대항헤게모니를 창출하는 방향으로 작동할 수 있다. 이런 정치 발전의 쌍방향성을 나는 '정치의 국가화(statization of politics)'와 '정치의 사회화(socialization of politics)'라는 두 개념으로 파악한다.

이런 해석을 앞서 제시한 민주주의 규정에 적용하게 되면 다음과 같다. 즉 민주주의를 계급적·사회적 투쟁과정이라고 했을 때, 그 투쟁의 일부로서 정치의 구성을 둘러싼 투쟁도 존재한다. 근대 민주주의 하에서는 이러한 정치의 구성을 둘러싼 투쟁이 합법적인 공간에서 일어날 수 있다는 것이 다르다. 근대 민주주의는 이러한 정치의 구성을 둘러싼 사회의 활동을 국민의 기본권으로 설정한 최초의 체제라고 할 수 있다. 이런 성격을 갖는 근대 민주주의 하에서 정치는 '정치의 국가화'와 '정치의 사회화'의 두 가지 흐름이 각축하는 과정이 된다.

정치의 국가화라고 하는 것은 정치라고 하는 장, 특히 제도정치를 국가 지배에 대한 동의가 창출되는 장으로 기능하도록 하려는 시도를 의미한다. 반대로 정치의 사회화는 반대로 앞서 서술한 대로 정치를 사회와 일치시키도록 하는 실천, 즉 정치를 사회적 요구를 실현하는 장으로 전환시켜 민주주의가 인민들의 직접적인 자기통치가 되도록 만들려는 시도를 의미한다.

부언한다면, 정치의 국가화라고 하는 것은, 정치 특별히 제도정치가 사회의 요구들을 일정한 수준에서 수렴하는 기능을 수행함으로써, 국가를 정점으로 하여 재생산되는 지배의 헤게모니적 유지가 가능하게 하기 위한 일련의 노력들을 의미한다. 정치의 국가화는 대의민주주의를 불가피하게 수용하면서, 민주주의를 통해 지배가 유지될 수 있도록 정치를 재구성한다. 정치가 폭력의 독점체로서의 국가의 지배를 헤게모니가 있는 지배로 전환하는 것이다.

정치의 국가화는 또한 인민 혹은 시민사회 내부에 존재하는 사회적 차별구조에도 그대로 적용된다. 사회적 지배세력, 독점세력은 사회적 차별의 의제가 제도정치의 의제로 전환되지 않도록 한다. (시민)사회 내부의 사회적 분할선을 경계로 하여 존재하는 '사회적 지배세력'은 국가적 지배세력의 일부를 구성하면서 정치의 국가화가 정치의 사회화를 압도하도록 하며, 정치의 사회화가 기존의 사회적 분할선을 경계로 한 사회적 (차별)질서를 최대한 침식하지 않도록 한다. 그러나 당연히 민주화의 과정은 기존하는 사회적 차별을 둘러싼 쟁투와 각축을 출현시키게 된다. 사회경제적 하위주체(서발턴)들은 정치를 통해서 사회적 차별질서를 쟁점화하고 극복하기 위해서 각축한다. 이런 점에서 '정치의 국가화'는 민주주의와 자본주의, 민주주의와 사회적 차별구조간의 관계와도 관련된다.

이처럼 근대 민주주의 하에서 정치가 헤게모니적 실천의 각축장이 되는 것은, 민주주의 통치의 특성 그 자체에서 기인하는 것이다. 민주주의 통치는 인민주권에 기초한다. 인민주권 담론은 민주주의 권력의 근원을 인민과 연결시킨다. 이때 인민과 연결되지 않는 통치는 정당성이 약화되거나 해체된다. 이 때문에 민주주의 통치의 유지와 존속은 인민의 동의 기반과 분리될 수 없다. 이 부분으로 인해 근대민주주의 정치는 국가의 일부로서 '주어진' 것이 아니라, 민중들이 개입할 수 있는 대상이자 경합의 공간이 된다.

반대로 '정치의 사회화'란, 국가에 의한 정치의 특정한 구조화 곧 국가가 정치의 한계와 내용, 사회적 이슈에 대한 대응을 구조화하는 독점적인 행위자 혹은 국가를 매개로 정치를 전체사회에 대한 지배와 동일시하려는 일련의 실천에 대응하여, 민중들이 자신들의 요구와 지향에 부응하는 형태로 정치를 변화·확장시키려는 실천을 말한다. 바꾸어서 말한다면, 특정한 방식으로 구조화된 제도정치로 정치를 한정하고자 하는 정치의 국가화에 대항하여 정치를 사회화하고자 하는 시도가 제기되는 것이다. 정치의 국가화는 기존하는 정치적 질서—특히 근대 이후에는 근대 대의민주주의—가 지배와 충돌하지 않으면서 유지되도록 하는 노력인 반면에 사회의 정치화는 기존정치의 변화를 추구하는 흐름이다. 이 때문에, 변화의 동력은 바로 사회 내에서 아래로부터 이루어지는 '사회의 정치화'를 위한 노력과 활동이 된다. 이런 점에서 정치는 그 자체로 고정된 것이 아니라, 정치의 국가화와 정치의 사회화의 두 대립 속에서 정치는 그 경계와 내용이 변화하는 역사적 실체이라고 파악되어야 한다. 정리하면, 정치의 국가화는 시민사회 내에서 지배의 헤게모니가 창출되는 것이다. 그리고 정치의 사회화는 대항헤게모니가 창출되는 것을 의미한다. 물론 여기서의 정치의 사회화는 단순히 투쟁의 결과가 어느 계급의 헤게모니로 귀속되느냐 하는 점만을 이야기하는 것은 아니고, 정치 자체의 경계와 내용, 과정 등 자체가 얼마나 사회(사회구성원의 이해)와 일치되느냐 하는 다면적인 측면들을 내포하는 것이다.

이처럼 민주주의라는 장을 정치의 국가화와 정치의 사회화의 각 축장으로 설정하는 것은, 근대 자본주의 국가의 민주주의적 형식을 단순히 '지배계급의 도구'로만 해석하려는 '경제결정론'적 관점과 다르다. 또한 국가를 일반이익의 대변자 또는 사적 이익들의 공정한 조정자로 보는 자유주의적 · 다원주의적 관점과도 다르다. 그람시의 헤게모니는 정치를 파악하는 대안적인 관점을 열어준다. 정치의 공간은 지배가 자신의 지배에 대한 동의를 창출하는 공간이기도 하지만, 동시에 노동자계급과 민중들의 정치적 · 지적 · 도덕적 리더십이 형성될 수 있는 공간이기도 하다. 자본주의의 특정한 단계에서 국가는 내적으로 '지배계급의 도구'로 작동한다. 하지만, 민주주의가 발전하면서 국가는 외적으로 스스로를 일반이익의 대변자 또는 공정한 조정자로 표상하려고 한다. 이는 국가의 양면적 성격을 잘 보여준다. 국가의 계급성과 공공성이라는 양면성 안에는 불일치와 긴장이 내재할 수밖에 없다. 왜냐하면 국가의 계급성이 '적나라하게' 관철될 때, 이에 저항하는 피지배계급의 투쟁이 존재하기 때문이다. 그래서 국가는 본질적으로 계급적이면서도 스스로를 비(非)계급적 실체로, 공공적 실체로 '표상'하지 않을 수 없는 것이다. 이러한 국가의 공공적 표상을 국가의 내적 속성으로 파악하려는 입장이 자유주의적 입장이라고 한다면, 이러한 공공적 표상을 지배의 은폐를 위한 도구일 뿐이라고 바라보는 입장이 국가 도구주의라고 할 수 있다. 이 입장에서 본다면, 부르주아 민주주의는 부르주아적 계급 착취의 정치적 외피에 다름 아니게 된다. 그러나 나의 관점에서 볼 때, 공공적 표상은 계급적·사회적 투쟁을 통해 국가에 민중이 강제한 것으로 파악해야 한다. 특히 근대 민주주의의 확립은 국가가 일상적으로 '계급본질적'으로 행위하는 것을 구조적으로 억제한다. 결국 국가는 피지배계급의 계급적·사회적 투쟁 과정에서 양면적 성격간의 긴장과 불일치를 보이면서 그 성격이 변화하지 않을 수 없게 된다. 이처럼 민주주의를 계급적·사회적 투쟁과정으로 규정하게 되면, 민주주의를 제도정치의 문제로 한정하지 않고 제도정치와 제도정치 외부의 정치 혹은 근대 민주주의가 합법화하지 못한 정치의 역동적인 상호관계로 인식할 수 있다. 이런 인식은 근대 대의민주주의의 형성 및 발전 과정 역시 제도정치와 제도화되지 않은 정치 곧 사회와의 상관관계 속에서 바라볼 수 있도록 한다. 정치의 국가화를 지향하는 세력과 정치의 사회화를 지향하는 세력은 각각 '민주주의의 확장적 힘(구성적 힘)'과 '민주주의의 제한적 힘(해체적 힘)'으로 작용한다. 그리고 이 확장적·제한적 힘은 시대적 조건에 따라서 상이하게 변화한다. 지금까지의 논의를 도식화하면 아래와 같다.

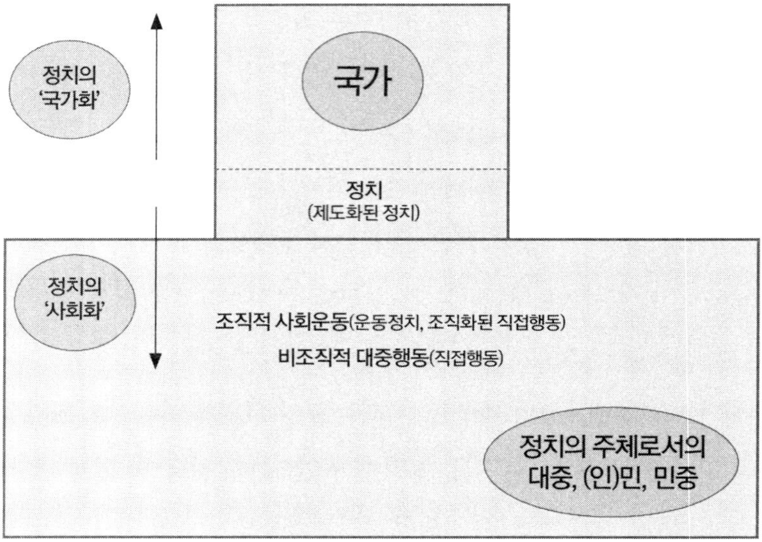

그림. 근대 민주주의의 분석 프레임: 정치의 국가화와 정치의 사회화의 경합 모형

2. '정치의 국가화'의 기제들

그럼 여기서 정치의 국가화가 어떤 기제로서 작동하는가를 보기로 하자. 정치가 지배의 헤게모니의 장으로 작동하도록 하기 위한 '정치의 국가화'의 기제들을 나는 금단(禁斷), 배제(排除), 선택적 포섭(包攝)이라고 표현하고자 한다.

1) 금단의 기제

먼저 금단은 특정한 사회적 조건들을 매개로 하여 사회 속에 존재하는 일정한 정치적 활동을 반(反)사회적인 혹은 반(半)국가적인 것으로 규정하여 '원천적으로' 정치의 장에서 표출되는 것을 제약하는 것이다. 금단의 대상이 되는 사회적 활동은 도저히 정치적으로 용납할 수 없는 것으로 사회적 구성원들이 '의사합의'하는 것으로 전제된다. 여기서 '의사'합의라고 하는 표현을 쓰는 것은 두 이유이다. 하나는 완전한 합의는 불가능하기 때문이고, 다른 하나는 국가에 의해서 금단에 대한 합의가 구성되기 때문이다. 국가는 금단에 대한 반대를 주변화시키거나 혹은 이 반대를 원천 억압하는 방식을 통해 금단에 대한 합의를 구성해낸다.

모든 사회에서 이러한 금단의 기제들은 작동하게 된다. 보스니아에서는 세르비아계가 소수인종에 대한 인종 청소를 자행했다. 이때 소수인종에 우호적인 혹은 인종 청소에 반하는 정치는 금단의 영역이 된다. 현존 이슬람의 문화 속에서 이스라엘에 대한 공존의 정치는 이스라엘 내부에서 금단의 영역에 존재하게 된다. '(의사)합의'에 의해서 비정치로 규정되고 그것이 정치로부터 배제되는 경우에 바로 이러한 금단의 기제가 작동한다고 할 수 있다. 이것은 서구 선진국에서도 작동하고 있다. 합리적 소통이 확대될 수록 이러한 금단의 영역이 축소될 가능성이 있다. 이처럼 부정적인 의미에서의 금단도 있겠지만 사회성원들이 긍정적인 도덕적 합의로서 금단의 영역이 설정되는 경우도 있을 수 있다. 예컨대 '신나치즘'의 경우나 시오니즘적인 정치활동을 금지하는 경우를 들 수 있다.

금단의 동학은 한 정치공동체가 특정한 경계를 따라서 '분단(分斷)' 되었기 때문에 나타나는 현상이다.[5] 물리적으로는 하나의 법적 정치

5 이러한 분단선을 따라서 다수집단과 소수집단이 분리되게 되고, 이것은 차별의 구조로 재생산된다. 이에 대해서는 다음을 참조하라(Young, Iris Marion, 2000).

공동체에 속하고 있으나 특정한 경계를 중심으로 정치공동체가 분단되어 있고, 그것이 구성원에 의해서 의사합의적으로 수용되어 있는 경우 금단의 동학은 어디에나 존재한다. 히틀러 체제하에서 유대인 학살은 바로 이러한 인종적 분단을 전제로 하여 발생한 것이다. 이러한 금단은 이념적 경계의 라인을 따라 전개되기도 하고, 보스니아 인종 청소 사례와 같이 인종을 경계로 작동하기도 한다. 금단이란 기제는 여성의 경우에도 적용될 수 있다. 근대사회에 들어와서 보통선거권이 확립된 이후에도 여성의 참정권은 보장되지 않았다. 곧 하나의 정치공동체가 성적 경계를 따라서 분단되어 있었다. 남성들은 금단을 통해 여성을 정치로부터 추방하여 정치권력을 독점하고자 하였고, 여성들에게 이러한 금단을 정당한 명령으로 내면화하고자 하였다. 여성참정권 운동이 실현되기까지 어떤 의미에서 여성은 정치의 장에서 금단의 영역에 존재했었다고 말할 수 있다.

2) 배제의 기제

다음으로 배제는 국가가 사회 속에 존재하는 특정한 정치적 활동을 제도정치의 장에서 표출될 수 없도록 억압하는 것이다. 이러한 배제는 '사회적 합의'를 통해서보다는 국가의 강압적 수단에 의존한다. 일반적으로 독재 혹은 권위주의 하에서 이러한 배제의 기제가 강력하게 작동한다, 1960년대 이후 개발독재체제는 이런 배제의 작동 과정을 보여준다. 특히 72년 10월 유신 이후, 박정희에 반대하는 일체의 정치적·사회적 활동은 제도정치 외부로 배제되었다. 이런 배제는 한국 권위주의만의 특징은 아니다. 많은 제3세계 군부정권 하에서 국민적 상식에 속하지 않는 작위적인 배제들이 일어났다. 이는 이후 군부정권 자체 대한 저항으로 이어졌다. 배제는 어떤 수준에서건 특정 정치집단이 제도정치의 경계 외부에 존재하고 있는 것에 대해서 저항과 논란이 존재한다는 것을 의미한다. 이는 배제와 금단의 차이를 인식하는 데 중요한 계기이다.

배제와 금단의 차이는 국가가 선택하는 수단의 차이에 있다. 금단이 의사합의를 활용한다면, 배제는 강압을 활용하여 정치과정 내부로 진입할 수 없게 한다. 이는 지배에 대한 동의라는 관점에서 본다면, 배제는 금단보다 허약한 동의의 기반일 때 출현하거나 혹은 작동한다고 말할 수 있다. 따라서 금단이 대중들의 '상식'의 영역에 존재한다고 하면, 배제는 '상식'과 불일치, 모순, 적대 등이 나타난다. 곧 상식에 의해 논쟁의 대상이 될 수 있다. 이 점은 매우 중요하다. 왜냐하면 상식과 비상식의 경계를 따라 배제의 기제가 다시 정의될 수 있기 때문이다. 상식의 차원에서 진행되는 이런 역전은 독재에서 민주주의로의 전화나 혹은 권위주의의 해체의 대중 기반을 형성하는 데서 중요한 역할을 한다.

이 때문에 배제가 만들어낸 정치의 경계는 대중들의 상식을 통해 언제나 질문의 대상이 된다. 물론 모든 집단과 개인이 이 질문을 공유하는 것은 아니다. 일부 집단은 배제를 당연하게 받아들이기도 하기 때문이다. 그러나 의사합의의 수준이 약화되거나 질문과 합의가 공존하는 상황 자체가 중요하다. 또 다른 금단과 배제의 중요한 차이는 배제와 상식의 불일치로 인해, 배제에 도전하거나 저항하는 집단이 대중들의 요구를 대표하는 집단으로 인식되는 경우가 발생한다는 것이다.

곧 개발독재체제에서 제도정치가 불구화되고 그것이 대중 일반에 의해 '합의적으로' 수용되고 있지 않은 상황으로 인해, 제도정치로부터 배제된 존재들이나 그들의 활동이 대중에 의해서 자신들의 '진정한 대의(대표)'로 인식되는 현상이 존재하는 것이다.

금단과 배제의 차이는 사실 절대적인 것은 아니다. 금단과 배제는 모두 정치와 비정치의 경계를 만들고 재생산하는 과정이기 때문이다. 다만 수단 혹은 중심 측면만이 차이 있을 뿐이다. 금단의 지배적 측면은 동의이고, 배제의 지배적 측면은 강압이다. 즉 금단의 경우는 공동체의 구성원들이 그 비정치의 획정을 자발적으로 수용하는 측면이 지배적이라고 할 수 있으며 배제의 경우는 자발적으로 수용하기보다는 강압에 의해서 비자발적으로 수용하는 측면이 지배적이라고 할 수 있다.

이런 점에서 금단의 경우는 '정치의 경계'와 특정 사회의 특정 국면에서 존재하는 '도덕의 경계'가 일치하는 경우라고 해야 할 것이며, 반면에 배제의 경우는 양자가 불일치하는 경우라고 할 수 있다. 그러나 강압과 동의는 사실 제로섬(zero-sum) 관계가 아니다.[6] 특정 시공간

6 한국에서 박정희 시대를 근거로 하여 볼 때, 강압과 동의는 상호배제적인 것이 아니다. 그람시가 '강압으로 무장한 헤게모니'를 이야기할 때, 그것은 국가가 지배로만 통치하는 것이 아니라 동의창출의 과정을 통해서 국가를 윤리적 국가로 구성함으로써 존재한다는 것을 지적하고자 한 것이다. 그러나 이때 강압은 협의의 국가, 즉 정치사회를 통해서 작동하고, 동의는 시민사회를 통해서 창출되는 것으로 보았다. 그러나 시민사회를 통해서 형성되는 동의 자체의 내적 형성과정에 강압과 공포, 제도적 강제가 작동한다. 이런 점에서 나는 실제에 있어서는 '동의적 강압'과 '강압적 동의'의 형태로 존재한다고 보았다(조희연, 2010a: 186-189). 이 점은 예컨대 50년대 한국의 반공주의나 현단계 일본의 천황제에 대한 국민적 동의가 과연 폭력적 강압에 의한 비자발적 순응인가 아니면 자발적 순응인가 하는 의문에도 적용될 수 있다. 여기서 사실 50년대에 반공주의에 반대하는 친북주의적 행위, 현단계 일본 천황에 반대하는 행위에 대해서 우리는 사실 '공포'와 연관되어 있다는 점을 지적하지 않을 수 없다. 폭력을 사용하지 않아도 될 정도로 공포

속에서 대중들의 태도가 자발적·비자발적 순응의 형태로 나타날 때 우리는 금단을 이야기할 수 있으며, 비정치의 경계에 대해서 대중들이 저항적 태도를 강력하게 가지고 있을 때 우리는 배제를 이야기할 수 있을 것이다. 일정 국면에서 금단으로 인식되던 기제가 대중들의 인식 변화에 따라 배제의 기제로 인식되는 경우도 있을 것이다. 한국 반공주의의 변화도 그 예일 수 있다. 사회주의 혁명 이후 반혁명적인 정치집단이 대중의 도덕적 동의에 의해 금단의 영역으로 추방되거나, 스탈린 이후 이런 금단의 기제가 점차 배제의 기제로 전환되었던 경우도 그 예로 들 수 있다.

3) 선택적 포섭의 기제

선택적 포섭은 기존 제도정치의 위기가 극대화될 때, 정치와 사회의 괴리를 극복하기 위한 위로부터의 시도로 출현한다. 선택적 포섭은 사회와 정치의 괴리로 인해, 기존 제도정치가 담아내지 못하는 사회적 정치활동을 제도정치 내부로 포섭하는 것이다. 이때 포섭의 양식은 다양하다. 사회가 요구하는 의제들을 수용할 수도 있고, 이 의제나 요구를 대표하는 '지도자'를 포섭하는 양식으로 나타날 수도 있다. 이를 '선택적 포섭'이라고 부르는 것은 제도정치 외부의 내용과 인물에 대한 포섭이 지배의 유지와 안정이라는 관점에서 규정되기 때문이다. 곧 포섭

가 강력하게 존재하는 상황에서 나타나는 자발적 순응을 동의라고 해야 하는가 하는 문제가 존재한다. 반공주의의 경우, 50년대의 반공주의는 '합의'적인 것으로 존재하였지만, 그것은 한국전쟁 이후의 '백색테러리즘'이 난무하는 상황을 고려하지 않으면 일면적인 것이 될 수 있다(김정훈·조희연, 2003).

의 범위와 내용이 기존 제도정치 내에서 이루어진다.

87년 6월 민주항쟁 이후의 경로는 이런 '선택적 포섭'의 동학을 잘 보여준다. 87년 6월 민주항쟁은 군부독재체제의 위기를 증폭시켰고, 이 공간엔 두 개의 가능성이 존재했다. 하나는 아래로부터 곧 민중들의 실천을 통해 체제를 전환시키는 능동적인 전환이었고, 다른 하나는 군부독재체제가 아래로부터의 요구를 관리하면서 민주주의로 전환하는 수동적인 전환이었다. 전환을 주도하는 주체가 민중에서 군부독재체제 자체로 전환되는 것이다. 그런데 이런 수동적인 전환은 단순히 과거체제의 반복이 아니라, 군부독재체제하의 제도정치를 재구조화할 수 있는 '선택적 포섭'의 실천을 요구한다. 사회적 정치활동 중의 일정 부분을 제도정치로 '선택적으로 포섭'하는 방식이란 점에서 이를 '변형주의'라고 부를 수도 있다. 변형주의란 이탈리아 리소르지멘토의 기간에 온건파가 여타의 정치세력을 원자적·분자적 방식으로 흡수하는 것을 통해서 지배와 그 일부로서의 정치를 재조직화했던 실천을 말한다. 선택적 포섭은 이런 변형주의의 핵심 요소이다. 이러한 선택적 포섭의 구체적인 형태는 사회집단이나 정치활동집단 중에서 배제된 집단이나 비혁명적인 사회운동가들을 제도정치의 장으로 영입하는 형태로 나타난다.

정치의 국가화는 이러한 금단, 배제, 선택적 포섭의 기제를 통하여, 제도정치를 안정화시키려고 하는 과정이다. 당연히 정치의 사회화는 당연한 '금단'의 지형을 해체하고자 하며, '배제'의 지형에 저항한다. 민주화 이후 지배적 메커니즘이 되는 '선택적 포섭'에 대응하여 정치의 사회화는 제도정치와 비정치의 경계를 해체하며 제도정치의 지형 자체의 '급진적 확장'을 도모한다.

민주화가 시작된다는 것은 '배제의 기제'가 중단되고 그동안 배제되었던 정치세력에게 제도정치가 개방된다는 것을 의미한다. 여기서 제도정치의 지배적 세력은 선택적 포섭을 통해 제도정치의 재안정화를 도모한다. 반대로 운동정치는 선택적 포섭에 의한 안정화에 도전하면서 금단의 지형 자체를 해체하고자 하며 선택적 포섭을 뛰어넘는 '제도정치의 급진적 확장'을 추구한다. 이것이 민주화 이후의 투 트랙의 과정의 핵심적인 특징이 된다.

민주주의의 복원에도 불구하고 그것은 형식적인 제도의 복원이지 '제도정치와 사회의 괴리'를 극복하는 것을 의미하는 것은 아니다. 제도정치와 사회의 본원적인 괴리가 근본에 존재하는 것은 물론이고, 복원된 제도정치가 구 독점적 지배세력에 의해 부단히 내적으로 식민화되고 제약되기 때문이다. 따라서 복원된 제도정치는 지속적인 문제현상으로 표출된다.

4) 국가, 정치 그리고 사회의 관계에 대한 두 가지 극단 유형

다음으로 국가와 정치의 관계에서 두 극단의 유형들을 상정해 볼 수 있다. 그람시가 지적하듯이, 국가는 폭력으로서의 정치사회와 동의로서의 시민사회로 구성된다고 할 때, 국가가 완전한 폭력과 강압으로 통치하는 경우와 완전한 동의로서의 국가를 상정해 볼 수 있다.[7] 전자

7 완전한 폭력으로서의 국가와 완전한 동의로서의 국가는 사실 예외적이다. "누드로 존재하는 권력은 없다"라고 생각되기 때문에 국가는 실제에 있어서는 "동의적 '강압'"과 "강압적 '동의'"로서 존재한다고 보아야 한다(조희연, 2010a: 194).

는 국가통치세력이 민중의 동의를 전혀 획득하지 못한 상태에 놓여 있는 경우를 의미하며, 후자는 강압의 필요성이 전혀 없이 민중들의 절대적인 지지를 받는 경우를 의미한다. 국가가 완전한 폭력 혹은 압도적인 폭력으로 작동하게 될 때 거기에는 정치가 소멸되거나 주변화되게 된다.

반대로 국가의 폭력성이 완전히 극복되거나 혹은 폭력의 필요성이 전혀 없는 상황을 상정해 볼 수 있다. 후자는 사실 '이상향'적인 상태라고 할 수 있으나, 전자는 현실에서 많이 나타난다. 사실 극단적인 전체주의적 체제나 제3세계의 극단적인 군부독재, 유고와 같은 내전적 상황에서 소수파 인종에 대한 다수파 인종의 폭력통치도 그러할 수 있다. 나는 후술하겠지만 광주의 학살은 바로 국가가 폭력으로 일체화된 경우라고 생각한다. 반대로 후술하겠지만 광주꼬뮨은 '정치와 사회의 일체화'가 실현된 경우라고 해야 할 것이다.

여기서 물론 이러한 한 가지 언급해야 할 것은 '정치의 사회화'의 최고의 형태로서의 '정치와 사회의 일체화'는 '정치의 소멸'과 구별해야 한다는 점이다. 국가가 폭력으로 환원될 수 없고 정치의 고유한 공간이 존재한다고 보았던 그람시의 통찰력을 역으로 뒤집어 보면, 정치가 사회로 환원되고 정치가 사회로 일체화되어 정치가 소멸해야 하는 것으로 파악되어서도 안 된다는 점도 도출할 수 있다. 전자에 우익 전체주의의 유혹이 있다고 하면, 후자에 좌익 전체주의의 유혹이 있는 것이다. 이 쟁점은, '국가와 시민사회의 분화'를 기본으로 하는 근대 사회의 모순의 극복태가 과연 '국가와 시민사회의 분리'의 극복 내지는 일체화로 갈 것인가, 국가의 억압성의 극복과 동시에 그 분리의 보존 위

에서 '사회적 정치'를 구현할 것인가하는 쟁점과 연관되어 있다.[8] 이런

8 이 점은 한국의 그람시 논쟁에서도 쟁점이 된 바 있다(이 논쟁은 유팔무·김호기 편, 1995, 2부에 수록되어 있음). 나는 한국의 그람시 논쟁에서 핵심적인 쟁점은 '국가와 시민사회의 분리'의 긍정성을 인정할 것인가 하는 점과, 헤게모니 확장으로서의 계급적 국가의 극복이 가능한가 하는 쟁점이었다고 생각한다. 이 논쟁과정에서 김세균은 그람시의 시민사회론이 "시민사회에서의 프롤레타리아 계급의 헤게모니-헤게모니 계급으로 된 프롤레타리아 계급에 의한 국가권력의 장악과 이를 통한 사회전영역으로의 헤게모니적 민주주의의 무한한 확산-시민사회의 자기규제력의 확대 및 강제력 사용 계기의 배제-궁극적으로는 '정치사회'의 '시민사회'로의 재흡수를 통한 '자기조절적 사회'(그람시의 표현으로는 '조절된 사회')로서의 계급 없는 사회로의 이행이라는 전망을 제시하고 있다"(김세균, 1995: 162)고 보고 이러한 논의가 '정치사회의 시민사회로의 재흡수론'에 다름 아니며, 이는 "이행기 사회에서 '시민사회'의 극복 및 시민사회에 존재하는 부르주아지의 이데올로기적 국가장치들의 분쇄 내지는 비국가적 장치로의 혁명적 전환이라는 문제가 적극적으로 설정될 수 없다"(김세균, 앞의 글, 163쪽)고 비판하고 있다. 이러한 그람시의 시민사회론 논의가 D. Held나 Keane and Arato 같은 학자들에 의해서는 '국가와 시민사회의 분리의 지양'을 도모한다고 하는 점에서 비판받고 있는 반면에 김세균은 그람시의 논의가 국가장치의 혁명적 극복이라고 하는 문제의식이 사상되고 순수히 헤게모니의 확장으로서의 혁명을 그람시가 구상하고 있다고 비판하고 있다. 일부 시민사회론자들은 그람시의 급진성을 우려하고 김세균은 그람시의 개량주의적 성격을 우려하는 형국인 셈이다. 사실 나는 '하나의 그람시'가 아니라 "다수의 '해석된' 그람시들"이 존재할 수 있다고 생각한다. 페리 앤더슨(페리 앤더슨, 1995: 62-80)이 그람시의 '이율배반들'이라고 파악한 것이 사실 그람시 내부에 다양한 해석가능성이 존재함을 말해 준다고 생각한다. 이러한 쟁점과 관련해서, 나는 '국가와 시민사회의 분리'의 지양이라고 하는 것은 맑스주의의 스탈린주의적 해석의 핵심적인 사항이라고 생각하고 바로 이것 때문에 현존 사회주의가 좌익 전체주의로 전락한 것이라고 생각한다. 이 점에서 분리의 긍정성을 견지하는 관점이 필요하다고 생각한다. 그러나 김세균이 지적하듯이, 민주주의의 확산으로서 사회주의가 성취되는 것이 아니며(이 점은 유로콤을 둘러싼 핵심적인 쟁점이다. 이에 대해서는 요나스 폰투손, 1995), 헤게모니적 민주주의의 확대로 폭력적 국가기구가 극복된 것은 아니라고 생각된다. 후술하는 바와 같이 광주꼬뮨은 폭력화된 국가를 민중들의 자위무장투쟁이 극복했을 때 나타난 '정치와 사회의 일체화'의 모습인 것이다. 이런 점에서 김세균의 문제의식의 핵심인 '국가기구의 혁명적 극복'이라는 과제는 어떤 경로에서도 타당하다고 생각한다. 단지 김세균이 그람시의 논의 속에 이 점이 없다고 주장하는 것에 나는 반대한다. 왜냐하면 그람시가 진지전을 주장하는 것은 러시아혁명과 다른 서구혁명의 특수성을 이론화하고자 하는 것이었으며, 당시의 그람시는 '레닌주의자'로서의 면모를 내장하고 있기 때문이다(칼 보그는 평의회 민주주의, 레닌주의, 서구맑스주의를 그람시의 세 가지 얼굴로 보고 있다. Boggs, Carl, 1984). 이는 진지전과 기동전의 관계에 대해서도 나타난다(Lester, op. cit.; 샹탈 무페, 장상철·이기웅 옮김,

점에서 나는, '물 버리려다 애까지 버리는' 우(愚)가 되풀이되지 않도록, 근대 민주주의 하에서 정치의 내적 속성으로 자리 잡은 성찰성과 공공성, 소통성을 보존하는 방향에서의 '사회적 정치' 모형을 추구해야 한다고 생각한다.

이런 점에서 정치는 '정치의 국가화'의 힘이 언제나 작용한다는 점, '정치의 국가화'의 극단적 형태는 국가가 폭력과 일체화되는 것이라는 점, 그에 반대하는 정치의 사회화는 정치의 소멸을 지향하는 것은 아니라는 점, 국가의 폭력성을 극복한 이후에도 '정치와 사회화'의 현실적 제도형태들은 다양하게 구현될 가능성이 있다는 점, 그런 점에서 현존사회주의의 '좌익전체주의'화의 경험을 성찰하면서, '민의 자기통치'를 실현하는 현실 형태들을 고민하는 것이 필요하다고 생각한다.

3. 정치의 사회화의 전개 – '정치의 경계' 허물기와 '경계투쟁'

정치가 정치의 국가화 대 정치의 사회화의 각축 속에서 구성되는

1992: 6장과 8장; 앤 S. 사쑨 편저, 1984: 8장). 진지전을 기동전의 대체물로 해석하는 견해도 있지만, 그람시에게서 – 비록 모호성의 여백이 존재하지만 – 진지전은 기동전의 보완적인 지위를 갖고 있는 것으로 파악되고 있다고 판단되기 때문이다. 이런 점에서 비판사회이론의 과제는, '국가와 시민사회의 분리'의 긍정적인 측면을 계승하면서도(이 점에서 '정치의 사회화'는 정치의 소멸이 아니다), 그것이 '정치의 국가화', 그 극단적 형태로서의 국가의 폭력화에 대한 응전 속에서 '정치의 사회화'가 실현되는 것으로 파악해야 한다(정치사회의 시민사회로의 재흡수가 혁명이 아니다).

것이라고 할 때, 그러한 정치의 사회적 구성시도는 두 가지 지점에서 전개된다. '정치의 사회화'를 위한 행위들은 기존 정치의 경계를 허물고 동시에 정치의 내용을 재구성하기 위한 행위라고 할 수 있다. 하나는 제도정치의 경계를 확장하거나 뛰어넘으려는 행위로 나타나며 다른 하나는 제도정치가 더욱 높은 수준에서 사회적 요구를 반영하도록 하는 강제하는 행위로 나타나게 된다. 전자는 기존의 정치에서 제도화된 것과 비제도화된 것의 경계, 합법과 비합법의 경계를 변화시키려는 것이며, 후자는 정치가 기득권 구조에 긴박되어 있는 상태를 변화시켜 제도정치가 기존에 반영하지 못하는 새로운 사회적 요구들을 반영하도록 하려는 것이라고 할 수 있다. 두 가지 모두 경계라는 표현을 사용한다면 전자는 정치의 '과정적 경계'를 넘어서고자 하는 것이라고 한다면, 후자는 정치의 '내용적 경계'를 넘어서고자 하는 것이라고 할 수 있다.

이런 점에서 '정치의 국가화' 대 '정치의 사회화'의 각축은 사실상 '경계투쟁'의 성격을 띄고 있다는 점이 강조되어야 할 것 같다. 즉 과정적 경계와 내용적 경계를 둘러싼 투쟁의 성격을 띠고 있다는 것이다. 정치의 국가화는 정치의 경계를 여러 가지 기제를 통하여 변화시키면서 동시에 그 경계를 부단히 고정화시키고 그 경계를 민중들이 동의하고 적응하도록 하는 노력이라고 할 수 있으며, 정치의 사회화는 바로 그 경계의 부단한 상대화와 경계 뛰어넘기를 위한 노력이라고 할 수 있다.

정치의 사회화는, 바로 정치의 경계가 정치와 사회의 관계에 의해서 구성되는 것이라고 보고, 이를 변화시키려는 노력이 된다. 지배는 정치를 특정한 정치만을 제도정치의 경계 안에 위치지우고—합법적,

제도화된 정치로 위치지우고—민중들의 사회적 요구를 지배가 정한 수준과 방향에서 수용하고자 하기 때문에, 정치의 사회화는 바로 이러한 지배가 설정한 정치의 경계들에 도전하는 것이라고 할 수 있다.

'정치의 국가화'와 '정치의 사회화'를 민중의 주체성의 관점에서 보면, 전자는 지배의 질서에 순응하는 민중의 수동화를 지향하며, 후자는 지배의 질서를 넘어서는 민중의 능동화를 지향한다. 즉 정치의 국가화는 기본적으로 민중들의 수동화를 지향한다. 민중들의 요구가 제도정치에 수렴되는 한계 내에 위치하고 그것을 통해서 흡수됨으로써 민중에 대한 지배의 동의가 유지되는 것을 지향한다. 반면에 정치의 사회화는 기본적으로 민중의 능동화를 전제로 할 수밖에 없다. 기존 정치의 한계를 뛰어넘는 민중들의 능동화가 새로운 '정치의 사회화'의 동력으로 작동한다. 그런 점에서 정치의 국가화와 정치의 사회화의 대립 각축은 민중의 수동화와 능동화의 각축이다.[9]

1) 정치의 사회화의 지향들

모든 공동체의 정치와 사회 사이에는 괴리가 존재한다. 모든 정치는 사회와 일치될 수 없기 때문이다. 바로 이 균열과 괴리가 정치의 사회화를 위한 동력을 만들어낸다. 정치의 사회화를 향한 새로운 동력들이 출현하게 되면 기존정치에 대한 광범위한 도전이 나타난다. 이른바

9 정치의 국가화는 특정한 방식으로 구조화된 제도정치의 경계를 유지하려고 하고 민중들이 이에 순응하는 형태로 존재하기를 바라게 된다. 그러나 정치의 사회화는 부단히 기존 정치를 해체하려고 하면서 정치를 사회에 일치시키는 방향으로, 민중 자신의 요구에 부응하는 상태로 정치를 재편하려는 시도로 나타나게 된다.

'기성정당에 반대하는 정당'(Aabedi, 2004) 등장도 이런 맥락에서 이해할 수 있다. 기존 정치는 이런 도전에 응전해야만 하고, 선택적 포섭은 그 응전전략의 하나일 수 있다.

정치의 사회화를 지향하는 행위들은 그 정치적 지향성에 따라서 보면 온건한 타협적 흐름과 급진적 흐름으로 구별할 수 있다. 타협적 흐름은 기성정치의 근본 구조를 해체하지 않는 조건에서, 기성정치의 경계를 넘어 나아가려는 실천을 말한다. 이를 '개혁'의 실천이라고 한다면, 급진적 흐름은 기성의 정치에 대한 단절과 변혁을 지향하는 흐름이다.

근대 대의민주주의의 맥락에서 온건한 흐름은 근대대의민주주의를 인정하는 조건에서, 민주주의의 이상에 맞추어 민주주의를 보완하고 개혁하고자 하는 노력으로 표현된다. 정치의 사회화 흐름이 정치의 국가화와 각축하면서 존재한다고 할 때, 국가는 타협적 흐름 속에서 제기되는 요구를 선택적으로 수용하면서 기성의 정치의 경계와 내용을 재생산하고자 하게 된다. 반대로 정치의 사회화를 지향하는 급진적 행위들은 근대 대의민주주의 내에서 이루어지는 현실의 정치를 뛰어넘고 그것을 재구성하고자 하는 노력으로 표출된다. 그 이상은 두 가지로 표현되는데, 첫째는 근대 대의민주주의의 형식성을 뛰어넘어 '민의 자기통치'라고 하는 이상을 실현하고자하는 지향으로 표현된다. 이는 기존의 정치의 경계를 허물고 뛰어넘으려는 노력으로 나타난다. 다음으로는 정치를 사회 (및 사회구성원의 요구) 그 체와 일치시키고자 하는 지향으로 표현된다. 이는 정치의 내용을 재구성하고자 하는 노력으로 나타난다. 전자와 관련해서 보면, 근대의 대의민주주의는 인민주권의 원리에 토대하여 민의 의지를 대리하는 대의자 정치를 실현하였지만 그것은 대표자와 민(民) 간의 괴리, 대표자의 타락과 대의 기능의 불구화 등 실질적인 민의 자기통치와는 괴리된 형태로 작동한다. 여기서 민의 직접적인 자기통치를 실현하고자 하는 지향이 표현한다. 형식적 민주주의와 실질적 민주주의 간의 괴리를 극복하고자 하는 노력도 이의 일환이라고 할 수 있다. 여기서 기존에 정치로 규정되었던 것, 기존 정치의 경계는 부단히 도전받는다.

현실의 정치는 언제나 사회와 괴리된 것으로 나타나게 되고, 대의민주주의에서의 정치는 언제나 사회적 요구를 충분히 대의하지 못하는 불완전한 정치로 출현한다. 특히 자본주의 하에서 제도정치는 부단히 경제적 불평등구조를 합리화하는 정치적 형식으로 전락해 간다. 여기서 정치의 내용을 재구성하고자 하는 혹은 정치를 사회(구성원의 요구)와 일체화시켜 가고자 하는 노력들이 전개되게 되는 것이다.

2) '정치의 사회화'의 온건한 흐름과 급진적 흐름

여기서 '정치의 사회화'를 지향(온건한 흐름과 급진적 흐름)과 그 내용(민의 직접통치와 사회적 요구와 일체화된 정치)으로 유형화 하면, 근대 대의민주주의의 형식성을 뛰어넘어 민의 직접적인 자기통치라고 하는 이상을 실현하고자 하는 온건한 흐름과 급진적 흐름, 정치를 사회의 요구와 일체시키고자 하는 온건한 흐름과 급진적 흐름이 존재한다고 할 수 있다. 근대 대의민주주의의 형식성을 뛰어넘고자 하는 온건한 흐름은 참여민주주의라던가 토의민주주의 등 다양한 방식으로 표현되며, 정치를 사회적 요구와 일체화하고자 하는 온건한 흐름은 자본주의 내의 다양한 경제개혁운동이나 이해당사자가 자본주의(stake-holder captalism)를 지향하는 흐름 등도 해당된다고 할 수 있다. 맑스주의는 두 가지 흐름 모두에서 급진적 흐름을 대표한다고 할 수 있다.[10] 이를 간단하게 정리하면 다음과 같다.

구별	내용	온건한 흐름	급진적 흐름
정치의 '경계'를 둘러싼 투쟁	근대 대의민주주의의 대의성과 '민의 통치'라고 하는 이상 간의 괴리를 극복하고자 한다.	참여민주주의 등	파리꼬뮨, 광주항쟁 등
정치의 '내용'을 둘러싼 투쟁	민주주의가 자본주의의 규율로 작동하도록 한다.	이해당사자 자본주의 등	사회주의 등

이러한 온건한 흐름과 급진적 흐름은 '정치의 국가화'의 각종 기제들-금단, 배제, 선택적 포섭 등-에 대응하여 다양한 형태로 표출될 수 있다. 즉 금단의 기제에 대항하여 '정치의 사회화'를 지향하는 경우에도 온건한 흐름과 급진적 흐름이 나타날 수 있다. 예컨대 소수 인종 집단에 대한 금단의 기제가 작동하는 하나의 사회에서 소수 인종 집단이 다수자 집단에 편입되어 대의적 공간에 참여하기를 바라는 방

10 특히 19세기 파리꼬뮨에 대한 맑스의 분석에서 바로 이러한 지향이 강하게 드러난다. 파리꼬뮨은 실패하였지만 19세기적 '민주주의'정치의 한계를 뛰어넘고자 하는 '사회'주의자들에게 있어서 하나의 이상적 시도였다. 맑스는 국가와 시민사회의 분리를 뛰어넘고자 하는 지향을 가지고 있었다. '사회로부터 발생했지만 사회로부터 소외되어 그것에 군림하는' 국가와 정치를 사회와 일체화시키고자하는 지향을 가지고 있었다. 엥겔스가 『가족, 사유재산, 국가의 기원』에서 기본적으로 국가의 발생을 사회의 계급적 분열에서 구하고 레닌주의자들이 계급적 분열의 극복과 동시에 국가사멸론을 이야기했던 것은 정치적 질서 자체가 사회와 일체화되는 순간 소멸해야 하고 소멸의 필연성을 갖는 것으로 인식되었던 것도 이런 맥락에서 이해될 수 있다.

식으로 투쟁할 수도 있고, 반대로 다수자 집단에의 편입을 거부하고 새로운 독립공동체를 만들려고 하거나 혹은 상이한 지향을 갖는 국가 및 정치를 구성하고자 하는—예컨대 이슬람근본주의적 국가와 정치를 만든다거나 혹은 사회주의적 국가와 정치를 지향한다거나 하는 식으로—투쟁으로 나타날 수 있다.

심지어 국가가 폭력으로 일체화되는 되는 경우에도 그에 대항하는 '정치의 사회화' 운동은 묵종이나 침묵의 형태로도 나타날 수 있고 '저항폭력'적인 투쟁형태—테러나 무장투쟁 등—로도 표현될 수 있다.

3) 서구 정치사회에 대한 개괄 분석

이러한 정치와 사회의 관계를 서구 역사에서 간단히 일별해 보도록 하자. 근대 민주주의 하에서 설정된 정치와 사회의 관계에 도전하는 다양한 저항과 투쟁들이 전개되어 왔다. 먼저 프랑스혁명 이후 '프랑스 내전'의 과정은 바로 이러한 정치의 사회화를 위한 아래로부터의 투쟁과 정치의 국가화를 위한 위로부터의 시도가 각축하는 국면이었다. 정치의 사회화를 위한 투쟁의 가장 극적인 형태는 아마도 파리꼬뮨일 것이다. 파리꼬뮨의 좌절을 계기로 근대 부르주아적 대의민주주의가 정착한다. 이는 특정한 방향으로 정치의 국가화가 정착하는 것을 의미한다.

근대정치에 대항하는 다양한 형태의 도전이 출현하였다. 이는 19~20세기를 걸쳐서 노동운동이나 사회주의 운동 등의 '정치의 사회화'를 위한 투쟁이 지속적으로 전개되었기 때문이다. 파시즘은 이런 도전에 대응하는 '정치의 국가화'가 개방적으로 전개되지 못하고, '정치가 부재(不在)한 국가'가 출현한 것이라고 할 수 있다. 파시즘은 정치의 국가화 대 정치의 사회화의 각축에서 정치의 국가화의 극단적인 형태이다. 파시즘 하에서 정치는 질식하게 되었고, 이에 대응하는 투쟁은 보다 급진적인 형태의 '정치의 사회화'를 위한 투쟁으로 전개된다.

급진적인 형태의 '정치의 사회화' 시도들은, 자본주의적 국가를 뛰어넘어 사회주의적 정치를 실현하는 시도로 나타났다. 이 시도의 일부는 자본주의적 민주주의 정치를 벗어나는 사회주의적 정치실험으로 귀결되었고, 다른 일부는 전후의 사회민주주의적 정치로 나타났다. 후자는 전전(戰前)에 이루어진 '정치의 사회화'를 위한 투쟁이 실현된 것이지만, 다른 한편에서는 자본주의적 국가질서가 사회주의적 요소를 '선택적으로 포섭하는 과정'이기도 하였다.

즉 자본주의는 사민당의 집권을 통해서 전전의 위기를 극복하고 전후의 새로운—상대적으로—안정적인 정치를 실현하였다.

반대로 혁명적 공산주의의 흐름을 대표하는 동구 사회주의의 정치실험은 이중적이었다. 또 다른 의미에서의 전전의 '정치의 사회화'를 위한 투쟁의 성과이기는 했지만, 동시에 사회주의적인 국가, 정치, 사회의 관계에서 '정치의 국가화'를 의미하였기 때문이다. 단지 그 국가가 자본주의적 국가가 아니라 사회주의적 국가라는 점에서만 차이가 있었다. 사회주의적 국가에 의해서 국가적 지배의 일부로 편제된 정치는 사회와 괴리되었고, 자본주의적 정치의 경계와는 다른 방식으로 사회를 배제하는 국가화된 정치가 출현하였다. 정치는 사회주의적으로 정식화된 국가의 요구를 실현하는 과정이 되었다. 이에 역설적으로,

정치와 사회의 일체화를 지향했던 사회주의정치는 사회주의적 국가에 의한 사회의 포섭으로 귀결되었다.[11] 더 협애한 행정정치가 출현하였고 이는 사회와의 괴리를 자본주의와는 다른 방식으로 출현시켰다.[12]

2차대전 이후 자본주의 하에서 정치와 사회의 관계는 새롭게 변화한다. 2차대전 이후 사회민주당 정부의 출현은 2차대전 이후 자본주의의 파시즘적 위기 속에서 정치와 사회의 극단적 괴리를 선택적 포섭을 통해서 새롭게 재구조화하고 이를 통해 재안정화하는 것을 의미하였다. 그러나 이렇게 새롭게 재구조화된 전후 정치 역시 지속적인 안정성을 담보하는 것은 아니었다. 사회민주주의적 정치까지를 내포하는 전후 정치가 전전의 정치위기를 일정하게 극복하는 데 기여하였으나, 전후의 사회변화에 의해서 이러한 전후정치 역시 위기에 직면하게 된다. 그것이 68년 5월 혁명 등으로 상징되는 '정치의 사회화'를 위한 새로운 파고였다. 사회민주주의적 정치까지를 내포하는 전후 정치의 재구조화는 '정치의 국가화'를 위한 계기가 되었으나, 사회의 새로운 활성화에 의해서 정치와 사회의 새로운 괴리가 나타나게 된다. 68혁명과 60·70년대 서구사회에서의 시민사회의 새로운 활성화는 기존의 사적

11 사회주의적 정치에서는 정치가 사회의 요구를 진보적으로 반영하는 것으로 인식되는데, 그렇다고 하더라도 사회주의적 국가가 성립한 이후에는 '정치의 국가화'의 경향이 관철된다. 그러나 사회주의 국가에서는 정치가 사회와 일체화되는 것으로 간주됨으로써 '정치의 국가화'가 갖는 내적 문제들이 충분히 인식되지 않았다. 여기서 사회주의적 국가는 존재하지만 사회주의적 정치를 부재한 상황으로 가게 된다. 정치는 국가화되고 행정화되며 이 과정에서 정작 정치의 원천으로서의 사회—그 일부로서의 사회집단들—은 수동화되어 버리게 된다. 여기서 파시즘과 같은 우익 전체주의와—내용은 다르지만—그 작동양식은 동일한 좌익 전체주의가 출현하게 되는 것이다.

12 민주주의 없는 사회주의의 위기에 대해서는 랄프 밀리반트, 1994; 하버마스, J., 1994 참조.

영역의 이슈들을 정치의 영역으로 이동시키는 계기가 되었다. 이는 사회민주주의적 정치 속에서도 쟁점화되지 않았던 사회적 영역이 정치의 영역으로 되는 것을 의미한다. 정치의 경계가 새롭게 재구성된 것이다.

이런 점을 고려할 때, 하나의 '정치의 사회화'를 위한 노력은 이후 '정치의 국가화'의 소재가 되고, '정치의 국가화'는 새로운 '정치의 사회화'를 위한 저항의 출발을 야기하게 된다고 말할 수 있다. 이것은 우리가 언제나 '(제도)정치의 상대성'을 전제하여야 함을 의미한다. 정치와 사회의 관계, 정치의 외연과 내포는 언제나 사회와의 관계 속에서, 사회를 구성하는 민중들의 의식에 따라서 상이하게 달라지는 것으로 보아야 한다는 것이다.

4. 제도정치와 운동정치: 병행 접근의 방법론

민주주의의 구성적 각축 과정에서 인민은 '근대 대표자 정치'와 '인민 자신의 정치'의 괴리 사이에서, 혹은 넓은 의미에서의 (제도)정치와 사회의 괴리 사이에서, 정치의 사회화를 향한 다양한 행위를 하게 된다는 점을 앞서 서술하였다. 이는 조직화되지 않은 대중의 직접행동(카터, 2007)으로 표현될 수도 있고, 조직화된 사회운동으로 표현될 수도 있다.

1) 운동정치 혹은 사회적 정치

'정치의 사회화'를 위한 민중들의 투쟁이나 활동은 다양한 형태로 전개될 수 있다. 그 중 조직화된 형태로 나타나는 것이 사회운동이다. 제도정치의 관점에서 본다면 사회운동은 '비정치'라고 규정될 수 있다. 그러나 정치를 그 원천으로서의 사회와 일체화시키고자 하는 활동이란 관점에서 사회운동에 접근해야 한다. 이것은 사회가 수행하는 정치라는 점에서 '사회적 정치(social politics)'라고 표현할 수 있다. 앞서 나는 근대(제도)정치가 기본적으로 사회와 괴리되어 있다는 것을 근대 민주주의 인식의 출발점으로 삼는다고 말했다. 이 괴리는 특정 역사적 시공간에서 더욱 확대되어 나타나며, 이 괴리를 인민 주체적으로 극복하기 위해 인민의 직접정치가 출현한다. 이것이 '사회적 정치'이다.[13]

그동안 사회운동 논의 내부에도, 사회운동을 제도정치와 구별하여 또 하나의 정치로 규정하는 시도들이 있어왔다. '생활정치(life politics)', '영향력의 정치', '하위정치' 혹은 '아(亞)정치'(sub-politics)(벡, 1996, 1998), '비제도적 정치'(오페, 앞의 글), '포괄의 정치'(Cohen and Arato, 1992) 등이 그러한 예가 될 것이다. 그러나 이러한 개념들은 사실 스스로를 '정치'라고 개념규정하고 있음에도 제도정치를 정치의 중심으로 전제로 한 개념들이라고 할 수 있다. 병행 접근의 방법론에서 볼 때, 정치는 본원적으로 사회의 '정치적' 활동이다. 단지 전근대사회에서는 그것이 특정한 사

13 나에게 있어, 사회적 정치는 시민사회의 헤게모니의 향방과 운동정치의 역동성을 포괄한다고 할 수 있다. 시민사회의 헤게모니의 향방과 그것의 자연스런 표현으로서의 대중의 직접행동, 그에 기반하는 운동정치가 나가 생각하는 사회적 정치이다. 현실적으로 사회적 정치는 운동정치를 중심으로 분석할 수밖에 없을 것이다.

회집단에 독점되어 있었고, 근대사회에선 전체사회와 분리된 제도정치로 분할된 것이다. 제도정치의 중심성을 전제하고 사회운동을 의제적(擬制的) 정치로 보는 인식으로부터, 제도정치와 사회적 정치를 정치의 두 가지 형태로 보는 인식으로 나가야 한다.[14] 제도정치가 근대 민주주의에서 제도적으로 위임받은 정치적 활동이라고 한다면, 운동정치는 사회운동에 의해서 수행되는 비제도적 정치로서 제도정치가 반영하지 못하는 다양한 사회적 요구와 이슈들을 쟁점화하고 대변하는 활동이라고 할 수 있다.

이처럼 제도정치만을 정치로 한정하지 않는 인식은 한국에서는 '장외(場外)정치'라는 개념 속에 발전하고 있었다고 생각된다.

장외정치라는 것이 한국에서 의미를 가지게 된 것은, 독재 하에서 제도정치의 정당성의 극도로 약화되면서, 제도정치 외부의 사회운동적 활동이 정치적 활동으로서 의미를 갖게 된데서 기인한다. 장외정치는 장내정치 혹은 제도화된 공간에서의 정치가 정치의 전부가 아니며, 장외에서 전개되는 비정치적 활동이 중요한 정치적 활동이라고 하는 의미를 내포하고 있다. 이런 장외정치라는 개념을 독재라는 특수한 국

14 코헨과 아라토가 하버마스가 이야기한 생활세계의 '제도적' 측면을 재발견하면서, 생활세계는 단순히 언어적·문화적 상호소통의 영역일 뿐만 아니라 경제사회와 정치사회에 자신을 확장시키는 '영향의 정치'와 '포괄의 정치'를 한다고 본 것도 이런 맥락에서 이해될 수 있다. 이들은, 하버마스가 체계와 생활세계를 나누고 전자를 전략적 행위로 후자를 의사소통적 행위로 대응시킨 것에 대응하여, 생활세계가 화폐와 권력이라는 매체가 지배하는 정치 및 경제사회에 생활세계적 가치를 이식하기 위한 '전략적' 활동들을 수행하는 것으로 보고 이를 체계화된 생활세계제도의 대표적인 단위로서 사회운동에서 발견하고 있다(Coehn, Jean and Arato, 1992). 코헨과 아라토도 지적하고 있듯이, 이러한 사회운동의 정치적 행위는 결사의 행위와 자신의 주장을 공적 영역에서 표출시키는 행위로 구성되어 있다고 할 수 있다.

면에서만 의미를 갖는 것으로 볼 수도 있겠지만, 반대로 이런 의미를 일반화시켜 정치가 정치의 본래의 주체이자 주인이 사회구성원의 의사와 불일치되는 상황에서는 언제나 정치가 제도화된 정치를 넘어서 존재하게 된다고 볼 수도 있다. 특히 이 글에서 보는 바와 같이 근본적으로 정치라는 것이 사회와 불일치한다는 전제 위에서 본다면, 장외정치라는 것은 정치 일반에 적용되는 보편적 의미를 담고 있다. 이 글에선 정치를 다음과 같이 구분한다.

<table>
<tr><td rowspan="4">정치</td><td>제도정치</td><td></td><td></td><td>의회 등 제도화된 공간에서 이루어지는 정치</td></tr>
<tr><td rowspan="3">사회적 정치</td><td>비(非)운동 정치</td><td></td><td>조직화된 사회운동의 형태가 아닌 형태로 표출되는 정치적 활동</td></tr>
<tr><td rowspan="2">운동정치</td><td>장외정치</td><td>제도화된 장내 정치와 구별되는, 제도정치의 외곽에서 혹은 경계에서 전개되는 정치</td></tr>
<tr><td>정체성의 정치</td><td>제도정치와의 관계 속에서가 아니라, 새로운 정체성을 구현하는 정치('개인적인 것이 정치적'이라고 하는 젠더정치 혹은 섹슈얼리티의 정치 등)</td></tr>
</table>

2) 제도정치와 운동정치의 각축의 유형

민주주의의 구성적 각축과정에서 민주주의 정치는 단지 제도화된 정당에 의해서만 구성되는 공간이 아니라 제도정당들과 운동조직들, 광의의 의미에서 제도정치와 운동정치의 각축에 의해서 구성되는 공간이라고 할 수 있다. 제도정치는 근대 민주주의의 근간인 인민의 정치성을 대의하는 중심적인 제도적 장이기는 하지만, 그러한 제도정치는 인민의 정치성을 구성해 내는 또 다른 운동정치에 의해서 영향을 받고 상호작용하면서 전개된다. 즉 민주주의의 구성적 각축과정은 단일 경로가 아니며, 제도정치만으로 파악될 수 없다. 그런 점에서 나는 투 트랙 민주주의, 곧 민주주의에 대한 병행 접근의 방법론을 제안한다.

제도정치와 운동정치의 투 트랙(Two Track)적 각축은 대중의 정치성(性)을 특정한 방향으로 전유하고 수렴하고 구성하기 위한 각축이 된다. 특정한 국가체제와 경제체제는 대중의 사회경제적 삶의 구조로서 작동하고, 그 구조에서 살아가면서 대중은 특정한 잠재적인 정치성을 갖게 된다. 이러한 잠재적 정치성을 정당은 자신을 지지하는 정치적 선호로 전환시키고자 하며, 운동은 기성정당에 대한 '반(反) 정치성'으로 구성하여 기성정당 질서를 변화의 동력으로 구성하고자 한다.

정당은 기존의 지형 위에서 '지지경쟁'을 하는 국가장치이고 운동은 그러한 지지경쟁의 지형 자체를 변화시켜 지지경쟁의 방향과 성격을 변화시키게 된다. 기본적으로 의회민주주의 내에서의 경쟁(제도정치)은 주어진 '지형(地形)' 내에서 더 많은 정치적 지지를 획득하기 위한 것이다. 이는 급진적 정당조차도 예외가 아니다. 이것이 이른바 "선거사회주의(electoral socialism)의 딜레마"이다(Przeworski, 1986). 다양한 사회운동은 바로 이러한 지형 자체를 변화시키기 위한 실천이다. 따라서 제도정치가 지지 획득 경쟁을 하는 지형 자체를 변화시키는 힘은 정당 외부의 대중, 시민사회, 사회운동에서 나온다. 한진중공업의 김진숙의 투쟁은 사회적 약자의 요구와 이해가 의회정치의 공간 혹은 민주주의적 정치의 공간에서 의제가 되기 위해서(혹은 한진중공업 조남호 사장이 국회에 불려나온다거나 더 나아가 해결을 정치적으로 강제하기 위해서) 얼마나 많은 제도정치 외부의 투쟁과 희생을 필요로 하는가를 보여주는 사례이다. 물론 나는 정치의제화를 위해서 필요한 '투쟁의 양'과 '희생의 정도'가 나라에 따라 다르고 그런 점에서 자본과 국가의 '개방성'에도 차이가 있음을 인정한다. 예컨대 제도정치 외부의 요구와 투쟁에 대해서 더 개방적인 사회도 있고 대단히 폐쇄적인 사회도 있다. 제도정당의 경우 내부의 이해관계와 권력관계가 이러한 개방성을 규정한다.

인민의 정치적 의사와 제도정치, 운동의 각축과정에서 인민의 정치적 의사가 고정화되어 있는 것은 아니다. 체제의 모순을 체감하는 인민의 잠재적 불만이 현재화되는 과정에 다양한 가능성이 존재하고, 이런 점에서 헤게모니적 구성과정이 있다고 표현할 수 있다. 이러한 정치성이 기존의 정치체제와 관련해서 어떤 정치적 성격을 갖는 것으로 '구성'될 것인가엔 다양한 가능성이 존재한다. 기존 제도정치의 혁신과정 속으로 일정하게 수렴될 수도 있고 어떤 것은 기성정당으로 수렴될 수 없는 강력한 반체제적인 것으로 지속될 수도 있다.

기성정당이 '반동적'이 될 때 인민의 불만은 더욱더 반체제적이고 기성체제를 이탈하는 정치성으로 표현될 수도 있고, 더욱 극단적인 경우에는 '혁명적' 정치성으로 표출될 수도 있을 것이다. 이러한 새로운 정치성은 한국적 특수성이 있는 반면에 동시에 지구적 일반성을 가지고 있다. 즉 국내적으로 보면 개발독재를 거친 후 민주화의 단계를 거쳐 변화하고 있는 한국 특유의 모순이 응축되어 있는 것이라고 볼 수 있고 국제적으로 보면 신자유주의적 지구화 시대의 전 세계의 자본주의와 정치가 겪고 있는 진통이 표현되는 것이라고 할 수 있다.

물론 여기서 제도화된 정당들이 수행하는 정치와 사회운동이 수행하는 정치는 상이한 위상을 갖는다. 제도정치는 근대 시민혁명과 다양한 근대화를 통해서 법제적으로 보장받은, 의제적으로 인민의 권력주권성의 현실적 형태로서 주어져있다. 제도정치는 선거를 통해서, 인민의 정치적 의사를 총합(總合, aggregation)한다. 제도정치는 '수임(受任)받은 정치'라고 할 수 있다. 그러나 사회운동이 제도적으로 위임받지 못했다고 해서, 그것이 의미가 없는 것이 아니다. 본원적으로 보면, '인민의 정치'의 '자발적인' 그리고 직접적인 표현이라고 할 수 있다. 여기서 사회운동의 몫이 주어지게 된다. 제도정치 자체도 인민의 권력 주권성을 전제로 하여 성립하는 것이라고 할 때, 권력의 주체로서 인민이 자발적으로 정치적 의사를 표현하고 정치적으로 행위를 하는 것 자체는 '인민의 정치'의 구성적 일부라고 할 수 있다.

제도정치와 운동정치 양자의 상호관계는 아래의 표에서 보는 바와 같이 다양한 유형을 나타낼 수 있다. 한국의 사례는 제도정치의 상당한 확장에도 불구하고 사회운동의 확장 속도가 상당히 크게 진전됨으로써 '제도정치의 확장과 운동정치의 역동성'이 동시에 유지되는 유형이라고 할 수 있다. 반대로 제도정치의 확장이 빠른 속도로 진행되고 이러한 구·신 모순을 둘러싼 운동정치의 역동성은 상대적으로 적게 되면, 사회운동은 주변화되고 제도정치 중심의 민주주의가 현실화된다. 나는 대만이 이러한 유형의 사례라고 판단하고 있다. 이런 점에서 보면, '1997년 헌정체제'가 균열되고 2006년 9월 쿠데타가 재발한 태국 같은 경우는 오히려 제도정치가 사회적 정치와 극단적으로 유리된 '제도정치 정체-사회운동 정체' 유형이라고 할 수 있다.

		민주화 과정에서의 제도정치의 개방성과 포괄성	
		제도정치 확장	제도정치 정체
사회운동의 역동성과 이니시어티브	역동적 사회운동	제도정치 확장-역동적 사회운동 유형	제도정치 정체-역동적 사회운동 유형
	정체된 사회운동	제도정치 확장-사회운동 주변화 유형	제도정치 정체-정체된 사회운동 유형(극단주의적 분출과 좌우근본주의가 강한 사례)

나는 제도정치는 다양한 형상을 가질 수 있다고 본다. 앞서 서술하였듯이, 제도화된 정치와 '인민의 정치' 간의 괴리를 내장한 근대 민주주의는 개별 사회에서 다양한 역사적 유형으로 구체화된다. 민주주의의 구성적 각축에서 제도정치와 운동정치 중 어느 것이 주도권을 갖는가에 따라 상이한 유형이 출현하는데, 이를 제도정치의 관점에서 기술하면 아래의 표와 같다.

	제도정치의 성격	제도정치와 사회운동의 관계	자유주의의 위상
일본형 (이른바 '1955년체제')	패권적 정당이 지속(2009년 총선에서 민주당의 압승. 그러나 과도기적)	운동은 주변화됨. 제도정치-운동-시민사회를 가로지르는 연대성이 부재	자유주의의 취약성. 리버럴의 대의범위도 넓지 않고, 급진은 분절화됨
미국형	보수 대 자유주의의 양당체제로 지속	운동은 '의회로비'를 통해서 일상적으로 제도정치에 구현됨	자유주의의 진보세력이라고 하는 의미를 분명히 가짐. 자유주의의 대의범위가 넓음
유럽형	보수 대 급진의 양당체제로 지속	급진정당과 운동의 연계성이 강함	급진이 자유주의 대의. 연합정치
한국형	제도정치의 형상은 지속적으로 변화됨	새로운 관계를 향한 각축과정	샌드위치적 지위. 급속한 이행

이른바 일본의 1955년체제와 같이 '패권적인 일당체제'로 제도정치의 형상이 구체화될 수 있다. 일본의 1955년체제는 자민당-사회당 체제였고, 거기에 공산당이 5% 내외의 지지를 점하고 있는 구도였다. 그럼에도 자민당 패권체제라고 규정할 수 있는 이유는, 야당이 자민당 패권체제에 균열 요인으로 작용하는 것이 아니라 타협적 공존을 하면서 그 지형 자체의 구성적 일부로 존재하기 때문이다. 이 때문에 사회당이나 공산당은 자민당과 '다원적인 경쟁' 관계를 형성하지 못한다. 따라서 집권당 위치를 교체할 수 있는 대안정당이 될 수 없다. 실질적으로 자민당은 연속 패권체제로 존재하게 된 것이다.

이 1955년체제는 내적 동학이 아닌, 사회주의 붕괴라고 하는 외적 계기에 의해서 균열되었다. 자민당 체제의 단기적 균열을 거쳐 이 위기는 자민당 패권체제의 재구조화로 나타나게 되었다, 2009년 일본 민주당 체제로의 전환은 그런 점에서 포스트-1955년체제의 시발이라고 할 수 있다. 이 역시 국내 보수 대 진보의 투쟁의 동학이나 민주화의 동학이 아니라, 세계화의 동학에 의해서 추진되었다는 점은 매우 흥미롭다.

또한 나아가 보수정당과 자유주의(liberal) 정당의 경쟁구도로 제도정치가 구조화된 미국의 유형이 존재한다. 반면에 유럽형의 경우는-내부에서 많은 차이가 있지만 사회민주주의정당이 집권당으로 존재했던 많은 경우-보수정당과 급진정당(노동당, 사회민주당 등)의 경쟁구도로 구조화되어 있다. 이 각각에서 제도정치와 운동정치의 관계는 다르다. 일본형 유형에서는 운동정치가 주변화되어 있다. 미국형 유형에서 운동은 '의회로비'를 통해서 일상적으로 제도정치에 개입하고, 사회적 기반을 보유한 정당은 제도정치를 통해 사회를 '동원'한다. 이에 따라 미국에선 정당 지지를 통해 사회와 인민의 정치성이 표현된다.[15] 유럽형 유형의 경우, 상대적으로 제도정치와 운동의 상호관계가 밀접한 유형이라고 할 수 있다. 급진정당과 운동의 연계성이 상대적으로 강하기 때문이다.

'제도정치를 통한 지배의 재생산'이 가능하기 위해서는 대중들이 수용하는 제도정치의 형상이 출현하고 그것이 안정화되어야 한다. 하나의 형상을 갖는 제도정치가 안정화될 것인가 불안정화되면서 균열될 것인가 하는 것은 민주주의의 구성적 힘과 해체적 힘의 각축에서 결정된다. 즉 민주주의의 확장적 힘과 제한적 힘의 각축에서 구성적 힘이-새로움을 더하면서-대중에게 잠재적으로 확대되고, 이것을 기반으로 효과적으로 운동이 이를 현재화하여, 기존 제도정치의 현실을 전환하고자 하는-괴리를 극단화하면서-정치적 의지로 전환시켜 낼 때 가능하다. 그리고 이러한 각축은 정치적·사회적 각축이다. 곧 투트랙적 상호작용이라고 보아야 한다.

3) 민주주의의 구성적 각축의 순환 구조

민주주의의 구성적 각축과정에서 제도정치의 형상이 변화하는 것이 핵심 현상이라고 할 수 있다. 구성적 각축이 한 단계 높은 수준으로 변화한다고 하는 것은 기존의 제도정치의 형상이 균열·위기를 맞게

15 이런 관점에서 보면, 독재는 정치의 매개를 거치지 않고 권위주의의 방법을 통해 사회를 동원하는 체제라고 할 수 있다.

되고, 여기서 새로운 형상이 출현한다는 것을 의미한다. 하나의 제도정치의 형상이 안정적으로 재생산된다고 할 때, 이는 1) 제도정치 내의 지배적 정당과 주변적 정당 간의 타협적 공존, 2) 제도정치와 비정치 경계의 상대적인 고정을 요구한다. 곧 정치에 대한 독점권이 제도정치에 있어야 한다. 그래야만 사회적 전쟁은 줄어들고, 제도권 내로 갈등이 이전되는 일종의 갈등의 제도화가 이루어진다. 그래야만 제도정치를 통한 지배의 재생산이 이루어지게 된다. 반대로 말하면, 제도정치의 균열은 다음 조건을 만족해야 한다. 곧 1) 제도정치 내의 지배적 정당과 주변적 정당 간의 타협적 공존의 위기 2) 정치와 비정치의 경계(제도정치의 경계)의 균열과 이에 대한 도전이 그것이다.[16] 제도정치의 균열 상황을 도식으로 표현하면 다음과 같다.

16 제도정치에는 구심력과 원심력이 존재한다고 말한다면, 운동정치에 의한 원심력이 주변적 정당이 지배적 정당에 의한 구심력을 압도하게 되면서 타협적 공존이 위기를 맞게 되는 것이다. 그렇게 되면, 제도정치와 비정치의 경계가 상대화되고 균열을 보게 된다. 이런 점에서 70·80년대 재야(在野)가 대표적인 예가 될 것이다. 여기서 모든 제도정치는 일정한 수준의 '타협적 공존'이 존재한다고 말할 수 있다. 1968년 혁명 당시를 예로 들면, 공산당과 보수정당세력 간에도 '치안'이라는 점에서, '신사회운동의 퇴폐성'을 인식하고 대응하는 데 있어서 일정한 타협적 공존이 존재했다고 말할 수 있다. 자본주의 하에의 정당정치에서 안보와 경제운영은 거의 모든 국민국가 정당들의 타협적 공존의 영역이라고 말할 수 있을 것이다. 그러나 앞서 서술하는 바와 같이 특정한 역사적 시공간은 이러한 제도정치-운동정치의 질적 관계에 영향을 미친다. 그런 의미에서, 나는 높은 능동혁명적 기대와 수동혁명적 현실 간의 괴리에서 나타나는 좌절이 크게 있다고 생각한다.

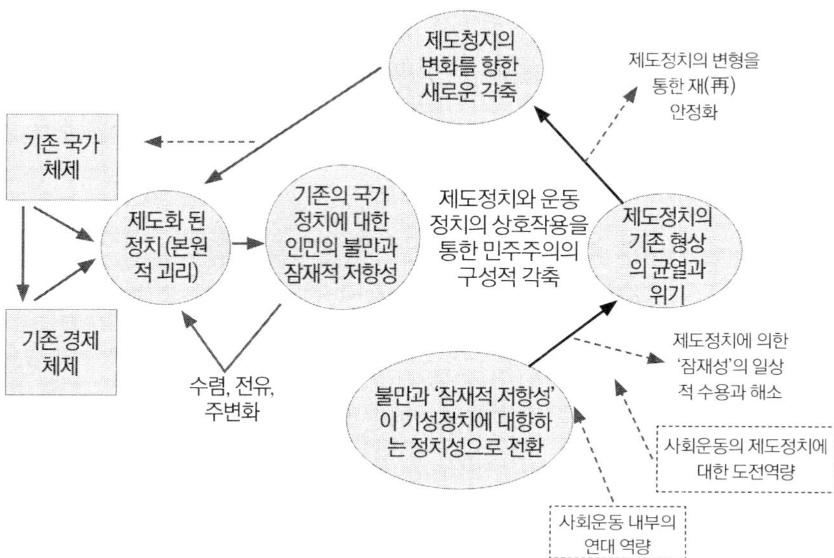

현실체제는 불완전하고 결함이 있기 때문에, 체제와 대중 간에는 언제나 괴리, 거기에 기인하는 모순이 존재한다. 이 괴리와 모순은 잠재적 저항성을 일상적으로 만들어 낸다. 예컨대 모든 국가와 정치에서 대중들은 그것에 의해 수용되지 않는 자신들의 요구와 이해에 대한 잠재적 불만을 갖는다. 그런데 이것은 잠재성(潛在性)으로 존재할 뿐 곧바로 현재화되지 않는다. 제도정치의 기존 지배적 행위자들은—정당 등—이러한 대중의 잠재적 불만이 새로운 정치성으로 전환되지 않도록 때로는 불만을 수렴하기도 하고 때로는 그러한 불만의 상징성을 담지하는 인물을 포섭하는 방식으로 이것이 기존의 제도정치와 대립되지 않는 잠재성으로 존재하게 만들고자 하는 것이다. 바로 이 잠재성을 기존의 정치와 그것을 포함하는 국가에 대항하는 '정치성'으로 전

환하고자 하는 것이 운동이라고 할 수 있다. 폴라니(Polanyi)가 이야기한 '악마의 맷돌'과 이중의 운동은 바로 '사회의 저항화' 과정을 이야기하는 것이다. 이것은 계급적 라인을 따라서 관철되기도 하고 전사회적 저항의 성격을 띠기도 한다.

(1) 운동정치의 3대 능력

나는 민주주의의 구성적 각축과정에서 사회운동의 역할이 그 향방을 결정하는 데 대단히 중요하다고 생각한다. 사회운동은 제도정치의 '지형'을 변화시키는 과정을 통해, 민주주의의 구성적 각축을 한 단계 높은 방향으로 촉진시키기 때문이다. 이런 사회운동의 역할은 다음과 같은 3측면에서 능력이 강화될 때, 확장된다. ① 사회운동의 시민사회와의 관계, 구체적으로는 시민사회 내에서의 대중적 기반 확보역량 ② 이른바 사회운동 부문(social movement sector) 내부에서의 상호연대 역량(사회운동 내부관계) ③ 제도정치와의 관계 속에서 갖는 사회운동의 역량(제도정치와 사회운동의 관계)이 그것이다.

① 대중의 잠재적 저항성을 현재화된 저항성으로 전환하는 사회운동의 매개능력

사회운동은 '잠재성의 현재화(顯在化)'의 과정에 개입한다. 그런데 이러한 잠재성(잠재적 불만 등)은 제도정치에 의해 일상적으로 수용되면서 해소되기도 한다. 만약 사회운동이 '잠재성의 현재화'에 성공적으로 개입함으로써 '제도정치의 기존 지형'을 변화시키게 되면, 제도정치의 변화를 향한 새로운 각축이 시작된다. 이는 시민사회와 운동의 관계이고, 이른바 '대중성'의 문제이기도 하다. 즉 사회운동이 자기 주제를 가지고－여성의 젠더라인을 따라서, 환경운동은 환경이슈를 따라서－대중들의 잠재적 저항성과 결합하면서 시민사회 내의 대중적 기반을 폭넓게 확보할 수 있는 역량이 중요하다. 이는 시민사회 내에서 운동의 헤게모니 능력이기도 하다.

우리는 시민사회가 운동과 반드시 일치하는 것은 아니라는 것을 전제할 필요가 있다. 시민사회 내에서 헤게모니적 위치를 갖기 위해 운동은 부단히 노력하게 된다. 이는 구성주의적 사회운동론에서 이야기하는 '인지적 해방'의 과정일 수 있다. 이 과정은 인민의 주체성(peoplehood)의 변화과정이다. 즉 이 과정은 인민의 정체성과 정치적 주체성의 재구성 과정이자 변화과정이다. 지배체제가 대중들의 잠재적 저항성을 폭넓게 산출하는 상황(기대는 높고), 운동이 잠재성의 현재화에 상당히 성공하는 상황에서 시민사회는 진보적 상태로 존재할 수 있다. 시민사회 내에서의 진보적 흐름이 보수적 흐름을 압도할 수 있다. 이런 상태가 시민사회의 저항적 활성화라는 형태로, 시민사회의 주체적 활성화라는 형태로 80년대 이후 존재하였다. 민주주의의 구성적 각축에서, 운동정치의 역량은 제도정치에 대한 '투입' 변수가 된다.

② 운동 내부의 관계 구성 능력

민주화 과정에서(혹은 모든 역사적 변화 속에서) 사회운동의 발전과정은 사회운동의 분화과정이기도 하다. 즉 다양한 차이를 갖는 '사회운동들'로 정체성의 분화가 나타나는데, 문제는 그러한 차이들을 횡단하는 연대관계의 창출능력이 존재하는가 아닌가 하는 것이다(그러한 확대에 부응하는 성숙한(차이를 존중하는) 연대성의 실현역량이다). 이 점에서 일반적으로 대중운동과 전문적인 NGO, 좌익운동과 신사회운동, 노동운동과 다양한 시민적 운동들 간에 분화와 균열이 출현한다고 할 때, 어떻게 '저항이 분절화'되지 않고, 지배의 프레임을 위협하는 형태의 주체적인 연대역량을 확보할 것인가 하는 것이 중요하다.

나는 새로운 저항들에 더하여 그들 간에 새로운 연대성이 출현하게 되는 것이 기존 제도정치의 현존상태가 고정화되지 않고 새로운 구성을 향한 각축을 만들어 내는 동력이라고 생각한다. 새로운 저항성을 담보하는 대중의 직접행동이나 사회운동의 새로운 출현과 역할에 더하여, 그러한 저항성들 간의 새로운 연대성은 민주주의의 한단계 높은 구성을 향한 각축을 가능하게 한다. 이런 역량은 다양한 저항들의 '상호연결성'이 확대되어 갈 때, 그런 상호연결성에 대한 공통된 인식이 확대되어 갈 때 증가한다.

③ 운동정치와 제도정치의 관계에서 운동이 갖는 역량: 이른바 경계정치 역량

경계정치 역량은 운동이 시민사회에서 확보한 대중성과 운동부문의 연대성을 기존의 제도정치에 대한 도전으로 전환할 수 있는 능력을 말한다. 대중의 잠재적 저항성에 기초한 운동의 조직화된 저항이 확대되면, 기존의 제도정치를 통한 국가와 지배의 재생산이 용이하지 않게 된다.

정치에 따른 타협과 조정이 이루어지지 않으면, 직접행동이 발생한다. 이는 공권력의 투입을 낳고, 결국 지배에서 억압의 비중을 증가시킨다. 이런 상황은 제도정당의 매개적 역할이 축소되는 것을 의미한다. 국가와 자본에 대한 투쟁이 증가하면서, 국가와 시민사회 운동의 충돌 상황이 빈번하게 나타나게 되는 것은 기존 제도정치 형상의 위기를 의미한다. 물론 여기서 운동의 제도정치에 대한 도전이 반드시 성공하는 것은 아니다. 도전이 성공할 수 있는 경우는, 단지 시민사회가 대중성을 가지고 있을 때, 시민사회의 진보적 활성화의 상황이 유지될 때일 것이다. 그 반대의 경우는 운동의 고립화로 귀결될 수도 있다.

경계정치 역량은 다른 의미에서 보면, 사회운동이 '제도정치의 경계'를 해체하면서, 제도정치에 대한 개입력을 확장하는 역량이다. 이 때문에 이 역량을 '경계정치' 역량으로 부른 것이다. 이 역량은 혹은 제도정당들을 '정치의 국가화'를 수행하는 '국가장치'로부터 '정치의 사회화'를 위한 매개장치로 견인하는 역량으로 볼 수 있다. 사회운동 입장에서는 '견인능력'이 되고, 제도정치의 입장에서는 '사회운동정당'화의 능력이라고 할 수 있다. 이런 의미에서 제도정당의 발전은 정작 제도정치에 집중함으로써 실현할 수 있는 것이 아니다. 심지어 진보적 제도정당 자체도 그것이 국가장치로 전환되면, 그것은 보수적 정당과 타협적 공존을 하게 된다.

(2) 경계정치

이런 3요소의 능력 합성을 통해 운동정치는 경계정치를 형성하는 역량을 확장한다. 제도정치가 대중의 요구를 담아내지 못해서 나타나는 대중/시민사회의 잠재적 저항성을 운동이 어떻게 정치화시켜 내느

냐가 중요하다. 정치의 독점적 영역으로 간주되는 제도정치와 비정치의 경계가 의문시되고 오히려 양자의 경계선 상에 있는 다양한 정치적 활동이 공신력을 갖게 될 때 이 경계정치가 확대된다고 할 수 있다. 경계정치는 기존의 제도정치를 뛰어넘는 대안적 정치의 형성역량이자, 그것의 제도정치에 대한 원심력적인 영향력이라고 할 수 있다.

정치의 국가화는 제도정치 내의 지배적 집단과 주변적 집단, 혹은 경쟁하는 집단(여야당)들 간의 '타협적 공존', 제도정치와 비제도정치의 '경계'가 높이 쌓아지는 것으로 현상화된다. 경계정치는 '식민화된 제도정치의 관점'에서는 '비정치'일 수 있지만 정치의 주인이 인민이라는 관점에서 보면 사회적 정치가 기존 제도정치의 경계선 상에서 그 경계를 교란하고 해체하면서 다양하게 펼쳐지는 정치로 볼 수 있다. 이런 사회적 정치는 제도정치와 무관하게 주변화되어 존재하는 것이 아니라, 제도정치와 비정치의 경계에 도전하면서 존재한다. 이런 경계정치가 성공적으로 전개될 때, 제도정치 내의 타협적 공존이 어렵게 되고 '진보적인 주변적 정당'은 지배적 정당과 타협적 공존을 선택하기보다는 대결을 선택하게 된다.

제도화된 정치에 대한 불신이 확대되고 대중이 비제도적 정치에 대한 신뢰성을 갖게 되면, 제도화된 정치와 그것의 외부에 있는 정치적 활동 간에 경계가 해체된다. 한국에서도 70년대 재야나 2000년 낙선운동 같은 경우는 대중들이 정당이 전개하는 정치적 활동은 불신하고 정당 외부의 정치적 활동에 신뢰를 보내는 상황 위에서 가능하였다.

사회운동은 제도정치와 시민사회의 관계에서 '경계정치'의 창출자로서의 역할을 한다. 이 역할이 적절히 이루어지는가에 따라서 '제도정치를 매개로 하는 지배/국가의 재생산'이 위기를 맞게 되고, 근대 민주주의의 새로운 구성적 각축으로의 전환이 가능하게 된다. 운동정치 혹은 사회운동이 이처럼 제도정치에 대한 '대안정치'를 '경계정치'의 형태로 구현할 수 있는가 하는 것이 중요하다. 그래서 이 책에서는 '경계정치'가 중요한 핵심개념이 된다.[17]

경계정치의 형태는 다양할 수 있다. 일차적으로 '정치의 사회화'의 온건한 흐름과 급진적 흐름은 당연히 경계정치에서도 온건한 경계정치와 급진적 경계정치를 낳는다. 우리 사회에서 시민운동의 운동정치와 민중운동의 운동정치의 차이를 연상하면 될 것이다. 당연히 온건한 경계정치는 기성정당들의 자기혁신과정에서 더 많은 포섭의 대상 곧 '초대'의 대상이 된다. 급진적 경계정치는 기성정당과의 관계가 더 대립적인 만큼 '대체정당운동'으로 나가는 것이 일반적이다. 한국에서 87년 이후 '진보정치세력화'라는 이름으로 민중운동이 진보정당을 구성하기 위해 노력했던 것을 연상하면 될 것이다.

경계정치는 단지 대체정당운동만이 아니라 다양한 형태의 '감시운동', '압력운동' 등으로도 표현된다. 이 책에서는 70년대 재야운동이나 2000년 낙천낙선운동도 중요한 경계정치의 표현으로 본다. 경계정치

17 제도정치와의 관계 속에서 사회운동의 출발점은, 근대 민주주의가 내장한 '제도화된 정치'와 '인민의 정치' 간의 괴리(정치와 사회의 괴리, 제도정치와 시민사회의 괴리, 권력과 인민의 괴리 등 다양하게 표현할 수 있을 것이다)이다. 즉 근대 이후의 정치에서 언제나 이러한 괴리를 존재한다는 것이다. 단지 제도정치와 시민사회의 괴리를 얼마나 제도정치에 대립하는 정치성으로 결집해 내고 그것을 제도정치에 대한 위협으로 정치적으로 구성해 내는가 하는 것이 바로 운동의 전략적 능력이라고 할 수 있다.이런 점에서 운동은 바로 '제도정치와 인민의 정치', '제도정치와 시민사회'의 사이에 놓여 있는 '경계정치(in-between politics)'라고 말할 수 있다.

의 장소를 도식화해보면, 아래와 같다.

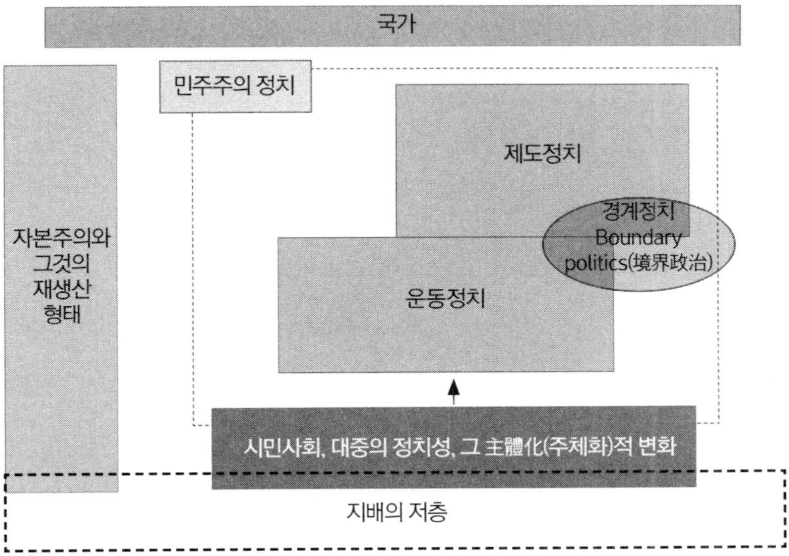

이처럼 제도정치와 운동정치가 상호 각축으로 인하여 제도정치의 심대한 위기가 나타나게 될 때, 기존 국가와 제도정치의 지배적 집단이 새로운 전략적 실천으로서 '체제전환사건'를 조직할 수 있다. 3당 합당 같은 것을 예로 들 수 있다. 그런데 기존의 제도정치의 균열이 시작되고 사회운동의 노력이 진행되더라도, 미국처럼 그것이 계속 제도정치의 일상적 확장 속에 수용되면서, 제도정치와 사회의 괴리가 극단화되지 않고 이것이 각축 국면으로 나아가지 않을 수도 있다. 이렇게 되면, 운동정치와 그것이 담지하는 대중의 불만과 괴리를 투표를 통해서나 정책적 수렴을 통해서 일정하게 완화될 수 있다.

특히 사회운동이 제도정치에 도전하는 역량은 사회운동 자체의 내재적 능력도 중요하지만, 역으로 국가, 지배, 혹은 넓은 의미에서의 제도정치의 능력 혹은 무(無)능력에 의해서 규정된다. 1917년 러시아혁명은 볼셰비키 혁명세력의 '능력'에 의해서뿐만 아니라―오히려 더 크게―사실 짜르체제의 '무능력'에 의해서 규정되었다. 이런 의미에서 나는 "혁명은 혁명세력의 유능함에 의해서가 아니라, 반혁명세력의 무능함에 의해서 규정된다"고 말한다.

결국 나는 제도정치의 변동의 역동성이 제도정치의 내적 구조에서 나오는 것이 아니라 '기존의 체제(국가체제와 경제체제)에 대한 대중의 이반(잠재적 저항성)을 배경으로 하는 운동정치의 활성화(잠재적 저항성을 반정치적 정치성으로 전환하는 역할)'로부터 나온다고 본다. 이러한 활성화로 인하여, 기존 체제와 조응하는 형태로 편제되어 있는 제도정치의 균열과 위기(이는 타협적 공존관계의 균열로 나타난다. 이것이 '기존 제도정치의 '지형' 변화가 된다)가 확대되고, 여기서 새로운 각축과 경쟁이 시작된다.

물론 여기서 제도정치의 능력/무능력과 사회운동의 역량 간의 관계는 제로섬적인 관계로 볼 필요는 없다. 운동역량의 절대적 발전에도 불구하고 그것을 뛰어넘어, 국가와 제도정치가 사회에 대한 침투역량과 동원역량, 잠재적 모순의 수용역량을 갖게 되면, 사회운동의 대중적 동원력(혹은 제도정치의 지형 변화능력)은 현저히 축소될 수 있을 것이다. 결국 운동과 저항의 역량에 의해서만 민주주의의 구성적 각축의 결과가 규정되는 것은 아니다. 운동정치는 언제나 지배세력의 응전에 직면한다.

5. 민주화 이후의 민주주의를 보는 4가지 시각

1) 민주주의의 자유화론, 민주화론, 외피론

민주주의를 제도정치와 운동정치의 구성적 각축과정으로 보는 나의 시각이 민주주의에 대한 현재의 다양한 견해와 어떻게 다른지 드러내는 것이 좋겠다. 현단계 민주주의의 성격 및 향후의 발전과제를 바라보는 4가지 유형의 시각이 존재한다고 나는 생각한다. 그것을 i) 민주주의 자유화론, ii) 민주주의 민주화론, iii) 민주주의 급진화론, iv) 민주주의=외피론으로 표현해보자.

첫째, '민주주의의 자유화론'은 기본적으로 서구식 자유민주주의와 자유시장 모델을 기준으로 삼는다. 현재의 한국 민주주의는 서구 모델에 비추어 불완전하며, 자유시장보다 열등하다. 민주주의의 발전 과제 또한 이런 기준에서 나온다. 이에 따르면, 민주주의는 국가와 정치의 근대적 작동원리로서 자본주의에 의해 영향을 받으면서도 그것으로부터 독립되어 있다. 나아가 민주주의는 그 자체가 모든 계급적 주체가 준수해야 하는 '독립적인 게임의 규칙'이자 절차이다.[18]

민주주의의 자유화론에는 경제적 자유주의 지향과 정치적 자유주의 지향이 존재한다. 전자는 경제적 자유화(예컨대 시장자율이나 관치의 극복 등)가 민주주의를 발전시킨다고 본다. 민주주의의 발전을 기본적

18 Linz(1990)는 민주화 과정을 민주주의가 '유일한 정치적 경쟁의 게임 규칙(only game in town)'(156)으로 되는 과정이라고 표현한다. Przeworski(1991)는 민주주의로의 이행 과정을 자유화와 민주화로 구분하는데, 민주화 과정에서 중요한 것은 바로 민주주의적 제도가 경쟁의 독립적인 규칙으로 정착하는 것이다(66).

으로 자유시장주의적 관점에서 바라보기 때문에 시장자율의 확대와 경제 개방화는 중요한 민주주의 발전의 계기가 된다.[19] 엄밀하게 말하면, 이들에게 '민주주의'라는 차원은 존재하지 않거나 시장자유주의 속에서 해소된다고 할 수 있다.[20]

반면에 정치적 자유주의 지향은 기본적으로 자유시장주의를 반대하지 않으면서 민주개혁의 입장에서 자본주의와 시장의 민주개혁 과제를 승인한다. 나아가 정치적 차원에도 민주주의적 발전 과제가 잔존하고 있다고 파악한다. 이들은 선거의 부활, 정치세력 간의 경쟁 및 정권 교체를 넘어서는 헌정주의(constitutionalism), 법치(rule of law), 투명성과 절차적 민주성 등의 과제가 남아 있고, 한국 민주주의는 여전히 이런 점에서 불완전하다고 본다. 특히 민주주의를 선거 도입과 그를 통한 정권 교체를 넘어서는, 다양한 차원에서의 '다원성' 확장으로 이해한다. 한국을 포함해 아시아의 민주주의는 선거민주주의의 부활과 공고화라는 병목 지점을 돌파했지만, 다원적 민주주의를 성취하는 데는 도달하지 못했다고 파악된다.[21] 경제적 자유주의 지향은 많은 보수주의자와 시장자유주의자가 표방하는 견해이며, 정치적 자유주의 지

19 자유선거와 자유시장은 서로를 강화하는 과정이며 자유민주주의는 자유로운 시장 위에서 가능하다고 보는 시각은 Friedman and Friedman(1980)에게서 전형적으로 나타난다.

20 흥미로운 것은 합리적 보수주의자라고 할 수 있는 사람들의 논의에서도 '민주주의'에 대한 논의가 없다는 점이다. 선진화와 시장자유주의적 논의만 있다(박세일, 2006; 나성린·박세일, 2008).

21 이러한 사고의 전형은 Diamond에게서 찾을 수 있다. Diamond(1999)는 민주주의 공고화의 새로운 과제가 선거민주주의를 넘어서는 '다원적 민주주의'의 확립에 있다고 본다. 자유민주주의에서 '자유(liberal)'의 핵심적 특징은 정치적 사회적 차원에서의 다원성의 확장에 있다.

향은 현재의 민주당 등으로 상징되는 개혁자유주의세력의 입장에 근접한다.

둘째, '민주주의의 민주화론'은 기본적으로 민주주의의 제도적 규칙이 정착되어, 사회적 갈등이 제도정치의 공간에서 가공, 타협, 수렴되는 상태로 민주주의가 발전해야 한다고 판단한다. 나는 최장집 교수의 입장을 여기에 둔다. 실제 그의 책 중 하나는 '민주주의의 민주화'라는 표제가 붙어 있다. 민주주의의 민주화론의 시각에서 볼 때 한국 민주주의 발전의 중요한 제도적 과제는 제도정당의 강화이다. 이런 점에서 한국 민주주의는 병목 지점에 처해 있다. 즉, 반독재 민주정부의 집권세력이었던 개혁자유주의 세력은 과거 반독재 민주화운동의 운동중시적 태도를 계속 견지하고 있기 때문이다. 결국 다양한 사회적 갈등을 대의해줄 수 있는 '좋은 정당'을 발전시켜야 하며, 운동정치보다는 제도정치의 발전과 확장이 민주주의 발전에서 중핵적인 과제라고 판단한다.

최장집은 반독재 민주정부하에서 한국의 민주주의는 '신자유주의적 민주주의'로 전락했고 이것이 민주주의의 위기를 불러왔다고 서술한다. 따라서 민주주의의 위기를 극복하기 위해서는 민주주의의 위기적 요인–예컨대 신자유주의화에 따르는 사회경제적 갈등 등–을 수렴하는 제도정치의 정상화와 민주화가 중요하다고 본다. 이런 점에서 그는 제도정치가 사회적 갈등을 폭넓게 수렴하는 서구의 사회–자유주의적 모델 혹은 사회민주주의적 모델의 실현을 지향한다.

물론 민주주의 민주화론은 정치적 자유주의와 같이 제도로서의 민주주의, '(정치적) 게임의 규칙'으로서의 민주주의의 독자성과 독립성을 중시하면서 헌정주의, 법치, 투명성과 절차적 민주성 등에서도 한국 민주주의의 발전 과제가 존재한다고 판단한다. 민주주의 민주화론은 정치적 자유주의 지향에도 부분적으로 근접하지만, 동시에 민주주의가 신자유주의화의 경향에 의해 제약되면서 왜곡되는 측면을 강조한다는 점에서 진보적 민주주의론의 입장에 선다.

셋째, 민주주의를 자본주의의 정치적 외피로 보는 '외피론적' 사고 유형이 존재한다. 이러한 인식에 따르면, 민주주의 자체가 사회경제적 문제의 해결에서 본질적인 것이 아니다. 때문에 민주주의적 개혁을 치중하는 단계를 넘어서서 반신자유주의적 투쟁이나 반자본주의적 투쟁 같은 더 본질적인 사회경제적 차원에 관심을 가져야 한다. 경제환원론적 맑스주의에서 이러한 사고가 표현된다.[22]

민주주의의 비본질론은 반독재 민주정부를 거치면서 어떤 의미에서 민주주의가 신자유주의적 자본주의 모순의 대중적 인식과 저항을 저해하는 정당화 기제로 전락했다고 본다. 1997년 이후 이미 한국 민주주의는 한국 신자유주의적 자본주의의 정치적 외피로 전락해 있었다는 것이다. 이것은 민주주의에 대한 '도구론'적 인식이라고 할 수 있는데, 이 입장에서 보면 민주주의는 그 자체로 고유한 분석대상으로서의 의미를 갖지 않으며 자본주의와의 관계 속에서 그 구조적 의미가 규정된다. 중요한 것은 민주주의라는 정치적 형식 속에서 자본주의가 어떻게 (인)민을 착취하고 지배하는가 하는 것이며, 그것만이 '본질'적인 것이다.[23]

---

22 이는 민주주의를 '자본주의의 정치적 외피'로 인식하는 민주주의 극복론(자유민주주의 극복론적 인식 유형)이라고 표현해볼 수 있다.

23 민주주의에 대한 이러한 시각은 역사적으로 보면 국가사회주의가 '독재적' 사회주의로

페트라스와 벨트마이어의 "민주주의는 계급적 이해 및 계급투쟁과 독립적으로 존재하지 않는다. ……민주주의와 민주적 절차는 자본주의의 헤게모니가 도전받지 않는 조건 또는 노동자들이 자본가와 제국주의의 전복으로부터 자유로운 국가를 공고화할 수 있는 조건 아래서 가장 잘 작동할 수 있다"(2008: 276)라는 서술은 이러한 인식을 잘 보여준다. 나아가 그들은 "민주주의 국가가 자본가계급에 의해 지배되거나 또는 그들의 이해를 위해 작동할 때 민주주의는 '선(善) 그 자체'로 간주된다. 그러나 민주주의가 사회적 관계와 소유권을 변혁하는 강령을 제공할 때 그들은 민주주의를 '사치품'으로, 즉 소유관계와 특권을 잘 보호할 수 있는 권위주의 체제에 의해 적절하게 대체될 수 있는 소모적인 것으로 간주한다"(259).[24]

사실 자본주의적 지배와 착취가 본질적인 차원이고 민주주의는 비본질적이며 그것의 정당화 기제에 지나지 않는다는 인식은 일반적으

전락해간 중요한 원인이 되었다. 자본주의는 민주주의의 도전 속에서 (인)민의 혁명화를 저지하면서 자본주의체제를 '문명화'하고 그 결과 '안정화'시켰던 반면, 국가사회주의는 민주주의를 도구화함으로써 현실 사회주의의 문제를 스스로 정정할 수 있는 기회를 박탈당하고 (인)민 억압적 체제로 타락해갔던 것이다. 국가사회주의는 현실에서는 "전 사회적 감시와 처벌의 체계를 통해 유지되고 일상생활의 '경찰화'와 연결되어 있는 전체주의적 통제 체제"(하버마스, 1994)로 작동했다. 이와 같은 국가사회주의에 의한 '민주주의의 폐기'는 국가사회주의의 붕괴를 촉진함으로써 일종의 '변형된 복수'를 수행했다. 20세기 역사는 민주주의를 도구화함으로써 '야만적' 방향으로 전락해간 사회주의와 반대로 민주주의를 이용한 인민의 투쟁을 통해서 '문명적' 방향으로 변화가 강제된 자본주의 간의 대결에서 전자가 패배했음을 가르쳐주고 있다.

24 페트라스와 벨트마이어는 자본가계급이 스스로의 소유권이나 특권이 민주주의에 의해 침식된다고 느낄 때 제3세계의 많은 나라에서 자본가계급은 민주주의를 폐기하고 권위주의로 경도되었다고 서술한다(2008: 277). 상대적으로 서구에서 자본주의적 민주주의와 민주적 게임 규칙이 안정적으로 작동하는데, 이는 좌파가 자본가계급의 소유권에 대한 심각한 도전을 포기했기 때문이라는 것이다.

로 좌파에게서 볼 수 있다. 고전적으로는 마르크스가 민주주의를 자본주의의 '정치적 외피'로 표현했던 것에서도 찾아볼 수 있다. 레닌 역시 "시장과 선거 및 자유의 확대 과정은 부르주아 민주주의공화국이 그 내부로부터 가장 완전한 형태로 도달하는 자본주의적 관계의 이상적인 제도적 외형"(페트라스·벨트마이어, 2008: 252)이라고 보았다.

나는 이러한 사고유형에 '합리적 핵심'이 있다고 생각한다. '외피론'은 앞서 내가 논의한 정치의 국가화 대 정치의 사회화의 각축에서 전자가 극단적으로 지배적인 흐름이 되는 상황을 이야기하는 것이라고 생각한다. 자본권력과 시장권력에 의해 극단적으로 민주주의가 포획될 때 그것은 맑스가 지적하고자 했던 것처럼 자본주의의 '정치적 외피'가 되고 현실 국가가 '부르주아지의 공동업무를 수행하는 위원회'가 된다.

그러나 이처럼 구성적 각축의 결과물을 '본질'로 볼 때 그것은 경제환원론적 시각이 된다. 이러한 경제환원론적 시각을 뛰어넘어, 민주주의의 양면성을 인정할 필요가 있다.

이러한 외피론적 시각은 1997년 이후 반독재 중도개혁자유주의세력이 세계화의 도전 속에서 좌절하고 신자유주의적 프레임에 포획되면서 증폭되었다. 민주주의가 대중의 사회경제적 투쟁에서 현저하게 그 의미를 상실하게 되면서 더욱 강화되었고 그런 점에서 민주주의에 대한 일정한 비판적 문제제기의 성격을 가지고 있다. 그러나 그렇다고 하여 민주주의를 본질론적으로 외피로 인식할 필요는 없다.[25]

25 나의 입장에서 민주주의는 '정치를 내포하는 지배', '정치에 기반한 국가'를 의미한다. 독재와 민주주의를 구별한다면 전자는 '정치 없는 국가' 혹은 '정치 없는 지배'를 의미하

이 점은 우리가 맑스의 논의에 접근하는 시각과도 연관되어 있다. 이와 관련하여 나는 3개의 맑스가 존재한다고 생각한다. 즉 공산당 선언의 맑스와 프랑스 3부작의 맑스, 자본론의 맑스가 그것이다. 여기서 우리가 시도해야 할 것은 바로 프랑스 3부작에서의 맑스이다. 맑스는 프랑스 3부작에서 자본론이 해명하고 있는 자본주의의 축적과정을 기초로 정치세력들이 각축하며 급진적 세력들이 순치되어 부르주아 민주주의로 안착되어 가는 과정을 그리고 있다. 이런 점에서 스탈린주의적 맑스주의의 최대의 폐해인 경제환원주의를 넘어서서 맑스주의적 정치사회학을 수행하고자 한다면, 『자본』의 맑스를 출발점으로 하면서 마르크스가 '프랑스 3부작'에서 하고자 했던 작업을 결합시키는 것이라고 생각한다. 이것은 제도정치, 민주주의, 정치를 단지 본질론적으로 규정하는 것이 아니라 자본주의의 토대적 규정 위에서 작동하는 구성적 각축과정으로 바라보는 것이다.

사실 맑스주의 내부에서도 많은 논의의 축적이 있었다. '상부구조의 자율성'이라는 이름으로 논의되던 것들이다. 자본권력을 지배적으로 만드는 물적 조건은 모든 자본주의 사회에 동일한 것이다. 이렇게 토대적 수준에서 지배적 권력을 장악한 자본이 국가를 포스트개발독재적인 신자유주의적 국가로 재구성하고자 하고 있고, 이것의 질적 성격을 둘러싸고 민중들과 거대한 전쟁을 하고 있는 것이다. 전자를 마르크스가 『자본』에서 이야기하고자 했다면, 후자를 마르크스가 '프랑스 3부

며, 민주주의는 지배와 국가의 내적 기제로서의 민주주의적 정치가 복원된 것을 의미한다. 이처럼 '정치(민주주의적 정치)'를 강조하는 입장은 '정치를 경제로 환원하는' 혹은 경제의 고유한 역할을 간과하는 '경제주의'적 입장과 구별된다. 나는 사회공공성의 입장을 이러한 경제주의적 입장이라고 보고 있다.

작'에서 이야기하고자 한 것이라고 나는 이해한다. 상부구조의 구성, 상부구조와 하부구조의 관계를 둘러싼 투쟁이 여러 정치세력들 간에 국가를 둘러싸고 거대한 정치적 계급전쟁 형태로 전개되고 있고, 이것의 중요한 한 측면이 '정치의 구성투쟁'이라고 나는 생각한다.

앞서 나는 정치를 제도정치로만 파악해서는 안 되며, 정치는 '정치의 국가화' 대 '정치의 사회화'의 각축 속에서 구성된다고 하는 점을 서술하였다. 이런 식으로 정치를 구성적으로 보는 시각은 정치에 대한 도구론적 관점과 정치에 대한 일면긍정적인 시각을 모두 넘어, 정치를 그 본래적인 이중성을 통해 인식하게 해준다. 근대 선거정치는 제도정치를 인민의 정치적 지향에 따라 부단히 재구성하도록 허용하는 체제이다. 반대로 민주주의가 부단히 현실권력들에 의해서 포획되는 위험성과 현실성을 가지고 있는 체제라는 인식을 못하면, 민주주의의 허구화과정을 포착할 수 없게 된다.

2) 민주주의의 급진화론

나는 '민주주의의 자유화'론, '민주주의의 민주화'론, 민주주의=외피론 같은 인식 유형과는 구별되는 '민주주의의 급진화'[26]론이 존재한

26 '민주주의의 급진화' 프로젝트는 '민주주의의 사회화' 프로젝트라고도 할 수 있다. 민주주의가 자본 지배의 '정합적인' '정치적 형식'으로 왜소화되는 것을 '민주주의의 공동화', 민주주의의 급진적 확장을 통해 자본 지배에 대한 새로운 정치적 공적 통제가 이루어지는 것을 '민주주의의 사회화'(조희연 · 김동춘 · 유철규, 2008)라고 표현할 수 있다. 이 '사회화'는 민주주의와 자본주의의 관계에서만 구현되는 것이 아니라 민주주의와 다양한 소수자 집단의 관계에서도 적용될 수 있다. 이 글은 주로 전자를 중심으로 민주주의의 급진화를 논의하고 있다는 점을 밝혀둔다. 이 민주주의 급진화 프로젝트

다고 생각한다. 먼저 민주주의의 급진화론은 한국적 민주주의론의 맥락에서 '민주주의의 자유화론'에 대한 비판을 출발점으로 한다. 나아가 '민주주의 극복론'의 진보적 정신을 계승한다. 민주주의를 비본질적인 것으로 파악하지 않고 '민주주의의 민주화'론을 넘는 민주주의론의 새로운 재구성을 시도하고자 하는 입장이라고 말할 수 있다. 즉, 진보적 민주주의의 입장과 동시에 급진적 반차별론자의 입장에 서 있지만 민주주의를 포기하지 않고 민주주의를 도구화하지 않으면서 그것을 통해 천민적 자본주의와 다양한 사회적 차별의 현실을 극복해가는 대중적 기반을 설정하고자 하는 것이다.

'민주주의의 민주화론'에 따르면, 제도정치가 다양한 사회적 갈등과 적대를 '대의'하지 못함으로써 야기된 현 단계 제도정치의 불완전성을 극복해야 한다. 이 지점에서 최장집은 사회운동세력이 '운동에 의한 민주화'에 집착하지 말고 '좋은 정당'을 만들기 위해 노력해야 한다고 주장한다. 나는 현 단계의 제도정치가 사회적 적대를 반영하지 못하는 형태로 불구화되어 있다는 점에서는 현실 진단을 공유한다. 그러나 그것의 극복은 '제도정치의 정상화'가 아니라 사회적 동력에 의한 제도정치를 포함한 민주주의의 재구성 투쟁을 통해서 가능하다고 생각한다. 다시 말해서, 제도정치에 인입되지 않는 대중의 다양한 저항적 잠재력을 '정치화'(사회적 적대의 정치화)함으로써 제도정치와 사회의 괴리를 정정하고 민주주의의 재구성을 도모해야 한다.

현실의 제도정치는 부단히 특정한 요구와 이해를 배제하는 식으로

는 각각의 시각과 지향에 따라 상이한 이름—생태복지국가, 역동적 복지국가, 생태사회(적)민주주의, 서민을 위한 민주주의, 사회국가, 민주사회주의 등—을 가질 수도 있다.

작동한다. 1990년대 이후 2000년대 한국의 민주주의는 '신자유주의적 세계화' 담론에 기대어 특정한 요구와 이해를 '민주주의의 외부(예컨대 비정규직 등)'로 전치(轉置)하는 과정을 통해서 작동했다. 그런 점에서 1987년식 민주주의를 '미완성'을 상정하고 이를 '완성'하는 '단선적인 민주주의 정상화' 프로젝트를 상정해서는 안 된다. 민주주의의 급진화론이 민주주의의 민주화론의 긍정적 현실 진단을 계승하면서도 구별되는 지점이 바로 여기이다. 현 단계 한국 민주주의의 발전은 자유민주주의의 정상화가 아니라 자유민주주의의 외부로 나아가는 과제 속에 존재한다.

그러기 위해서는 사회적 적대의 정치화를 촉진하면서(이에 사회운동이라고 표현되는 대중적 역동성이 필요하다), 사회적 적대의 제도정치적 표출이 가능한 새로운 민주주의적 경합공간을 출현케 하는 것이 필요하다. 사회운동, 특히 진보적 사회운동의 입장은, 한국 민주주의에 의해서 대의되지 않는 새로운 '사회의 위기'—사회와 정치의 괴리가 확대되고 민주주의가 사회의 적대를 반영하는 경합공간으로서의 성격을 상실해가는 것—에 직면해 이러한 사회적 위기에서 말미암는 새로운 저항성을 정치화하는 과정을 통해 한국 민주주의의 재구성(발전)이 가능하다고 보는 것이다. 민주주의의 급진화론이 민주주의의 비본질론과 다른 것은 민주주의의 민주화론과 같이 근대 정당의 대의적 기능을 폐기하는 것이 아니라는 점에 있다. 제도정치와 사회운동의 결합적 관계를 내포하는 일종의 '사회운동정당'을 구상한다는 점에서 민주주의의 급진화론은 민주주의의 민주화론과 구별된다. 근대 민주주의에서 정당에 의한 대의 구조를 부정하는 것은 '다른 수단에 의한 권위주의'로 갈 수가 있다. 이런 점에서 사회운동은 '다른 수단에 의한 정치'를 지향하지만 제도화된 정치의 부정이 아니라 국가사회주의의 붕괴를 성찰하면서 새로운 민주주의를 상상하고 실험해야 한다고 생각하는 입장에 선다.

나아가 민주주의의 급진화론은 '사회주의의 민주주의 비판'을 수용하면서도 민주주의를 본질주의적으로 폐기해버리는 것이 아니라, 민주주의를 급진화하고 '자유민주주의의 외부'로 나가는 방식으로 해결하고자 하는 것이다. 또한 민주주의 민주화론이 상정하는 것처럼 사회운동의 역할이 긍정적으로 작동했던 시기가 지나갔으므로 사회운동의 역할이 정당으로 전이되어야 한다고 상정하는 것이 아니라, '정당과 사회운동의 관계'를 새로운 맥락에서 재구성하고자 하는 것이다.

6. 최장집과 손호철 논의의 계승과 비판

1) 최장집의 정당 중심 민주주의론

나는 최장집의 입장을 '제도정치 중심주의'라고 판단하면서, 대안적으로 '제도정치와 운동정치의 상호작용적 시각'을 중시하는 입장, 즉 민주주의를 제도정치의 '위로부터의 동원(top-down mobilization)' 대(對) 운동정치의 '아래로부터의 동원(bottom-up mobilization)'의 각축 속에서 구성되는 과정으로 보고자 한다.

최장집 교수는 『민주주의의 민주화(2006)』에서 "다시 민주주의인가? 다시 운동인가?"(38)라고 묻는다. 그리고 "운동의 재활성화는 오늘의 변화된 현실에서 얼마나 가능할지도 회의적이거니와, 설사 가능하다 하더라도 민주주의의 제도적 틀을 회피할 때 그것이 어떤 결과를 낳을 것인가? 안타깝지만 퇴행의 사이클은 또다시 반복될 것이다"(41).

그의 정당을 강조하는 입장은 여러 지점에서도 강조된다. 즉 "대통령이 권위주의적이 되는 것은 기본적으로 정당이 허약하기 때문이다" "정당이 허약한 이유는 정당이 사회에 뿌리내리지 못하고 권력의 연원이 그 기반으로부터 나오지 않기 때문이다" "정당을 매개로 하여 갈등의 조정과 타협을 이룰 때만 사회통합을 이룰 수 있다."

최장집의 정당중심론은 몇 차례 현실적인 계기로 쟁점이 되었다. 2011년 10월 서울시장 보궐선거를 둘러싸고는 민주당 후보를 지지해야 하는가 혹은 시민후보를 지지해야 하는가라는 쟁점이 있었다. 정당을 중시하기 때문에 무소속 시민후보가 사회적 갈등을 조정하고 매개하는 정당 후보가 아니라는 점에서 무소속 시민후보에 대해서 비판하는 견해도 있었다. 2008년 촛불시위 과정에서는 제도정치를 중시해야 하는가 아니면 대중의 직접행동정치를 중시해야 하는가, 양자의 올바른 관계는 무엇인가 하는 쟁점이 형성되기도 했다.

2008년 촛불집회에 대해서, 최장집 교수는 다음과 같이 견해를 표명하였다. "촛불집회는 민주주의의 제도가 무기력해 작동하지 않고 정당이 제 기능을 못할 정도로 허약할 때 그 자리를 대신할 일종의 구원투수 같은 역할, 수호하는 역할을 수행했다"[27]고 그 긍정성을 지적하면서도, 6월 20일 정년퇴임기념강연에서 "1987년 민주화 이래 '운동'은 한국사회의 민주주의를 만들고 지키고 이끄는 역할을 해왔지만 그것을 과도하게 보는 것은 바람직하지 못합니다. 좋은 정당과 정치지도자

27 〈경향신문〉 2008년 6월 24일.

를 통해 대의제 민주주의를 강화하는 게 최선입니다....운동이 민주주의에 기여하는 측면을 강조하는 이들이 있는데 이것은 대의제 민주주의를 넘어서 어떤 이상적 민주주의를 선망하는 것일 뿐 현실의 대안이 될 수 없다....(특히 쇠고기파동으로 촉발된 촛불시위에 대해─인용자) 제도권 밖에서 제도권에 대해 문제제기하고 비판하는 현상이다....이런 현상은 빨리 제도 안으로 수렴해야 한다"며 정당정치의 강화 필요성을 강조했다.[28]

사실 민주주의에서 제도정당이 주도하는 의회정치와 사회운동이 주도하는 운동정치 혹은 사회적 정치의 관계에 대해서는 최장집 교수와 논쟁을 하기도 했다.[29]

---

28 〈문화일보〉 2008년 6월 21일.

29 최장집 교수는 일관되게 한국민주주의의 정착을 위해서 제도정치의 정상화가 필요하고 정치의 중심으로서의 정당정치의 정상화와 확대가 필요하다는 점을 강조했다. 나는 이를 '제도정치 중심주의'라고 보고 비판한 바 있다. 이러한 그의 견해는 최장집, 『민주주의의 민주화: 한국민주주의의 변형과 헤게모니』(후마니타스, 2006) 1장과 6장에 잘 표현되어 있다. 이에 대한 나의 견해는 이 책의 제1부 4장 참조. 나는 최장집의 관점을 '제도정치 중심주의'라고 표현하고 나의 관점을 '사회 중심주의'라고 표현했다. 그러나 제도정치 중심주의도 사실 사회운동의 역할을 기각하는 것이 아니라 특정한 견해를 가지고 있으며 사회 중심주의도 제도정치를 기각하는 것이 아니라 제도정치에 대한 특정한 견해를 가지고 있다. 어떤 의미에서 제도정치와 사회운동(운동정치)의 관계에 대한 관점 차이라고 할 수 있다. 실제 최장집이 적절히 지적하듯이 한나라당, 열린우리당, 통합신당 등 제도권정당들이 이익과 요구를 조직화하고 거기서 머무는 것이 아니라 갈등하는 사회경제적 집단들의 요구와 이해를 대안, 정책들로 조직화해 제도정치의 장에서 수렴하고 조정하고 매개하는 기능을 적절히 못하고 있고 그 점이 보완되어야 한다는 점을 인정한다. 실제 '정당의 불구화'라고 하는 상황이 정당에 의한 대의기능의 일부가 사회운동에 의해 대리수행되는 '대의의 대행'이 이루어지고 있다. 그런 점에서 정당하게 정당의 대의기능 혹은 대표기능, 사회적 갈등이 수렴기능이 강화되어야 한다. 단지 나는 제도정치란 특정한 계급적·사회적 지형 내에서 이루어지는 활동이라고 한다면 사회운동은 그 지형 자체를 변화시키는 운동이라고 할 수 있다. 나는 정당은 특정한 지형 위에서 지지 획득경쟁을 하는 '국가장치'로서의 성격을 갖는다. 반대로 대중운동

최장집 교수는 촛불집회를 제도화된 의회정치의 혁신과 변화의 계기로 삼아야 한다는 의미였을 것이다. 그러나 심지어–노동가요 '접수가'를 개작하여–대구 촛불집회 장에서 불려진 한 노래에서 "여의도 의사당에 앉아서 웃기고 졸고 있는 국회의원들, 국민이 의회를 접수하라"[30]고 하는 표현도 사용되는 상황에서, 즉 여의도 정치에 대한 불신으로부터 광장으로 나온 대중에게 이제 그만하고 여의도 정치에 맡기라고 하는 것은 적절하지 않았다고 생각된다. 물론 촛불집회 자체가 여의도 의회정치의 한계와 불신에서 파생된 것이기 때문에, 여의도 정치의 반성과 변화를 촉구하는 계기로 볼 수 있고 그런 고언(苦言)으로 생각된다. 그러나 촛불집회는 정치의 중심이 아니므로 여의도 의회정치에 모든 것을 위임하라고 하는 것은 대안이 될 수 없다.

앞서 근대민주주의의 본원적 결함에 대해서 서술하였다. 이는 근대 시민혁명 이후 민주주의가 한 번도 '정당을 통한 대의민주주의'와

과 사회운동은 바로 그 지형 자체를 변화시키고자 하는 집단적 실천이라고 생각한다. 한국에서 하나의 의제(예컨대 한진중공업의 정리해고 문제)가 정당 외부의 사회적 투쟁을 통해서 어떻게 정당과 의회의 공적 의제로 되어가는가를 김진숙 투쟁과 '희망버스'는 잘 보여주고 있다. 정당정치와 의회정치의 한계를 넘어서서 그것을 위협함으로써 조남호는 국회청문회에 설 수 있었다. 자본주의에서 공장과 기업은 '자본가의 사적(private) 공간'처럼 인식된다. 정당도 그를 인정하면서 존재하며 그래서 '정치가 개입할 수 없는' 공간처럼 간주한다. 그러나 정당과 의회 외부의 사회적 투쟁이 바로 자본가의 사적 공간의 의제를 공적인 정치적 의제로 만들어가게 되는 것이다. 사실 서구의 자본주의의 '문명화'는 그런 식으로 이루어져왔다. 그런 점에서 '지형' 자체가 유동적으로 변화해가는 한국적 정치현실에서 제도정치만으로 정치를 사고하는 것은 대단히 협소한 것이라고 할 수 있다[이에 대해서는 신영복 · 조희연 · 장훈교(2007) 참조]. 제솝의 표현을 빌면, 이러한 마르크스주의적인 탈정치주의는 '자본 환원적' 접근법에서 유래하는 경향이 있다(제솝, 2000: 91).

30 〈한겨레신문〉 2008년 7월 5일.

일체화된 적이 없으며, 정당이 '대중 자신의 정치'를 모두 대표한 적이 없다는 것을 말해준다. '현실의 민주주의'는 언제나 '인민의 자기통치', '정치적 평등을 전제로 한 인민의 참여정치'라는 이상과 괴리되면서, 지속적으로 도전과 불신의 대상이 되었다. 이러한 상황은 특정한 역사적, 현재적 조건 위에서 더욱 확대된다. 한국에서 최장집이 이야기한 대로 '열망과 좌절'의 사이클이 지속되는 것도 사실 이러한 요인이 근저에 있기 때문이다.

앞서 서술한 대로, 제도화된 정치가 정치의 전부가 아니라는 관점이 필요하다.[31] 이는 정치의 중심을 제도화된 의회정치로만 삼는 것을 부정하는 것이다. 이러한 시각에서 보면 운동정치, 대중의 직접행동 정치는 그 자체의 고유성을 가지고 필연적으로 존재한다.

바로 이 괴리, 대중의 입장에서 보면 기존 제도정치에 대한 불신과 도전을 자양분으로 해서, 역설적으로 근대민주주의와 정당은 부단히 혁신되어왔다. 예컨대 바로 그러한 긴장 때문에 숙의(熟議)민주주의나 직접민주주의적 기제를 확대해 '정당을 통한 대의과정의 불완전성'을 보완하려는 노력도 진행되었다. 또한 기존정당과 대중의 괴리 때문에 자신을 혁신하는 정당이 대중적 지지를 받는 과정을 겪으며 서구의 낮은 수준의 자유민주주의는 사회민주주의단계로 발전되어왔다. 더

31 인간의 사회적 삶 속에는 구성원들 간의 경쟁 대립 적대의 성격이 내재되어 있다. 무페는 C. 슈미트의 논의를 빌어 적대 없는 사회는 불가능하면 적대는 사회의 본질이다라고 말한다(무페, 샹탈, 2006: 178). 바로 이러한 사회 내에 존재하는 근원적인 대립과 경쟁, 적대가 바로 다양한 '정치적인 것'들을 만들어내게 된다. 문제는 이러한 다양한 정치적인 것들이 제도화된 정치 내에 얼마나 수렴되느냐 그것이 어떤 정치적 과정으로 '가공'되는가 하는 점이다. 근대 민주주의는 경쟁 갈등 적대하는 세력들의 공존의 프레임이 되어 근대 이전의 '살육적 적대'를 '적대적 경쟁'으로 전환하는 데 기여하게 된다.

나아가 정당을 통한 민주주의로 수렴되지 않는 일상의 민주주의, 생활세계 민주주의, 풀뿌리 민주주의를 실현하기 위한 다양한 노력들이 '정당 외부'에서 활발하게 전개되었다.

앞서 민주주의는 그 자체가 고정된 본질이 아니고 계급적·사회적 투쟁의 결과로 재구성된다는 점을 언급하였다. 그런 점에서, 오히려 기성의 민주주의, 기성의 제도화된 민주주의 '외부'의 불온한 투쟁들이 기성의 민주주의를 새롭게 재구성하는 동력이 된다. 현실을 보게 되면, 언제나 시민들과 민중들은 기존의 지식범주가 설정하지 않은 시민적 · 민중적 능동성으로 기존의 제도정치의 경계를 뛰어넘고, 정치와 운동경계를 넘나들면서, 기존의 정치를 전복하기 위한 다양한 행동을 한다. 생활정치나 풀뿌리정치, 직접행동정치 같은 것은 이미 제도정치로 포괄될 수 없는 대중의 비제도정치적 또는 비정당적 정치라고 할 수 있다. 이런 의미에서 시민은 시민운동과도 동일시될 수 없고, 노동자도 노동운동과 동일시될 수 없다. 어떤 의미에서 시민은 시민운동을 뛰어넘는 능동성을, 노동자는 노동운동을 뛰어넘는 능동성을 만들어내면서 변화를 일궈낸다고 할 수 있다.

물론 근대대의민주주의에서 정당정치, 의회정치를 포함한 제도정치의 중요성은 당연히 인정받을 수 있다. 그러나 한 민주주의 내에서 의회정치와 비제도화된 운동이 어떤 관계를 가질 것인가, 한 민주주의의 작동에서 그리고 의회정치의 작동에서 직접행동정치가 어떤 위치와 관계를 가지느냐 하는 것은 대단히 상이한 형태로 구현된다고 할 수 있다.

이런 점에서 정당 중심인가 아닌가 하는 문제는 진정한 쟁점이 아니다. 왜냐하면 근대민주주의에서 정당의 중요성을 부정하는 사람은 없기 때문이다. 오히려 진정한 쟁점은 기존 정당이 대중의 새로운 정치적 요구와 이해, 감수성을 담아내지 못함으로써 대중의 광범한 불신과 이반이 편만해 있는 현상이다. 기성정당에 대한 불신은 사실 한국만이 아니라, 전 지구적 현상이기도 하다. 이른바 신자유주의적 지구화의 파괴적 공습으로 '사회 자체의 해체적 위기'가 출현하는데도, 국제경쟁력이 최고의 가치가 되고 나아가 '기업사회'가 되면서 그나마 정당정치의 역할이 더욱 제약 · 왜곡되기 때문이다. 어떤 의미에서 나는 신자유주의적 지구화 체제는 비(非)헤게모니적 체제라는 생각을 하게 된다. 이는 사회적 갈등이 '내전'이 되는 것을 방지하고 이를 정치적 공간에 투영해 공적 기제를 통해 완화하거나 해소하기보다는 오히려 정치의 축소와 시장논리의 절대화로 인해 민주주의의 주변화와 내전의 격화로 나타나게 만든다. 트럼프 현상이나 브렉시트 같은 반응은 신자유주의적 지구화의 불안정성과 위기적 성격을 잘 드러내주는 현상이라고 생각한다.

나는 기본적으로 '정치의 위기'는 '사회의 위기'의 표현이라고 본다. 이 점에서-'천민적 독점'의 지향을 갖는-자본권력과 기업권력, 시장권력이 전 사회를 식민화해가고 그에 따라 사회의 해체적 위기가 발생하며 이에 대응해 다양한 계급적·사회적 균열선을 따라 '사회의 저항화'가 이루어지게 되면서 위기를 해결하지 못하는 기성정치에 대한 광범한 불신이 바로 정치의 위기로 나타나게 된다.

이렇게 보면 정당과 운동의 특유한 순환구조가 존재한다고 말할 수 있다. 즉 기성정당이나 정치가 담아내지 못하는 새로운 대중의 요구와 이해들이 다양한 형태의 생활정치나 풀뿌리정치로 확산되어간다. 그렇지만 기성정당과 정치는 이러한 요구를 담아내지 못한다. 그 결과 기성정치와 정당은 더욱 불신을 받게 되고 대중은 더욱 이반하게 된다. 이렇게 되면 기성정치와 정당은 위기에 직면하게 되고 역으로 이반된 대중의 요구와 이해를 수렴하기 위해 새로운 재구성에 돌입하지 않을 수 없다. 이러한 재구성은 정당 외부의 시민사회의 사람이나 의제를 인입하려는 노력으로 나타난다. 이렇게 시민사회의 사람과 의제를 수렴해 스스로를 재구성하게 되면 일정기간 동안 '정치(정당)와 사회(대중)의 괴리'는 상대적으로 축소되어 존재하게 된다. 그러나 앞서 서술한 바와 같이 다시 기성정치와 정당은 기득권적인 권력들에 포획되고 그 결과 점차 폐쇄된다. 여기서 다시 대중의 불신과 이반이 시작되고 새로운 '정치와 운동'의 순환이 시작된다. 이것은 이 책에서 논의하는 투 트랙적 과정이 정치발전의 일반적 과정이라고 함을 의미한다.

앞서 '정치의 국가화'를 이야기했는데 이는 정치가 기존의 권력들에 의해 포획되는 과정이라고 할 수 있고, '정치의 사회화'는 기존정치로부터 배제된 존재들에 의해 정치가 재구성되는 과정이라고 해야 할 것이다. 어떤 의미에서 현실의 정치는 언제나 이러한 '정치의 국가화'와 '정치의 사회화'의 중층적 각축과정이라고 할 수 있다. 이것이 투 트랙적 과정인 셈이다. 이런 식의 각축과 순환은 영원히 피할 수 없는 것이다. 왜냐하면 유토피아적 정치와 정당은 존재할 수 없고, 그러한 정치와 정당에 의해 운영되는 기성체제는 언제나 결함과 불완전성을 가진 채로 대중과 괴리되어 존재하고 기득권적인 권력의 포획되는 형태로 존재하기 때문이다.

오히려 제도화된 정치는 언제나 자신과 괴리되어 있는 사회의 요구와 이해와 상응하도록 스스로를 부단히 혁신하고 재구성해가야 하는 것이다. 정치의 주종(主從)을 새롭게 보아야 한다.

내가 민주주의를 바로 제도정치와 운동정치의 상호관계로 바라보고자 하는 것도 이러한 이유이다. 제도화된 정치(국가적 정치)와 자발성을 기반으로 하는 사회운동(시민사회적 정치)가 민주주의 내에 존재하는 정치의 두 얼굴이라고 생각한다. 단지 근대 민주주의는 정치적 자유를 보장하는 체제이므로, 근대민주주의에서 포함되지 않는 대중의 정치적 요구를 대변하기 위한–법에 의해 보장되는 정당과는 구별되는–자발성에 기인하는 사회운동은 성격이 다르다. 전자가 위임받은 정치라고 한다면, 후자는 위임받지 않은 정치이다. 전자는 인민의 평가와 지지와 관계없이 일정 기간 동안 위임받은 존재로서 역할할 수 있으나, 후자는 부단히 인민의 평가와 지지에 연동해서 활동하게 된다.

80년대 이후 한국민주화과정을 보게 되면, 제도정치의 지형을 변화시키는 동력은 오히려 제도정치의 외부, 운동정치에 의해서 출현하였다. 제도정치와 운동정치라고 하는 민주주의의 투 트랙의 상호성을 인식하지 않는다면, 그 순간 정당민주주의는 기존의 지형 속에서 지지경쟁을 하는 구조에 갇히게 된다. 나는 제도정치, 정당정치, 의회정치를 부정하고자 하는 것이 아니라, 최장집도 소망하는 제도정치의 변화도 역으로 정치와 사회의 관계, 제도정치와 운동정치의 상호관계 속에서 출현한다고 생각한다.[32]

---

32 이런 점에서 박영균(2012: 193)은 다음과 같이 말한다. "최장집의 '민주주의 이후의 민주화론'은 역동적으로 터져나오는 대중들에 대한 공포 때문에 미리 그것을 단죄하면서

사실 현재의 진통이 반공주의, 분단체제, 권위주의적 산업화, 보수적 민주화로 인하여 재생산된 '정치와 사회의 괴리'를 극복하고 정당체제의 정상화를 가능케 하는 동력이고 진통인데, 최장집은 민주화 이후 그 동력에 대한 불신을 드러낸다.

여기서 "운동의 압력 없이 어떠한 방식으로 사회경제적 이해를 대변하는 정당이 확대될 것인가" "노동있는 민주주의" "민주주의의 신자유주의화"를 막고 괴리를 어떻게 축소할 것인가"라고 묻는다면, 이 책에서 논의하는 투 트랙적 과정을 인정할 수 게 된다.

근대국가체제의 유기적 부분이기는 하지만, 정당은 기본적으로 국가장치이다. 이것은 정치의 국가화를 낳는다. 지배의 근대적 장치이다. 이것이 사회적 도전에 의해서 경계가 부단히 해체되지 않는다면, 정당은 지배의 도구가 된다. 그나마 사회의 요구를 재수렴하게 되는 것은 운동에 의한 기성정당의 타협적 공존의 질서가 도전을 받을 때 한단계 높은 민주주의 단계로 이행하게 되는 것이다.

급진적 정치주의, 혹은 넓은 의미에서 내가 급진민주주의라고 표현하는 입장은 최장집과 달리 현존하는 특정 민주주의가 비정치로 규정하는 것이 진정한 민주주의적 정치의 출발점이라고 판단한다. 정치의 구성과 경계를 급진적으로 문제 삼고 민주주의의 구성적 외부의 시각에서 뛰어넘고자 한다. 현실의 민주주의 속에서 특정한 방식으로 정치를 한정하는 것은 다양하게 관철되고 있다. 나는 바로 이러한 탈정

'정당민주주의'로 가두려는 경향으로부터 벗어나 '정당민주주의의 제도개혁'에 대한 '사회적 세력화' 또는 '사회적 시민권을 확보하려는 대중운동'의 우위성을 우선적으로 명료히 할 필요가 있다."

치화와 비정치화에 도전하는 과정 속에서 민주주의가 발전한다고 생각한다.

이런 점에서 급진적 정치주의와 넓은 의미에서 급진민주주의론의 입장에서, 근대 민주주의하에서의 '정치의 이중성'을 인식하고 '정치의 급진적 확장과 재구성'을 통해 근대 민주주의를 부단히 급진적으로 재구성해야 한다. 근대 민주주의가 한계를 가지고 있지만 인민의 투쟁을 통해 정치를 복원시킨 긍정성을 가지고 있다는 점에서 존재론적 긍정을 하고, 그 위에서 민주주의 내에서의 정치를 급진적으로 확장해야 한다.[33]

이상의 논의를 토대로 할 때, 우리는—근대민주주의의 작동양식을 존중하면서도—의회정치와 직접행동정치, 제도정치와 비제도정치, 정당정치와 비정당정치의 새로운 상호작용모델 혹은 협력모델을 상상하는 단계로까지 나아가야 한다. 언제나 정부정책이나 정당정책으로 수렴되지 않는 직접행동은 모든 정치에서 불가피하게 출현한다. 정당정치는 대중과 사회의 요구 및 기대와 괴리되어 있음으로써 어쩔 수 없이 비정당적 대중행동을 만들어내게 된다. 특히 직접행동정치(예컨대 촛불이나 각종 사회운동 등)에 대해서 의회정치가 대의하지 못하는 사회구성원들의 요구를 대의하고 표현하는 것으로서 적극적으로 의미를 주어야 할 것이다. 한국은 이런 점에서 직접행동정치가 대단히 강한 사회이다. 촛불집회와 같은 직접행동정치가 제도정치로부터 독립적으로 역동적으로 존재하는 것이야말로 민주주의가 나아가는 동력이다. 바로 이런 현실을 전제로 해 양자가 '합력해 선(善)을 이루는' 세계적인

33 이러한 급진민주주의적 입장을 필자는 동료들과 함께 급진민주주의연구모임 데모스 편(2011a, 2011b, 2013a, 2013b)으로 구체화하였다.

모델을 구상하고 실현하려고 노력해야 한다. 촛불집회나 정당정치에 불신과 이반으로 표현되고 있는 한국사회의 역동성이 내재하고 있는 창조적 성격에 주목할 필요가 있다. 2008년 촛불집회는 현재의 의회정치와 여의도 정치에 대한 불신으로 인해 대중이 '광장'으로 뛰어나온 것이며 직접적으로 직접행동정치를 구현하고 있는 것이다. 2011년 박원순 현상이나 2012년 안철수 현상은 기성정치가 광범위한 불신을 받고 있음을 상징적으로 드러내주고 있다.

이 직접행동의 역동성을 폄하하는 것이 아니라, 그것을 동력으로 해서 의회정치의 제도적 틀을 더 확장하는 모델을 만들어서 직접행동정치가 반영 · 구현되는 식으로 나아가야 한다. 정당정치, 의회정치, 선거정치 등 제도화된 정치로 포괄되지 않는 대중의 정치성을 주변화하지 않고 그것을 담아내는 새로운 제도모델, 나아가 제도정치와 비제도정치의 한국적이면서도 세계적인 새로운 모델을 함께 고민해볼 수도 있겠다.

2) 전기(前期) 최장집과 후기 최장집

최장집에 대한 계승과 비판의 지점을 드러내기 위해서, 전기 최장집의 계승을 강조하고자 한다. 그의 이론적 지적 입장을 나눈다고 한다면, 노무현 정부 이후 현재까지에 이르는 시기에 최장집이 드러내는 입장(후기 최장집)과 이전의 입장(전기 최장집)에 일정한 차이가 존재한다고 나는 판단하고 있다.

그는 민주화가 일정하게 진전되었다고 하는 민주정부 이후, 특히 노무현 정부 이후의 상황을 비판적으로 조명하는 과정에서 정당 중심주의적 입장을 강화한다. 이런 점에서 나는 '두개의 최장집'을 구분하고자 한다. 즉 전기 최장집과 후기 최장집이다. 80년대 이후 '초기 최장집'의 입장은 줄곧 '한국민주주의의 보수적 기원'을 중시하는 입장이었다. 반공냉전 구조로부터 기원한 한국정치의 뿌리깊은 보수성을 그는 일찍히 주목했던 학자였다. 이른바 '미국에 의한 제한성(American boundary)'에 대해서 고민하게 했던 것도 그였다. 87년 6·29선언 이후 '유실된 민주화' 과정에 관심을 환기시킨 것도 그였다.

그의 명저인 『민주화 이후의 민주주의』의 2부 3장은 '권위주의적 산업화와 운동에 의한 민주화'이다. 그가 보수양당체제를 강조하고 정당의 사회적 기반이 없음을 강조하는 것도 기본적으로는 현재의 정당체제가 변화해야 함을 강조하는 것이다. 정당 중심으로만 현대정치사를 볼 수 없음을 강조하는 것이기도 하다.

그런데 민주정부 이후의 민주주의에 대해서 그는 대단히 실망하게 된 것으로 보인다. 특히 노무현 정부 이후의 비(非)헤게모니적 행동과 행태에 분노하면서, 오히려 지도자의 덕목과 전략에 대해서 고민하게 된 것으로 보인다. 여기서 그의 『마키아벨리』에 대한 새로운 관심으로 이어지게 된다(물론 나도 통치질서로서의 노무현 정부의 위기를 인정하고 그것을 다른 시각에서 후술하는 바와 같이 두 개의 '내전'이라고 하는 개념으로 설명하고 있다).

이런 점에서 나는 '전기 최장집'에 대한 비판적 계승의 입장에 선다고 말할 수 있다. 사실 『민주화 이후 민주주의』에서는 '권위주의적 산업화와 운동에 의한 민주화'가 핵심적인 논지이다. 그런데 최장집은 사실 권위주의적 산업화 국면에서 '운동에 의한 민주화'를 중심으로 끌어들였으나, 민주화 이후 민주주의 분석에서는 이를 주변적인 것으로 처리했다. 내가 이 책에서 강조하는 투 트랙적 과정이 상당 부분 시야에서 사라지게 된다. 그가 권위주의 시기를 분석할 때 프레임이 되는 '국가에 대항하는 시민사회'는 기본적으로 권위주의적 국가에 대항하는 시민사회의 역할을 크게 강조한다. 그러나 '국가에 대항하는 시민사회' 테제는 민주화 이후 '시민사회 대 시민사회'라는 테제로 전환된다. 이는 민주화 이후 시민사회의 복합적 분화를 포착하고자 하는 적극적인 시도이지만, 반대로 시민사회 내부의 갈등을 관리하고 수렴하는 기제로서의 정당에 대한 과도한 강조로 나아가도록 했다.

'운동에 의한 민주화', 나의 표현으로는 '운동정치에 의한 제도정치의 변화' 혹은 양자의 상호작용이 왜 민주화의 분석에서는 사라졌는가. 그것은-우리 모두가 공유했던 것이기도 한데-'위로부터의 민주화'의 불철저성을 비판하고 더 높은 수준의 민주주의를 지향했던 '규범적' 관점 때문이라고 할 수 있다. 사실 이것은 대선 이후 구 독재적 지배세력이 주도하는 '위로부터의 타협적 이행'이 성공하였고, 당시 브루스 커밍즈(Bruce Cumings)는 남한의 민주화의 성격을 '유산된 이행(Cumings, 1989: 27)'이라고 불렀던 것이다. 그런 점에서 신자유주의적 민주주의를 극복하거나 사회경제적 민주주의를 실현하고자 하는 것이나 '노동 있는 민주주의'를 지향한다는 규범적 관점에서 우리 모두와 동일하다고 할 수 있다. 그러나 그 규범적 이상이 현실에서 실현되지 못하는 것을-개혁주체들의 문제점이 더욱 도드라지는 노무현정부의 현실에 직면하면서-과도하게 '정치주체'들의 '본질'적인 문제로 투여하는 과정에서 정당 강조론이 더욱 부각되는 것이다.

그런데 나는 최장집과 공유하는 규범적 이상을 실현하기 위해서도 제도정치 외부의 운동정치의 역동성이 반드시 필요하다고 본다. 오히려 그 역동성이 죽으면 그 규범적 이상을 추구해가는 정당정치의 추동력도 약화되게 된다. 왜냐하면 정당은 특정한 사회적 지형 내에서 '지지획득 경쟁'을 하는 장치라고 할 수 있고 정작 그 지형을 변화시키는 것은 운동정치이기 때문이다.

이 역시 전기 최장집의 논의 속에 내재한다. 최장집은 이전에 이런 그림을 제시한 바 있다(그람시의 경계). 이런 의미에서 보면, 정당은 특정한 '지형' 위에서 '지지 획득경쟁'을 하는 장치로서의 성격을 갖는다. 그런 의미에서 사회운동, 운동정치는 바로 이러한 지형을 변화시키기 위한 실천이 된다(정치적 지지획득을 고정된 지형 내에서가 아니라, 사회적 정치는 지형변화를 통해서 제도정치 행위자들의 행위양식을 바꾸게 된다).

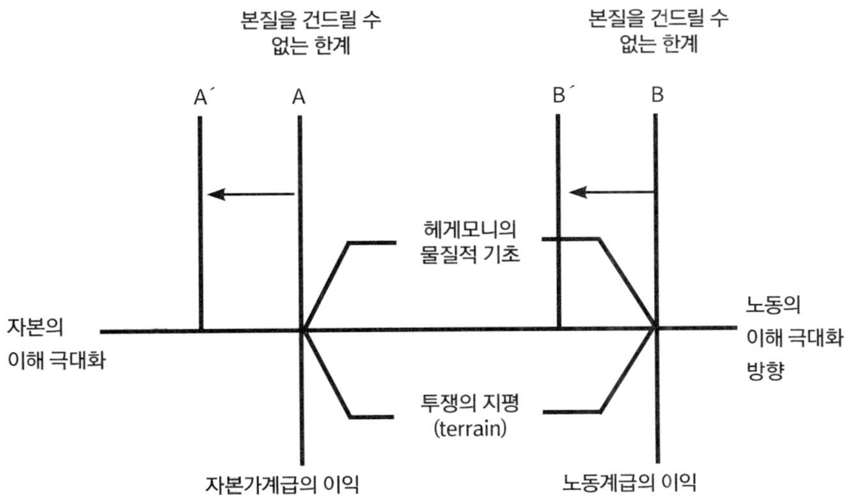

특정한 지형에는 좌측 경계와 우측 경계가 존재한다. 우파적 세력들은 좌측 경계가 더 좌측으로 확장되는 것을 저지하고(국보법 사수투쟁) 우측 경계를 유지 · 방어하기 위해서 투쟁하고(사립학교법 개정반대투쟁), 반대로 좌파적 세력들은 좌측 경계를 더 좌측으로 확장하고(복지담론의 확장) 우측경계가 우측으로 확장되는 것을 저지한다(MB정부가 우경적 정책을 취하거나 여러 권위주의적 정책을 취하는 것 저지).

지형을 해체적으로 재구성하지 않으면, 바로 그것에 포획되게 된다. 일본 공산당도 사실 1955년 체제에서 제도권 정당으로 존재했고-전위당적 인식이 존재하는 상황에서-공산당의 전위당적 역할이 부재하다고 생각하는 혹은 그것을 부정하는 세력들에 의해서 전위당적 조직을 만들어서 활동하였고 그것이 일종의 좌익정당의 '분열'의 역사가 된 셈이기도 하다(예컨대 분트 조직-적군파, 깃발파, 반깃발파 등-이자 트로츠키파-중핵파, 가꾸마루파, 제4인터내쇼날파 등-가 공산당에 반대하는 더욱 전투적인 투쟁을 조직한 세력이고 이에 비해 공산당은 제도권정당으로 기능했다). 쉐보르스키의 딜레마도 여기서 참조될 수 있다.

예컨대 기존의 국가와 제도정치에 의해 충족되지 못하는 사회경제적 요구가 있다고 해보자(비정규직의 정규직화). 그러면 그것이 보수정당에 의해서 수용되는 방법(보수정부)이 있을 수 있겠다. 그러러면 보수가 '온정적 보수'건 기존의 친기업적 보수에 비해서 정책변화가 있어야 한다. 다음으로는 반독재 개혁자유주의정당이 일종의 '사회적 자유주의'정당이 되는 것이다. 그 다음으로는 진보정당의 비중이 강화되거나 집권당이 되는 것이다.

그런데 이것은 시민사회 내의 역관계, 대중의 정치적 태도의 변화

등을 포함하여 거대한 압력이 없으면 불가능하다. 그런 점에서 현재 보다 사회경제적 요구를 더 개방적으로 수용하는 제도정치의 형상은 시민사회의 변화—운동의 활성화—제도정치에 대한 압박으로 이어지는 일련의 변화가 있어야 한다. 심지어 그것이 보수정당에 의해 수용되더라도 그것은 강력한 사회적 압력이 있어야 한다. 2011년에 복지문제, 무상급식 등의 의제를 둘러싸고 한나라당 조차도 변화를 보이는 것, 그리고 2012년 대선에서 박근혜 후보가 '기초노령연금'이나 '무상보육', '유아교육의 국가책임' 등 진보적 정책수용의 자세를 보인 것도 이러한 예가 될 것이다.

결국 정치와 사회의 관계이지, 정치 자체가 독립변수적이 아니라는 것이다. 여기서 정당정치의 '사회적 지형'에 도전하는 운동정치의 역할이 중요해진다. 그런 점에서 제도정치와 운동정치의 상호작용이라고 하는 점을 보다 강조해야 한다. 여기서 나는 전기 최장집의 문제의식을 계승하면서, 제도정치와 운동정치의 투 트랙적 상호작용과정이 민주주의의 실제적 과정이라고 본다.

이런 점을 고려하면서 나는 이 책에서, 최장집의 '운동정치에 의한 민주화', 그것을 추동했던 운동정치를 1장에서 '역사적 근원'을 갖는 것으로 재설명하면서, 민주화 이후의 '불철저성'에도 불구하고, 작동하는 투 트랙적 상호작용을 중시하면서 논의를 전개하고자 한다.

나는 최장집의 제도정치 중심주의의 합리적 핵심을 계승하면서도 그것이 제도정치 일면주의로 나아가지 않도록 하기 위해서 투 트랙 민주주의의 문제설정을 하게 되는 것이다.

그런데 이러한 투 트랙 민주주의가 진보적 민주주의론이 되기 위해서는 경제적 계급적 시각이 필요하다. 여기서 나는 손호철과 대면하게 된다.

손호철의 입장에 대해서도 나는 최장집과 동일하게 두 가지 입장을 갖는다. 앞서 외피론에서 이야기하는 것처럼 그의 '체제론'에 담겨 있는 경제적 토대, 축적체제를 정치분석의 출발점으로 삼고자 하는 문제의식을 수용하면서, 그의 입장의 '경제환원론적 탈(脫)정치주의'의 경향성을 비판적으로 보는 것이다.

체제논쟁과정에서 손호철과 나는 87년 이후의 일련의 정치경제적 변동과정을 어떻게 시기 구분하고 각 시기의 성격을 규정할 것인가를 둘러싸고 논쟁을 했다.[34] 손호철은 사회체제를 정치체제와 경제체제를 나누고, 그에 기초하여 "한국의 사회체제는 극우반공체제인 48년체제, 개발독재체제인 61년체제, 이 중 정치체제를 민주화한 87년체제(발전

34 2009년 '한국사회체제논쟁'이라고 이름하는 논쟁이 있었다. 이른바 87년체제, 97년체제, 08년체제, 그 체제들 간의 상호관계를 쟁점으로 하여 손호철 교수와 나를 중심으로 하여 벌어졌던 논쟁이다. 먼저 87년체제에 대해서 그동안의 입장들을 담은 책, 『87년체제론』(김종엽 편, 2009)이 발간된 이후, 손호철이 그 책에 실린 다양한 입장들에 대해서 비판·비평한 손호철(2009a)가 발표되었다. 이에 대해 조희연·서영표(2009)의 반론이 제기되었고, 이에 대해 손호철의 재반론(2009d)이 발표되었다. 이에 대해 나의 재재반론("'한국사회체제논쟁' 재론: 97년체제의 '이중성'과 08년체제 하에서의 '헤게모니 전략'에 대한 고민", 《민주사회와 정책연구》 17호, 2010년 상반기)가 발표되었다. 이러한 기본 논쟁이 더하여 몇 차례 보조논쟁이 있었다. 즉 조희연·서영표(2009)의 반론이 발표된 이후, 논쟁은 인터넷 신문 〈레디앙〉으로 이어졌다. 여기서 손호철(2009e)의 반론이 있었고, 이에 대한 서영표(2009c)의 반론이 있은 후 손호철(2009f)의 재반론이 있었다. 이어 조희연(2009d)와 조희연(2009e)의 논평이 있었다. 이어 최원(2009a)가 개입한 데 대해, 이승원(2009a)와 이종보(2009)의 재개입이 있었다. 최원(2009a)에 대한 조희연(2009f)가 게재된 후, 최원(2009b)와 최원(2009c)의 글이 게재되었다. 이후 서강대 사회과학연구소가 주최한 토론회('한국사회체제론'을 다시 생각한다. 서강대 다산관, 2009년 11월 13일)에서 오프라인 토론회도 개최되기도 했다. 더 자세한 체제논쟁에 대해서는 2권 11장 '보론 3'을 참조.

국가 체제)를 해체해 신자유주의 체제로 전환한 97년체제로 변화해왔다"고 주장한다. 개발독재체제가 87년의 전기(轉機)를 통해 정치체제 전환을 하고 97년체제를 통해서-신자유주의적인 방향으로-경제체제 전환을 하고 이로써 사회체제로서의 97년체제가 성립한다는 것이다. 그리고 08년체제는 97년체제의 하위체제라고 본다."

"손호철(2009a)은 체제 개념이 내포하는 모호성을 뛰어넘어 경제체제, 정치체제, 사회체제 등의 부분체제에 대해서 이론적 현실적으로 보다 명확한 분석을 제시함으로써 기존 논의를 발전시키는 데 중요한 기여를 했다.[35] 여기서 사회체제는 경제체제와 정치체제의 결합체로 제시된다. 이에 근거해서 손호철은 87년체제와 97년체제를 구분하는데 전자는 이전의 61년체제와 경제적으로는 급격하게 단절하지 않았지만 정치적으로 완전히 다른 성격을 띠게 됨으로써 독자적으로 구분되는 체제로 이론화될 수 있다. 반면 97년체제는 87년체제와 정치적 성격을 공유하지만 경제적으로 완전히 다른 단계로 진입했기 때문에 독자적인 사회체제로 인식될 수 있다(손호철, 2009a: 43-44). 이러한 손호철의 입장은 '97년체제 중심론'이라고 불릴 수 있다." 그의 97년체제론은 현대정치변동 분석에서 경제체제적 변화를 정치분석의 기초로 삼고자 하는 점에서 충분히 긍정적이다. 나 역시 97년

35 또한 2007년 초 '진보논쟁'이 전개된 바 있었다. 처음 참여정부 하의 '민주주의의 위기'의 원인과 참여정부 평가를 둘러싼 논쟁은 조희연(2007a, b)이 최장집(2006)을 비판하는 식으로 시발되었는데, 이에 대해 손호철 교수(2007a)가 개입하고 그 이후 인터넷 신문 '레디앙'과 '한겨레신문'에서의 논쟁(조희연, 2007c; 손호철, 2007b; 조희연, 2007d; 손호철, 2007c; 조희연, 2007e), 노무현 대통령의 개입적 발언(2007), 기타의 지식인들의 참여(이병천, 2007)로 진행된 바 있었다.

체제를 통해 그가 강조하고자 하는 바, 87년 이후 복원된 민주주의가 신자유주의적 전환(신자유주의적 민주주의)로 전환한다는 점을 받아들인다.

단지 그의 분석을 일종의 '필요조건'을 강조하는 것으로 받아들이나 그것이 '충분조건'이 아니라는 점을 곁들이고자 한다. 경제체제 혹은 경제적 토대의 차원에서의 변화라는 점에서 61년체제가 한국사회의 개발자본주의로의 전환, 97년체제가 신자유주의적 자본주의로의 전환에 중대한 계기라는 점을 강조한다. 그러나 "그의 97년체제 중심론은 87년체제와 그 이후의 체제변동에 대한 '경제주의'적 시각에 기초하고 있으며, 그 결과 정치와 경제의 복합적 상호작용 속에서 구성되는 현실(그 일부로서 현실정치)의 복합성을 충분히 고려하지 못하는 결과를 낳고 있다는 점이다. 반신자유주의라고 하는 경제 체제적 수준에서의 논의만으로 인식될 수 없는 정치적, 이데올로기적 대립의 계기들을 포착하기 어렵다는 것이다. 이것은 그람시적 의미의 헤게모니적 정치(진보진영의 대항헤게모니구성)에 대한 고민을 어렵게 할 수 있다. 비록 경제체제와 정치체제의 복합체로서의 사회체제를 주장하지만 87년체제는 정치체제로 분석되고 있다는 것이다. 87년 6월 민주항쟁의 시기에 경제적 구조 변동과 그에 따른 각 정치집단, 사회계급들 사이의 경제적 갈등을 복합적으로 분석하기 보다는 서로 분리된 하위체계의 분석으로 해소하고 있다. 이러한 그의 시각은 08년체제 하에서의 전선을 사고하는데 있어서 '신자유주의전선 일면론'으로 경도된다. 이는 이명박 정부 하에서 출현하고 있는 전선의 복합성에 대한 적절한 고려,

나아가 '국민 정치적'[36] 공간에 대한 헤게모니적 개입전략에 대한 적절한 고려"를 어렵게 했다.

손호철의 경제에 대한 정당한 강조가 정치의 정당한 위치를 기각하는 입장으로 나아가는 것에 나는 비판적이다. 이는 '탈정치주의'적 입장이라고 규정될 수 있다.

이 탈정치주의적 입장은 좌우 모두에서 나타난다. 즉 우파의 경제주의적 탈정치주의와 좌파의 경제환원론적 탈정치주의이다. 경제주의적 탈정치주의는 정치의 고유한 위상을 부정하고 그것을 경제적인 논리 혹은 시장 기능에 위탁 해소하는 시각이다. 반면에 경제 환원론적 탈정치주의는 정치의 고유한 차원을 인정하지 않고 그것을 경제주의적 모순으로 환원해버리는 시각으로, 예컨대 스탈린주의적 마르크스주의에서 확인된다. 경제 환원주의적 마르크스주의는 자본주의와 국가의 분리, 경제와 정치의 분리를 극복하려는 과정에서–'경제주의적 탈정치주의'에서와 같이–정작 정치의 위치를 기각해버리는 방향으로 나아갔다.[37] 파산한 국가사회주의는 어떤 의미에서 '급진적' 탈정치주

36 '국민정치적'이라는 표현은 다의적(多意的)일 수 있다. 내가 의도하는 바는 경제적 층위의 변동이 정치적, 이데올로기적 층위와 결합된 복합적 정세에서 드러나는 정치적 공간을 개념화하는 것이다.

37 우익 전체주의와 좌익 전체주의에서 나타나는 '정치의 소멸'을 경계해야 한다. 우익 전체주의는 근대 민주주의에서 '대표자 정치와 인민 정치의 괴리'를 이용해 '합의독재'를 창출함으로써 근대 민주주의를 허구화시킨다. 즉, 근대 민주주의의 원리를 (역)이용하고 인민 정치와 대표자 정치를 왜곡된 방식으로 일치시키면서 작동한다. 반대로 좌익 전체주의는 정치와 국가의 도구론적 인식 위에서 정치를 소멸시키는 방식으로 전체주의로 이행한다. 불완전한 현실 속에 내재하는 인민 내부의 갈등성과 적대성을 '가상 소멸'시키는 방식으로 새로운 좌익 관료독재를 낳았던 것이다. 이런 점에서 적대성을 내장한 인민의 주체적 공간으로서의 정치 공간을 인정하는 것이 중요하다. 이러한 정치의 고유성의 인정은 '국가와 시민사회의 분리'를 낳은 근대 시민혁명의 긍정성을 보존하

는 것이다. 근대 시민혁명에서 인민은 인민 정치로서의 근대 민주주의를 획득했는데, 이는 국가로부터 (시민)사회의 분리와 독립을 전제로 한 것이다. 이러한 분리는 시민사회 내의 경제적 불평등이 해소되면 의미를 상실하는 것은 아니며, 시민사회 내의 본원적인 갈등성과 적대성을 해소하기 위한 '정치' 공간의 중요성을 부정하는 것도 아니다. 궁극적으로 경제주의적 마르크스주의에서 '국가는 시민사회로 해소'되어야 한다. 국가는 억압의 기구이기 때문이다. 그러나 그람시적인 의미에서 '강압으로서의 국가'와 '헤게모니에 의해 작동하는 동의로서의 국가'에서 전자의 해소가 후자(나는 이를 정치로 개념화한다)의 해소로 이어지는 것은 아니다. 분명 계급 사회에서 국가는 독점적 권력에 의해 식민화되는 방식으로 계급 지배의 도구가 된다. 그러나 국가의 모든 측면이 이러한 '도구성'으로만 환원될 수 있는 것은 아니다. 현존사회주의에서 '사적 소유'의 철폐(물론 그것이 실제 이루어진 것은 아니다)를 통해서도 사회구성원 간에 갈등성과 적대성이 완전히 해소된 것은 아니다. 마르크스의 표현 대로, '능력에 따라서 일하고 필요에 따라서 갖는' 상태는 현실적으로 실현될 수 없고, 현존 사회주의도 현실적인 생산력적 제약 속에서 작동한다. 또한 모든 사회적 적대는 경제적 적대로만 환원될 수 있는 것은 아니다. 경제적 적대로 환원될 수 없는 다양한 사회적 적대도 존재한다. 더구나 현재적 상황을 고려한다면, 생산력의 발전이 자연 파괴적이므로 또 다른 의미에서 '모든 사람이 원하는 대로' 소비할 수 없는 제약을 가지고 있다. 이는 '경제적 불평등'의 해결 차원으로 정치의 역할을 해소할 수 없는 조건을 부여한다. 이런 복합적 조건을 고려할 때, 현실적으로 사회주의의 유토피아적 전망의 긍정성을 보유하면서도 생산관계적 차원에서의 불평등 극복의 불완전한 현실을 전제로 할 때 사회구성원의 엄존하는 갈등성과 적대성을 인정하고, 그것이 정치-정치의 급진적 사회화-를 통해서 해결해가는 방식으로 노력해야 한다. 한국에서도 그람시의 시민사회에 대한 논쟁에서 궁극적으로 근대성 속에서 정립된 '국가와 시민사회의 분리'가 '정치사회의 시민사회의 재흡수'의 형태로 해소되어야 하는가 하는 문제가 제기되었다. 그람시의 논의에 이중적 성격이 존재하는 것도 사실이다. 즉, 그람시가 시민사회에서의 프롤레타리아의 헤게모니 장악과 그에 기초한 국가권력 장악을 통해 시민사회의 자기규제력의 확대 및 강제력 사용의 계기의 배제가 나타나고 궁극적으로 정치사회의 시민사회로의 재흡수를 통한 '자기조절적 사회'로서의 계급 없는 사회로의 이행을 말할 때, 이것이 재흡수를 통한 해소를 의미하는 것인가 하는 문제가 제기된다. 김세균(1995a: 162-163)은 그람시의 논의가 '재흡수를 통한 해소론'이라고 비판하면서 헤게모니의 확대만으로는 부르주아지의 억압적 이데올로기적 국가장치의 혁명의 파괴와 부르주아적 생산양식의 혁명적 폐절이라고 하는 과제가 자동 해결되는 것이 아니라는 점에서 한계를 갖는다고 비판한다. 나는 사회주의로의 이행 과정이 단순히 시민사회의 헤게모니의 확대라는 양적 누적 과정으로만 해결되는 것이 아니면, 국가권력의 담당 주체의 전환을 가능한 '질적 단절'의 과정이 필요하다는 점을 강조하고자 하는 것으로 이해하고 이를 긍정한다. 그러나 동시에 나는 프롤레타리아 혁명을 통한 '정치와 경제의 재결합'과 '정치와 노동의 재결합'이라고 하는 것이 근대성의 긍정적 측면으로서의 '국가와 시민사회의 분리'의 긍정성을 의의 지향 위에 서 있었다고 할 수 있다.

우파 경제주의는 정치의 역할을 최소화하고 시장에 정치의 역할을 담당하게 하지만, 좌파 경제주의는 경제적 토대의 차원에서의 모순이 '극복'되었기 때문에 정치의 고유한 역할은 없다고 인식한다.[38] 정치는 경제로 수렴된다. 이런 점에서 마르크스주의 전통 내에서 경제 환원주의를 극복하면서 지배와 저항의 각축 공간으로서의 정치를 되살린 것은 그람시였다. 국가사회주의의 붕괴 이후에 민주주의의 재발견(밀리반트, 1994), 국가—시민사회 분립의 의의, 정치의 재발견 등이 이어지게 된 것도 경제 환원주의의 극복과 연관되어 있다.[39]

급진민주주의적 입장이 진보적 민주주의이론의 확장이 되기 위해서는 손호철이 97년체제론에서 강조하고자 하는 '정치에 대한 토대의

해소해서는 안 되며, 경제의 부르주아적 모순의 해결이 '정치의 경제로의 해소'로 가서는 안 된다고 생각한다. 급진민주주의론이 연결시키고자 하는 지점이 바로 그 지점이다. 국가와 시민사회의 분리, 시민사회의 성격을 둘러싼 그람시 논쟁에 대해서는 김세균(1995a; 1995b); 강문구(1995a; 1995b); 백욱인(1995) 참조.

38 보비오(1992)가 "왜 마르크스주의에는 '국가 일반론'이 없는가"라고 묻는 것의 진정한 의미도 여기에 있다. 전후의 마르크스주의는 국가의 '상대적 자율성' 문제와 씨름할 수밖에 없었던 이유도 여기에 있다. 사회주의가 대립하는 자본주의가 '국가와 경제의 공간(자본의 축적과 잉여가치의 생산) 사이의 상대적 분리' 혹은 '정치와 경제의 분리'(풀란차스, 1994: 21) 위에서 작동했다고 하면, 자본주의에 대립하는 사회주의는 경제의 문제가 해결됨으로써 정치는 고민할 필요가 없게 되는 것이다. 그러나 인민의 사회적 삶 자체가 고유한 적대성(정치성)을 가지고 있으며, 그것을 부정하는 '왜곡된 전제'는 더 큰 문제를 낳을 수 있음을 현실 사회주의의 붕괴가 경험적으로 보여주었다. 사회주의 붕괴는 '인민의 이기성'이나 체제의 불완전성, 계획의 기술적 불완전성 등을 전제하지 않은 데('부당전제')서 나타난 더 큰 결과적 왜곡성을 말해준다. 풀란차스를 포함해 네오마르크스주의자들이 넘어서고자 했던 것은 '마르크스주의에 국가 일반론이 부재'한 현실이었다고 할 수 있는데, 이 역시 이와 연관되어 있다.

39 제솝의 표현을 빌면, 이러한 마르크스주의적인 탈정치주의는 '자본 환원적' 접근법에서 유래하는 경향이 있다(제솝, 2000: 91).

규정성'을 출발점으로 해야 한다. 그렇지 않을 때 급진민주주의가 탈(脫)경제적 정치주의로 나아갈 수도 있는 것이다.

나는 마르크스주의, 특별히 경제환원주의적 마르크스주의 내에서 정치와 민주주의의 고유한 위치는 부여받지 못했다는 점을 인식하고, 나아가 정치가 푸코적 의미에서 권력의 인간이 만들어지는 '권력적 주체화'의 과정 공간이기도 하지만, 반대로 '저항적 주체화'가 이루어지는 과정 공간이라는 점을 강조하고자 한다. 급진적 정치주의는 경제로 환원될 수 없는 정치와 민주주의의 고유한 위치, 그리고 그러한 정치는 제도정치에 한정될 수 없다는 점을 인식하면서, 제도정치와 운동정치의 상호작용 속에서 파악하면서 정치를 급진화하는 지향이다.

급진민주주의적 입장은 정치 자체에 대한 경제주의적 탈정치주의, 제도정치 중심주의적 정치주의적 관점을 넘어서서 정치의 이중성에 주목하고, 정치가 구성적 투쟁을 통해 인민이 전유하고 (재)구성해야 하는 이중적이고 복합적인 어떤 것으로 파악한다. 이러한 '정치의 구성 투쟁'의 양쪽에서 '정치의 국가화' 대 '정치의 사회화'의 각축이 존재한다. 이 각축은 본원적인 사회성(사회적인 것)이 정치적으로 구성(정치적인 것으로의 전환)되는 방식, 나아가 정치적인 것이 제도화된 정치에 포함되는 과정을 둘러싼 각축이라고 할 수 있다.

전근대 사회에서 사회적 관계의 적대성과 연대성이 관리되는 방식은 기본적으로 '억압'이라는 기제에 의해서였다. 그러나 근대 시민혁명에서 인민의 투쟁을 통해 인민의 주체적인 정치공간이 출현했다. 이제 지배는 정치라는 자율적–최소한 자율의 외양을 갖는–기제를 통해 이루어지게 되었고, 그래서 정치의 구성을 둘러싼 각축, 즉 정치의 국가화 대 사회화의 각축이 근대 민주주의에서 중차대한 의미를 갖는 것이다. 이것이 내가 이야기하는 투 트랙 민주주의이다.

이런 점에서 최장집과 손호철 논의의 이중성을 주목하면서 급진민주주의적 입장에서 그 긍정성을 계승하고 동시에 그것을 투 트랙 민주주의의 관점에서 종합하려고 하는 것이 이 책의 이론적 입장이라고 표현할 수 있다.

7. 한국 민주주의의 구성적 각축의 기본 분석틀: 네 개의 전선, 운동의 역사적 유형 그리고 정치·사회세력의 범주

이 책에서는 한국 민주주의의 구성적 각축 과정을 파악하기 위해, 네 가지 민주주의 쟁점을 구분하고, 이에 대응하는 입장에 따라 정치사회세력의 범주를 3분한다. 그리고 각 정치사회세력의 운동 유형을 구별한다.

1) 한국 민주주의 네 개의 전선

한국 민주주의 운동에는 다음과 같은 4가지 이슈에 대한 요구와 저항이 내재되어 있었다.

첫째, 독재 대 협의의 민주주의의 대립 속에서 전자에 대한 저항과 후자에 대한 요구를 들 수 있다. 이는 협의의 민주주의 이슈라고 할 수 있다. 이를 일반화하면 권위주의에 대항하는 정치적 요구와 이해를 의미한다. 독재체제가 존재할 때 이 민주주의 이슈는 이른바 시민적·정치적 권리와 직선제 등 선거민주주의에 대한 요구를 포함한다. 이러한 요구들은 87년 6·29선언 이후 형식적으로 실현된다. 그리고 이후에, 구 독재적 국가와 정치 일반에 대한 개혁요구로 확대되어져 갔다. 그 내용에는 주어진 형식적 시민적·정치적 권리를 확장하고, 복원된 선거가 더욱 공정하고 투명하게 이루어지도록 하는 요구뿐만 아니라, 국가와 정치의 투명성, 절차적 민주성, 수직적·수평적 책임성의 요구, 법치의 실현 등의 요구 등도 포함되었다.

이명박정부 이후 형식적인 민주주의 제도들은 유지되지만, 그 운영이 집권세력의 요구에 따라 전횡되는 문제가 발생했다. 이에 민주주의 쟁점은 '반이명박'이라는 구호 아래 다시 확산되기도 했다. 곧 체제 운영에 내재된 권위주의에 대항하는 반권위주의 요구가 표출되었다. 이런 의미에서, 어느 체제에서건 반권위주의 정치공간이 존재하게 되며, 이 요구는 운동정치에 수렴되기도 하고 제도정치에 의해 수렴되기도 한다.

둘째, 계급적 이슈가 민주주의 운동에 내포되어 있다. 통상 사회경제적 민주주의라고 표현되는 이슈들이다. 이는 독재 하에서 구조화된 경제구조를 개혁하고자 하는 요구였다. 이 쟁점엔 한편에서는 독재국가 권력과 유착하면서 성장해 온 대재벌의 개혁, 왜곡된 정경유착 구조, 경제력 집중과 양극화 등 독재 하에서 왜곡된 경제구조의 개혁 등을 포함하면서, 다른 한편에서는 저임금-장시간 노동으로 상징되는 노동조건의 개선, 빈곤 극복 등 민중생존권의 보장과 실현을 내포하고 있었다. 독재 하에서 조국 근대화라는 이름으로 억압당해져온 분배와 인간다운 사회경제적 삶에 대한 요구가 다양한 형태로 반독재운동에 통합된 것이다.

이것은 일반적인 의미에서 계급정치 공간이라고 표현할 수 있다. 이 계급정치 공간을 제도정당이 상당부분 대표할 수도 있고 아니면 제도정치에 의해 억압되면서 운동정치에 의해 담보되기도 한다. 서구 노동당 정부의 경우 이러한 계급정치 공간이 제도화된 정치공간으로 존재하는 경우라면, 한국은 87년 이후에도 계급정치의 대의는 정당체제와 결합하지 못하였다.

셋째, 생활세계적 이슈 곧 사회적·문화적 민주주의에 대한 요구라고 표현할 수 있다. 예컨대 국민통합이라는 이유로 부정되거나 억압되어 온 다양한 정체성의 인정 요구 등이 이 안에 포함된다. 곧 여성, 장애인 등 소수자의 권리와 이해를 실현하고, 전체 사회 구성원으로서 동등한 참여와 평등을 보장 받기 위한 요구였다. 지역 차별에 대한 저항도 여기에 포괄할 수 있다. 또한 물, 전기, 주택, 토지, 교육 등과 같이 다양한 일상생활의 갈등과 문제들도 이 영역에 포함될 수 있다.

넷째, 민족문제를 둘러싼 이슈도 민주주의 운동 속에 역시 내재되어 있다. 민족주의는 지배세력이 동원하는 민족주의와 그에 대립하는 저항적 민족주의가 있었다고 할 수 있다. 저항적 민족주의는 두 가지 차원이 존재한다. 하나는 민족의 자존을 지키고자 하는 반외세 민족주의의 차원이고, 다른 하나는 분단을 넘어서고자 하는 통일민족주의의 차원이다. 전자의 차원에선 미국문제가 중심을 차지했고, 후자와 관련해선 북한과의 교류, 협력, 통일 등이 쟁점이었다. 저항적 민족주의는 70년대까지는 철저히 억압되었으나, 70년대 말부터 부분적으로 표현되기 시작하였다. 그러다 80년대를 거치면서 반외세·반미 민족주의, 통일민족주의적 성격이 운동 내부에 확대되었고, 이에 다수파의 지위까지 확보할 수 있었다. 70년대까지 민족주의 정치공간은 운동정치의 영역이 아니었다. 군부독재세력은 민족주의를 억압하면서 이를 '경제적 민족주의'로 치환하고(예컨대 세계적인 경제전쟁의 시대에 민족경제를 부흥시킨다고 하는 식, 혹은 조국 근대화의 성취 등)하여 이를 전유하였다. 반독재 민주주의 운동은 통일문제와 미국문제로 구성되는 민족주의적 정치공간을 70년대 말부터 자신과 결합시키면서 성장하였다. 이를 나는 민족주의 정치공간이라고 표현해 보고 싶다. 이 민족주의는 통상 억압될 수도 있고, 집권세력에 의해 전유될 수도 있다. 그러나 80년대 한국에서처럼 급진진보세력이 이를 전유하여 자신의 요구와 접합할 수도 있다.

2) 20세기의 네 가지 역사적 운동 유형

이 네 가지 운동이슈에 대응하여 20세기에 다음의 네 가지 사회운동 유형이 발생하였다. 첫째는 계급운동이다. 둘째는 제국주의적인 지배–종속 관계에서 발생하는 반외세 민족운동이다. 셋째는 사회문화적 해방운동(새로운 정체성운동)이다. 이것을 나는 생활세계운동이라고 표현해 본다. 넷째는 독재와 권위주의 시기에 발생하는 반독재, 반권위주의 운동을 들 수 있다. 계급운동의 가장 극적인 형태는 1917년 러시아혁명이라고 할 수 있을 것이다. 민족주의 운동의 가장 극적인 형태는 반제민족해방투쟁이라고 할 수 있으며, 이는 2차 대전 이후 다양한 '반외세급진주의정권'의 출현으로도 이어졌다. 사회문화적 해방운동의 가장 극적인 형태는 68혁명이라고 할 수 있을 것이다.

사회문화적 해방운동 혹은 생활세계운동은 설명을 요한다. 이는 투쟁대상으로서의 계급적 착취세력(혹은 그것을 보증하는 국가)이나 반민족적 외세와 같은 '외재적 권력'을 대상으로 하는 것이 아니라, 생활세계, 시민사회, 문화 그 자체에 내재해 있는 모순을 쟁점으로 한다. 사회문화적 해방운동에서 투쟁대상은 '외재'하는 것만이 아니라 '가부장적 정체성'으로, 기존의 성정체성으로, 기존의 소비지향적 삶의 패턴, 기존의 욕망과 소비패턴, 감수성으로 '내재'한다. 그런 점에서 사회문화적 해방운동은 적과 투쟁하는 것만이 아니라 대중 자신(peoplehood), 그 일부로서의 사회문화적 정체성의 변화를 지향한다. 이것은 초기 자본주의 단계보다도 욕망과 감수성의 구성 자체가 자본주의 재생산 구조의 중요한 과정이 되는 소비자본주의 시대에 더욱 적극적으로 표현된다.

반독재, 반권위주의는 지배체제가 군부독재나 파시즘과 같은 극단적인 억압체제로 타락하게 될 때 나타나는 운동이라고 할 수 있다. 헌팅턴(1991)이 말하는 바와 같이 2차 대전 이후 '민주화의 제3의 물결'의 확산과정에서 지배적인 운동형태로 지속되었다고 할 수 있다.

이 네 가지 운동 유형은 이른바 산업사회에서 포스트산업사회로 이행하면서, 혹은 지식정보사회로 이행하면서 또한 이른바 신자유주의적 지구화가 진행되면서, 그 운동의 성격과 표현형태도 달라진다. 지배의 재구성이 이루어지는 동시에 네 쟁점의 형식과 내용 그리고 대중들의 정치성도 변형되기 때문이다. 지구화의 영향 또한 중요하다. 신자유주의적 지구화는 기존의 국민국가 내에서 혹은 국민국가 간의 관계에서 표현되는 계급운동·민족운동·사회문화적 해방운동의 성격에 일대 변화를 촉발하였다. 하나의 문제가 대중에게 특정한 잠재적인 저항성을 만들어 내고 그 저항성이 현재화되면서 그것이 특정한 정치성으로 표현된다고 할 때, 신자유주의적 지구화는 기존의 국민국가적 지형 속에서 특정한 방식으로 존재하던 민족적 문제, 계급적 문제, 사회문화적 문제들의 질적 성격과 형상을 변화시키게 된다.

그리고 문제에 대응하는 저항성과 그것에서 발원하는 정치성이 상이한 경로와 유형으로 표출되도록 한다.

반독재민주주의 운동은 바로 이러한 네 가지 이슈에서 차별적 위치에 있는 개인이나 집단의 연합운동이라고 할 수 있다. 반독재민주주의 운동은 민주주의를 억압하는 권위주의와 독재에 대한 저항운동이기는 하지만, 그 속에는 개발독재 하에서 억압된 계급들의 저항운동, 비록 민주화 이후까지도 전면화되지는 못했지만 생활세계 전선에서의 저항운동, 민족문제전선에서의 저항적 민족주의운동 등이 통합되어 있었다. 이러한 쟁점들 모두는 민주주의를 광의로 해석한다면, 민주주의적 요구의 다양한 측면이었다고 할 수 있다.

3) 세 가지 정치세력

민주주의를 둘러싼 한국의 정치세력들 간의 각축을 분석하기 위하여, 이 책은 세 개의 범주로 정치적·사회적 지향을 나누고자 한다.[40]

---

40 통상 정치세력을 구분하는 데는 통한 2분할법과 3분할법이 있다. 2분할법은 보수와 진보를 구분하고 진보를 민노당이나 진보신당 등의 급진진보정당에만 적용하는 방법이다. 김대중정부나 노무현정부를 '좌파 신자유주의' 정부라고 하고 이명박정부를 '우파 신자유주의'정부라고 표현하는 것도 일종의 2분할법이라고 할 수 있다. 그러나 나는 3분할법을 쓴다. 보수세력, 중도(개혁)자유주의 세력, 급진진보세력이 그것이다. 그것은 기본적으로 내가 그람시적 관점을 견지하고 있기 때문이다. 계급적 세력이 민족적-국

현실에 존재하는 정치사회적 세력들의 이념적 성격을 '이념형'적으로 구분한다고 할 때 보수주의, 자유주의, 급진진보주의(radical)로 나눌 수 있다. 물론 이 각각의 지향 내부에서는 다시 온건지향(moderate)과 급진지향(radical)이 존재하게 된다.

일반론적으로 볼 때, 보수주의와 자유주의는 그 사상적·철학적 지향이 다양할 수 있다. 근대로의 이행과정에서 보수주의는 봉건적 구체제를 옹호하고 지향한 반면, 자유주의는 근대적 시장경제를 지향하고 있었고 그만큼 진보적 성격을 띠고 있었다. 그러나 근대에는, 자본주의와 시장경제에 관한 태도를 기준으로 본다면 보수주의와 자유주의는 모두 친자본주의적이고 친시장경제적 태도를 갖는다고 할 수 있다. 하지만 자본주의와 시장경제의 '질적 성격'과 그 제도적 특성, 정치적 주도성 등에 있어서 차이를 보인다고 할 수 있다. 좀바르트의 분석처럼 '사회주의가 존재하지 않는' 미국에서는 자유주의가 일정하게 진

민적 세력이 되는' 것은 내 관점에서 보면 급진진보세력이 자유주의(그 의제와 그 의제가 갖는 대중적 기반)를 '전유(專有)'할 수 있을 때 비로소 가능한다. 2분할법으로 접근하게 되면 바로 이러한 그람시적 문제 설정을 포착할 수 없게 된다. 자유주의가 지향하는 자유와 자율을 자유주의 세력은 자본주의의 한계 속에서, 혹은 신자유주의적 프레임에 유폐됨으로써 진정하게 실현할 수 없게 된다. 바로 그 한계를 뛰어넘어 급진진보세력이 바로 자유주의의 진정한 이상을 담지하는 세력이 될 수 있는 가능성이 존재한다. 꼬뮨을 자유로운 개인들의 연합으로서의 공동체가 실현됨으로써 가능하다고 하는 것도 이런 의미가 될 수 있다. 급진진보세력은 중도개혁자유주의를 넘는 다양한 이념적 지향을 가질 수 있다. 사회민주주의, 무정부주의, 급진생태주의, 공산주의, 주체사상, 급진적 반제반미주의, 탈성장주의 등 다양할 수 있다. 내 시각에서 보면 중도자유주의 세력은 모순적 존재이며 이중성을 갖는 세력으로 파악된다. 여기서 나는 급진진보라는 표현을 쓴다. 여기서 급진진보(radical)라고 하는 표현을 쓰는 것은 보수 대 진보라고 할 때 그것은 다양한 세력의 연합범주로 보아야 한다고 생각하기 때문이다. 여기서 정치적·사회적 세력을 보수, 중도자유주의, 급진진보로 나누는 것과, 특정 시기의 '보수 대 진보'는 다른 차원이라고 할 수 있다. 위의 2분법은 그것을 혼용해서 쓰는 것이라고 할 수 있다.

보주의적 성격을 띤다고 할 수 있다. 진보주의에는 사회민주주의, 공산주의, 무정부주의 등 다양한 지향과 이념이 포함될 수 있다. 진보주의의 헤게모니적 흐름은 맑스주의였었고 그런 점에서 반자본주의, 반시장경제적이라고 할 수 있었다.

80년대 이후 한국에서는 변혁운동이 복원되면서 급진민족주의적 지향(이른바 NL), 사회주의를 포함하는 사회경제적 급진주의적 지향(이른바 PD), 무정부주의, 신좌파, 급진적 신사회운동(급진적 사회해방주의)적인 사회문화적 급진주의 등이 급진주의의 다양한 흐름을 구성했다고 할 수 있다. 그런 점에서 자유주의와 급진진보주의의 경계를 상대적으로 명확했었다. 그러나 현재의 지형에서 보면, 진보주의의 많은 경향들은 시장경제 자체를 부정하지 않고 시장경제와 계획의 결합, 시장경제 내에서의 사회성이나 공공성의 확보의 범위 등에서 차이를 보이고 있다고 할 수 있다. 그런 점에서 자유주의와 진보주의의 경계는 시장경제의 존재에 대한 태도의 측면에서는 가변적인 것이 되었다고 할 수 있다.

8. 시기 구분, 사건, 지형, 그리고 대안 경로의 방법론

한국 민주주의의 구성적 각축 과정은 이상에서 서술한 것처럼 제도정치와 운동정치의 각축으로 구성된다. 이런 전제적 논의 위에서, 나는 한국 현대 정치사를 몇 개의 사건들을 계기로 시기 구분하고, 이 사건들을 전환점으로 하여 민주주의의 지형, 특정한 지형 내에서의 민주주의의 구성적 각축과 그것의 변화가 어떻게 나타나는가를 분석하고자 한다.

먼저 한국의 정치 변동을 분석하기 위해서 전체적인 시기 구분을 해보도록 하자. 주지하다시피 1945년 조선은 일본 제국주의로부터 해방되었다. 이후 독립 후의 민족국가의 성격을 둘러싼 격렬한 정치적·사회적 투쟁이 급기야는—미소(美蘇)강대국의 개입과 결합되면서—'내전'으로 발전하였다. 이 전쟁은 어느 일방의 승리로 귀결되지 않고, 결국 남한과 북한이 '분단(分斷)'되는 상황으로 종결되었다. 이후 남한은 극우반공주의체제로서의 성격을 가지고 전개되었다. 이 50년대 체제를 1953년 종전과 함께 극우반공분단체제로서 시작되었다는 점에서 '53년체제'로 부른다. 이 체제는 1960년 4·19혁명과 1961년 5·16 군사쿠데타를 계기로 하여 개발독재체제로 변화하게 된다. 이것이 1961년에 성립하였기 때문에 이를 '61년체제'로 표현할 수 있다. 이 개발독재체제는 박정희가 주도하였는데, 이는 박정희가 1979년 암살됨으로써 붕괴의 위기에 처했는데, 박정희를 추종하는 군부세력이 다시 '제2의 군사쿠데타'를 통해서 권력을 잡았고, 이 제2군사정권은 1987년 6월 민주항쟁에 의해서 붕괴되기까지 7년을 더 지속한다, 1987년 6월 민주항쟁을 계기로 한국 사회는 이른바 '민주화체제'로 이행하게 된다. 이것이 1987년 6월 민주항쟁을 계기로 성립하였다는 의미에서 '87년체제'로 부르고자 한다, 1987년 이후의 민주화체제는 1997년까지의 '변형권위주의정부' 시기(노태우와 김영삼 대통령 시기), 1997년 12월부터 2007년까지 반독재민주정부 시기(김대중과 노무현 대통령 시기)로 구성된다.

1997년에는 외환 위기가 발생하였고 12월 대선에서는 김대중 후보가 당선됨으로써 반독재민주정부가 출현하게 되었다. 1997년 외환 위기와 김대중 반독재야당의 집권으로 출현하게 되는 이후의 체제를 '97년체제(손호철, 2009)'라고 표현한다. 이 반독재민주정부 시기는 2007년 12월 대선에서 보수정당 후보인 이명박 후보가 대통령으로 당선됨으로써 새로운 시기로 이행하게 된다. 이명박정부를 나는 '신보수정부'라고 규정하며, 이를 계기로 87년체제, 즉 민주화체제는 포스트민주화체제로 이행했으며, 현재는 이 포스트민주화체제하에서의 민주주의의 구성적 각축이 진행되고 있다고 생각한다.

여기서 나는 53년체제, 61년체제, 87년체제, 97년체제, 포스트민주화체제를 모두 일차적으로는 정치 레짐(regime)으로서 규정한다. 이를 단순하게 도식화하면 다음과 같다.

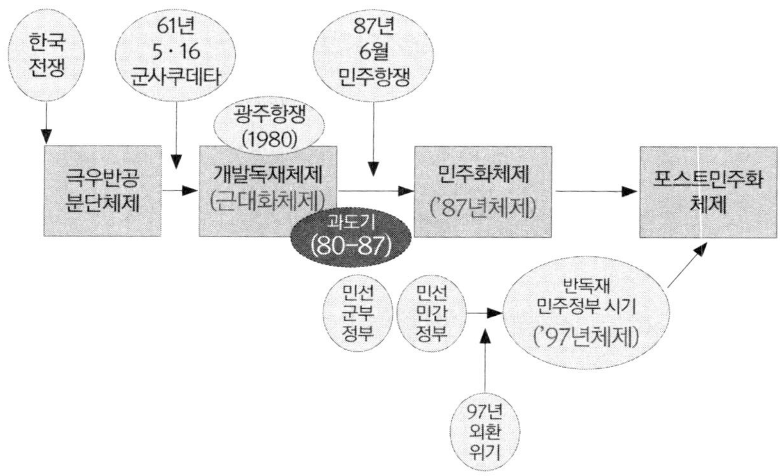

1) 87년 이후의 시기 구분

민주주의 이행이 본격화되는 87년 이후의 정부들은 여러 측면에서 차이를 갖는다. 노태우정부는 사실 군부세력이 지배블록의 헤게모니 분파로서 존재한다는 점에서 군부정권을 계승하고 있지만, 민선 군부정부라고 하는 차별성을 갖는다. 김영삼정부는 과거의 군부정부(military government)와 구별되는 민간정부(civilian government)의 등장을 의미하며, 김대중정부는 과거 정부와 달리 50년만의 야당정부로서의 성격을 갖는다. 비교정치학적인 측면에서 이야기하는 '반독재민주정부'(democratic government)라고 부를 수 있을 것이다. 이런 차이를 포착하기 위해 이 책은 87년 6월 민주항쟁 이후의 '민주화체제'를 3개의 경합국면으로 나누어 분석하게 된다.

먼저 제1경합국면은 87년 6월 민주항쟁으로부터 90년 3당 합당까지의 시기이며, 제2경합국면은 3당 합당 이후부터 97년 대선·외환위기까지의 시기이다. 제3경합국면은 민주정부 10년의 시기이다. 여기서 2008년 이후 이명박정부는 후술하는 바와 같이 60·70년대의 군부 개발독재적 보수정부와 구별되는 한국형 신보수정부이다. 민주주의 이행이나 공고화의 관점에서 보면, 공고화 이후의 시기라고 할 수 있다. 즉 민주주의가 이미 공고화된 상태에서 정권이 보수세력으로 이동한 상태를 의미한다. 포스트공고화 시기의 신보수정부라고 할 수 있다, 2008년 이후는 민주화, 민주주의 개혁 등을 시대정신으로 했던 시대로부터의 '역전(逆轉)'이라는 점에서 '포스트민주화' 시대라고 할 수 있을 것이다.

여기서 각 경합국면은 하나의 '지형' 위에서 전개되는 각 정치·사회세력의 민주적 정치경쟁의 국면을 말한다. 시민사회–사회운동–제도정치의 상호작용의 관계구조가 일정한 고정성을 띨 때 우리는 하나의 '지형'이 존재한다고 말할 수 있고, 이것은 전환적 저항사건이나 전환적 체제 재편 사건에 의해서 계기 지워진다. 제1, 2, 3경합국면은 87년체제, 즉 민주화체제에 속하며, 제4경합국면은 포스트민주화체제에 속한다고 할 수 있다. 제1,제2,제3 경합국면은 기본적으로 87년체제, 즉 민주화체제라는 한 단계 내에서의 경합이라고 할 수 있고, 그 단계 내에서는 일정한 공통성이 존재한다. 그러나 포스트민주화체제라고 하는 것은 그 공통성이 해체되면서 새로운 재구성의 진통을 겪는 체제라고 할 수 있다.

2) 전환적 저항사건과 체제 전환 사건, 그리고 지형, 그 변화

경합국면을 구조화하는 '지형'은 사건을 매개로 구성된다. 사건은 우연성과 비(非)결정성을 상징한다. 사건은 한 시기의 민주주의를 둘러싼 구성적 각축이 특정한 '극적 사건'으로 표현되고, 이를 통해 이전 시기의 구성적 각축이 일정하게 마무리되고 다시 변화된 지형으로 이동하는 계기이다. 사건 이후에는 바로 그러한 변화된 지형 속에서 민주주의의 구성적 각축이 새롭게 전개된다.

민주주의의 구성적 발전에서 '지형(terrain)'은 중요한 의미를 갖는다고 생각된다. 사실 민주주의의 구성적 발전과정은 하나의 지형에서 문제되지 않던 것들이 '민주주의의 이름으로' 문제화되는 다른 지형으로 변화하는 것이라고 할 수 있다. 그리고 이러한 지형 변화는 사건에 의해 매개된다. 예컨대 60·70년대 민중운동에서 '가부장적인 성차별'은 '주어진' 것으로 있었다. 78년 방림방직 구사대(救社隊) 남성 노동자들의 여성 노조원에 대한 폭력행위에는 가부장적인 편견도 작동하고 있었고, 그것은 당시에는 크게 문제되지 않았다.

지형이라고 하는 것을 중요 개념으로, 시기 구분의 기준으로 사용하고자 한다. 제도정치와 사회운동의 상호작용에서 지형은 일정 기간 동안 지속되는 '관계의 구조' 같은 것이다. 앞서 서술한 대로, 제도정치는 지배체제의 일부로서 존재한다. 따라서 제도정치는 언제나 국가체제와 경제체제의 지배적 집단들(국가관료와 자본가계급 등)에 의해서 포획되면서 그들의 요구와 이해가 존중되는 방식으로 존재한다. 이것은 제도정치세력들 간의 타협적 공존으로 구체화된다. 이러한 제도정치세력들의 타협적 공존은 물론 그들이 담지하는 정치의 '외부'에 존재하는 다양한 사회경제적 하위주체들의 요구와 이해는 비정치로 주변화되는 일정한 '경계의 고착화'를 의미한다. 이런 의미에서 하나의 지형은 특정한 '관계의 구조'로 존재하게 되는 것이다.

이 지형은 표(票) 획득 경쟁 혹은 지지경쟁을 하는 정당의 행위를 규정하는 조건이다. 예컨대 85년 이전에 민정당과 민한당은 80년 신군부세력이 창출한 지형 위에서 표 획득 경쟁을 하였다. 그러나 반독재운동이 이러한 지형을 변화시킴으로써, 85년 2·12 총선 이후 제도정치는 상이한 지지경쟁을 해야 하는 상황으로 변화하게 된다. 이는 하나의 지형이 사회적 정치의 역동화에 의해 균열될 때, 그리하여 제도정치세력들이 '비정치의 존재'들의 요구와 이해를 전유하기 위해서 지지경쟁을 새로운 방식으로 하는 방식으로 변화하게 된다(1960년대 이후 그동안 모범적이라고 여겨졌던 '미국의 민주주의'의 외부에 있었던 '비정치의 존재'들이었던 흑인들이 역동화되면서, 기존의 제도정당들은 이제 흑인들의 표를 획득하기 위하여 기존과 다른 방식으로 경쟁하게 되었다). 3당 합당이나 97년 김대중 정부 수립은 제도정치와 운동정치의 상호작용의 콘텍스트 자체를 변화시키게 된다. 이러한 사건들은 상호작용의 지형인 셈이다. 예컨대 반독재세력이 집권세력이 된다는 것은 기존의 '보수세력=집권세력, 진보세력=저항세력'의 구도를 변화시키는 것이다.

여기서 제도정치나 운동정치가 이루어지는 지형이 중요하다. 제도정치와 사회운동의 관계에서 보면, 사회운동은 사회적 행위의 '전제된 구조'를 바꾸기 위해서 집단행동을 하는 것이라고 한다면, 정당은 주어진 지형 위에서 지지 획득경쟁을 한다. 역사적으로 보게 되면 한 국면 내에서의 여러 행위자들 간의 쟁투는 특정한 지형 내에서 이루어지고 있음을 발견하게 된다. 어떤 사건을 계기로 이러한 지형은 변화를 하게 되고, 상호작용은 새로운 지형 내에서 이루어지게 된다. 여기서 민주주의의 구성적 변화에 전환적 역할을 하는 사건에는 아래로부터의 민중세력이 주도하는 '전환적 저항사건'과, 반대로 지배적 권력집단이 주도하는 '전환적 체제 재편 사건'이 존재한다. 전자가 '능동혁명'을 지향하는 행위에 의해 출현한다면, 후자는 그람시적 의미에서의 '수동혁명'을 지향하는 행위에 의해 출현한다. 전자는 민주주의를 향한 아래로부터의 힘들이 표출되는 사건이고 이는 이후의 지배적 권력집단의 작동에 특정한 영향을 미치게 된다. 반대로 후자는 체제의 유지를 위한 목적 아래 체제의 작동방식이 변화되는 것을 의미하고, 이것은 이후의 저항의 지형을 변화시키게 된다. 4 · 19혁명이나 광주항쟁 같은 것이 전자의 예라고 한다면, 61년 5 · 16, 87년 6 · 29, 97년 외환위기에 매개된 반독재민주정부의 성립 같은 것이 후자의 예가 될 것이다. 전환적 저항사건과 전환적 체제 재편 사건은 각각의 성격 자체에도 영향을 미치고 또한 체제와 저항이 작동하는 '지형(地形)' 자체를 변화시키는 방식으로 상호작용하기도 한다.

먼저 전환적 저항사건은 민주주의를 구성하는 현실권력집단들의 행위 양식과 전략 선택에 제한을 가하는 방식으로 효과를 미친다. 현실의 권력들이 최소한 저항적 사건의 파장을 고려하거나 그것의 의미를 자기 식으로 전유하게 된다는 의미에서, 현실권력들의 행위와 전략선택의 '지형'을 재구성하는 방식으로 작동한다고 말할 수 있다. 또한 하나의 저항사건은 저항 그 자체가 새로운 성격을 지니는 계기가 되기도 한다. 반대로 전환적 체제 재편 사건은 저항의 지형을 재구성하는 방식으로 효과를 미친다. 한국 민주주의의 전개과정을 보게 되면 5 · 16이나 6 · 29선언과 같이 위로부터의 체제 재편적 사건은 그 사건 이전까지의 민중들의 요구와 불만을 특정하게 수렴하고 동시에 새로운 모순의 출발점을 재구성하는 방식으로 지형을 변화시켰다. 저항은 바로 이러한 변화된 지형 속에서 과거의 저항의 유산을 계승하면서도 새롭게 자신을 조직화해야 하는 상황에 놓이게 된다. 한국 민주주의의 발전과정을 보게 되면, 5 · 16과 같은 식의 위로부터의 변화(개발독재의 성립)가 있은 후에, 그 변화가 동반하는 새로운 모순(개발의 새로운 모순)에 저항하는 방식으로 저항이 변화한다는 점을 확인할 수 있다. 전환적 체제 재편 사건은 이처럼 저항에 영향을 미치기도 하지만,

체제가 작동하는 방식의 성격을 변화시키는 계기로도 작용한다. 72년 10월 유신이 저항의 성격을 변화시키는 계기이면서 동시에 개발독재의 작동방식을 변화시킨 계기가 되었던 것을 상기할 수 있다. 한국 민주주의의 구성적 각축 과정은 이러한 두 가지 성격의 사건들이 교차하면서 진행되었다.

3) '다른 경로에 대한 상상'의 방법론

여기서 민주주의의 구성적 각축을 경로의존적인 과정으로 볼 필요는 없다. 우리가 통상 미국의 한계나 분단체제의 규정성, 자본의 영향력을 강조할 때 암묵적으로 마치 그것이 제도정치와 사회적 정치의 각축의 과정을 거의 '결정론적'으로 규정하는 듯이 서술하는 경우가 많다. 그러나 실제는 각각의 행위주체들의 전략적 선택이 복합적으로 상호작용하면 경로가 결정되어 간다. 민주주의의 구성적 각축의 역동성을 분명하게 드러내기 위하여 나는 각각의 결정적 국면(critical conjuncture)에서 '다른 경로'를 상상해 보고자 한다. 즉 전환적 체제 재편 사건이나 저항적 체제제편 사건, 기타 한국 현대사의 중요한 분기점에는 다양한 역사발전의 경로가 존재하였다고 생각된다. 예컨대 87년 6월 민주항쟁에 대한 군부의 응전을 둘러싸고도 군대를 동원한 진압, 6·29선언과 같은 전략, 지연전략 등 다양한 경로가 가능했다(조희연, 1998b). 그리고 이것은 그러한 과정에 참여하는 다양한 행위자들의 전략적 선택이 상호작용하면서 나타나게 된다. 이런 점에서 한국 민주주의의 구성적 각축의 변이를 보이기 위해서 상상에 의해 다른 경로를 드러내는 방식을 취하고자한다. 그럼으로써 구성적 각축의 불확정성과 역동성을 잘 드러낼 수 있을 것이다.[41]

41 이 '다른 경로에 대한 상상의 방법론'이라고 하는 것은 강정구(1989)가 그의 책 『좌절된 사회혁명』에서 해방공간에서의 경로를 드러내기 위하여 사용한 방법을 내 언어로 옮긴 것이다. 미국 역사학에서도 '가상역사적 관점'이라고 하는 식으로 사용되었다. 예컨대 Robert W. Fogel(1964)은 이를 "'What-if' 시각"이라고 명명한 바 있다. 미국의 철도건설과 미국의 경제발전과의 관계를 가상역사적 관점에서 연구한 것이다. 이상은 강명세(2010)에서 재인용.

2장

대항헤게모니적 실천으로서의 사회운동

2장
대항헤게모니적 실천으로서의 사회운동

사회운동은 자신을 둘러싼 환경 변화에 대응하여 자신의 목표를 추구하기 위해 새로운 응전적 실천을 조직한다. 사회운동은 그래서 단순히 현실의 변화에 의해서 규정되는 것이 아니라, 현실에 대응하기 위한 인간의 집단적 실천이란 성격을 지니고 있다. 사회의 객관적 변화는 사회구성원들의 삶의 조건을 변화시키고, 사회구성원들은 집단적 행동으로 응전한다. 그 상호작용 결과로 하나의 현실이 나타난다.

1. 사회운동에 대한 그람시주의적인 접근: 대항헤게모니적인 실천

나는 이러한 사회운동의 응전적 실천을 그람시적 의미의 '대항헤게모니적 실천'으로 규정하고자 한다. 그람시에게 헤게모니란 하나의 세력이나 집단, 개인이 표방하는 언술이나 슬로건, 담론 등이 다른 세력이나 집단, 개인에 대해서 일정한 지적·도덕적 호소력, 리더십 혹은 주도성을 갖는 것이다. 그람시는 헤게모니라는 프리즘을 통해 기존의 이데올로기적 분석이나 허위의식 이론을 뛰어넘어, 부르주아체제에 대한 대중의 동의 자체를 분석하고 실천론적으로 대응하고자 했다. 그에 따르면 "국가는 지배계급이 지배를 정당화하고 유지할 뿐만 아니라, 피치자에 대한 능동적 동의를 획득하고자 하는 실천적이고 이론적인 활동의 총체이다"(Gramsci, Antinio, 1971: 244). 그람시를 따르면 국가는 피치자의 동의를 확보하는 정도 만큼 헤게모니를 갖는다. 그람시는−크로체적인 해석을 넘어서−마키아벨리에 대한 급진적 해석을 통해 권력을 단순히 강압과 폭력으로 환원시지키 않고, 도덕적·지적 리더십이 형성되는 장으로 정치를 파악하고자 했다(Fontana, Benetto, 1993: 141−2). 그람시가 볼 때 "현대국가는 [……] 지도적이고 지배적인 집단의 능동적인 헤게모니에 사회집단들을 통합"시킨다(Gramsci, 1971: 54f.). 그람시가 개념화한 '강압에 의해 보강된 헤게모니'(hegemony armoured by coercion)의 진정한 문제의식이 바로 이것이다(Gramsci, 1971: 263). 지배의 물적 기초를 강조했던 기존 맑스주의 논의와 지배에 대한 폭력주의적 해석으로 경도된 레닌적 문제의식을 넘어서는 계기가 그람시를 통해 맑스주의 이론 전통 내부에 마련되었다. 부치−글룩스만의 표현대로 '정치는 곧 헤게모니'(Buci−Glucksmann, 1980: vii)라고 할 때, 그람시는 헤게모니라는 개념을 통해서−폭력적 강압이나 경제적 토대로만 환원되지 않는−맑스주의 정치의 새로운 공간을 열었던 것이다. 헤게모니가 형성되고 그것을 둘러싼 투쟁이 전개되는 각축의 장이 바로 시민사회이다. 그러나 시민사회는 지배에 대한 동의가 형성되는 장인 동시에, 그것에 맞선 대항헤게모니가 각축하는 장이기도 하다.

그람시의 문제의식을 사회운동론으로 확장하면 사회의 일상적 과정은 한편으론 지배의 헤게모니화를 위한 지배블록의 전략적 실천, 그리고 또 다른 한편으론 사회적 구성원들의 저항적 주체화(self-empowered subjectification of people)를 향한 사회운동의 대항헤게모니적 실천의 각축 속에서 이루어진다.[42] 이때 '주체화'란 사회 구성원들이 지배권력에 의해서 주어지는 인식을 뛰어넘어 자신들의 이해와 요구를 보다 비판적이고 저항적으로 인식하는 과정이다.

사회운동의 관점에서 보면 사회 구성원들의 주체화는 민중이 사회운동에 참여하고, 조직되는 과정이다. 사실 하나의 체제-정치체제 혹은 경제체제-는 그것의 불완전성과 결함, 그 체제 운영의 '의도하지 않은' 결과 등으로 사회 구성원들의 삶에 다양한 불만, 긴장과 모순을 유발한다(조희연, 2003c). 그러나 이것은 일종의 '잠재적(潛在的)인' 경향성일 뿐이다.[43] 잠재적인 경향성을 둘러싸고 지배의 헤게모니화를 위

42 지배의 헤게모니화의 높은 형태는 지배의 전통화라고 할 수 있을 것이다. 특정 시기 지배의 구성 요소(예컨대 왕) 자체가 '전통'의 범주에 들어갈 때, 지배의 동의기반은 '전통'이라는 이름으로 확보된다. 베버가 이야기한 '전통적 지배'란 지배가 전통이 됨으로써, 지배의 정당성이-현재 인간들에게 '당연한 것으로 주어지는(given)'-전통 속에서 구해지는 것을 의미한다. 지배의 헤게모니화는 반대의 흐름에 의해서 가변적인 것이 된다.

43 대(다)중은 다양한 잠재성의 가능성을 가진 존재이다. 이러한 잠재성이 현실화(actuality)되는 과정에 바로 대항헤게모니적 실천이 개입된다. 그러한 대(다)중은 유동

한 실천과 대항헤게모니적 실천이 각축한다. 헤게모니적 실천은 사회 구성원들이 자신들의 삶에 잠재되어 있는 불만, 긴장, 모순을 '주어진(given)' 것으로 받아들이도록 노력하며, 대항헤게모니적 실천은 불만, 긴장, 모순을 대중이 비판적이고 저항적으로 기존 질서가 변화되어야 하는 것으로 인식하도록 노력한다. 전자가 지배의 특정 성격을 불가피한 것으로 만들어 적응을 유도한다면, 후자는 바로 그 지배의 성격을 쟁투(爭鬪, contestation)의 대상으로 만들고자 한다.

그람시의 여러 가지 통찰력 중에서, 사회운동과 관련해 중요한 점은 사회운동 과정 자체가 '헤게모니의 구성을 둘러싼 각축과정'이라고 하는 점이다. 사회운동의 구성과정 자체가 헤게모니적 구성의 과정이다. 즉 문제화와 탈문제화의 각축, 저항화와 탈저항화의 각축 속에서 지배성을 구성하는 과정이다. 헤게모니는 단순히 "수동적으로 형성된 합의가 아니라, 세계에 대한 설득적 재기술(persuasive rediscription)에 의해 능동적으로 성취되는 것"(정철희, 2007: 194)이다. 담론과 정체성 등도 선험적으로 고정되어 있는 구조의 결과물이라기보다는, 헤게모니 투쟁의 결과적 구성물이다. 구조의 영향을 받으면서, 혹은 구조의 조건 내에서 특정한 잠재성을 현실적으로 구성해 내는 것이 바로 헤게모니적 실천이다. 사회운동은 바로 이런 점에서 대항헤게모니적 실천

적 존재이고 흐름 그 자체이다. 이러한 유동적인 대(다)중의 특성이 국가와 자본에 의해서 특정한 방식으로 포획되어 고정화된다. 즉 "대중의 흐름이 특정한 방식으로 응고되었을 때, 남성, 민족, 계급 등의 물적 지층화가 나타나"(고병권 · 이진경 외, 2008: 50)는 것이다. 네그리에 따를 때, 다중(대중. multitute)은 통일된 실체성을 갖는 존재가 아니며, "다중은 결코 단일한 사회적 존재(a single social body)가 아니며 그렇게 될 수도 없다(Hardt. M. and A. Negri, 2001: 243). 이러한 잠재성과 현재성의 관계에 바로 헤게모니적 실천이 개입되는 것이다.

의 결과로서 구성되는 것이며 그것을 위한 실천이다.

라클라우와 무페는 “사회는 결코 자기완결적, 자기동일적, 자기폐쇄적인 존재일 수 없다”고 보며, 이를 보다 적극적으로 “사회는 구성 불가능하다”라고까지 말한다. 어떠한 사회적 정체성도 “그것을 변형시키는 담론의 외부로부터 완전하게 보호되지는 않는다”는 것이다. 거시적인 수준에서 ‘사회’는 필연적인 사회적 법칙에 의해 단일화된 ‘복합적인 구조화된 총체(complex structured whole)’로 간주되어서는 안 된다. 오히려 사회제도, 조직형태, 행위자 사이의 관계는 여타의 사회적 관계에 대립적인 경계를 확립하는 헤게모니적 접합의 우연적인 산물이다. 따라서 유일한 결정원칙을 갖는 사회구성체는 있을 수 없다”는 것이다. 라클라우와 무페에 따르면 사회적인 것은 어떤 선험적 본질을 갖고 있지 않기 때문에, 사회에 고유하게 봉합된 공간은 존재하지 않는다. 이러한 헤게모니적 접합은 사회 구성의 차원에도 적용할 수 있지만, 사회 재생산의 여러 차원에 적용할 수도 있다. 물론 그는 구조 자체를 담론으로 해체시켜 버리는 한계를 가지고 있지만, 구조의 효과를 둘러싼 헤게모니적 각축을 적절히 지적하고 있다고 볼 수도 있다.

이때 지배의 헤게모니와 사회운동이 구성하는 대항헤게모니 자체는 가변적이고 유동적인 것으로 파악되어야 한다. 헤게모니 구성을 위한 지배권력의 전략적 실천과 대항헤게모니적 실천이 상호작용하면서, 특정 시기의 헤게모니적 구성은 유동적으로 변할 수 있다. 즉 헤게모니를 구성하려는 지배권력의 구성적 실천과 헤게모니를 뚫고 대항적 헤게모니를 상상하고 실천하는 사회구성원들(혹은 그 조직적 세력으로서의 사회운동)의 각축과정 속에서 사회가 구성된다. 대중은 한편으론 지배의 헤게모니를 구성하는 존재로 포섭되지만, 동시에 지배로부터 탈주하고 지배를 해체하는 원형적 힘으로 작동한다. 결국 사회적 과정의 일부로서의 사회운동 역시 실체적 존재물이 아니라, 주체의 실천에 의해서 구성되는 헤게모니적 구성체라고 할 수 있다.[44]

이러한 나의 시각은 신그람시주의적 시각[45]이라 할 수 있다. 신그

44 이러한 측면에서 라클라우와 무페를 신그람시적인 입장을 대표하는 논자로 볼 수 있다. 이들의 논의는 그들의 '포스트맑스주의적 논의'와 결합되면서 계급적 적대로 환원되지 않는 다양한 사회적 적대들, 생산관계적 차원으로 환원되지 않는 정치적·이데올로기적 차원의 자율성, 프롤레타리아 이외의 다양한 사회적 주체들의 독자적 지위 등 중요한 통찰을 제공한다. 그러나 이들은 기본적으로 경제적 사회구성체의 '헤게모니 구성적' 성격을 부각시키는 통찰을 제공함에도 불구하고, 완전히 '상대주의'적 구성론으로 경도되고 있다고 생각된다. 이는 경제주의와 환원주의에 대한 성찰적 반성에서 더 나아가 또 다른 '담화 환원주의'적 경향, 총체화에 대한 비판에서 탈총체화의 경향을 드러내는 것, 다양한 사회적 주체의 인정에서 주체성의 구조적 근거를 방기한 점, 필연성에 대한 비판에서 우연성의 논리로 환원하는 등의 새로운 문제점을 드러내고 있다고 생각된다(우드, 1993; 제솝, 1985: 4장 11절).

45 현대적인 신그람시주의적 시각의 범위는 대단히 광범한 외연을 갖는다. Stuart Hall 등을 중심으로 하는 문화론(홀, 2007; 임영호, 1996)에서부터, 현대적인 시민사회론자들인 Cohen and Arato(1994), Keane(1988), 공공영역과 의사소통론의 J. Habermas, 이태리의 신그람시주의자, 독일의 케비어(Kebir)(1994), 국가론 영역에서의 풀란차스(1994), 제솝(1985, 2000) 등 광범위한 영역에 걸쳐 있다. 한국에 소개된 대표적인 그람시 이론서로서는 그람시(1999a), 그람시(1999b), 앤더슨 외(1995), 사쑨(1984), 무페(1992) 등을 들 수 있다. 현재 사회운동과 그람시적 논의를 연결시킨 논의는 크게 두 가지가 주목된다. 하나는 캐나다 연구자들을 중심으로 한 캐롤(Carroll, 1992)을 대표적인 것으로 예시할 수 있다. 캐롤은 신그람시주의적 논의에 신사회운동적 논의도 포함하는데 서구의 전후 신사회운동 역시 백인 남성, 상층 조직노동자와 관리자들로 구성된 포디즘적인 헤게모니 블록(전후의 계급타협체제인데 이는 자본주의의 역으로 안정적인 헤게모니적 질서로 존재하던 시기였다)－그람시도 포디즘의 질서를 '경이'의 눈으로 바라보았다－의 균열에 대항하여 '대항헤게모니적 정치(counter－hegemonic politics)'가 분출된 것으로 보고 있다. 다른 하나는 영국의 '에섹스 학파'로서 라클라우와 무페의 이론을 발전시켜 사회운동 분석에 적용하고자 하는 흐름이다. 이들은 담론, 접합, 탈주, 헤게모니 개념들을 중심으로 하여 일종의 '탈구조주의적 사회운동론'을 발전시키고 있다(정철희, 2007:193－5; Torfing, 1999). 헌트(Hunt, 1990: 309－28)는 법적 투쟁이 한편에서는 지배의 법적 확

람시주의적 시각은 헤게모니, 역사적 블록, 유기적 지식인, 시민사회 등 그람시 특유의 지적 유산을 현대적 맥락에 적용하고자 하는 시도인데, 지금까지 사회운동에 대해서는 충분히 확대 적용되지 못하였다고 할 수 있다.

2. 대항헤게모니적 실천의 구조적·역사적 맥락

지배의 헤게모니화를 위한 전략적 실천과 사회운동의 대항헤게모니적 실천은 특정한 구조적 · 역사적 맥락에서 이루어지게 되고 그것은 사회운동적 실천의 이슈나 현실형태 등을 변화시킨다. 따라서 우리는 대항헤게모니적 실천의 구조적 · 역사적 맥락에 대해 살펴볼 필

증과 민중의 강제적 순응의 계기이기도 하지만 다른 한편에서는 자신들의 요구를 '권리'로 규정함으로써 대항헤게모니를 확장하는 계기이기도 함을 서술하고 있다. 태로우(Tarrow, 1998)도 사회운동과 그람시주의적 논의를 연관시키고자 하는 논의로 볼 수 있다. 사회운동을 '쟁투적 정치(contentious politics)'로 보는 태로우는 "변화하는 정치적 기회와 제약이 자원이 부족한 사회적 행위자들에게 인센티브를 부여하게 될 때 쟁투적 정치가 발생하게 된다. 이러한 사회적 행위자들은 이미 알려져 있는 쟁투의 항목들을 통해서 투쟁하는 동시에 혁신을 통해 투쟁의 항목을 확대한다. 이러한 쟁투적 정치가 밀도 있는 사회 네트워크에 의해서 뒷받침되고 문화적으로 공명을 갖는 행위지향적인 상징들에 의해서 교감이 확산될 때 반대자와의 지속적인 상호작용이 가능하게 된다. 이 결과가 바로 사회운동이다"라고 말하고 있다(2). 태로우는 사회운동에 대한 사회운동의 분석프레임을 구성하는 과정에서 맑스의 객관적인 물질적 모순을 둘러싼 통찰력을, 레닌에게서는 자원 동원론과 같은 조직적 강조점을, 그람시에게서는 문화와 이데올로기적 차원에 대한 강조를 발견할 수 있다고 서술하고 있다. 맑스, 레닌, 그람시의 논의의 특정한 측면을 현대적 사회운동 논의의 측면들과 연관시키고 있는 셈이다. 신그람시주의자들은 헤게모니, 수동혁명, 시민사회, 유기적 지식인, 진지전 등의 고전적인 개념들을 현대적 맥락에 재활용하는 방식으로 그람시의 통찰력을 현대적인 사회운동 분석과 연결시키고 있다고 말할 수 있다.

요가 있다.

그람시가 헤게모니 투쟁을 이야기한 이유는 후진 자본주의 국가 이태리에서 남부문제가 혁명의 문제를 복잡하게 만들고 있기 때문이었다. 그람시의 통찰력을 상이한 맥락과 상이한 각축의 맥락에 적용하는 것은 새로운 통찰력이 필요하다고 할 수 있다.

민주화와 관련하여, 대항헤게모니적 실천으로서의 사회운동이 전개되는 구조적·역사적 맥락을 3가지로 나누어 볼 수 있다. 첫째는 독재라는 맥락이고, 둘째는 포스트독재 혹은 민주화 이행 이후의 민주주의라는 맥락, 셋째는 포스트민주화 이후의 민주주의라는 맥락이다. 최장집 교수가 『민주화 이후의 민주주의』(2005)를 이야기할 때, 독재 이후 민주화라고 하는 시기와 민주화가 일정하게 진행된 '포스트민주화' 시기를 모두 포함한 것이라 할 수 있다.

독재는 지배의 헤게모니화를 위한 실천이 제약되고 국가가 강압–최소한 지배적으로–으로 무장하여 통치하는 체제라고 할 수 있다. 당연히 사회운동의 대항헤게모니적 실천 공간은 제약된다. 거시적 조건때문에 사회운동조직의 미시동원 과정은 일상적이고 지속가능한 패턴으로 전개될 수 없다. 사회운동조직의 합법적 활동을 금압하는 권력과 그에 대응하여 '혁명적 전쟁'을 치르는 운동조직의 대결 양상이 나타난다. 자원 동원 과정 역시도 비밀스럽게 이루어지며, 발각이 되면 자원제공자가 처벌을 받는 상황에 있었다. 합법적인 소통 공간과 자유언론의 공간이 부재하였기 때문에, 일상적인 정체성 경쟁이나 프레임 경쟁은 존재하지 않는다. 때문에 사회운동은 일종의 '게릴라형 조직(guerilla organization)'의 특성을 보이게 된다.

그러나 이러한 상황은 민주화가 시작되고 자율적·정치적·사회적 활동공간이 확대되면서 변화하게 된다. 독재 하에서 억압되었던 저항적 사회운동에게도 합법적인 공간이 주어지게 되는 것이다. 민주화는 과거와 달리－지배적으로－폭력과 강압에 의해 유지되던 체제를 대신하여 헤게모니 투쟁을 위한 정치의 공간을 출현·확대하게 만든다. 이른바 '정치적 기회구조'의 확대가 일어난다. 사회운동이 본격적인 헤게모니 각축과 경쟁의 장에 돌입한 것은 바로 민주화가 시발된 이후부터라고 할 수 있다. 물론 민주화 이후의 정치적·사회적 공간이 완전히 자율적인 공간인 것은 아니지만, 독재와 달리 그러한 공간이 대폭 확장되고 그만큼 주체적 실천과 선택의 여지가 넓어지게 된다. 한편 사회운동의 대항헤게모니적 실천 여부에 따라 민주화의 경로는 큰 차이를 보인다.

여기서 사회운동의 현실형태도 변화하게 된다. 즉 '지속가능성'을 전제로 하지 않는 게릴라형 조직형태에서 이제 지속가능한 작동방식을 갖는 조직으로 변한다. 사회운동조직에게 필요한 자원이 안정적으로 유입되고, 운동의 목적이 '반체제적'인 것이 아니라, '체제 내적인' 것으로 설정된다. 또한 집합적 행동양식이 관례화되고 일상화됨으로써, 기존의 체제와 긴장을 가지지만 적대적이지는 않은 상태로 전개된다. 요컨대 사회운동이 '자기유지적이고, 지속가능한 과정'으로 전개된다.

포스트독재 혹은 민주화 시발 이후의 시기는 아래로부터의 대중들의 저항으로 독재가 붕괴한 이후, 독재의 유산을 척결하고 민주주의를 실현하기 위한 과제를 중심으로 갈등하고 투쟁하는 시기라고 할 수 있다. 독재가 붕괴된 이후 사회운동이 대면하게 되는 이슈 혹은 모순을 과거 독재의 민주개혁과 관련된 구(舊)모순이라고 표현하고, 민주화 이후의 국면에서 새롭게 제기되는 이슈와 모순들은 신(新)모순이라 할 수 있다. 민주화 시발 이후의 민주주의에선 구모순을 둘러싸고 '지배의 헤게모니화'를 위한 실천과 대항헤게모니적 실천이 각축하게 된다. 그리고 이러한 구모순 해결의 질적 성격도 '신과두제적 유형'의 사회와 '포스트과두제적 유형'의 사회(조희연, 2008a)에 따라 다르게 전개된다.

3. 미시적·중범위적·거시적 수준에서의 헤게모니 각축

헤게모니 각축은 미시적·중범위적·거시적 수준 모두에서 전개된다. 사회운동에 대한 다양한 논의들[46] 중에서, 구성주의적 이론들

46 가너(Robert Garner, 1997)는 2차 대전 이후 90년대까지 약 50년 동안의 미국 사회운동론의 변화과정을 3단계로 나누고 있다. 첫 단계는 2차 대전 이후 60년대까지의 시기로 이때는 사회운동에 대한 부정적 시각이 지배적이었으며, 사회심리학에 의해 사회운동을 설명하고자 하는 경향이 강했다. 다음 두 번째 시기는 60년대 구조적 긴장(structural strain)이 등장한 이후부터 70년대 후반까지의 시기이다. 이 시기에는 사회운동에 대한 긍정적 시각이 지배적이었으며, 사회운동을 구조적 조건을 변화시키기 위한 '합리적' 전략을 취하는 조직으로 파악하게 된다. 사회운동의 합리적 측면, 전략적 측면, 조직적 측면 등에 주목하게 된 것이다. 이는 사회운동이 단순히 비합리적인 군중행동으로 표출되는 것이 아니라, 합리적인·조직적 행위로 표출되는 것으로 바라보게 됨을 의미한다. 세 번째 시기는 70년대 후반 이후 90년대까지의 시기로 나눌 수 있다. 이 시기를 가너는 '해체의 시기'(the period of deconstruction)로 명명한다. 여기서 해체의 시기라고 하는 것은 이전 시기의 구조적·역사적·합리주의적 경향들을 거부하는 다종다양한 흐름들이 분출하고 그것들을 단일한 정체성으로 통합하기 어렵다는 것을 의미한다. 이러한 도전은 자유주의적 이론이나 맑스주의적 이론 모두에 대해서 제기되었다. 지적 경향 면에서도 다양한 지적 해체주의, 포스트구조주의, 포스트모더니즘, 포스트맑스주

은 미시적 수준에서 이루어지는 사회운동의 활동을 '미시동원(micro-mobilization)'이라는 과정으로 다루고 있다. 반면에 자원 동원론[47]은 사회운동조직(social movement organization, SMO)의 수준에서 동원이 어떻게 전개되고 그 과정에 어떤 요인들이 작용하는지를 분석한다. 그런데 나는 자원 동원론이나 구성주의 모두 '헤게모니 각축'에 대해서는 충분히 주목하지 못했다고 생각한다. 나의 시각에서 볼 때, 사회운동의 자원 동원과정은 사회운동 간에, 그리고 권력과 사회운동 간에 자원 동원을 둘러싼 치열한 헤게모니 각축의 과정으로 파악되어야 하며, 구성주의에서 주목하는 프레이밍의 과정 역시 치열한 헤게모니 각축의 과

의, 문화주의적 접근, 페미니즘, 탈식민주의 등이 이 시기에 주목받는 지적 조류들이라고 할 수 있다. 이러한 여러 경향 중에서 사회적 구성주의는 해체의 시기의 지적 경향-특별히 사회운동론적인-을 대표한다고 할 수 있다.

47 자원 동원론은 주로 중범위 수준에서 사회운동조직(SMO)을 분석의 초점으로 함으로써, 사회운동의 조직화과정에 대한 분석에 기여하고 있다. 자원 동원론은 이전까지 "정치행위나 시장행위는 합리적인 행위로 간주하였으나, 사회운동은 비합리적인 행위로 간주하던 시각이 지배적이었던" 상황 속에서 사회운동 참여자를 '합리적 행위자'로 파악하는 전제 위에 사회운동이 어떻게 마치 '창업(創業)'이나 '기업운영', '정당운영'과 같은 전략적 행위복합체로서 운영되는지를 보여주었다. 경제적 자원 동원론(entrepreneurial version of the theory. McCarthy, J.D. and M.N. Zald(1997)의 논의가 대표적일 것이다)이나 정치적 자원 동원론(political version of the theory. 틸리(1995); McAdam(1997)을 예로 들 수 있다)이 바로 이러한 사회운동 행위의 합리성을 파악하는 두 가지 관점을 드러내 준다. 후자가 사회운동을 합리적인 조직화과정이나 '합리적인 기업활동' 모델에 의해 분석하고자 한다면, 후자는 '합리적인 정당활동'의 모형 혹은 제도화된 정치활동의 모형에 맞추어 이해하고자 한다(임희섭, 1999:86-93). 자원 동원이론에 따르면, 사회운동은 비정치적 수단에 의한 정치의 확장이며, 다른 형태의 정치적 갈등과 똑같은 방식으로 이해갈등에 의해서 분석될 수 있다. 운동은 또한 구조화되고 유형화되며, 따라서 다른 형태의 제도화된 행위와 같이 조직적 역동성에 의해서 분석될 수 있다. 자원 동원론은 사회운동조직을 중심적 행위자로 하여 다양한 "강제적·공리적·규범적 자원"(틸리, 1995: 3장)들이 동원되는 과정을 우리에게 주목하도록 한다.

정으로 파악되어야 한다.[48]

미시적·중범위적 수준뿐만 아니라 거시적인 수준에서도 헤게모니 각축이 존재한다. 거시적인 조건은 많은 사람에게 고정된 것 혹은 주어진 것으로 인식된다. 그러나 사실 민주화의 과정에서 주어지는 거시적 조건도 복합적 성격을 갖고 있는 것이므로, 그 복합적 측면에서 어떤 측면을 현실화 할 것인가를 둘러싸고 치열한 쟁투가 전개된다고 할 수 있다. 특히 특정한 거시적 조건의 '효과'를 둘러싼 헤게모니 각축이 존재한다. 거시적인 정치적·사회경제적 조건도 하나의 정해진 효과만을 내장하고 있는 것이 아니다. 사회운동은 그러한 거시적인 조건의 복합적인 가능성 중 하나의 가능성을 현실화하기 위해 쟁투하는 것

48 구성주의에 따르면, 모든 인간현상은 문화적 담화와의 상호작용을 통해서 부단히 사회적으로 구성되는 현상이라고 인식된다. 과거에 개인이나 사회를 안정적인 구조로 파악했던 것이, 이제는 사회와 개인을 담화적·상호작용적 과정을 통해 구성되는 것으로 인식하게 되었다. 구성주의의 입장에서 사회운동을 보게 되면, 사회운동 자체가 객관적 구조의 규정성을 넘는 개인의 능동적인 주체적 의미형성과 상호작용에 기인하여 나타나게 되는 것으로 이해된다. 즉 한때 사회, 사회구조, 개인이라고 할 때 주어졌던 고정성, 안정성, 일관성 등의 개념은 해체된다. 여기서 문화, 프레이밍, 정체성의 구성 등의 개념이 부각되는 것이다. 운동이나 반운동의 역동성, 초국민국가적 역동성, 초국경적 이슈, 운동과 미디어의 관계 등이 부각된다. 구성주의는 주로 개인이 사회운동에 참여하게 되는 미시적 과정을 설명하는 데 기여하고 있다. 이런 점에서 개인이 문제를 인식하고 규정하는 인지적 차원 같은 것이 중요하게 되고, 여기서 예를 들면 프레임이나 프레이밍(framing) 같은 과정이 중요하게 된다. MaCarthy and Zald가 이야기하는 것처럼 프레임은 일종의 '해석 틀'(schemata of interpretation)이다. 개인들로 하여금 자신들의 삶의 공간이나 세계에서 발생하는 사건들을 위치지우고, 인지하고 확인하고 명명(labelling)하는 해석 틀이다(Snow, David, E.B. Rochford, S.K. Worden and R.D. Benford, 1997: 211). 사건이나 발생을 의미 있는 것으로 만듦으로써, 프레임은 경험을 조직하고 행위를 지도하는 기능을 한다. 요컨대 사회운동의 동원과정에 작용하는 인지적 해석틀이라고 할 수 있다. 미시동원은, 프레임 정렬에 영향을 미치는 상호작용적, 소통적 과정을 말하고 여기서 프레이밍이 핵심적인 기능을 한다.

이라고 말할 수 있다. 사실 이 점은 데이비스(Davies)의 J-커브 곡선[49]이(이후 이어지는 상대적 박탈감 이론 등) 기존의 궁핍화론에 대해서 던진 비판적 함의와도 연관된다. 예컨대 공황 등 사회경제적 조건의 하락이 하층계급의 혁명적 능동화를 낳는 것이 아니라 보수적 선택을 낳을 수도 있다. 혁명은 절대적 궁핍화의 시기에 발생하는 것이 아니라, 기대치와 현실의 충족가능성의 괴리가 극대화되는 시점에 발생한다고 하는 데이비스의 지적은 바로 하나의 사회경제적 거시조건이 어떤 효과를 가져올 것인지는 열려있음을 의미한다. 그런데 나의 관점에서 보면, 바로 이러한 효과의 차이는 사회운동과 집단적 행위자들이 그 거시적 조건에 어떻게 응전하는가에 따라 나타나는 것이다. 이런 점에서 거시적 조건을 둘러싼 쟁투가 존재하는 것이다.

거시적·중범위적·미시적 사회운동의 활동(이것을 동원이라고 표현한다면)은 고정된 과정이 아니라, 사회운동의 대상 집단-권력이 될 것이다-의 전략적 실천과 그에 대응하는 대항헤게모니적 실천의 각축 과정을 통해 규정된다. 이러한 다층적인 헤게모니 각축 과정을 그림으로 표현하면 아래와 같다.

49 Davies(1962). 데이비스의 논의를 '점진적 박탈유형(progressive deprivation)'으로 상대화하면서 체감적 박탈(decremental deprivation), 열망적 박탈(aspirational deprivation) 등으로 객관적 조건 변화의 사회심리적 효과의 변이(變異)를 강조한 고전적인 Gurr(1970)도 같은 함의를 던져 준다.

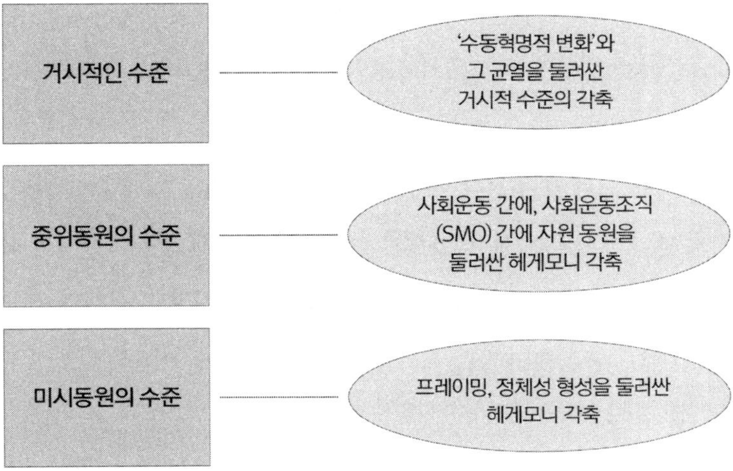

민주화의 맥락에서 이런 제 수준의 헤게모니 각축을 서술하여 보자. 독재에서 민주주의로의 이행은 거시적·중범위적·미시적 차원에서 사회운동 실천의 구체적 상황을 변화시킨다. 먼저 미시 동원의 수준에서 독재에서 민주주의로의 이행은 과거와 다른 프레이밍의 조건을 부여한다. 여기서 구성주의가 주목하는 프레이밍의 과정이나 정체성 형성의 차원에서 지배권력과 사회운동의 헤게모니 각축이 전개된다. 예컨대 과거의 독재적 프레임(예컨대 안보 프레임 혹은 경제적 민족주의 프레임)과 구별되는 민주주의적 프레임 경쟁의 공간이 확대된다. 공공선이나 실질적 민주주의 같은 프레임이 나타나게 되고, 이것은 사회운동의 미시동원 과정에서 더욱 큰 차이를 발생시키게 된다. 그래서 헤게모니 각축이 미시동원의 수준에서 일상적으로 치열하게 전개된다.[50] 이것은 개인이 지배의 헤게모니에 포획되어 자신의 삶에서 느끼

50 은수미(2000)는 민주화 이후 노동운동과 신생 시민운동 간의 프레임 각축의 과정을 분석한다. 그에 따르면 "① 프레임 연결: 민중생존권과 반독재민주화 프레임의 연결 및

는 문제를 주어진 것으로 인식할 것인가, 아니면 저항해야 하는 공적 이슈로 인식해서 스스로를 저항적·참여적 존재로 변화시킬 것인지와 관련되어 있다.

이러한 프레임 경쟁의 과정에서 미디어는 치열한 각축의 장이 된다. 독재 하에서 미디어가 지배권력에 의해 통제된 영역이었다고 한다면, 갬슨(Gamson)이 지적하듯이 이제 미디어가 치열한 경쟁의 장으로서 부상한다. 즉 미디어는 권력이 창출하는 해석적 프레임과 사회운동이 창출하는 대안적인 해석적 프레임 간의 일상적인 각축의 장이 되는 것이다. 갬슨은 집단적 행위 프레임의 3가지 구성 요소로서 부정의(injustice), 행위매개(agency), 그리고 정체성(identity)[51]을 지적한다. 대중

'반독재민주화' 단일 프레임 형성 → ② 프레임 확대: '반독재민중민주주의'로의 확대 및 온건한 '경제정의, 사회개혁' 프레임의 등장 → ③ 프레임 분화: '노동의 시민권/공익·공공선' → ④ 프레임경쟁: '노동의 시민권, 당선운동/공익·공공선, 낙선운동'"의 변화를 보인다.

51 부정의(injustice)는 정치적 의식의 형태 속에 표현된 도덕적 분노(indignation)라고 할 수 있는데, 기존 체제 또는 제도가 정당성을 상실했고 부도덕하다는 인식을 갖게 되는 것을 의미한다. 또한 주체적 행위자(대리자, agency) 요인은 집단적 행동을 통해서 조건이나 정책을 변화시키는 것이 가능하다고 하는 의식을 의미한다. 이전에 단순히 체념하고 있던 사람들이 변화에 대한 요구를 자신의 권리로 인식하기 시작하고, 스스로가 환경을 변화시킬 수 있다고 하는 정치적 자신감을 갖게 되는 것을 의미한다. 다음으로 정체성(identity)은 이러한 조건 위에서 발생하는 특정한 집단의식을 말한다. 즉 상이한 이해와 가치를 갖는 '그들'에 대립하는 '우리'로 스스로를 규정하는 과정이다(W.A. Gamson, 1997: 228-58). 맥아담이 말하는 인지적 해방(Cogntive liberation) 여부는 바로 사회운동의 프레이밍을 둘러싼 헤게모니 투쟁의 결과로서 주어진다(McAdam, 1997: 172-92). 사실 매일매일의 일상생활에서 '문제'(problem)가 발생한다. 그러나 그것이 이슈(issue)가 되는 것은 그것이 부당한(unjust) 문제로 정의되고 공감될 때이다. 프레임은 상황정의, 무엇이 공적 이슈가 되어야 하는지 등에 대한 해석을 내포하게 된다. 여러 문제 중에서 무엇이 부당하며, 무엇이 공적 의제로서 인식되어 해결을 위해 행동해야 한다고 느껴야 한다. 사회운동으로서의 미디어장은 매일매일 벌어지는 문제들에 대해서 이것을 이슈로 규정하고 해석하기 위한 담론 각축 공간이라고 할 수 있다.

이 부정의 의식, 행위매개자 의식, 정체성 의식을 갖게 되는 과정은 기성체제 혹은 권력과 사회운동의 부단한 헤게모니적 각축과정의 결과이다.

독재 하에서는 '적대적 성격을 갖는 프레임', 즉 상대방을 적대시하는 '선악 이분법'적인 프레임[52]으로 무장하고 사회운동조직들이 활동했다고 한다면, 민주화 이후에는 비(非)적대적 프레임 경쟁이 존재하게 된다. 어떤 의미에서 민주주의를 존재론적으로 긍정하는 위에서 프레임 경쟁이 일어난다는 것이다.

특히 독재의 유산을 척결하고 독재체제를 민주주의적 체제로 전환하기 위한 민주개혁 과정에서 이러한 프레임 경쟁은 대단히 중요하다. 왜냐하면 민주화의 과정은 최소주의적 개혁을 통하여 체제를 재안정화 하려는 구 독점적 세력과 최대주의적 개혁을 통하여 자신들의 이해와 요구를 반영하는 체제를 구축하고자 하는 사회경제적 하위주체들(그들을 조직적으로 대표하는 사회운동조직)의 치열한 각축 과정이기 때문이다.

둘째, 중범위적 수준에서 사회운동 조직이 활동한다고 했을 때, 민주화는 사회운동조직에 의한 동원의 조건과 가능성을 변화시킨다. 민주주의로의 이행은 기존의 반체제적 사회운동에게도 제도화된 공간에서 자원 동원을 할 수 있는 가능성을 부여한다. 저항적 사회운동의 경우에도 이전에 비해 정치적 기회구조가 확장됨에 따라 인적·물적

52 독재 하에서의 대립은 존재론적 부정과 존재론적 긍정의 대립이었으며 경쟁의 성격을 갖고 있지 않았다고 할 수 있다. 임지현은 이러한 인식구도를 '악마적 이분법' 혹은 '도덕적 이원론'이라고 표현하고 있다(임지현, 2004).

자원 동원의 기회가 확장된다.

자원 동원론에서는 사회운동조직을 특정한 정치적 기회구조에 의해 규정되면서 가용한 자원들을 합리적·전략적 판단에 의해서 동원하고 배치하는 조직으로 파악한다. 이때 자원 동원과정을 둘러싸고 권력과 운동 간에, 혹은 경쟁적 사회운동 집단 간에 헤게모니 각축이 전개된다.

독재 하에서는 자원 동원이 주로 국가자원의 특혜적 접근권을 누가 획득하는가로 제한되어 있었다. 개발독재는 바로 이러한 제한된 국가자원을 일부 관변단체에 정치적으로 배분하였으며, 이러한 관변단체들은 국가자원에 의존하면서 시민사회를 친정부적으로 동원하고 있었다.

하지만 민주화가 되면서 이러한 자원 동원의 상황은 변화하게 된다. 일단 개발의 진전으로 민간자원이 양적으로 증대된다. 더구나 정치적 민주화로 인하여 민간자원을 둘러싼 치열한 경쟁이 나타나게 되고, 저항적 사회운동조직 역시도 이러한 민간자원을 동원하는 데 상당히 중요한 위치를 점하게 된다. 민주화로 인하여 시민사회의 정치적 영향력이 확대되면서 자본부문 역시도 사회운동조직에 자원을 제공하는 방식으로 변화하게 된다. 그 결과 사회운동조직들 간에 자원 동원을 둘러싼 치열한 각축이 출현하게 된다. 하나의 사회운동산업(social movement industry)에 종사하는 운동조직들의 경우에는 이를 둘러싸고 경쟁이 나타나게 된다. 즉 사회운동조직들 간의 일종의 '시장적 경쟁'[53]이 나타나

53 조대엽(1999)이나 틸리(1995)가 구분하는 것처럼 미시동원의 과정을 공동체형과 시장형으로 나눌 수 있다면, 시장형이 확대되었다는 것이다. 정치적 기회구조가 확대되면서 기업이 다양한 자원들을 조직의 목표 달성을 위해 동원하듯이, 사회운동조직들도 조직 목표를 달성하기 위한 다양한 자원 동원의 일상적인 과정을 작동시키게 된다.

게 되는 것이다. 그래서 "특정 '사회운동산업(social movement industry)'이 더욱 경쟁적으로 되면 될수록, 새로운 사회운동조직은 특정한 목표와 전략을 제시하면서 진입하게 된다"(McCarthy and zald, 1997: 149-71). 국가자원의 배분도 이전의 일부 관변단체에 대한 독점적 배분으로부터 변화하게 된다. 즉 구 관변단체뿐만 아니라 다양한 저항적 사회운동조직들도 부분적으로 이러한 국가자원의 배분에 접근할 수 있게 된다(한국의 경우 1998년 비영리단체 지원법의 제정). 이런 점에서 국가자원의 접근에 있어서 이전에 비해 경쟁이 존재하게 되는 것이다.

셋째, 거시적 수준에서의 헤게모니 각축이 전개된다. 통상 거시적인 조건은 주어진 것으로 인식된다. 그러나 거시적인 조건의 효과를 둘러싼 헤게모니 각축이 치열하게 전개된다. 거시적 수준의 대항헤게모니적 각축 과정에서 '헤게모니적 접합'이 성공적으로 이루어지는 경우, 그람시가 이야기하는 의미에서의 저항적인 '역사적 블록'(그람시, 1999: 418)[54]이 형성될 수 있다. 예컨대 독재 하에서는 '근대화' 역사블록이 있었다고 한다면, 80년대 이후에는 근대화의 모순에 대응하여 저항세력이 '거시적인 수준에서의 헤게모니 각축'에 성공함으로써 '민주주의 역사블록', 혹은 '반독재역사블록'이 출현하였다고 말할 수 있다. 독재가 붕괴되고 민주화가 시발된 이후 '시민운동'이 '국민적-대중적(national-popular)' 운동으로 부상하게 된 것도 이러한 거시적인 수준에서의 성공적인 대항

54 그람시는 토대의 계기와 상부구조의 계기가 수렴되어 "경제적, 사회적, 정치적, 이데올로기적 관계의 통일적 총체"(젠시티, 1992: 89)가 형성될 때 역사적 블록을 말하는데, 그람시는 이를 전근대에서 근대로의 사회구성체적 변화의 수준에 적용한다. 그러나 나는 이 글에서와 같이 사회구성체의 하위 수준의 '거시적' 변동에도 적용할 수 있다고 보고 있다.

헤게모니적 실천으로 평가할 수 있다. 독재 하에서의 반독재민주화운동으로서의 민중운동이나 민주화 이후 국면에서 민주개혁운동으로서의 시민운동은 바로 이러한 헤게모니적 접합의 결과로서의 연합운동이라고 할 수 있다. 민중운동처럼 시민운동도 특정한 역사적 맥락에서 출현한, 거시적인 수준에서의 헤게모니적 각축의 결과로 접합된 하나의 역사적 블록 개념으로 파악될 수 있다. 그리고 이러한 역사적 블록은 미시적 수준에서 개인의 해석프레임이나 정체성 형성에도 영향을 미치게 된다.

4. 민주화 과정에서 분화되는 운동들의 유형화

독재 하에서 반독재민주화운동으로 포괄되어 있었던 다양한 운동들이 민주화 과정에서 '다층적 분화'를 하게 된다. 나는 독재 하에서의 운동을 '반체계 운동'(anti-systemic movement)이라고 표현한다. 독재 하에서는 일체의 '운동'이 억압되고 있었기 때문에, 운동은 자연스럽게 그 체계 자체에 대한 저항의 성격을 띠게 되고, 그 내부에서도 그 체계를 급진적으로 전복하고자 하는 운동이 주도성을 가질 수 있었다. 그러나 독재 이후에는 이 반체계 운동 속에 내재되어 있던 여러 성격의 운동들이 분화하게 된다. 어떤 의미에서 독재 하에서는 '반독재'라는 강력한 공통 이슈가 운동의 분화를 억제하고 있었다고도 표현할 수 있다.

여기서 나는 분석의 필요상 다음의 표에서와 같이 사회운동을 그 지향과 대상을 기준으로 4가지 유형으로 나누고자 한다. 먼저 운동의 지향과 관련해서는 개선·개혁(fix)을 지향하는 운동과 타파(打破)·타도·해체·극복(nix)을 지향하는 운동의 두 가지 큰 유형으로 나누어 볼 수 있다. 통상 온건한(moderate) 지향 대 급진적(radical) 지향의 대립, 개혁적(reformative) 지향 대 혁명적(revolutionary) 지향으로 나누는데, 대체로 이러한 구분과 일치한다고 할 수 있다. 사회운동의 이념적 지향으로 표현하면, 온건한 중도자유주의적인 사회운동과 급진적인 반체계적 사회운동일 것이다.

다음으로 운동의 대상과 관련하여 나는 하버마스(J. Habermas)의 체계(system)와 생활세계(lifeworld)의 구분을 원용하고자 한다.[55] 즉 정치행정체계와 경제체계를 포괄하는 체계를 운동의 대상으로 삼는 체계지향적 운동(system-centered movement)과 생활세계의 변화를 대상으로 삼는 생활세계 지향적 운동(lifeworld-centered movement)으로 나눌 수 있다. 여기서 체계 개념에는 구조, 권력의 제도적 배열, 사회적 관계의 제도적 측면 등이 포괄될 수 있을 것이며, 생활세계에는 정체성, 문화, 관행, 관계의 사회문화적 측면 등이 포괄될 수 있다. 고전적으로는 권력지향적 운동(power-oriented movement) 대 가치지향적 운동

55 하버마스에게 있어서 체계란 고도로 합리화된 정치행정체계와 경제체계를 의미하고 그 체계에 의한 '생활세계의 식민지화'에 대항하는 새로운 형태의 저항을 출현시키게 되는 것으로 파악된다(하버마스, 2006). 여기서는 하버마스의 개념 적용에서 두 가지 점을 전제하고 있다. 첫째는 하버마스의 체계·생활세계의 구분에서처럼 체계는 물질적 영역이고 생활세계는 상징적 영역이라기보다는 상징적·물질적 관계의 복합적 구조로 구성되어 있다는 것이다(Ray, 1993: 73). 둘째는 한국의 경우 합리화된 체계의 새로운 질곡이 문제가 되기보다는, 왜곡된 근대화과정에서의 왜곡된 체계의 민주화와 합리화를 위한 과정이 진행되고 있다는 점이다. 이는 하버마스가 대상으로 했던 고도의 합리성의 새로운 질곡이라는 문제와는 다르다. 그러한 맥락의 차이를 전제로 하면서도 정치행정체계·경제체계와 생활세계의 구분, 그리고 구분 속에서 후자의 새로운 억압에 대응하는 새로운 운동을 강조하는 의미에서 이 개념적 구분을 원용하여 사회운동을 두 가지로 구분할 수 있을 것이다.

(value-oriented movemenr)의 구분이 있었다. 그러나 이 구분은 권력을 지나치게 협의로 해석한다는 비판을 받을 수 있기 때문에, 체계와 생활세계 개념을 사용하고자 한다. 또한 체계와 생활세계는 동전의 양면과 같이 결합되어 있다. 왜냐하면 하나의 체계가 사회적 관계의 제도적 측면이라고 한다면, 그것은 특정한 사회문화적 혹은 생활세계적 기반 위에서 작동하게 되기 때문이다. 예컨대 여성운동의 '호주제 폐지 운동'은 그 자체가 체계개혁적 성격과 생활세계 개혁적 성격을 동시에 가지고 있다. 단지 어떤 측면이 부각되는가는 이론적 문제라기보다는 실천적 문제이다.

이렇게 두 가지 기준을 교차시키게 되면, 체계 개혁 운동(sytem-reformer movement), 체계 도전적 운동(system-challenger movement), 생활세계 개혁 운동(lifeworld-reformer movement), 대안생활세계운동(lifeworld-changer movement)으로 구분할 수 있다.

여기서 체계 도전적 운동이라고 해서 그 지향이 단일한 것은 아니다. 오히려 '체계 도전적'이라는 말은 다양한 지향들을 포괄하기 위해 사용하였다. 민주화 이후에는 체계 도전적 운동과 체계 개혁적 운동의 경계가 명확한 것은 아니다. 체계 도전적이라고 할 때도 반자본주의적 입장에서부터 사회민주주의적 입장, 무정부주의적 입장 등 그 입장이 다양할 수 있으며, 민주화의 진행에 따라서 체계 개혁적 입장으로 선회하는 경우도 많다고 할 수 있다. 특정 시점에서 체계의 질서 자체를 인정하고 개혁을 도모하는 경우와 질서 자체를 타파·해체하려고 하는 경우는 쉽게 구분될 수 있다. 그러나 특정 시기의 질서에는 반대하지만 그 질서가 일정하게 합리화되고 개혁되는 경우, 반체계적 입장에서 체계 개혁적 입장으로 변화할 수 있다. 독재 시기의 운동을 나는 반체계적 운동라고 표현했는데, 이에는 민주화 이후의 체계 개혁적 지향과 체계 도전적·지향이 혼합되어 있었다. '체계로서의 독재적 질서'에는 반대하지만 '민주화된 질서'에는 개혁적 입장으로 변화하는 경우가 많다. 민주화는 기본적으로 반체계적 운동 속에 포함되어 있던 '체계 개혁적 운동'이 '합법적'으로 전개될 수 있도록 하고, '반체계적 운동'을 체계의 질서를 최대한 공유하는 운동으로 변화시켜 가는 과정이라고 할 수 있다.

<table>
<tr><th colspan="2" rowspan="2"></th><th colspan="2">운동의 지향</th></tr>
<tr><th>개선 지향적 운동
(fix-oriented movement)</th><th>타파 지향적운동
(nix-oriented movement)</th></tr>
<tr><th rowspan="2">운동의
대상</th><th>체계 지향적 운동
(system-centered movement)</th><td>체계 개혁 운동
(system-reformer movement: B)</td><td>체계 도전적 운동
(system-challenger movement: A)</td></tr>
<tr><th>생활세계 지향적 운동
(liferworld-centered movement)</th><td>생활세계 개혁 운동
(lifeworld reformer movement: C)</td><td>대안생활세계운동(life-world-changer)/체계 이탈적 운동(regime-exiter movement: D)</td></tr>
</table>

5. 탈독점화 과정으로서의 민주화와 사회운동의 대상

나는 다소 독특하게 독재를 정치적 독점·경제적 독점·사회적 독점의 복합체로 규정한다. 그렇게 보면, 자연히 민주화의 과정은 독재적 독점복합체의 '다층적인 탈독점화'과정이 된다. 즉 정치적 탈독점화의 과정(이른바 정치적 민주화의 과정)과 경제적 · 사회적 탈독점화 과정(이른바 사회경제적 민주화 과정)이 동시적으로 이루어지는 과정이다.[56] 이런 점에서 보면, 민주화 과정에서의 사회운동은 다층적인 탈독점화를 둘러싼 대항헤게모니적 실천으로 규정될 수 있다.[57] 따라서 과제를 중심으로 분류하면, 민주화 과정에서의 사회운동은 정치적 탈독점화를 둘러싼 사회운동, 경제적 탈독점화를 둘러싼 사회운동, 사회적 탈독점화를 둘러싼 사회운동으로 구분할 수 있다. 통상적인 표현으로는 정치개혁운동, 경제개혁운동, 사회개혁운동으로 표현할 수 있을 것이다. 이 3가지의 내용을 표로 나타내 보면 아래와 같다.

	성격	내용
정치적 탈독점화 (이른바 정치적 민주화)	국가(정치) 민주화와 사회화를 지향하는 사회운동 (정치개혁운동)	정치적 배제에 대한 도전(배제된 엘리트와 대중의 도전). 다원적인 엘리트들의 경쟁구도로의 전환(엘리트 간의 관계 변화)을 포함하여, 국가와 정치의 변화를 향한 다양한 운동들. 국가와 정치가 내장하는 배제의 극복 · 비(非)배제화

56 한국 및 아시아 민주화 과정에서의 정치적 변화를 '정치적 독점' 개념을 중심으로 분석한 조희연 · 김동춘 편(2008), 한국 및 아시아 민주화 과정에서의 사회경제적 변화를 '경제적 · 사회적 독점' 개념을 중심으로 분석한 조희연 · 김동춘 · 오유석 편(2009)과 조희연 · 박은홍 · 이홍균 편(2009)을 참조.

57 민주화 과정의 시발은 바로 이러한 독점복합체적 구조의 개혁을 위한 과정-그것이 어떤 불철저성을 가지고 있건 간에-이 시작되고, 기존의 독점복합체적 구조에 균열과 변형이 나타나는 '다층적인 탈독점화'가 시작되는 것이라고 할 수 있다. 민주화 과정에서의 사회운동은 바로 이러한 다층적인 탈독점화를 추동하는 다양한 조직화된 집합행동인 것이다. 이러한 의미에서 다층적인 독점복합체의 민주화를 위한 각축과정에서 '사회운동'이 중요한 행위자가 된다고 할 수 있다.

경제적 탈독점화 (이른바 경제적 민주화)	시장의 민주화와 사회화를 지향하는 사회 운동(경제개혁운동)	경제적 불평등의 완화, 투명성(transparency), 기업지배 구조(corporate governance)의 개선, 경제의 불평등성의 완화에서 반자본주의적 운동까지
사회적 탈독점화 (이른바 사회문화적 민주화)	(협의의) 시민사회 내부 차별의 민주화와 차별극복·비(非)차별화를 지향하는 사회운동(사회개혁운동)	사회적 분할선을 경계로 하는 차별의 완화, 민주주의적 공간에서 배제된 하위주체들의 참여공간 확대, 포괄 및 흡수(inclusion)의 확대

이 표에서 보듯이 정치적 탈독점화를 지향하는 운동은 기본적으로 국가(정치)의 민주화와 사회화를 지향하는 사회운동이라고 할 수 있는데, 이러한 운동들은 정치적 배제에 대한 도전(배제된 엘리트와 대중의 도전), 다원적인 엘리트들의 경쟁구도로의 전환(엘리트 간의 관계 변화)을 포함하여, 국가와 정치의 개혁과 민주화를 지향한다. 현실에서 정치적 탈독점화 운동은 기존의 독재적인 국가와 정부, 정당정치에 대한 다양한 개혁운동으로 표현된다고 할 수 있다. 민주화의 과정에서 정치적 탈독점화는 불가피하다. 최소한 형식상으로 다원적인 경쟁구도로 변화하게 되는 것이다. 그런데 다원적 경쟁구도에서 구 독점적 보수세력이 얼마나 힘을 갖는가 하는 것과 그에 대응하는 반독재세력이 얼마나 진입하는가에 따라 그 구체적 양상은 다를 수 있다.

다음으로 경제적 탈독점화를 지향하는 운동은 시장의 민주화와 사회화를 지향하는 사회운동이라고 할 수 있는데, 경제적 불평등의 완화, 투명성(transparency), 기업지배구조(corporate governance)의 개선, 경제의 불평등성의 완화에서 반자본주의적 운동까지 다양한 과제들과 대결한다.[58] 현실에서 경제적 탈독점화운동은 개발독재의 지원과 유착

58 서영표(2009b)는 이러한 정치적 탈독점화와 경제적 탈독점화를 '관료적 국가에 대응하

을 통해 성장해온 대기업(한국에서는 재벌), 시장질서, 기업구조, 경제구조 일반에 대한 다양한 경제개혁운동으로 표현된다고 할 수 있다. 독재 하에서 구조화된 경제적 독점은 민주화가 진행되면서 새로운 변형을 겪게 된다. 한편에서 구 경제적 독점이 해체되지만, 다른 한편으로 새로운 빈곤화와 배제의 기제를 갖는 새로운 독점구조가 형성될 수도 있다. 예컨대 과거의 경제적 독점이 '정치적으로' 형성되고 보증되었다고 한다면, 이제 자율적인 시장적 기제를 통해서 재생산되는 '시장적 신독점 구조'로 변화할 수도 있다. 민주화의 과정에서 과거 경제적 독점세력의 지위는 도전을 받게 되는데, 이들의 지위가 얼마나 변화하게 되는가에 의해 정치적 탈독점화 자체가 영향을 받을 수 있다.

또한 사회적 탈독점화[59]를 지향하는 운동은 기본적으로 (협의의) 시민사회 내부의 차별의 민주화와 차별을 극복하기 위한 사회운동이라고 할 수 있는데, 정치적·경제적 독점과 결합되어 있는 다양한 사회적 차별의 완화, 민주주의적 공간에서 배제된 하위주체들의 참여공간 확대와 그들에 대한 포괄·흡수(inclusion)의 확대 등을 지향한다. 사회적 독점은 앞서 생활세계 지향적 운동이 대상으로 하는 정체성, 문화, 관행, 관계의 사회문화적 측면 등에서의 독점적 관계와도 연관된다. 예컨대 성적·인종적 소수자들의 경우 그들의 정체성이 사회문화적으로

는 국가의 민주화', '독점적 시장에 대응하는 시장의 사회화'라고 표현하고 있다.

59 나는 사회적 독점을 한편에서 다양한 사회적 자원—위신이나 존경, 네트워크, 정체성, 편견 등—을 특정한 개인이나 집단이 지배적으로 통제하는 상황이며, 다른 한편에서는 사회 내에 존재하는 다양한 사회적 분할선을 경계로 하여 정치권력과 경제권력이 불평등하게 배분되는 것으로 개념화한다. 즉, 사회적 분할선을 경계로 하는 특정한 사회적 집단—인종이나 성 등—이 정치권력과 경제권력을 독점하며, 나아가 그것을 기초로 '사회적 권력'을 독점하는 상황으로 규정한다(조희연·김동춘·유철규, 2008).

열등한 것으로 인정되는 존재라고 할 수 있다. 이러한 것이 사회적 독점의 한 표현이라고 할 수 있다.

민주화 과정에서 사회운동의 주제는 바로 이처럼 구 정치적·경제적·사회적 독점구조의 개혁과 민주화라고 할 수 있다. 여기서 구 독점적 기득권 세력은 이러한 변화를 최소화 하기 위한 응전을 하게 되며, 반대로 사회운동은 최대로 실현하기 위한 운동을 하게 된다. 이 과정에서 과거의 독점은 상당히 완화될 수도 있고 또한 반대로 과거의 독점이 새로운 형태로 확대될 수도 있다. 결국 민주화 과정에서의 사회운동은 과거 독재세력의 정치적 독점을 극복하고 정치적 탈독점화를 지향하는 사회운동, 구 정치적 독점과 결합되어 있는 경제적 독점의 탈독점화를 위한 사회운동, 구 정치적 독점 상황에서 재생산되고 있던 다양한 사회적 독점들의 극복과 개혁을 위한 사회운동으로 표현할 수 있다.

6. 민주화의 두 가지 구성적 차원

민주화는 다양한 차원으로 구성되어 있다. 기본적으로 독재는 개발독재의 성격을 지니고 있었다. 그래서 포스트독재 민주화의 과정은 독재를 민주주의 체제로 전환하기 위한 민주화의 과정과 '개발' 자본주의가 '포스트개발' 자본주의로 변화하는 과정이 중첩되어 있다. 이런 의미에서, 이 글에서는 '수동혁명적 민주화'와 '포스트개발자본주의화'를 민주화의 핵심적인 구성적 차원으로 파악하고 분석을 진행하고자 한다. 후술하겠지만 전자는 자율화와 제도화로 구성되는 과정이고, 후자는 시장자율화(자본권력과 시장권력의 강화)와 개방화, 그에 따른 물적 조건의 변화로 구성되는 과정이다.

이 두 가지 차원은 민주화로 인한 사회운동의 두 가지 도전과제라고도 할 수 있다. 민주화의 두 가지 구성적 차원은 다양한 사회구성원, 특별히 사회운동에 참여할 수 있는 잠재적 참여자들과 실제적인 참여자들의 '정체성과 이해의 분화'를 낳고, 이것이 사회운동의 '다층적 분화'의 근거가 된다. 정체성과 이해의 분화는 구조와 운동을 매개하는 변수인 셈이고, 이에 대응하는 대항헤게모니적 실천이 바로 사회운동인 것이다.

한편, 수동혁명적 민주화와 포스트개발자본주의화는 분리되어 있는 것이 아니며, 선후의 문제도 아니다. 오히려 포스트독재체제로 변화하는 두 가지 차원이라고 할 수 있다. 전자가 정치적 변화라고 한다면, 후자는 경제적 변화라고 할 수 있다(변화를 강조하기 위해 "자본주의'화'"로 표현한다). 이처럼 두 가지는 분리되어 있는 것이 아니라, 상호영향을 미치면서 동시에 전개된다.

이런 점에서 정체성과 이해의 분화에 매개되면서 사회운동의 대항헤게모니적 실천이 이루어지는 과정은 사회운동의 '다층적 분화' 과정으로 나타나게 된다. 이 다층적 분화는 이전에 존재하지 않던 사회운동의 생성, 이전의 운동의 분기, 이전의 운동의 의제 및 작동방식의 변형 등의 과정들을 포함한다.

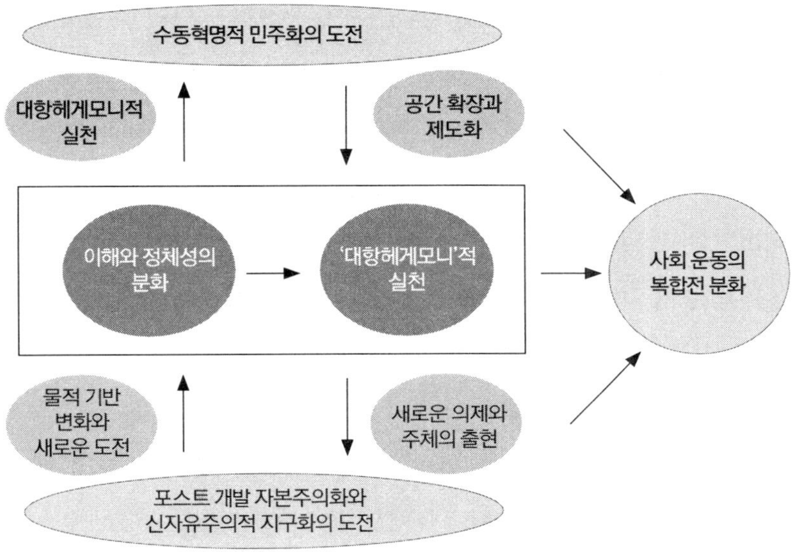

먼저 수동혁명적 민주화에 대해서 논의해 보자. 독재체제가 붕괴되고 한 사회가 민주화의 도정에 오르게 되면서, 구 독재체제의 모순의 민주적 개혁을 위한 각축 국면에 돌입하게 된다. 민주화의 도정에 오른다고 하는 것은 과거 독재체제하에서 고착화된 독점적 구조가 민주화되기 시작한다는 것을 의미한다. 이는 독재에 저항하였던 반독재 사회운동의 요구가 체제에 의해서-그 수준과 정도, 성격은 다르겠지만-수용되기 시작한다는 것이다. 사회운동을 저항적 사회운동으로 만들고 시민사회를 저항적으로 활성화하게 만들었던 독재체제의 모순(舊 모순)에 대한 '위로부터의 해결' 시도, 즉 수동혁명적 민주화가 시작되는 것이다.

수동혁명은 능동혁명에 대립하는 그람시의 개념으로서, 지배적 집단이 피지배적 집단의 동의를 획득하기 위하여 위기에 처한 지배를 재조직화 하는 과정이라고 할 수 있다. 능동혁명과 달리 수동혁명은 과거의 지배적 집단의 주도 하에서–지배의 위기를 촉발한–피지배적 집단의 요구와 이해를 위로부터 수용하여 지배를 변화시키는 과정이다. 지배계급이 주도하는 일종의 '혁명 없는 혁명'(그람시, 1971: 106–14)이라고 할 수 있다. 아래로부터의 저항세력이 구 지배세력을 대체하여 스스로 권력 주체가 되어 개혁을 수행하는 경우와 달리, 거의 대부분의 아시아 민주화 국가에서 민주화의 과정은 수동혁명적 과정으로 전개되었다.[60]

수동혁명적 민주화는 두 가지 측면을 동시에 갖는 것으로 파악되어야 한다. 수동혁명적 민주화에서 '수동혁명'은 변화와 개혁의 불철저성을 의미하는 것이고, 민주화는 일정하게 독재 하에서 억압되었던 개혁의 요구들이 수용되고 시행되는 과정이다. '위로부터의 개혁'이라고 하는 측면과, 독재에 저항하는 아래로부터의 사회운동과 대중들의 투쟁에 의하여 민주개혁이 '거스를 수 없는' 시대적 흐름이 되었다는 점이 동시에 '수동혁명적 민주화'란 개념에 녹아 있다. 여기서의 민주개

60 이러한 수동혁명적 민주화는 다양한 균열과 모순점들을 내장하고 있기 때문에 그에 대응하는 대항헤게모니적 실천에 따라 다양한 가능성이 주어질 수 있다. 수동혁명이라고 하는 것은 능동혁명에 대한 민중들의 요구가 지배의 헤게모니 유지를 위해서 지배의 방식으로 수용되는 것이기 때문에, 수동혁명을 촉발한 민중들의 요구 및 저항과 '지배에 의해서 위로부터 시행되는 실제의 수동혁명' 사이에는 괴리와 불일치가 존재하게 되고, 그 결과 수동혁명에는 지속적으로 내적 긴장과 모순이 존재하게 된다는 것이다. 바로 이것이 수동혁명적 혁신을 통해서 재조직화된 지배의 헤게모니가 다시 균열의 계기를 갖게 되는 이유이기도 하다. 수동혁명은 지배의 혁신을 통해서 대중의 자발적인 순응을 새롭게 촉발하고 유지하지만, 자체 속에 지속적인 모순적 긴장이 존재하게 된다. 그래서 민주화가 아래로부터의 투쟁에 의해 촉발된 것인가, 위로부터의 예방적 개혁에 의한 것인가, 혹은 민주화 이후 아래로부터의 투쟁의 주도성이 얼마나 강한가 등에 따라 그 질적 성격이 달라질 수 있는 것이다(조희연, 2010a: 6장).

혁은 구 독재적 세력이 주도하는 개혁의 형태(한국의 노태우정부), 반독재세력의 일부가 집권세력이 되거나(한국의 국민의정부나 참여정부), 연합세력으로 집권하여 위로부터의 개혁을 수행하는 경우 모두를 포함한다.

다음으로 민주화 과정은 경제적 측면에서 보면 포스트개발자본주의화의 과정, 즉 '개발 이후' 자본주의로의 변화과정이다. 민주화 과정에서 사회운동에게 －개발독재가 추동한 '개발'이 성공적이건 실패하건 간에 추진됨으로써 나타나는－ '포스트개발' 자본주의화와 그것에 영향을 미치는 신자유주의적 지구화는 새로운 도전 대상이다. 포스트개발 자본주의화는 새로운 물적 조건을 동반하며, 초기 개발단계와는 전혀 다른 욕망과 감수성을 가진 대중을 출현시켰다. 이러한 포스트개발 자본주의화의 과정은 신자유주의적 지구화라고 하는 거대한 국제적 흐름 속에서 진행된다. 신자유주의적 지구화의 흐름은 포스트개발자본주의에서 지배적인 지위를 갖는 자본권력과 시장권력을 강화시키고, 이는 포스트독재의 조건 속에서 살아가는 대중들의 사회경제적 삶의 내용을 특정하게 변화시킨다. 그리고 바로 이것이 사회운동이 직면한 새로운 도전이 되는 것이다.[61] 이처럼 신자유주의적 지구화에 결합되어 진행되는 '포스트개발 자본주의화'는 새로운 모순을 출현시키

61 이러한 두 가지의 도전적 변화 외에도 많은 새로운 변화들이 사회운동의 재구성에 영향을 미치게 됨은 두말할 나위가 없다. 예컨대 정보화라고 하는 도전도 있다. 정보화는 사실 지구화와 결합되면서 투기적 금융자본의 지구적 이동을 촉진하는 기술적 기초로도 작용하지만, 일상적인 대중의 삶에서도 다양한 형태로 영향을 미치게 된다. 핸드폰, 인터넷 등의 사용은 대중들의 소통과 관계 자체도 변화시킨다. 이는 대중들의 삶에서, 특히 젊은이들의 삶과 소통 등에서 사이버공간이나 사이버 소통이 차지하는 비중이 커지는 것으로 나타날 수 있다.

는 방식으로 사회운동의 변화와 재구성을 촉발하게 된다. 국제적 조건을 이루는 신자유주의적 지구화가 개발 이후의 자본주의에 어떻게 영향을 미치고 어떻게 결합하는가 하는 것은 국가마다 다를 수 있다. 한국의 경우 97년 동아시아 외환 위기를 계기로 개방이 전면적으로 이루어지면서 신자유주의적 지구화의 흐름(노동시장의 유연화, 외국 자본의 유입, 탈규제, 작은 정부 등)이 강력하게 내부화되었고, 이것이 개발 이후 자본주의의 기본 원리로 작용하게 된다. 이것은 특히 포스트-개발자본주의의 후기 단계에서 큰 영향을 미치게 된다.

흥미로운 것은 민주화의 과정이 한편에서는 독재체제의 구(舊)모순의 해결과정이면서, 다른 한편에서는 신(新)모순의 출현과정이라고 하는 점이다. 수동혁명적 민주화는 독재체제가 내포한 구(舊)모순의 해결을 둘러싼 위로부터의 개혁과 그에 대응하는 사회운동의 대항헤게모니적 실천의 각축으로 성격지울 수 있다면, 포스트-개발자본주의화(그와 결합된 신자유주의적 지구화)의 도전은 포스트-독재적인 신모순의 출현과정이고, 그에 대응하는 사회운동의 대항헤게모니적 실천이 전개되는 각축과정으로 성격지울 수 있다. 아래의 그림에서 보는 바와 같이, 독재 시대에서 민주화 시대로 이행하면서 구 모순의 해결을 둘러싼 쟁투가 한편에서 전개되는 반면, 신모순의 응전을 둘러싼 쟁투가 다른 한편에서 전개된다.[62]

62 여기서 만일 '포스트-민주화' 시대로의 이행(한국에서 이명박정부와 같은 신보수정부의 출범)을 이야기할 수 있다면, 이러한 포스트-민주화 시대에는 불철저하게 해결되면서 잔존한 구 모순이-사회운동의 응전에 따라서 변형된-신모순과 과거와는 다른 방식으로 결합되어 있는 상태를 의미하게 될 것이다.

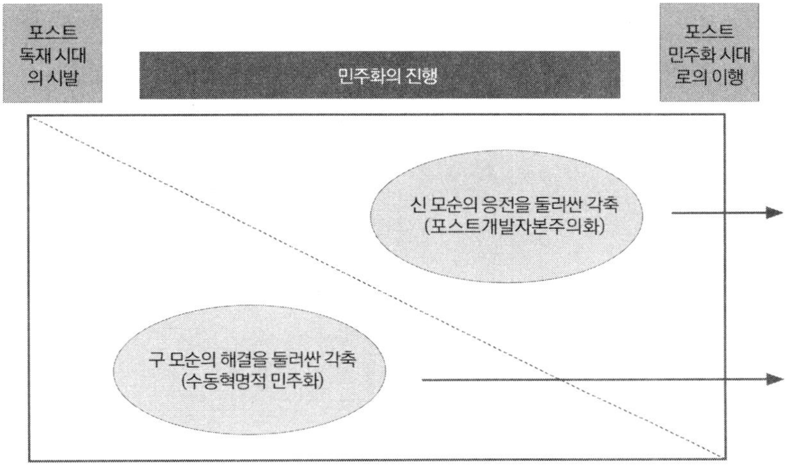

나는 수동혁명적 민주화와 포스트개발자본주의화의 단계 구분이 일치되는 것으로 파악한다. 첫째는 1987~1997년까지의 시기이며, 둘째는 1997~2007년까지의 시기이다. 전자의 시기를 정치적으로 '변형권위주의정부'로, 경제적으로 포스트-개발자본주의화의 초기 단계라고 한다면, 둘째의 시기는 '반독재민주정부'의 시기이자-97년 외환 위기를 계기로-신자유주의적 지구화의 효과가 내부화되면서 전면적인 개방화가 추진되는 포스트-개발자본주의화의 후기 단계라고 할 수 있다. 독재 하에서의 사회운동은 다양한 차이를 갖는 운동들이 '반독재민주화'라는 과제로 '수렴'되는 상태에 있었다고 할 수 있는데, 나는 초기 단계에 나타나는 분화를 '사회운동의 1차 분화'로 규정하고, 후기 단계에 나타나는 변화를 '2차 분화'로 규정하고 분석한다.[63] 여기서 분석하

63 민주화 과정에서의 사회운동의 분화에 대하여, 김정훈(2006: 2007)은 87년 이후 반독재민주화운동을 주도해 온 민중운동과 시민운동의 분화를 '1차 분화'로 보고 2차 분화는 2000년대 이후 사회운동의 다양화를 2차분화로 보고 있다. 이때 1차 분화한 민중운

는 민주화 과정은 단적으로 사회운동이 '수렴에서 분화(differentiation)'로, '거대한 운동'에서 '차이의 운동들'로 변화하는 과정이라고 할 수 있다.

동과 시민운동이 민주화운동의 연장선상에 있고 따라서 민중운동이나 시민운동의 핵심세력이 민주화운동의 경험을 공유하는 데 반하여 2차 분화는 목표 및 조직의 분화, 정체성의 분화, 세대의 분화 등을 동반하는 것으로 본다. 2차 분화는 1차 분화한 민중운동과 시민운동 모두에서 나타나는데, 전자의 경우 '내적인 분화'의 성격을 띠는 데 반해, 후자의 경우 원심력적 분화의 성격을 띠는 것으로 보고 있다. 조희연(2004a: 3장)은 87년 이후 사회운동의 분화과정을 일차적으로 '시민운동의 구성적 출현과정', 나아가 90년대 중반 이후 시민운동의 다양화와 다원화으로 나누고 있다. 민주화 과정에서 여러 차원에서 다층적으로 분화가 나타나게 되는데, 그 분화의 한 차원은, '수동혁명적 민주화', 즉 87년 이후 '독재에서 민주주의로의 이행'이 국민적 과제로 된 이후의 민주개혁의 도전 속에서 나타나는 응전적 변화로 파악된다. 특별히 87년 이전의 '반체제적 운동'에서 '체계 개혁 운동'의 출현을 포함하는 사회운동의 분화를 의미한다. 또 다른 차원에서의 분화는 민주개혁의 과제를 중심으로 한 갈등이-성공적이건 실패건-일정하게 진행된 이후 새로운 도전-개발독재로 인한 '개발'의 진전으로 나타나는 새로운 사회경제적 모순이나 신자유주의적 지구화로 인한 문제들-에 의해서 촉발되어 나타나는 새로운 운동들의 출현과 분화를 의미한다.

3장

53년체제와 61년체제

3장

53년체제와 61년체제

한국 현대사를 민주주의의 변형 과정으로 분석하기 위해 3장에서는 87년 민주화로의 이행 이전의 시기를 두 개의 정치체제로 구별한다. 첫 번째 정치체제는 해방 이후 한국전쟁을 경유해 성립한 1953년체제이고, 두 번째 체제는 1961년 5·16 군사쿠데타에 의해 성립된 1961년체제이다. 따라서 53년체제는 해방 이후 61년 5·16 군사쿠데타에 이르는 시기이고, 61년체제는 5·16 군사쿠데타로 성립된 군부정권이 퇴진하는 87년까지의 시기를 말한다. 53년체제는 일본 제국주의로부터의 해방 이후 한국전쟁으로 발전된 근대국가의 성격을 둘러싼 격렬한 투쟁 이후, 이 전쟁이 분단국가로 귀결되면서 만들어진 극우 반공주의적 정치체제이다. 이에 반해 61년체제는 근대화를 위한 국가경제의 개발을 중심 방향으로 설정하고 전체 국민 일반을 이에 동원하기 위한 '개발독재'의 속성을 지닌 정치체제라고 할 수 있다.

1. 53년체제:
극우반공분단체제와 금단의 정치

서구 제국주의의 지배하에 놓였던 많은 제3세계 국가들의 대다수가 2차 대전 이후 독립을 하게 된다. 해방공간에서 조선의 민중들은 제국주의와 싸우면서 강화된 새로운 사회에 대한 열망을 분출하게 된다. 제국주의 하에서의 억압과 수탈은 해방 이후의 사회에 대한 유토피아적 열망을 만들어 냈고, 이것이 해방공간에서 민중의 거대한 행동으로 분출하게 되었다. 그래서 해방공간에서의 정치변동은 격렬한 각축의 과정으로 전개되었다. 이러한 해방공간에서의 정치적·사회적 세력들 간의 갈등은 선거민주주의의 경쟁 틀을 벗어나 '내전(civil war)'으로까지 발전하였다.

일반적으로 식민지가 독립 이후 겪게 되는 발전의 방향은 사회주의적 발전의 경로, 비(非)자본주의적 발전의 경로, 박현채(1978)가 이야기한 식민지종속형적 발전의 경로 등으로 나눌 수 있다. 조선은 독립 이후 통일 민족국가를 확립한 상태에서 이러한 여러 경로들 중의 하나를 선택한 것이 아니었다. 독립 후 통일 민족국가의 방향을 결정하기 위한 격렬한 정치적·사회적 투쟁은 전승국으로서 일본군대의 무장해제를 위해 진입한 미국과 소련의 영향력과 결합되어 '내전'으로 발전되었고, 결국 남한과 북한이 분단되는 '분단체제'로 귀결되었다.

이것은 신생 민주주의가 한국 사회의 정치적·사회적 갈등이 표현되는 제도적 형식으로 정착하지 못했음을 의미한다. 민주주의는 기본적으로 '총탄으로부터 투표용지로(from bullet to ballot)', 여러 세력들 간의 경쟁방식이 변화되는 것을 의미한다. 그런데 해방공간에서 신생민주주의의 구성적 각축은 국제적 역학관계와 복잡하게 결합되면서 '무장한 각축(armed competition)'으로 발전해 갔다. 이 '내전'은 어느 일방의 승리로 귀결되지 못하고 휴전(休戰)상태에 귀결되었고, 그 결과 남한과 북한으로 분단(分斷)되는 상황이 발생했다. 이런 분단으로 인해 전후의 제3세계 일반과 달리 남한은 이른바 식민지종속형적 발전의 경로로(기본적으로 미국의 자본주의-자유민주주의를 따른다) 나아가고, 북한은 사회주의적·민족사회주의적 발전의 경로로 나아가게 되었다. 하나의 민족국가 내에 두 개의 체제가 존재하고 그것이 적대적으로 대립하는 체제인 이른바 분단체제(백낙청, 1998)가 형성된 것이다. 이처럼 '내전', 분단, 휴전을 통해서 성립한 남한의 극우반공분단체제가 바로 '53년체제'이다.

53년체제하에서 남한은 미국의 강력한 후견 하에 외국군이 주둔하는 극우반공분단체제로 전개된다. 반공은 한국전쟁 이후의 체제에 대중이 순응하고, 체제가 요구하는 방식으로 행위 하도록 하는 중요한 기제로 작용하게 되었다.

극우반공주의가 의사합의처럼 되어 국가와 사회의 작동원리와 대중의 행동원리를 강력하게 규정하게 되었다는 점에서 이를 '반공규율사회(anticommunist regimented society)'[64]라고 표현할 수 있을 것이다. 이것은 "냉전과 내전의 특수한 결합으로 인하여 반공이데올로기가 '의사합의'(pseudo-consensus)로 내재화된 특유한 우익적 사회"이다. 전쟁

64 이에 대해서는 조희연(조희연, 1998b: 2장 1절)을 참조.

과 1950년대 국가적 테러(state terrorism)를 통하여 형성된 반공규율사회는 "냉전의 논리가 내전이라는 독특한 역사적 경험을 통하여 내적인 의사합의로 전화되고 그것이 개인 및 집단 간의 사회적 관계와 행위를 우익적으로 규정하고 있는 사회라고 할 수 있다"(조희연, 1998b: 63). 이 사회에서는 극우적인 반공주의가, 국민들을 규율화하고 국가적 목표를 향하여 국민들을 '군기(軍紀) 잡고' 동원하는 메커니즘으로 작동한다. 이것은 내전, 분단, 휴전을 통해서 독특한 '정치사회적 구성'을 갖게 되었고, 53년체제의 핵심은 바로 이러한 정치사회적 구성의 특수성이라고 할 수 있다.

1) 분단효과

분단 이후의 남한은 레드콤플렉스(red complex)가 강하게 존재하고, 그것이 지배집단에 의한 대중규율 및 통제의 주요기제가 되는 상태로 변화하였다. 그러나 동시에 이 사회는 분단 이전의 '사회주의 혹은 사회민주주의적 지형에 대한 높은 선호'와 분단 이후 극단적인 극우반공주의적 현실 간의 괴리가 크게 내장된 체제로 존재하였다. 이처럼 분단 상황은 식민지를 경과해 온 민중에게는 '거대한 좌절'의 과정이라고 할 수 있다. 분단 이후 북한은 이러한 좌절을 '외적'으로 투사하여 '강력한 반미주의'적 공격성을 갖는 사회로 작동하게 된 반면에, 남한은 이러한 거대한 좌절을 무력으로 억압하고 통일을 불온시하며 민중들의 유토피아적인 평등주의적 열망을 억압하는 사회로 작동하였다. 이후 개발독재는 반공주의를 통한 억압을 지속하면서도, 민중들의 좌절을 경제건설에 대한 열정으로 바꾸어 내는 과정을 연출했다.

이것이 분단 이후의 남한에 반공주의적 통치양식이 강력하게 작동하면서도 저항의 역동성이 지속되는 한 요인이 된다. 식민의 경험과 반제민족해방운동의 과정에서 대안사회에 대한 높은 기대를 가지게 되었다. 그러나 이 기대는 분단으로 좌절되면서 남한 내부에 이러한 높은 기대와 '좌절한 현실' 간의 큰 긴장이 존재하게 된 것이다. 이것이 저항의 풍부한 기반이 되었다는 것이다. 여기에 극단적인 친미적 분단 현실과 민족주의적 정서의 불일치, 전후의 경제적 불안정과 위기 등이 결합되면서 남한의 전후 정치는 지속적으로 불안정한 상태에 놓이게 되었다. 이러한 불안정과 위기를 수습하기 위하여 권위주의적 통치양식이 강화되었고, 이것은 역으로 정치적 불안정과 위기를 강화하는 식으로 작용하였다. 바로 이러한 악순환 구조가 한국 사회의 역동성을 규정하는 또 하나의 요인이라고 할 수 있겠다.

그런데 분단체제가 동반하는 '분단효과'는 남한의 지배세력과 저항세력에게 상이한 방식으로 영향을 미쳤다. 분단은 먼저 지배권력에게 더욱 권위주의적 관성을 부여하는 방식으로 작용하였다. 즉 지배세력이 쉽게 남북대결을 강조하면서, 반공주의적 동원과 억압에 편하게 의존할 수 있도록 하는 효과를 발생시켰다. 사실 현재까지도 남한의 보수적 지배세력에게 최대의 무기는 반공주의이다. 지배세력은 이 무기를 통해 저항세력을 친북세력 혹은 종북세력이라고 낙인 찍을 수 있었다. 바로 이러한 상황이 저항세력에게는 반대의 효과를 미쳤다. 남한의 저항세력은 부단히 '레드콤플렉스'에 시달려야 했고, 동시에 이데올로기적 자기검열을 하면서 저항을 수행해야 했다. 이런 과정이 저항의 방식에서 급진적 저항이 선택하는 무장투쟁적 방식, 혹은 공격적 방식을 선택하지 못하고 반대로 단식이나 분신, 자살과 같은 자기희생적, 자학적 방식을 선택하도록 하는 효과를 미쳤다고 할 수 있다. 투쟁이 '공격적' 양상보다는, 자기희생적 양상을 보이게 된 것이다. 오랜 반독재민주주의 운동의 과정에서 '적'(敵)에 대한 공격적 행동보다는, 단식투쟁이나 연좌농성, 할복, 투신 등의 자기희생적 투쟁양식[65](레퍼토리, repoirtvoire)을 선택하게 된 것도 이런 이유 때문이었다. 한편 흥미롭게도 이것은 역으로 남북대결의 엄혹한 상황에서 저항이 지속적으로 도덕적 우위를 견지할 수 있도록 만드는 요인이 되었다. 나아가 이러한 엄혹한 조건을 이겨내기 위해 운동진영 내부의 다양한 차이들에도 불구하고, 운동진영이 연대와 동맹을 유지시키고자 하는 경향을 강화시켰다. 이는 일본의 전후 좌익운동이 저항세력 내부의 격렬한 정치사상적 투쟁을 강화하고, 그것이 궁극적으로는 '우치게바'(60~70년대 일본의 좌익진영 내부에서 '순수하지 못한' 불순한 동지들을 제거하고자 하고 심지어 죽이기까지 했던 '내부 투쟁'을 지칭한다)와 같은 동료에 대한 파괴적인 살해행위로 나타났던 것과 대비된다. 이처럼 한국에서는 반공주의적 프레임과 레드콤플렉스가 저항의 절제성을 강제하는 구조로 작동했다.

남북대결, 분단, 냉전의 여러 가지 효과 중 흥미로운 것은, 남한에서 상대적으로 진보적인 토지개혁을 추동했고, 이를 통해 60년대 이후 산업화의 중요한 정치경제적 장벽을 낮추었다는 점이다. 식민지에

65 투쟁양식은 사회운동론에서 투쟁의 전략적 레파토리(repoirtvioire)로 표현된다. 이에 대해서는 찰스 틸리(1995)와 조철민(2014) 참조.

서 포스트식민지로 이행하고 내전을 경과하면서 북한에서 '무상몰수-무상분배'의 급진적인 토지개혁이 먼저 이루어졌다. 앞서 민중의 높은 평등주의적 기대를 이야기하였는데, 이것은 높은 사회주의적·사회민주주의적 지향으로 나타났다. 이러한 대중의 기대가 남한 지배세력에게 커다란 압력으로 작용했는데, 여기에 북한에서 실행된 '선제적인' 급진적 토지개혁의 효과들이 어우러지면서 한국전쟁 바로 전에 지주계급이 다수인 남한 의회에서도 상대적으로 진보적인 토지개혁안이 통과되었다. 비록 북한처럼 '무상몰수-무상분배'와 같은 급진적 조치는 아니었지만, 남한에서 '유상몰수-유상분배'의 토지개혁이 이루어진 것이다. 이 토지개혁이 해방 이후 남한에서 지주계급의 물적 기반을 거의 해체 상태로 만듦으로써 봉건제의 제약으로부터 자유로워지게 했고, 이것이 전후의 경제적 발전을 도모할 수 있는 유리한 조건을 부여하였다.

2) 제도정치의 국가화와 금단의 기제

한국에서 금단의 기제는 한국전쟁 이후 남북이 분단되고 남한 사회에서 (극우)반공주의가 일종의 의사합의처럼 간주되는 상황 속에서 작동하게 된다. 이것은 앞서 서술한 바와 같이 '정치의 국가화'의 한 기제로서(제도정치가 국가와 지배의 안정화 기제로 작동하게 되는 것으로서), 금단의 기제가 작동하게 되었다고 말할 수 있다. 금단이라고 하는 것은 특정한 사회적 활동과 이를 반영하는 정치적 활동을 제도정치 내에 반영하기보다는 금지되어야 하는 활동으로 (의사)합의되는 과정을 의미한다. 금단의 기제는, 정치화되어서는 안 된다고 금기시되는 사회적 정치활동 영역이 존재하는 것이고, 국가는 바로 이러한 금단의 활동들을 정치로부터 '합의'적으로 배제하는 방식으로 '정치의 국가화'를 달성하는 방식이다. 이는 정치와 비정치의 경계가 특정한 문화·역사적 조건에 의해서 고착되어 있는 경우라고 할 수 있다.

정치라는 것은 하나의 정치공동체를 전제로 한다. 그런 의미에서 특정한 인사들이나 집단들은 육체적으로 공동체의 경계 내에 존재하지만, 정신적으로는 공동체의 진정한 성원으로 인정받지 못하는 경우라고 할 수 있다. '배제의 기제'와 '금단의 기제'의 차이는 전자의 경우 배제의 정당성이 공동체 내부에서 쟁점이 되는 경우이며, 후자는 이 배제 자체가 의사합의적인 것으로 간주된다는 것이다. 이를 통해 남한에서는 친북적 사회활동, 북한에서는 친(親)남적 사회활동이 반체제적이고 반'국가'적인 활동으로 규정되어 탄압을 받게 된다. 여기서 금단의 대상이 되는 사회적 정치활동(정치적 사회활동)은 정치화되지 못하고 '반국가단체', '반인륜단체', '간첩' 등의 형태로 나타나게 된다. 일종의 '간첩 행위' 혹은 좌익적 행위는 정치의 공간에서 금단의 영역에 속하게 된다.

이처럼 53년체제, 즉 극우반공분단체제의 등장에 따라서 제도정치와 운동정치의 상황이 크게 변화한다. 한국전쟁 이전의 정치와 한국전쟁 이후의 정치(박명림, 1999: 109-17)는 전혀 상이한 성격을 갖는다고 할 수 있다. 한국전쟁 이후 한국 사회는 극우 반공주의적으로 구조화되면서 급진주의적 정치는 금단의 영역에 놓이게 된다. 금단의 동학이 작동하는 구조 하에서, 사회적 정치는 비합법적인 활동, 반국가적인 활동으로 치부된다. 여기서 원초적으로 배제되는 정치적 사회활동은 이른바 '비합법조직'이나 '비합법반국가단체' 같은 형식으로 출현하게 된다. 혹은 북한과 접선했다는 이유로 정치의 장에서 배제되거나, 심지어 조봉암의 경우와 같이 '사형'당하는 경우도 나타나게 된다. 국가는 이러한 금단의 사회활동들을 '절멸'하고자 하는 방식으로 억압하게 된다.

50년대 금단의 영역은 백색테러리즘과 혹독한 탄압의 대상이 되었다. 친북적이거나 북한과 연계되어 있다고 여겨지는 활동은 정치의 영역에서 대의되거나 반영될 수 없을 뿐만 아니라, 혹독한 탄압을 받았다. 이른바 반국가단체, 그리고 이와 연계된 개인이나 조직들의 경우가 그러하다. 이러한 탄압의 법적 기제는 한국에서는 국가보안법으로, 대만에서는 '공산반란 진압을 위한 동원 시기 임시 조치법'으로 나타났다.[66] 주지하다시피 "국헌(國憲)을 위배하여 정부를 참칭하거나 그것에 부수하여 국가를 변란할 목적으로 결사 또는 집단, 즉 반국가단체를 구성하는" 자를 처벌할 목적으로 1948년 제정된 국가보안법은 "반국가단체 구성, 목적 수행, 자진 지원, 금품수수, 잠입·탈출, 찬양·고무, 회합·통신, 편의 제공, 불고지, 특수직무유기, 무고·날조 등"의 행위를 최고 사형까지 포함하여 폭넓게 처벌하고 있다. 금단의 방식으로 이루어지는 '정치의 국가화' 하에서, 제도정치는 극우적인 세력만을 포괄하는 대단히 협소한 정치가 되고, 사회 내의 진보적 요구들과 목소리들은 정치의 장에서 전혀 반영되지 않는 상황이 된다. 이러한 협소한 운동정치 공간에서 대중조직들은 권력에 의해서 통제되

66 대만 국민당은 1949년에 대만으로 이주한 이후 동원·반란 진압 시기의 전시비상조치법을 제정하여 대만의 지배질서에 반하는 저항정치를 억압해 왔다(김준, 1993: 131; 김준, 1995). 이 법은 91년 폐기되었다.

는 일종의 '국가조합주의'적 조직으로 작동하게 되었다. 한국노총이나 농협 등 각 분야의 대중조직들이 극우적인 국가권력에 종속된 조직으로 지속된 것이 이를 보여주는 예가 될 것이다. 사실 50년대의 극우적인 조건 속에서 '저항적'인 사회운동조직은 합법적으로 존재하는 것이 불가능하였다. 이것은 금단의 기제에 의해서 정치와 사회의 괴리가 크게 존재하게 된다는 것을 의미한다.

한국에서 이 금단의 동학은 이데올로기적 대립의 경계를 중심으로, 즉 냉전적 경계를 중심으로 작동하였다. 내전을 거쳐 분단의 형태로 휴전이 이루어지면서, 남북한을 포괄하는 하나의 한반도 정치공간이 분절되었고, 이에 따라 남한과 북한이 독자적인 '독립적 정치공간'으로 전환된 것이다. 여기서 북한과 연계된 다양한 정치적·사회적 활동은 금단의 활동으로 남한 정치공간에서 원초적 배제를 당하게 되는 것이다.

이러한 금단의 기제들은 법적 형태로 작용할 수도 있고 문화적 형태로 작동할 수도 있다. 즉 사람들이 도저히 정치활동으로 인정할 수 없는, 배제를 당연시하는 활동이 법적인 방식으로 규제될 수도 있고, 아니면 비법적인 혹은 관습적인 방식으로 규제될 수도 있다. 모든 사회에서 이러한 두 가지 방식은 다 작용한다. 한국의 경우에서는 국가보안법을 포함하는 법제적 형태로 많은 활동들을 금단의 영역에 위치시켰다.

이러한 금단적 상황에 대해 순응하고 묵종할 수도 있을 것이다. 실제로 많은 사람들이 이러한 경로를 따랐다. 그러나 이에 저항하려는 흐름이 '비합법정치' 활동으로 표출되었다. 금단의 기제에 의해 제도정치는 특정한 사회적 정치를 정치로부터 배제하게 되고, 이러한 제도정치의 폐쇄화에 대응하는 사회적 노력이 비합법정치의 형태로 나타났던 것이다. 특별히 정치적 지향점을 명확히 가지고 제도정치의 일면화에 대항하면서, 금단의 기제에 의해서 억압된 의제들을 대의정치로 표현하고자 하는 노력들이 비합법적 형태로 나타났다.

실제로 50년대에 저항적 성격을 갖는 운동정치는 합법화된 공간에서는 거의 불가능하였다. 그래서 합법적 운동정치로 존재해야 할 행위가 비합법정치로 정치의 장 외부에서 수행되었던 것이다. 이러한 50년대의 상황은 투 트랙 민주주의라는 시각에서 운동정치가 극단적으로 억압된 상황에서 제도정치와 민주주의가 어떻게 왜곡되는가를 잘 보여준다.

3) 극우반공분단체제 후반기의 민주주의의 구성적 변화: 안보에 의한 '정치의 치안화'의 일탈과 과잉

이러한 '내전', 휴전, 분단은 남한 민주주의의 지형을 크게 변화시켰다. 무엇보다 남한의 민주주의는 '분단'된 두 개의 '휴전' 상태의 정치공동체가 서로 적대적으로 대립하는 관계 속에서 재생산되는 민주주의로 변화하게 되었다. 이것은 두 국가 간의 '외재적' 전쟁이 항상적으로 위협효과를 가지면서 남한 민주주의의 구성적 조건으로 작동한다는 것을 의미한다. 안보가 상시적으로 '신성화'되거나 절대화되어, 남한의 지배적 세력이 내부의 경쟁세력을 '외재하는 적(敵)'과 등치하여 '내부의 적'으로 탄압할 수 있는 조건이 나타난 것이다.

이 연장선상에서 남북한 간의 적대적 관계는 안보라는 가치가 일상적인 민주주의 과정을 언제든지 중지·왜곡시킬 수 있는 '예외적 힘'으로 존재하게 만들었다. 안보의 가치가 언제나 '치안'이라는 이름으로 민주주의를 교란할 수 있는 '안보의 신성화', 즉 안보지상주의의 조건이 나타난 것이다. 슈미트의 말을 빌면 인민의 주권보다는 안보라는 가치가 '예외 상황'을 조성할 수 있는 지위를 갖는 것을 의미한다. 은유적으로 표현한다면, 사회 자체가 안보라는 가치에 의해 속박된 '감옥' 같은 상태가 되고, 여기서 '빨갱이'라고 규정되는 존재들은 예외 상태에 처한 삶, 아감벤의 표현을 빌면 '벌거벗은 삶'이 되는 것이다.

이러한 조건들은 안보지상주의 속에서 '정치의 치안화'를 낳고, 그 결과 지배적 세력으로 하여금 민주주의를 부단히 '도구화'하고 안보와 치안을 위해 일시 유보하거나 폐기해도 좋은 것으로 절하하게 함으로써, '국가권력의 타락과 과잉'을 촉진하였다.[67] 그 대표적인 사건이 조

67 랑시에르(2008)는 정치, 정치적인 것, 치안을 구별한다. 정치적인 것은 정치와 치안이 마주치는 현장이다. 그는 "정치적인 것은 이질발생적인 두 과정의 마주침이다. 첫째는 통치의 과정이다. 그것은 사람들을 공동체로 결집하여 그들의 동의를 조직하는 것으로 이루어지며, 자리들과 기능들을 위계적으로 분배하는 것에 바탕을 둔다. 나는 이 과정을 치안이라고 이름지을 것이다. 둘째는 평등의 과정이다. 그것은 아무나와 아무나 사이의 평등 전제와 그 전제를 입증하려는 고민이 이끄는 실천들의 놀이로 이루어진다. 이 놀이를 가리키기에 가장 적합한 이름은 해방이다"(133). 랑시에르에게 있어 "정치란 평등 과정이며 해방 행위다. 그것은 치안의 질서를 가로질러 그 위계에 의문을 제기하고 분배의 질서를 해체하는 작업이다." 랑시에르가 말하는 '정치적인 것'이란 바로 이 치안과 정치가 맞부딪치는 지점을 가리킨다. 치안과 정치가 부딪쳐 형성되는 선이 곧 정치적인 것의 가장자리, 테두리, 경계인 셈이다. 이것은 정치적인 것의 구성을 둘러싼 각축을 적절히 묘사하고 있다. 그런데 나의 시각에서 보면, 치안과 정치가 양분법적으로 구분되고, 치안과 평등지향적 정치가 따로 있는 것은 아니라고 생각된다. 이것은 '무엇이 정치인가'를 둘러싼 두 가지 대립되는 각축행위라고 해야 할 것이다. 이는 현존하는 정치를 특정한 방향으로 구성하기 위한 '정치의 두 형태'라고 보아야 한다.

봉암의 사형이나 60년 부정선거, 즉 선거 조작이었다고 할 수 있다. 이 두 사건은 대단히 상징적이다. 전자는 '안보의 치안 도구화'를 거쳐 정적(政敵)을 '간첩'으로 몰아 사형시키는 행위로, 그리고 후자는 권력 타락이 선거 자체—민주주의의 최저선—를 무력화하는 '반민주주의적 행위'로 나아가는 것을 의미한다. 후자는 4·19혁명을 촉발하는 직접적 계기가 되었는데, 이는 집권세력의 권력욕에서 연유하는 것이기도 하지만, 안보의 신성화 속에서 민주주의적 규칙을 도구화하는 50년대적 인식의 조건 위에서 가능한 것이었다. 이 사건들은 '내전'—휴전—분단형 사회에서 안보의 신성화가 만들어 낸 반민주주의적 사건의 일상화를 상징한다. 이러한 민주주의의 위협은 비록 낮은 수준에서이지만 대중들의 민주주의를 향한 저항을 분출시키게 되었고, 이것이 4·19혁명으로 이어졌다. 4·19혁명은 50년대 안보의 신성화 속에서 권력의 과잉과 타락에 대항하는 민주주의 운동이었다. 신성화된 안보의 허구성은 역설적으로 안보를 명분으로 신성화된 권력의 과잉과 타락에 의해 드러났다. 이것은 분단의 '부메랑 효과'로 표현할 수 있다. 즉 '내전', 휴전, 분단은 남한의 지배세력으로 하여금 지배의 재생산의 용이함을 '선물'하였지만, 반대로 그들의 '권력과잉'을 견제할 힘을 부재케 함으로써 그들의 몰락의 조건을 만들었다는 것이다(사실 이는 동유럽 국가사회주의의 붕괴에도 그대로 적용될 수 있다). 다른 각도에서 본다면, 안보지상주의에 기댄 권력과잉에 대한 대중적 분노가 민주주의를 촉진시키

이를 나는 '정치의 국가화' 대 '정치의 사회화'라는 두 가지 경향(조희연, 2009b)의 각축이 전개되고, 지배적 집단은 부단히 '정치의 치안화'를 지향한다고 표현한다. 한국전쟁 이후 한국에서 민주주의 혹은 민주주의 정치는 안보의 신성화에 의해 부단히 치안으로 전치되었다고 표현할 수 있겠다.

는 조건이 된 것이다.

극우반공분단체제하에서 운동정치 내에서의 진보적·중도적·좌익적 흐름들이 모두 제거된 상태에서, 그리고 좌익적 흐름은 모두 '금단의 영역'에 존재하게 된 상황에서, 제도정치는 불구화될 수밖에 없었고, 전후 한국 민주주의는 허구화될 수밖에 없었다. 앞서 서두에서 서술한 것처럼, 아래로부터의 민중의 힘에 의해 강제되는 것이 민주주의인데 그러한 아래로부터의 힘이 모두 무장해제된 상황에서 민주주의의 제도들은 내적으로 허구화될 수밖에 없었다. 여기서 민주주의의 의미를 다시 한 번 생각해 볼 필요가 있다. 헌법에 체현된 민주주의는 시민적·정치적 권리, 자유선거, 사상의 자유, 결사의 자유, 그리고 그것의 원리로서의 '인민의 권력주권성'을 확인하고 있었지만, 그것이 지배체제를 유지하는 데 장애가 된다고 여겨지고, 그것에 저항하는 민중을 압살할 수 있는 조건 위에서, 극단적인 극우반공냉전국가의 지배적 집단은 이를 준수할 필요가 없었다. 앞서도 이야기하였듯이 서구 근대에 민주주의가 도입되어 지배체제의 운영원리로서 정착하게 된 것은 지배의 요구가 아니라 민중이 강제한 것이다. 그러나 전후 한국 사회에서 민주주의를 강제할 수 있는 민중의 힘이 내전으로 초토화된 상황에서 그러한 민주주의 자체가 실질적으로 허구화되는 과정을 밟았던 것이다.

50년대는 백색테러리즘이 전면적으로 작동하는 시기였기 때문에, 민중의 열망과 좌절이 높은 정치적 행동으로 표현되는 것은 불가능하였다. 그렇기 때문에, 민중의 열망은 '주어진' '미국식 민주주의'의 틀 내에서 '체제 내적인' 방식으로 표현되었다. 이로 인해 역설적으로 해방공간에서 헌법에 담긴 신생민주주의가—이승만 정권이 이를 실질적으로 무력화했지만— 이승만 정권 하에서 저항운동에 의해 민중의 높은 정치적 기대와 결합되면서 착근되어갈 수 있었다. 남한에서 민주주의가 불안전하지만 대중 속에서 착근했음을 보여주는 사건이 바로 60년대 4·19혁명이라고 할 수 있다.

4) 선거민주주의를 경쟁형식으로 착근시킨 4·19혁명

4·19혁명은 이런 의미에서 중요한 전환적 저항사건이었다. 그것은 안보와 치안도 중요하지만, 민주주의의 정상적 과정을 초법적으로 개입해서는 안 된다는 것을 민주주의 원칙으로 정초(founding)해낸 사건이라고 할 수 있다. 4·19혁명 이후 '선거'라고 하는 민주주의의 최소 조건이 모든 정치적·사회적 세력들이 준수하지 않으면 안 되는 경쟁의 정치적 규칙으로 받아들여졌다. 사실 50년대 내내 신생민주주의는 안보의 신성화와 '정치의 치안화' 속에서 그 존재가 불안정한 상태에 있었다. 그러나 4·19혁명은 이제 이식된 민주주의적 규칙이 한국사회에 뿌리 깊게 착근하였음을 보여주는 사건이었다.[68]

---

68 홍석률(2010)은 한일관계 개선문제 등을 둘러싼 이승만 정권과 미국의 갈등에 주목하고, 이런 갈등 속에서 미국이 민주항쟁을 이용하여 이승만의 사퇴에 영향력을 발휘했다는 주장에 반대하여 복합적 분석을 시도하고 있다. 홍석률(2010)은 4월혁명은 한국 사회에서 아래로부터 형성되는 저항의 힘에 의해 기본적으로 추동된 것이었지만, 그것이 이승만 정권의 '질서있는 퇴각'으로 이어지게 된 데에는, 미국의 개입과—상대적으로 자율성을 갖고 있었던—군부의 중립적 태도 등에 의해 매개되었다고 분석하고 있다. 이러한 복합성 때문에, 장면 민주당 정부는 "4월혁명으로 표출되고 활성화된 시민의 다양한 요구를 새로운 내각제 정치제도 안으로 흡수하는데, 애초부터 한계를 보일 수밖에 없었고", 또한 "4월혁명에 작용했던 미국, 군부 등 또 다른 예방의 힘들도 계속 동요"(113)

최장집의 표현 대로, 4·19는 '민주주의라는 정치적 패턴을 만든 사건'이라고 할 수 있다.[69] 4·19혁명은 낮은 수준의 의제, 즉 어떤 의미에서 백색테러리즘과 침묵의 시기에 '미국식 민주주의'에서 보더라도 저항하지 않을 수 없는 주제를 중심으로, 새로운 저항주체인 학생들이 혁명적 궐기를 한 사건으로 파악할 수 있다. 박현채가 이를 '옆으로부터의 혁명'이라고 부른 것도 이런 이유에서였다. 분단으로 인하여 해방공간에서의 조직적 운동의 맥이 단절되고, 새로운 지형에서 새로운 주체와 새로운 의제를 중심으로 혁명적 궐기가 이루어진 것이었다.

그런데 역으로 4·19혁명은 50년대 백색테러리즘적 국가질서가 균열됨으로써, 다양한 급진적 운동정치가 출현할 수 있는 공간을 제공하였다. 이로써 61년 5·16까지의 다양한 급진적 운동정치가 전개된다. 이 4·19혁명의 효과는 60년대 이후 개발독재의 정치적 정당성을 규정한 조건으로도 작동하였다. 60년대 박정희 체제가 강력한 군부통제적 시스템 위에서 작동하고 있었고, 동시에 '근대화'라는 '위업'에 상당한 성공을 거두어 이른바 '경제적 정당성'을 획득하고 있었음에도 불구하고 지속적인 위기의 체제로 작동했다(조희연, 2010a: 67). 그 이유 중 하나는 바로 4·19혁명을 통해서 착근한 민주주의적 규준이 존재하였고, 그 규준을 이탈하면서 출현한 군부쿠데타 정권의 '태생적인 정당성 결여'에서 연원하는 것이라고 할 수 있다. 이처럼 4·19혁명이라

하였기 때문에, 역설적으로 5·16군사쿠데타의 가능성을 열게 되었다고 보고 있다.

69 최장집(2010)은 "4·19의 역사적 의미는 권위주의를 통해 분단국가를 안정화했던 것에 대한 평가보다, 분단된 조건에서라도 민주주의를 통해 더 좋은 공동체를 만들 수 있고 그렇게 하지 않으며 안 된다는 신념과 가치가 우선한다는 것을 확인시켜 주는 것이었다"(9)고 지적한다.

고 하는 전환적 저항사건은 이후 권력집단들의 통치행위의 지형을 재규정하였고, 대중에게도 '작은 승리의 기억'으로 남아 있어 향후의 저항행동에 지속적인 영향을 미쳤다.

즉 4·19혁명은 비록 1년 후 61년 5·16군사쿠데타에 의해 역전되었지만, 이후 지속적으로 독재와 권위주의로 전락해 가는 지배권력에 대항하는 역동적인 투쟁의 원천으로 남아 있었다. 박정희 군부정권은 지속적으로 4·19혁명의 유산에서 발원하는 '민주주의 회복에 대한 요구'라는 비판에 직면해야 했다.

이런 조건 때문에 박정희 독재는 전국적인 국회의원을 직선으로 뽑는 선거민주주의를 말살하지 못했고, 역으로 이 선거민주주의 공간이 아래로부터의 저항을 지속·확산시켜 가는 공간으로 작용했다. 물론 박정희가 장기 집권을 위해서 그의 집권 후반기 간선제(통일주체 국민회의)를 도입하고 국회의원의 1/3을 대통령 임명제로 바꾸었지만, 선거민주주의 자체를 말살하지는 못하였다. 이는 1947년 계엄이 시행된 이후 1987년 계엄이 해제될 때까지－지방자치단체 수준의 선거, 그것도 국민당 후보에 한해서 허용됨－전국 수준의 의원선거 자체가 말살되었던 대만과 대조되는 것이다.

이것은 대만과 한국 독재의 차이이기도 했다. 대만에는 47년 2·28사건만 있었지, 4·19혁명이 없었다. 사실 4·19혁명이라는 '미완의 혁명'이 분단체제에서 개발독재체제로 이행하는 과정에서 발생했다는 역사적 사실이 한국을 여타의 동남아시아 국가들과 구별짓는 중요한 요인이었다고 할 수 있다. 하지만 4·19혁명은 5·16군사쿠데타에 의해 진압되고 역전되었다. 바로 이 때문에 군사정부의 존재론적 정당성은 약화되었던 것이다. 투 트랙 민주주의적 상호작용에서 운동정치가 제도정치의 경계를 부단히 균열시키면서 제도정치를 불안정하게 만들었던 것이다.

2. 61년체제: 개발독재체제와 '배제의 정치'

61년 5·16군사쿠데타를 전기로 하여 한국 사회는 극우반공분단체제 시기에서 개발독재 시기로 이행하게 된다. 이런 점에서 5·16은 전환적 체제 재편 사건이다. 한국의 지배체제는 이제 50년대의 '극우반공분단체제'를 계승하면서도, 이와는 달리 새롭게 조국근대화를 전면화한 '개발독재'의 형태로 작동하게 되었다. 이에 따라 국가와 사회의 관계, 권력과 민중의 관계에도 심대한 변화가 나타났다. 군부가 갖는 막강한 물리력과 군부적 조직체계를 이식한 '현대적' 국가체계에 의해서, 박정희 개발독재체제는 50년대와는 비교할 수 없을 정도로 강력한 '통제국가'로 작동하기 시작했다. 61년부터 87년까지의 개발독재 시기는, 국가적 차원에서 개발독재국가 혹은 권위주의 국가가 존재하는 시기이고, 사회전체적으로는 국가주의적·권위주의적 개발동원체제가 형성·작동하였던 시기라고 할 수 있다. 60년대 이후 박정희 체제는 50년대의 반공규율사회적 조건을 이용하면서 강력한 국가주도하에 경제발전을 꾀하는 총동원체제였다. 이 체제하에서 국가주도적인 자본주의적 산업화(state-initiated capitalist industri-alization)가 본격적인 수출지향형으로 추진된다. 어떤 점에서 반공규율사회라는 것이 반공이라고 하는 부정적인 목표를 통해서 사회 전체가 동원되는 사회라고 한다면, 이 시기에는 반공규율사회적 조건을 기초로 근대화 프로젝트가 헤게모니 프로젝트로 작동한 시기였다. 그 결과 극우적인 반공공동체가 극우 '성장'공동체(ultra-right wing growth community)로 보다 '발전적'으로 재편되었다고 말할 수 있다.

그런데 5·16쿠데타 정권은 4·19혁명이 만들어 낸 민주주의 프레임을 거부할 수 없었기 때문에 민주주의에 대한 전면적인 부정이 아니라, 4·19혁명 정신의 '계승'을 표방할 수밖에 없었다. 이에 따라 4·19혁명 정신을 해체하여 그 일부 요소를 자신들의 근대화 프로젝트 안으로 통합시켜 내는 동시에, 권위주의로의 후퇴 과정을 '한국적 민주주의'라는 담론을 통해 정당화하고자 하였다.[70] 군사쿠데타로 인한 집권이라는 개발독재의 정치적 정당성의 취약성에도 불구하고, 담론의 차원에서 이 개발독재체제의 정당성을 보강해 준 것은 바로 새로운 근대화 혹은 개발주의 프레임이었다. 이 담론을 통해 개발독재체제는 근대화를 전 국민의 목표로 만들어내는 동시에 이의 실현을 위한 전 국민적인 동원에 성공하게 된다. 박정희 개발독재가 50년대의 안보지상주의를 계승하면서 반공프레임을 중요하게 사용한 것이 사실이지만, 새로운 혁신 지배 프레임으로 개발·성장·근대화 프레임을 사용함으로써 자신의 정치적 기반을 강화한 것 또한 사실이다. 바로 이 부분이 임지현과 일군의 학자들이 개발독재체제를 이른바 '대중독재'(임지현,

70 4·19혁명의 헌법전문에 명시되는 것은 역설적으로 4·19혁명 이후 민주당에 의해서가 아니라 5·16정권에 의해서였다. 물론 이것은 80년 헌법개정에서 삭제된다.

2004)의 개념을 통해 파악하고자 한 부분이었다. '대중독재' 개념은 개발독재체제의 체제 유지와 존속 과정에 투입된 대중의 동의와 이 개발독재제체가 불러일으킨 대중의 열정을 분리하여 개발독재체제를 비판해 온 기존 진보 사회과학의 일면성에 대한 비판인 동시에, 개발독재체제를 바로 이 대중의 동의와 열정이란 각도에서 바라보기 위한 접근방법이었다.

5·16이라고 하는 전환적 체제 재편 사건은 또한 저항의 지형을 변화시키는 계기로 작용하였다. 이는 50년대식의 안보지상주의에 기댄 지배적 권력집단의 면모를 '근대화 세력'으로 '일신'한 사건이었다. 이는 50년대적 저항운동의 대중적 기반을 축소시키게 되고, 50년대 민중들의 좌절과 분노를 새롭게 '잘 살아보자'고 하는 근대화 동력으로 전유해 내는 것을 의미하였다.[71] 이는 60년대 이후 민주주의의 구성적 각축의 성격을 변화시키는 것이었다.

50년대에 민주주의가 갖는 의미가 안보와 치안의 논리에 의해서 주변화되고 '탈(脫)의미화'되었다고 한다면, 60년대 이후 개발독재 하에서는 근대화와 성장, 개발이라는 것이 또 다른 절대적 가치로 부상하게 된다. 이 과정에서 한국 민주주의는 50년대의 안보지상주의의 차원을 보유하면서도 이와는 다른 차원에서 주변화되고 탈의미화 되어갔다. 이러한 새로운 근대화 프레임의 도움을 받으면서, 개발독재는 위로부터 사회적 동원기제들과 통제조직들을 확립해갔다. 예컨대 새

71 새마을 운동에 대한 김영미(2009)의 구술사적 분석은 50년대 농촌개혁운동의 기수들이 어떻게 새로운 위로부터의 새마을운동에 포섭·결합되어 가는지를 잘 보여주고 있다.

마을운동 과정에서 위로부터의 관제적 동원과 아래로부터 농촌의 자활 변화 욕구를 결합하면서, 전국적으로 보수적인 사회통제조직들을 구축해갔다. 노인, 여성, 청소년, 의사, 변호사 등 전문직 영역 등에서 위로부터의 '국가조합주의'적 조직들을 건설하고 이를 통해서 개발독재의 대중적인 기반을 유지해 간 것도 또 다른 예라고 할 수 있다. 이것이 60·70년대 민주주의에 대립하는 개발독재를 가능케 하는 사회적 기반이었다고 할 수 있다.[72] '61년체제'는 바로 이러한 개발독재체제를 말한다. 53년체제의 핵심 특성이 내전에 기반을 둔 '반공주의 동원'이었다면, 61년체제의 핵심 특성은 반공주의 동원과 개발주의 동원의 결합을 통해, 경제발전 그 자체를 북한과의 체제 대결을 위한 또 다른 수단에 의한 전쟁으로 치환한 것이라고 말할 수 있다.

---

72 박정희 개발독재체제가 얼마나 자발적인 대중적 기반을 가졌는가하는 것은 큰 쟁점이다. 이에 대해서 임지현의 대중독재론은 박정희 개발독재의 헤게모니적 성격을 새롭게 드러냈다. 한편 나는 개발독재의 헤게모니 창출적 성격과 동시에 '균열된 헤게모니 체제'라고 하는 이중성을 강조한다(조희연, 2010a). 이를 둘러싸고 임지현교수와 내가 '대중독재론 논쟁'을 벌인 바 있다(임지현 · 김용우 편, 『대중독재』 2권). '대중독재론'이 박정희 개발독재의 일정한 헤게모니적 성격을 지칭하는 것에 대해서 나는 전적으로 동의한다. 그러나 이것이 남한 민중의 저항성과 그에 기초한 운동정치의 역동성, 제도정치의 내적 균열 등을 주변화시키는 함의로 받아들여진다면 나는 반대의 입장을 갖는다. 나는 대중독재가 박정희 체제에 대한 진보적 인식이 간과하고 있던 '아래로부터의 독재'라고 하는 성격을 제시한 것에 대해서 긍정적이다. 그러나 민중의 저항으로 붕괴하고 외부적인 세력과의 전쟁에서 '패전'을 통해 붕괴한 체제의 차이, '전체주의적'인 독재자와 대중의 일체화가 존재했던 독일과 지속적으로 대중적 저항으로 지속적으로 불안정했던 체제를 동일시해서는 안 된다는 것이다. '전체주의'로 이야기되는 '권력의 의지에 의한 민중의 집단적 통합'은 불가능했다. 그것은 대단히 많은 틈새와 균열을 가진 채로 존재하였다. 나는 헤게모니는 그 이면에서 '헤게모니 균열'의 요소를 가지고 있으며, 궁극적으로 헤게모니는 균열된다고 생각한다. 따라서 나는 그람시의 이론을 재해석하면서 헤게모니 자체가 내재적으로 틈새를 가지고 있고, 균열을 내장한 것으로 보아야 한다는 식으로 재이론화 하고자 한다.

1) 개발독재체제와 배제의 과정

이 개발독재 체제하에서 제도정치와 운동정치의 관계를 나는 '배제의 기제'로 설명하고자 한다. 개발독재 하에서의 독재적 억압은 안보 프레임과는 달리 대중들에게 그 억압적 성격이 쉽게 노정되었다. 이를 50년대의 '금단의 정치'와 구별되는 '배제의 정치'로 표현할 수 있다(조희연, 2006a). 레드콤플렉스와 같이 대중 속에 내재한 자발적 의식에 기초하여 특정 정치적 행위를 '비(非)정치'로 억압하는 '금단의 정치'와 달리, 배제의 정치는 그 대중적 동의의 정도가 취약하고 위로부터의 강압이 대중들에게 쉽게 노정되는 것을 의미한다. 배제의 대상이 되는 반독재정치인들—예컨대 김대중이나 김영삼—이 배제되는 것에 대한 국민적 동의의 정도가 취약하였고, 탄압의 정도만큼 배제된 정치인들이 '국민적 정치인'으로 부상해 갈 수 있었다. 이것은 근본적으로 4·19혁명의 유산이 개발독재의 정당성을 제약하고 지배담론 내부에 부단히 틈새를 만들어 냈기 때문이라고 할 수 있다. 정부에 반하는 저항정치 일반을 억압했던 '금단의 기제'가 4·19혁명을 통해서 일정하게 극복되면서 운동정치의 공간이 복권되었던 것이다.

5·16 이후에 군사정부는 반정부적 저항운동을 '금단의 행위'로 만들기 위해서 지속적으로 극우반공주의적 담론(빨갱이 등)을 사용하였지만, 50년대와 달리 대중들은 저항정치 일반을 불온시한 것은 아니었다. 이런 점에서 50년대 금단의 정치의 일부는 60·70년대 개발독재 하에서는 비록 억압을 당하기는 했지만, 그 일정 부분은 '배제의 정치'(즉 배제되었으나 그 행위 자체에 대한 존재론적 의미가 대중들에 의해 긍정되

는 행위)로 전화되었다고 할 수 있다. 초기 발전프로젝트에 대한 헤게모니적 요소가 일정하게 존재하였던 60년대를 넘어 70년대에 이르면, 헤게모니적 요소가 균열됨에 따라 박정희 체제는 대결의 이데올로기적 표현인 반공 안보를 더욱 강화하는 형태로 자신들의 국가주의와 권위주의적 방식을 보다 강화한다. 그에 따라 저항적 사회운동이 강화되어 개발독재체제를 점차 균열시켜 가게 된다.

이러한 균열의 잠재력을 현재화한 것은 역설적으로 그러한 '후발자본주의화'의 '성공'적 전개로 인한 산업화 모순의 확대에 의해서였다. 박정희 체제가 품고 있던 잠재적 모순의 현재화에 대응하여 초기 반공형 병영사회 속에서 압살되던 저항운동이 70년대에 들어서면서부터는 점차 지배연합에 도전하는 세력으로 가시화된다. 반공규율사회 및 개발독재체제의 균열과 헤게모니적 발전프로젝트의 통합력 균열에 의해, 그간 통제되고 있었던 사회운동과 저항운동이 확산되어 가게 된다. 저항운동의 민중운동으로의 자기정체화도 이러한 발전의 한 반영이라고 할 수 있다. 이러한 모순의 현재화와 저항의 발전은 박정희 정권의 통합화 방식을 더욱 권위주의적인 방향으로 경화(硬化)시키게 된다. 박정희 체제의 말기와 전두환 정권 시기는 바로 이러한 권위주의적 억압과 저항의 일상적인 악순환이라고 할 수 있다.

개발독재체제하에서 제도정치는 점차 '배제의 정치'로 고착화 되어가게 된다. 이 시기에 배제의 정치의 형성에 따라 제도정치는 점차 협소화되어 가고 이에 대응하여 새로운 운동정치가 제도정치에 도전해 가게 된다. 거기서 배제의 정치는 제도정치가 50년대 구조화된 '우의적 프레임' 내에서 반(反)독재파의 축출이라는 성격을 가져가게 됨을 의미한다. 50년대에 형성된 우익적 프레임 자체를 전제하고, 그 내에서 그나마 반권위주의적 지향을 갖는 제도정치세력이 배제되어 가는 방식으로 전개된다. 이처럼 박정희 시대 및 전두환 시대를 일관하여, 권위주의 국가에 의한 제도정치의 협애화가 진행되고, 제도정치로부터 반권위주의파 혹은 반독재파가 축출되게 되고, 이 가운데 일부가 운동정치로 전환함으로써, '제도정치인의 참여에 의한 운동정치의 풍부화'가 나타나게 된다.

60년대 이후 한국은 국가주의적 개발동원체제로 작동하게 되는데, 이 체제는 '반공'이라고 하는 소극적인 국가목표가 '근대화'라고 하는 적극적인 국가목표로 전환되고, 그 목표를 중심으로 국가의 정책결정이 재정향되게 되는 것을 의미한다. 이러한 개발동원체제하에서 근대화 프로젝트가 국가프로젝트로 전환되며, 최소한 60년대에는 '헤게모니적인' 국가프로젝트로 존재하게 된다. 국가주의적 개발동원체제는 국가주도적인 발전동원의 측면, 즉 성장주의에 의한 사회의 재조직화와 권위주의적인 사회통합의 측면을 가지고 있다(조희연, 1998a: 2장 2절 참조).

국가주의적 개발동원체제는 한편으로는 4·19혁명 공간에서 분출된 좌익운동정치, 좌익적 제도정치를 재축출함으로써 통제된 제도정치와 운동정치를 구축했고, 다른 한편에서는 산업화를 추진함으로써 제도정치의 내적 구성과 운동정치의 내적 구성을 자본주의적 방향으로 전환했다. 이처럼 권위주의적인 방향으로 경직화되어 가는 국가주의적 개발동원체제에 대항하여 점차 운동정치가 활성화되게 된다. 이 과정에서 '자본주의 비판적' 운동정치가 출현하게 된다. 70년대 민중운동의 등장은 이런 점에서 이중적 의미를 갖는다. 즉 종속적 자본주의화에 대응하는 '자본주의 비판적 운동정치' 출현을 의미하며, 50년대의 우익적 프레임을 넘어서 제도정치 자체에 도전하는 저항적 운동정치의 부활을 의미한다. 70년대 초반 전태일의 분신, 70년대 초반 이후 민주노동조합운동의 성장, 민중운동의 성장 등은 바로 전자의 운동정치의 변화를 상징하는 것이다.

물론 지배세력과 저항세력의 역관계라는 점에서 보면, 후자가 전자를 압도하는 것은 아니었다. 60년대 말~70년대 초 이후에는 권위주의적 국가 및 그에 의한 배제의 (제도)정치에 대항하는 저항적 운동정치가 출현하게 되고, 이는 개발독재체제를 위협하는 상황으로 발전해 가게 된다. 그러나 70년대에는 지배와 저항의 역(力)관계에서의 균형적 상황이 조성되었다고 할 수 있고, 80년대에 이르러서야 비로소 저항이 지배를 압도하는 상황이 나타났다고 할 수 있다.

72년 10월유신은 개발독재체제 및 권위주의 국가에 의한 보다 철저한 '배제의 정치'를 형성하기 위한 시도였고, 나아가 성장해 가는 운동정치에 대한 보다 철저한 예방적 억압체제를 형성하기 위한 시도였다. 그러나 역설적으로 이러한 시도는 오히려 운동정치의 급진화와 확산에 기여하게 된다. 79년 10·26 사건은 '배제의 정치'가 '위기의 정치'로 변화하였음을 상징적으로 보여준다.

70년대 말 국가주의적 개발동원체제의 위기는 민주화로 갈 수 있는 계기를 만들었으나, 박정희식의 국가주의적 개발동원체제는 전두환식의 보다 '경화(硬化)된' 권위주의체제로 재구조화되게 된다. 광주항쟁에서의 양민학살을 고려할 때, 60·70년대식 개발독재체제의 '유혈적(流血的) 재강화'라고 표현할 수 있다. 80년 광주항쟁을 통해서 지배의 도덕성을 더욱더 상실하게 된 국가주의적 개발동원체제는 더욱 권위주의적인 방향으로 경화되어 갔고, 그에 따라 저항도 보다 대중화·국민화되어 갔다.

이 새롭게 강화된 국가주의적 개발동원체제하에서 제도정치는 더욱 협소화 된다. 여기서 제도정치로부터 배제된 제도정치세력은 운동정치에 전면적으로 합류하게 되고, 여기서 80년대 초반 '제도정치와 운동정치의 전면적인 결합'이 나타나게 된다. 이와 함께 국가주의적 개발동원체제의 유혈적 재강화는 운동정치의 혁명화·급진화를 촉진하는 도덕적 기초가 된다. 즉, "국가권력의 야만적이고 적나라한 폭력성은 국가권력의 본질을 투명하게 인식하게 만드는 계기가 된다. 이후 군부독재정권은 어떤 점에서는 '자연스럽게' 학생들에 의해 '적(敵)'으로 규정된다. 이것은 70년대까지의 도덕적이고 양심적인 정부비판운동에서 혁명적 운동으로 발전해야 한다는 각성을 동반하게 된다. 정부는 새롭게 파쇼정권으로 재정의된다"는 것이다(조희연, 2000a 참조). 배제의 정치에 대항하는 운동정치의 성장은 70년대를 거치면서 급진전되며, 이 과정에서 운동정치는 점차 급진화 된다. 80년대 전두환 정권 시대를 거치면서, 배제된 제도정치와 급진적 운동정치가 전면적으로 결합하여 국민적인 운동정치로 발전하게 되고, 운동정치는 통제된 제도정치를 압도하게 되며, 이로써 저항이 지배를 압도하게 된다. 여기서 87년 이후 민주주의 이행이 가능하게 된 조건이 형성된다. 87년 6월 항쟁의 전단계라고 할 수 있는 85년 2·12 총선은 아래로부터 성장하여 지배를 압도하게 된 운동정치가 권위주의 국가에 의해 통제되는 제도정치를 '강제적'으로 민주화하고 개방화하려는 시도라고 할 수 있다. 2·12 총선은 저항적 운동정치의 확장으로 종속적 제도정치가 균열되고 있음을 보여준 사건이었다.

80년대를 통하여 관철되어 온 '제도정치와 운동정치의 결합' 상황 속에서, 두 가지 경향이 공존하여 왔다. 즉 운동정치를 배경으로 제도정치에 재진입하려는 제도정치인들의 경향과 제도정치와의 결합에 의해 급진적 운동정치 주도의 국민적 민주혁명을 성취하고자 하는 운동가들의 경향이 그것이었다. '직선제 개헌'이 중심 구호가 되는 과정은 후자의 경향을 띠는 운동세력 중의 온건파의 입장과 전자의 입장을 띠는 제도정치세력의 입장이 수렴된 결과라고 할 수 있다. 이것은 87년의 대중적인 민주화 투쟁을 가능하게 하였지만, 다른 한편에서는 6·29선언과 같은 행태로 지배세력이 미봉적인 방식으로 대중들의 민주화 투쟁의 물꼬를 돌릴 수 있는 조건을 제공하기도 했다. 나는 '6월 민주항쟁의 이중성', 즉 87년 6월 항쟁이 한편에서 성공이면서도 동시에 실패가 되는 조건이 바로 여기에서 출현했다고 생각한다.

개발'독재'체제 혹은 권위주의 국가의 중요한 특징 중의 하나는 자율적인 제도정치 영역과 자율적인 사회운동 영역이 극단적으로 축소된다는 것이다. 개발독재체제가 경직화(stiffening)되면서 이러한 자율적인 제도정치영역, 시민사회적 영역은 더욱 제한되어 간다. 일종의 군부국가에 의한 제도정치영역 및 시민사회의 '식민화'(colonization) 현상이 나타나게 된다.

개발독재체제하 시민사회 내에 존재하는 사회단체는 크게 3가지 유형으로 나눌 수 있다. 한편에서는 권위주의 국가의 후견을 받는 관변단체가 존재하고, 다른 한편에는 전투적이고 저항적인 사회운동단체들이 존재하게 되며, 중간지대에 탈(脫)정치화된 혹은 비(非)정치화된 시민사회단체들이 존재하게 된다. 극단적인 독재의 시기에는 관변단체나 탈정치화된 시민사회단체들은 합법적인 영역에 존재할 수 있으나, 전투적인 저항단체들은 합법적인 영역에 존재하기 어려우므로, 자연스럽게 비(非)합법적 단체로 전환하게 된다.

그러나 50년대의 반공규율사회 형성기와 다른 점은, 한국전쟁 후의 '백색테러'가 난무하던 시기에는 저항적인 사회운동 단체가 존립할 수조차 없었으나 군부 권위주의 하에서는 그에 대응하는 저항적 사회운동 단체가 형성되고, 비록 합법성을 지니지는 못했으나 일정한 국민적 공감을 획득했다는 사실이다. 어떤 점에서 50년대, 나아가 60~70년대의 조건 속에서는 저항적 사회운동단체가 비합법적인 형태로만 존재할 수 있었으나, 권위주의체제가 경직화되고 그에 대응하여 저항적 사회운동이 국민적 기반을 획득하게 되면서 일종의 반(半)합법적인 단체로 존재하게 할 수 있는 여지가 생기게 되었다고 볼 수 있다. 60년대의 통일혁명당이나 70년대의 '남민전'이 완전한 비합법적인 지하조직으로 존재했던 데 반하여, 80년대 '혁명적' 지향을 갖는 각종 저항적 사회운동조직들이 반(半)합법적으로 존재하게 되는 것도 이러한 사회운동의 변화를 예시한다(조희연, 1993).

이처럼 반(半)합법적인 저항적 사회운동단체들의 반대편에는 권위주의 국가에 종속적이고 그 유지 재생산에 일조를 하는 관변단체가 '합법적'으로 '자유롭게' 존재한다. 이들 단체들은 이른바 '국가조합주의'(state corporatism)적 통제를 받고 있었고, 이들은 권위주의 국가에 대한 정치적 지지를 대가로 경제적 혜택 및 배타적인 대표성을 인정받고 있었다.

개발독제체제하에서 한편에 군부 권위주의 정권에 포섭된 관변 단체가 존재하고, 다른 한편에 군부 권위주의 정권에 저항하는 반독재민주화운동단체들이 존재하였다고 하면, 당시의 시민운동은 관변단체로 동일시될 수는 없지만 독재체제 자체와 공존하는 탈정치적인 단체들이 존재했다고 할 수 있다. 탈정치화된 사회조직들의 경우 50년대 반공규율사회 속에서 정권이나 정치 일반의 문제와 '담을 쌓고' 살았던 것처럼 이 시기에도 기본적으로 탈(脫)정치적·비(非)정치적 조직으로 존재하게 된다. 80년대 후반 이전의 시민운동이 넓은 의미의 '정치적' 성격을 띠었다면, 80년대 중반 이전 시민운동은 탈정치화된 시민운동으로 존재했다고도 할 수 있다.

그런데 개발독재체제가 균열되고 그에 대한 저항이 확산되면서, 70년대 후반 및 80년대 초반의 시기에는 이러한 탈(脫)정치적·비(非)정치적 시민사회단체 내에서도 '정치비판적인' 흐름과 목소리가 강화되었다. 예컨대 기독교 운동 같은 경우 한편에서 반독재민주화운동의 일부로서 저항적인 한국기독학생총연맹(KSCF)같은 단체가 있었다고 한다면, 탈(脫)정치적·비(非)정치적 성격을 갖고 있었던 YMCA 같은 단체 내부에서도 사회참여적이고 권위주의체제 비판적인 흐름이 나타나게 된다(조희연, 2001b).

이러한 사회운동에 나타나는 변화는 앞서 지적한 대로, 제도정치에서 배제된 온건한 제도정치세력들이 저항적 사회운동에 합류하는 방향으로 진행된다. 일정한 저항성을 갖는 온건야당세력이 제도정치 영역에서 배제되어 장외투쟁의 대열에 합류하게 됨으로써 일종의 "제도정치와 '운동정치'(move-ment politics)의 결합"이 나타나게 된다. 이것이 이른바 재야이다. 이는 별도의 장에서 서술하는 바와 같이 개발독재 하에서의 '정치의 사회화'의 중요한 흐름이라고 할 수 있다. 다음으로 독재체제의 경화는 반대로 전투적인 민중운동의 발전과 확대를 낳게 되고, 그것에 대한 선도적인 투쟁과정 속에서 급진적인 저항운동세력(radical dissidents)이 출현하게 된다. 이 시기에는 반정부투쟁이 급진적인 저항운동세력의 투쟁에 의존했기 때문에 자연스럽게 저항운동 내부에서 급진적인 저항운동이 '헤게모니'적 지위를 갖게 된다. 나는 제도정치에서 배제된 온건야당세력과 재야운동세력의 결합, 급진적 저항운동세력의 등장, 급진적 저항운동세력의 헤게모니 하의 다양한 저항운동의 통합화를 사회운동의 '구심력적 심화'(centripetal deepening)로 개념화하고자 한다. 이상을 그림으로 나타내면 다음과 같다.

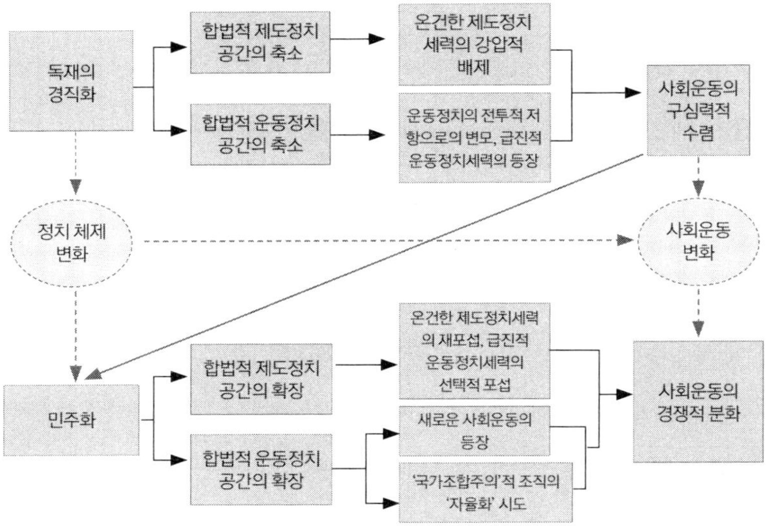

그림. 독재 – 민주화와 제도정치 – 운동자치의 관계 변화

2) 개발독재체제 후반부의 민주주의의 구성적 힘의 변화: 반독재민주화운동의 국민화와 그 성격 변화

초기 발전프로젝트에 대한 헤게모니적 요소가 일정하게 존재했던 60년대를 넘어 70년대에 이르면, 헤게모니적 요소가 균열됨에 따라 61년체제는 대결의 이데올로기적 표현인 반공 안보를 더욱 강화하는 형태로 자신들의 국가주의와 권위주의 방식을 보다 강화한다. '10월 유신'이 그 핵심 계기라고 할 수 있다. 10월 유신은 체제의 작동방식을 이른바 파시즘적 방식으로 변화시키는 계기이자, 동시에 저항운동의 지형을 변화시키는 전환적 체제 재편 사건의 속성을 보유하고 있었기 때문이다. 이러한 10월 유신을 경유하여 발생한 지배와 저항의 관계 변화는 다음과 같다.

첫째, 개발독재가 형식적 민주주의의 외양을 벗어던지고 전면적으로 파시즘적 방식으로 작동하게 되었다는 것이다. 60년대 이후 개발독재는 50년대의 선거민주주의와 유사하게 '형식적 민주주의'를 유지하고자 했지만, 72년 유신 이후에는 선거민주주의 자체를 부정하는 체제로 변화했다. 개발독재체제의 이러한 파시즘적 재편은 민중들에 의해서 그것이 '반민주주의' '독재'라고 규정되는 상황에 도달하게 되었다.[73] 스스로를 4·19혁명의 계승자로서 자처했던 개발독재는 72년 10월 유신 이후에는 선거민주주의와 의회 정치 자체를 결정적으로 무력화함으로써, '독재 대 민주주의'의 대립구도라고 하는 대단히 선명한 '민주주의의 구성적 각축'의 지형을 창출하게 되었다. 이러한 지형의 출현은 반대로 정치적 민주주의 자체를 지켜 내고자 하는 반독재민주화운동이 국민적 운동으로 성장할 수 있는 조건이기도 하였다. 70년대를 경과하면서, "제도정치를 통해 반영될 수도 대표될 수도 없는 요구와 이해를 비제도적 영역을 통해 대표하고자 하는" '비제도적 운동정치'(정해구·김태일, 2007: 22)가 확대되어 갔으며, 제도정치로부터 배제된 정치와 사회운동이 결합된 '반독재민주화운동'이 국민적 운동으로 발전해갔다.

---

73 1999년 12월 통과된 '민주화운동과 관련자 명예 회복 및 보상에 관한 법률'에서는 "민주화운동이라 함은 1969년 8월 7일 이후 자유민주적 기본질서를 문란하게 하고 헌법에 보장된 국민의 기본권을 침해한 권위주의적 통치에 항거하여 민주헌정질서의 확립에 기여하고 국민의 자유와 권리를 회복·신장시킨 활동을 말한다"고 규정하고 있다. 이는 이후 일련의 민주화법—1999년 12월 '의문사진상규명에 관한 특별법이나 2001년 6월 '민주화운동기념사업회법' 등—의 기본이 되었다. 이에 따르면, 3선 개헌안이 국회에 발의된 69년 8월 7일 이후는 '합의된' 권위주의적 통치기에 해당된다.

둘째, 5·16 쿠데타 이후 출현한 개발독재는 산업화를 '성공'적으로 추진하였다. 이는 스스로의 취약한 정당성을 보충해 주는 이른바 '경제적 정당성'의 기초이기도 했지만, 그 성공적인 산업화가 동반하는 사회경제적 변화는 새로운 저항이 출현·확산되어 가는 기초이기도 했다. 즉 민중들이 산업화의 '성공의 모순'에 저항하게 되면서 저항운동의 성격을 변화시키게 되고, 민주주의의 구성적 각축의 성격도 변화시키게 되었다. 이것은 두 가지 측면에서 진행되었다. 먼저 산업화의 '성공'으로 인하여 물적 조건이 달라졌고 여기서 새로운 정치적·사회적 다원성의 요구가 출현·강화되었다(조희연, 2007a: 223). 예컨대 '내전' 이후의 세대는 개발이 가져오는 상대적 풍요 속에서 성장하였고, 이들은 과거의 독재적 통제와 규율을 거부하고 자유와 자율을 요구하는 저항적 감수성을 가져갔다. '민주주의가 밥먹여주냐'고 말하던 대중들은 이제 '밥만 먹고 사냐'는 식으로 변화하기 시작하였다. 이러한 변화는 개발독재체제가 주변화시킨 민주주의의 의미를 새롭게 복원시키면서 민주주의에 새로운 의미를 부여해 나가는 거대한 대중적 동력으로 작용하였다. 이런 의미에서 보면, 박정희 체제의 붕괴는—'선거' 민주주의를 넘어서는—'자유주의적 민주주의'에 대한 요구를 '한 단계 더 높은 수준의 억압'으로 통제하고자 했던 시도의 결과라고도 해석할 수 있다.

다음으로 산업화 과정은 전근대 사회의 '근대 사회로의 거대한 재조직화' 과정이라고 할 수 있는데, 이 과정에서 60년대적 저항주체와 구별되는 새로운 저항주체들이 출현했고, 그들이 민주주의를 요구함으로써 민주주의의 담지주체가 다변화되었다는 것이다. 어떤 의미에서 근대화를 추동했던 개발독재 하에서, '저항의 근대화'가 출현해 가고 있었다고 할 수 있다. 그 상징적인 예가 '민중'이라는 정체성의 등장이었다. 노동자, 농민, 도시빈민 등으로 구성되는 민중은 전근대 농업사회의 소외 계급과는 구별되는 개발 이후의 새로운 소외 계급이었다. 이들은 초기에 보였던 개발의 성과에 만족하는 '근대화의 역군'으로서의 태도를 거부하고, 개발의 모순에 저항하여 자신들의 경제적 이해를 추구함과 동시에 새로운 민주주의를 요구하는 '투쟁전사'로서 변화해 갔다.[74] 다음으로 독재에 저항하면서 민주주의를 회복하고자 하는 민주주의의 새로운 구성적 힘은 단지 개발독재체제의 소외계급에서뿐만 아니라 개발독재체제의 수혜층에서도 발원되었다. 특히 개발독재의 억압적 통제양식은 점차 개발의 수혜층마저도 자유와 민주주의를 열망하도록 만들고 있었다. 주지하다시피 산업화의 진전은 신흥 자본가계급을 포함한 상층계급을 확대하였고, 동시에 기업의 중간관리층, 사무직, 행정직, 기술직에 종사하는 대졸 출신 중간층을 대거 창출하였다. 이들은 기본적으로 개발의 수혜층이었으므로, 대체로 친(親)개발독재적 지향을 가지고 있었다. 그러나 이들도 개발독재의 후기에 들어서면서 점차 개발독재의 억압에 비판적인 세력으로 변모해 갔다. 심지어 개발독재와의 '이익동맹' 속에서 혹은 개발독재의 막강한 지원 속에

74 물론 여기에는 가부장제적 성격을 갖는 박정희의 개발독재국가가 남성이 아닌 '여성 노동력'과 새마을운동의 '여성 조직'을 광범위하게 동원하고 광범위한 여성들을 개발주의적 동원의 헤게모니에 포섭해들이는 일종의 '젠더-섹슈엘리티 정치학'이 작동한다. 그런 점에서 박정희 식 동아시아 개발독재 국가 혹은 발전국가를 '남성화된 서구 자본주의'와 '유교적 가족주의 협치'의 결합체로 개념화할 수 있다는 지적은 타당하다(허성우, 2011: 145).

서 성장해 가고 있었던 대자본마저도, 개발독재적 과잉통제에 대해서 일정하게 비판적 태도를 가지게 되었다. 60·70년대 한국 개발독재의 경험은 체제의 지배전략의 '실패'가 아니라 '성공' 그 자체가 새로운 모순을 동반하는 방식으로 민주주의의 새로운 구성적 동력을 창출하고 있음을 잘 보여준다.[75]

3) 80년대 운동의 급진화

그럼 여기서 80년대에 나타난 운동정치의 급진화에 대해서 조금 더 자세하게 서술해보자. 운동정치의 급진화는 80년대 전두환 정권 하에서 보다 급속하게 진전된다. 80년대는 70년대의 저항적 운동정치가 더욱 급진화 혹은 혁명화되어 갔다고 할 수 있다. 이데올로기적 급진화로 인해 자본주의 비판적 운동정치 내부에서 사회주의 지향적인 혁명적 운동정치 경향도 출현했다. 이러한 이데올로기적 급진화와 함께, 70년대의 사회운동의 전투성을 뛰어넘는 전투성도 나타나게 된다. 70년대와 달리, 가두시위에 화염병과 바리케이드가 등장하고, 점거 농성이 나타난 것도 바로 이러한 변화를 상징한다고 할 수 있다. 이러한 저항적 사회운동의 전투성에 대하여 권위주의체제는 더욱 폭력적으로 대응했고 이 과정에서 학생 등 저항적 사회운동 참여자들이 죽임을 당

75 개발독재체제, 61년체제하에서도, 그리고 전무후무한 민주주의의 암흑시대라고 하는 긴급조치 9호 시대(75~79년)에도 제도정치 내에서 보수적 지배세력에 대응하는 저항적 자유주의 세력의 각축이 존재하고 있었다. 개발독재 시대의 제도정치와 운동정치의 변화 속에서 중요한 것은 분단체제하에서 보수적 지배세력의 헤게모니 하에 포섭되어 있었던 자유주의 세력이 저항화된다고 하는 것이었다(반독재민주화운동은 저항적 자유주의정치적·사회적 세력+급진적 정치·사회세력의 연합운동이었다).

하는 불상사도 나타난다.

광주의 희생 위에서 국가권력의 폭력적 본질이 투명하게 드러나면서, 사회운동의 급진화를 위한 정치적 공간이 형성되었다. 이로써 다양한 급진주의가 출현하게 된다. 이는 61년체제에 대한 저항 속에서, 53년체제가 부여한 '심층지형'이 도전받는 것을 의미하였다. 70년대까지 53년체제가 부여한 반북주의적 지형은 '주어진' 것이었다. 그러나 61년체제에 대한 저항의 발전 속에서 53년체제가 내포함 반북주의적 지형이 도전받게 된 것이다.

70년대까지 변혁주의적 운동은 '비합법운동'의 형태를 취하지 않을 수 없었다. 그러나 80년대 반독재운동은 반파쇼운동으로, '3민운동'으로 변화하게 되고, 이 과정에서 제도정치와 운동정치의 영역이 대폭 확장된다. 즉 87년 이후의 민주주의의 구성적 각축의 지형을 대폭 확장함으로써 급진적 행위자들이 진입할 수 있는 공간을 부여한 것이다.[76]

돌이켜 보면, 60년대와 70년대에 개발독재는 대중을 '근대화 지향적 국민'으로 위로부터 구성해 내면서 합법과 비합법의 경계를 독특한 방식으로 구성했다. 이에 대응하여 개발독재로부터 이반하는 (인)민은

76 시민적·정치적 민주주의를 넘는 사회경제적 이슈, 반외세 및 통일 문제 등은 자유주의적 세력보다는 급진주의 세력이 주로 쟁점화하고 담지하였다. 특히 반외세 및 통일 이슈를 80년대 반독재민주주의 운동 속에서 전면화하고 담지한 것이 급진 민족주의적 세력이었다고 할 수 있다. 특히 이 급진민족주의는 북한의 주체사상을 포함한 급진적 민족적 사회주의, 급진적 반미주의, 사회경제적 급진주의를 내포하고 있었다. 다음으로 사회경제적 불평등, 분배, 반자본주의의 문제 등은 쟁점화하고 담지한 것은 이른바 PD, 평등파적 흐름이었다. 87년 6월 민주항쟁에서 정점에 이르는 반독재민주주의 운동은 직선제의 부활, 언론자유 보장 등 시민적·정치적 민주주의의 복원 및 실현을 주된 쟁점으로 하고 있었으며, 사회경제적 민주주의, 반자본주의, 반미, 통일 등을 주변적 쟁점으로 하고 있었다고 할 수 있다.

스스로를 '민중'으로 재구성하고 이에 기반하여-민주주의를 국민적 담론으로 하는-개발독재가 구성한 경계에 도전하면서 새로운 반독재 연대운동을 전개했다.

87년 이전 시기에 '독재의 파쇼화'에 따라서 반독재민주화운동은 급진화되어 갔고, 이로써 반독재민주화운동은 배제된 제도정치세력과 급진적 사회운동세력이 혼합된 구성으로 변화해 가고 있었다. 전자는 대체로 자유민주주의의 회복을 지향하는 세력이었고, 후자는 급진민주주의적 세력이라고 할 수 있었다. 물론 자유민주주의적 지향이 지배적 요소로 존재하였지만, 이를 뛰어넘는 급진민주주의적 지향(인민민주주의, 민중민주주의, 사회주의, NL 혹은 PD를 포함하여)도 당시에 공존하고 있었다. 전자는 반독재자유주의 세력들이 담지하고 있었으며, 주변적으로 민중세력, 급진세력, 좌파세력, 사회주의세력 등이 후자를 담지하고 있었다.[77] '반독재진보' 내부에는 사실 이러한 두 가지 경향이 세력으로 공존하고 있었고 현재의 사회운동 세력 정파들의 분화의 연원도 여기에 있었다. 자유민주주의적 요소는 독재라는 지배의 형식을 민주주의라는 새로운 지배적 형식으로 전환하는 것을 지향하고 있었지만, 급진 민주주의적 요소는 87년 6월 민주항쟁에서 정점에 이르는 운동이 군부독재를 민간정부로 전환하기 위한 운동의 차원을 넘어서서, 군부독재 하에서 유지되고 있었던 반민중적 경제체제를 보다 급진적으로 전환하고자 하는 지향을 가지고 있었다.

반독재민주화운동은 순수한 정치주의적 운동에서 70년대를 거치

77 80년대 운동정치의 급진적 논쟁에 대해서는 박현채 · 조희연 편, 1989-1992 참조.

면서 박정희식 초기자본주의에 대한 거대한 저항운동으로 변모해갔다. 이것이 반독재민주화운동이 '민중운동이라는 정체성'을 갖게 되는 과정과 궤를 같이한다. 이러한 급진화는 이전 시기의 '금단의 정치'가 강제하였던 저항담론의 제한성이 개발독재, 즉 '배제의 정치'에 대한 투쟁 속에서 점차 극복되는 것을 의미한다. 이처럼 반독재민주화 투쟁이 '금단'을 극복하게 되면서, 금단의 영역에 놓여 있던 맑스주의나 주체사상 등 급진적인 사상적 자원들이 저항담론의 자원으로 새롭게 동원될 수 있었으며, 국민들의 비판의식에 채워진 의식적 족쇄도 약화되었다. 특정한 정치적 실천 및 이념, 체제에 대한 '금단'이 국민들의 일정한-강요된 것이건 자발성에 의하건-'의사동의' 위에서 작동했었다면, 이제 그것이 극복되면서 저항담론의 구성을 위한 자원이 확대된 것이다.

80년대의 이러한 혁명적 민주주의 담론은 민주주의 담론이 국민적 담론이 되면서 근본주의화의 경향을 보이게 된다. 이제 반독재가 지배적인 담론이 되면서 이제 중간지대의 모든 입장은 개량적인 것으로 규정되어 매도된다. 반동진영과 혁명진영의 대립 속에서, 중간지대에 존재하는 모든 개인이나 입장은 '개량적인' 것이 되며, '주요한 타격방향'이 된다. 반독재진영의 선진적인 그룹이 혁명화되어 가고, 그러한 혁명화의 입장에 동의하지 않는 모든 입장들은 공격의 대상이 되게 된다. 이러한 저항담론의 근본주의적 경향은 독재의 균열이 확대되고 민주주의가 '불가피한' 시대적 흐름이 되면서 더욱 강화된다.

이러한 과정의 정점에 1987년 6월 민주항쟁이 존재한다. 이후 서술하겠지만, 이처럼 반독재민주주의 운동 자체의 구성의 복합성 때문에, 6월 민주항쟁 속에는 다양한 발전의 경로가 내포되어 있었다고 말할 수 있다. 즉 전두환 독재정권의 혁명적 붕괴에서부터 군부독재세력이 간선제로 독재권력을 재생산하는 경로에 이르기까지 다양한 가능성이 존재하고 있었다고 생각된다. 물론 당시의 구조적 정세 상으로 혁명적 가능성은 상당히 제약되어 있었지만, 남북관계의 특수성을 감안하면 다양한 경로를 부정할 수 없다.

바로 이런 조건 위에서 80년대 초반부터 87년까지의 시기에 존재하던 제도정치는 극단적 위기를 경험하고 있었다. 제도정치를 통한 지배의 재생산이 극단적인 위기에 처해 있었던 것이다.

대만과 남한의 개발독재 간의 차이는 제도정치의 형상에서 드러난다. 대만에서는 선거정치, 의회정치 등의 제도정치 공간이 철저히 부정되었다, 1948년 공산주의자 반란진입 임시조치법(Preliminary Act)이 선포되고, 1949년에는 계엄조치(Martial Law)가 선포되어 지방 수준에서 제한된 선거만이 존재하였을 뿐 선거를 통한 정당정치와 중앙 수준의 의회정치는 철저히 부정되었다. 반면에 남한에서는 가장 엄혹했던 유신체제하에서도 제도정치 그 자체를 부정하지는 못했고, 그것을 내부로부터 무력화시키는 방법을 선택하였다. 즉 의회선거는 존치하되 의회의 1/3에 해당하는 의석 선출권을 대통령에게 부여하고, 대통령은 정권의 통제가 가능했던 통일주체국민회의를 통해서 의원을 선출하는 방식으로 대통령의 통제를 확보하고자 하였다.

그런데 이마저도 80년대 전두환 정권 이후에는 대통령만 간선을 하고 의회선거에서 대통령이 1/3의 의석을 독점하는 유정회방식은 독재정권 자신이 폐기를 하였던 것이다.

그럼에도 불구하고 시민사회의 저항적 활성화, 반독재저항운동들의 대중적 성장, 그리고 그러한 운동들의 반독재민주화운동의 연대, 반독재민주화운동에 의한 전두환 정권 및 민정당–민한당의 '타협적 공존' 하의 제도정치에 대한 도전이 존재하였다. 이미 저항적으로 활성화된 시민사회와 대중적 반독재민주주의 운동의 성장으로 인하여, 기존의 제도정치를 통한 지배의 재생산은 불가능하게 되었음을 의미한다.

나는 이후 서술하는 것처럼 87년 6월 민주항쟁까지의 시기를 '민주주의 블록'이 헤게모니적 지위를 가지면서 형성되는 시기로 본다. 헤게모니적인 민주주의 블록은 시민사회의 저항적 활성화(반독재민주주의적 지향이 시민사회 내에서 지배적 지향이 된다는 것을 의미한다)에 기초하여 반독재저항운동과 반독재제도정치세력이 연합하는 블록이 형성된다는 것을 의미한다. 여기서 시민사회(대중)–사회운동–제도정치를 가로지르는 연합전선이 '역사적 블록'이 된다.

운동을 초점에 놓고 보면, 반독재민주주의 운동은 시민사회와 대중 속에 넓은 대중적 기반을 갖게 되었고, 동시에 다양한 운동들을 가로지르는 횡단의 중심이 되었다. 그리고 이 반독재민주주의 운동은 제도정치 내의 반독재세력과 결합하게 되었다. 반대로 말한다면 제도정치의 일부 정당을 반독재운동의 일부로 통합해낼 정도로 강력하게 구축된 것이었다. 그러나 이 블록은 이후 균열된다.

5공화국 하에서의 민정당–민한당의 '타협적 공존' 구조는 바로 반독재민주주의 운동의 발전에 따라서 균열된다. 85년 2·12 총선 후에 민한당이 해체되는 과정은 이를 잘 보여준다. 양자 간의 타협적 공존이 해체되고, 기존의 제도정치는 대중의 의사에 반하는 '관변정치'가 되었다. 오히려 진정한 정치는 양김이 대표하는 재야정치, 운동정치가 되는 상황이 전개된 것이다. 이는 제도정치와 비정치의 경계가 대중에 의해서 무력화되었다는 것을 의미한다. 이로써 운동에 의한 원심력이 제도정치에 작용하였다. 앞서 이론적 프레임에서 서술한 것처럼, 제도정치가 균열되고 위기에 처하게 되는 것은, 제도정치 내의 지배적 정당과 주변적 정당 간의 타협적 공존이 위기를 맞게 되고, 정치와 비정치의 경계(제도정치의 경계)가 도전을 받고 해체되는 상황이 출현함을 의미한다. 70년대~80년대 전반기는 바로 이러한 변화의 시기였다고 할 수 있다.

4장

개발독재체제하에서의 운동정치

4장
개발독재체제하에서의 운동정치

53년체제와 61년체제는 극우반공분단체제 혹은 개발독재체제였다는 점에서 1987년 이후의 민주화체제와는 구별된다. 개발독재체제와 민주화체제의 차이는 이 책의 맥락에서 보면, 제도정치와 운동정치의 관계방식 차이를 내포한다. 즉 전자는 운동정치를 '금단'의 영역으로 유폐시키거나 제도정치 영역으로부터 '배제'하는 방식으로 작동한다. 반면에 후자는 운동정치의 일정 부분을 선택적으로 포섭하는 방식으로 제도정치를 재구성하면서—운동정치와의 경계를 고정화하면서—제도정치를 안정화시키고자 한다. 이 장에서는 권위주의 체제하에서의 제도정치와 운동정치의 상호작용의 양상을 드러내기 위해서, 운동정치 혹은 사회적 정치의 가장 급진적인 형태들이 어떻게 '비합법정치', 재야정치, 순수정치로 나타나는가를 서술하고자 한다.[78]

---

78 해방 이후 비합법전위조직의 활동에 대한 자세한 서술로는 조희연(1993) 참조.

1. '금단의 정치'와 '비합법정치'

먼저 개발독재체제하에서 금단의 기제가 작동하면서 비합법정치가 출현하고 그것이 각 시기에 따라서 다양하게 나타나는 것을 살펴보자.

앞서도 서술하였는데, 한국전쟁이라고 하는 일종의 '내전'적 상황을 경험한 남한사회에서 북한은 동일한 정치공동체의 일부가 아닌 적대국가로 간주되고, 여기서 북한과 연관된 일체의 정치적·사회적 활동은 준(準)'간첩활동'으로 간주된다. 금단의 기제는 한 공동체가 두 개의 집단으로 분리되고, 두 집단이 질적으로 다른 집단으로 간주되는 조건 속에서 작동한다. 여기서 '금단'의 의미는 '간첩활동이 정치적 활동이 될 수 있는가'라는 물음 자체가 한국전쟁 이후의 남한 사회에서 성립할 수 없었다는 것을 통해 잘 드러난다. 한편 흥미로운 것은 이러한 집단들의 정체성을-비록 비합법적이지만-정치적 활동조직으로 규정하고 있었다는 점이다. 비합법전위조직으로 규정된 정치적 활동들은 국가보안법에 의해서 처벌을 받았을 뿐만 아니라, '운동정치'를 수행하는 사회운동가들에 의해서도 동일한 정치공동체의 활동으로 간주되지 않았다.

여기서 문제가 되는 '비합법정치'는 제도화된 정치의 외부에 있는 '비정치적인 정치' 활동 중에서도 '급진적인 비정치'라고 할 수 있을 것이다. 특별히 이것은 합법정치의 '정당성'을 인정하지 않고, 그것을 전복하고 급진적으로 변화시키고자 하는 정치활동이라고 할 수 있다. 이러한 급진적 비정치활동은 국가에 의해서 불법으로 규정되었을 뿐만 아니라, 이를 시도하는 경우 투옥이나 살해 등 탄압을 각오해야 했다.

그렇기 때문에 이러한 활동은 지하조직운동 같은 비밀스런 형태로 전개되는 것이다. 그런데 비합법정치는 그것이 합법정치에 의해서 인정되지 못하는 급진적 정치활동이라는 것을 의미할 뿐만 아니라, 합법정치의 '질적 성격'을 드러내는 계기이자 '거울' 같은 역할도 한다고 할 수 있다.

현실의 정치체제는 합법정치와 비합법정치의 경계에서 스펙트럼이 대단히 넓다고 할 수 있다. 합법정치의 영역이 대단히 축소되어 있고, 그 결과 비합법정치의 영역이 대단히 확대되어 있는 체제가 바로 권위주의·독재·전체주의 체제가 될 것이다. 여기서 검토하는 60·70년대 박정희 시기는—60년대는 상대적으로 '형식적 민주주의'가 유지되었지만—합법정치의 영역이 대단히 축소되고, 반대로 비합법정치의 영역이 대단히 확장된 전형적인 독재체제라고 할 수 있다. 예컨대 유신헌법을 반대하는 '비정치'적이고 저항적인 정치적 활동을 하기 위해서 수년간의 투옥을 감수해야 하는 상황이었다. 이하에서 검토할 통혁당 사건이나 남민전 사건도 바로 이러한 조건에서 나타난 것이라고 할 수 있다.[79] 이 글에서는 비합법정치의 대표적인 사례로서 비합법전위조직운동들을 검토하고자 한다. 이러한 사건들에는 다양한 소규모 사건들이 존재하나, 상대적으로 규모가 컸던 사건들로서는 60년대 인민

79 통상적인 맑스주의적 논의에서 볼 때, 대중운동과 그것에 대한 정치적 리더십은 '(정)당'이 갖는 관계를 상정한다. 단지 급진조직에서는 1917년 볼셰비키혁명에서 나타난 '비합법전위조직'의 형태를 상정한다고 보여진다. 물론 이는 20세기가 지나면서 서구 자본주의적 민주주의에서의 합법정치활동의 범위가 확대되어 '비합법전위조직' 노선이 폐기되고 공산당도 '합법적인 대중정당'으로 변화해가게 된다. 한국에서는 급진적 변혁을 지향하는 정치조직이 합법적으로 활동할 수 없기 때문에, 비합법정치조직의 형태로 표출되었다고 생각된다.

혁명당 사건이나 통일혁명당 사건, 70년대 남조선민족해방전선을 들 수 있다.

이러한 비합법전위조직운동들은 금단의 기제에 의해 합법적 활동으로 인정받지 못하기 때문에 활동 자체가 비밀리에 이루어지게 된다. 그 활동은 나중에 공안기관에 의해서 검거되거나 하는 경우에 수사발표의 형태로 드러나게 된다. 먼저 60년대 초반 인민혁명당은 4·19혁명 이후 혁신계 청년운동에 관여하였던 청년세대들이 중심이 되어 이루어진 조직이다. 이들은 5·16 이후 합법적인 영역에서 활동할 수 있는 가능성이 부재한 상황에서, 비합법적인 조직을 통하여 혁명적인 정치활동 인자들을 결집시켜 급진적 정치활동을 수행하고자 했던 것으로 보인다. 물론 이 조직이 얼마나 '조직적'이었는가 하는 점에 대해서는 현재도 명확히 밝혀지지 않은 것이 사실이다. 왜냐하면 이 사건 연루자들 대부분이 사건 자체를 부인함으로써 경미한 처벌을 받고 풀려났기 때문이다.[80] 이 사건은 1964년 8월 14일 한일회담 반대투쟁이 최고조에 오르던 시기에 중앙정보부에 의해서 발표되었다. 당시 발표에 따르면, 전(前) 혁신계 일부 인사와 일부 현역 언론인 및 대학교수, 학생 등 57명으로 조직되었던 것으로 되어 있다. 당시 한일반대투쟁의 배후에 과거 좌익운동과 연계된 일단의 지하조직이 있었다는 것이다. 이것은 당시 제도화된 정치 혹은 사회운동적 정치의 외부에 비합법전위조직운동이 존재하였다는 것을 보여준다.

다음으로 60년대의 대표적인 비합법혁명조직으로서 60년대 중후

80 이 사건으로 13명이 기소되었는데, 2명에게만(각 3년과 2년) 실형이 언도되고 나머지는 모두 무죄로 풀려났다(세계편집부 편, 1986: 9-16).

반에 활동한 것으로 되어 있는 통일혁명당이 있다.[81] 50년대의 맥락에서 급진적인 정치활동은 운동의 영역에 속한 것이 아니었다. 그러나 4·19혁명과 혁명 이후의 정치적 경험, 5·16쿠데타, 그 이후의 한일회담 반대투쟁 등을 통하여 학생운동가들이 이념적으로 급진화 되어 갔고, 나아가 한일회담 반대투쟁이 국민적으로 고양되면서 급진적인 운동의 공간이 확장되면서 이러한 비합법정치조직이 만들어지게 된다. 당시 공안기관의 발표에서는 통일혁명당이 여러 조직들을 포괄하는 것으로 되어 있었다. 즉 최영도, 정태묵, 김수상 등이 연루된 이른바 임자도 사건(통혁당 전라남도 창당준비위원회 사건)이 있으며, 또한 권재혁, 이일재 등이 연루된 남조선해방전략당 사건이 존재하며, 김종채, 김질락, 이문규, 신영복 등이 연루된 통혁당 서울시 창당준비위원회 사건이 있었다. 통상 통혁당이라고 할 때는 통혁당 서울 창당준비위원회 사건을 의미한다. 이 통혁당은 해방공간에서 좌익운동을 하였던 인사들을 상층으로 하고, 한국전쟁 이후 새롭게 반독재학생운동을 통하여 성장해 온 젊은 활동가층을 하층으로 하여 성립하였다. 이 조직은 김종태 등 구 남로당 인사들이 64년경부터 학생운동가들을 포섭하는 형태로 조직화되어 갔다.

여기서 흥미로운 것은 해방공간에서 정치활동이었던 것이 한국전쟁 이후 남한 사회가 극우반공주의적 사회로 전환되면서 금단의 영역으로 재위치 되었다는 것이다. 남로당과 관련된 활동이나 인자들의 경

81 1968년 8월 24일 중앙정보부가 발표한 통일혁명당 사건의 내용은 세계편집부 편, 앞의 책, 61-86쪽에 수록되어 있다. 동시에 유동렬, 1996: 38-41 참조. 당시의 사회적 상황과 통일혁명당의 문제의식에 대해서는 다음에 풍부하게 기록되어 있다. "통혁당 사건과 청맥", 박태순, 김동춘, 1991, 『1960년대의 사회운동』, 까치.

우가 바로 그러한 것이 될 것이다. 이는 정치가 어떻게 상황에 따라서 상이하게 구성되는가를 보여주는 것이다. 60년대의 맥락에서 통일혁명당은 '고정간첩' 같은 것으로 인식되었고 사회운동적 활동이나 더 나아가 정치적 활동으로 인식되지 않았다. 그런 점에서 정확히 '금단의 영역'에 속하는 것으로 간주되었다고 할 수 있다.

이런 점에서 보면, 60년대는 제도화된 정치와 운동, 합법과 비합법의 경계가 대단히 고착된 것으로 인식되고 있음을 알 수 있다. 특별히 금단의 경계영역이 의사합의적인 것으로 여전히 존재하고 있음을 알 수 있다. 그러나 70년대에는 이러한 조건에 변화가 나타나게 된다. 비합법전위조직운동과 일반 사회운동의 경계가 점차 좁혀지고 있다는 것이다. 70년대 학생운동의 발전과정에서 변혁적 지향—여기서 변혁적 지향은 50·60년대적 질서에서 고착화된 합법과 비합법, 정치와 운동의 경계를 상대화하여 볼 수 있는 인식이 형성되었다는 것을 의미한다—이 발전되어 가고, 일부이지만 기층 민중운동인자들 중에서도 변혁적 지향을 갖는 인자들이 형성되게 된다. 70년대 비합법 전위조직은 바로 이러한 변화 속에서 학생운동 및 민중운동의 인자들이 참여하는 식으로 변화된다.[82] 이러한 변화를 남조선민족해방전선사건(이하 남민

82 60, 70년대의 전과정은 반파시즘 민주화운동의 지속적인 고양 및 기층민중운동의 점진적인 성장의 과정이었기 때문에, 70년대의 조직운동은 60년대의 조직 사건들보다 대중운동의 발전된 수준을 근거로 하여 성립하고 있다는 특징을 가지고 있다. 즉 60년대에는 학생운동의 반파시즘 민주화 투쟁이 낮은 수준에 있었고 거기서 배출된 이념적 학생운동인자 역시 수적으로 제한되었으며 더구나 특정 학교에 집중되어 있었고, 또한 기층 민중운동의 미성장으로 인하여 기본계급 출신 인자의 참여가 제한되었으나, 예컨대 70년대 후반의 남민전의 경우 반파시즘투쟁의 발전 및 기층 민중운동의 발전을 반영하여 60년대 조직사건의 한계가 일정하게나마 극복된 수준에 이르게 된다는 것이다(조희연, 1993: 207).

전이라 한다)을 통해서 확인할 수 있다.[83]

이 조직은 긴급조치가 선포되어 제도정치의 영역이 극도로 축소되고, 이후 서술하는 장외정치라고 할 수 있는 '재야'운동이 오히려 장내 정치를 대체하던 바로 그 시기에 이루어졌다. 이러한 비합법전위조직운동은 제도정치는 물론이고 그에 대항하는 저항적 재야운동까지지도 포괄할 수 없는 급진적 정치활동을 내포하는 것이었다. 공안기관의 발표에 따르면, 이 조직은 76년경부터 활동을 시작하여 유신체제가 붕괴되어 가던 79년 10월 초 검거될 때까지 약 3년 10개월에 이르는 기간 동안 활동을 한 것으로 되어 있다. 당시 안기부의 발표를 보게 되면, 남민전 조직 구성에 있어 특징적인 점은 60년대 비합법전위조직－인혁당, 통혁당, 해방전략당 등－의 구성원들이 상층을 구성하고, 4·19, 6·3, 민청학련으로 대표되는 학생운동 및 민주화 투쟁 출신들이 하층을 구성하고 있었다는 점이다. 이재문이나, 신향식 같은 인물이 전자를 대표한다고 할 수 있다. 이렇게 본다면 남민전은 비공개 이념서클 및 조직에서 활동했던 진보적 학생운동가들이 여러 형태로 사회로 이전하면서 기성정치가 극도로 억압되는 상황에서 기존의 지하 혁명세력과 연결되어 결성된 조직으로 볼 수 있다. 이런 의미에서 기존의 지하당 전통을 계승하면서 동시에 자생적인 민주화운동가들의 결합조직의 성격을 갖고 있었다고 할 수 있다.

이 남민전은 "70년대 중반까지 존재하고 있었던 구혁명운동인자들이 상당부분 참여하여 만들어진 조직이라는 점에서, 비합법전위조

83 이 조직에 대해서는 다음의 글 참조. 대검찰청 공안부 편, 앞의 책; 박석률, 1989; 안병용, 1991 참조.

직으로서의 목적성과 조직성을 지니고 있었다는 점, 70년대의 비록 제한된 반정부투쟁이었지만 그것의 투쟁 발전을 일정하게 반영하고 있으며 그러한 투쟁에서 성장한 인자들이 일정하게 참여하고 있다는 점, 4년에 조금 못 미치는 긴 기간을 통하여 선진적으로 당시의 정권에 대하여 비타협적인 혁명적인 반정부투쟁을 수행하였다"[84]는 점에서 70년대 비합법혁명전위조직의 전형을 보여준다. 60년대에는 당시 저항운동을 주도하던 학생운동과 이러한 금단의 영역에 속하는 비합법정치운동이 완전히 분리되어 있었고, 학생운동 인자들이 이러한 운동들을 '질적으로 구별되는' 활동으로, 혹은 '간첩으로 신고해야 하는' 활동으로 인식하던 상태에서 벗어나서, 반독재비합법 정치운동으로서 그것을 인식하기 시작했다는 점이다.

2. 1980년대 비합법정치

1980년대 비합법전위조직운동은 금단의 정치에 대응하는 비합법정치의 또 다른 예를 보여준다. 이러한 사례는 더구나 금단의 영역의 경계가 가변적인 것이며, 공동체 구성원들의 인식의 변화에 의해서 어떻게 상대화되며 경계를 초월하게 되는가를 잘 보여준다.

1980년 광주항쟁을 거치면서 반독재민주화운동이 이념적으로 급진화 되고 투쟁양식은 전투적이 되어 가는데, 이러한 변화에 힘입어

84 조희연, 앞의 책, 122-3쪽.

금단의 기제에 의해 정치의 영역으로 인식되지 않았던 주제들과 활동들이 정치의 영역으로 들어오게 된다. 80년대적 맥락의 극단적인 괴리상황에서 '정치의 사회화'를 지향하는 사회적 활동이 사회주의운동 혹은 혁명적 지향과 같이 국가화된 정치의 기본구조를 바꾸려는 혁명적 운동으로 변화해 가게 된다. 예컨대 사회주의 운동은 70년대까지의 정치지형 속에서는 금단의 영역에 속하는 활동이었지만, 80년대가 되면서는 그 경계가 상대화된다. 많은 사회주의운동들이 학생운동이나 노동운동의 연장선상에서 이루어지게 된 것이다.

이처럼 금단의 경계가 상대화되면서 금단의 영역에 있던 활동은 이제 사회운동의 영역으로, 나아가 제도정치의 협소성을 뛰어넘는 정치활동으로－예컨대 사회주의정치운동 같은 식으로－인식되어 전개된다. 정치와 사회의 경계가 금단의 기제에 의해 일정한 방식으로 고착화되어 있던 상태가 변화하게 된 것이다.

80년대의 비합법정치운동은 70년대와는 달리 다양한 방식으로, 운동정치의 급진적 형태로서 전개되었다. 80년대 이루어진 전위조직을 유형화하면, "1) 일정한 부문운동의 전위조직인 경우와 전체 운동의 통일적 지도를 지향하는 전위조직인 경우, 2) 조직 결합의 수준이 협의체적 성격의 조직인 경우와 일사불란한 지휘통솔체계를 갖는 조직인 경우, 3) 대중적 기반이 취약한 학생운동 출신의 인자들이 대다수인 조직의 경우와 학생운동 출신이 많더라도 사회운동 속에 일정한 대중적 기반을 갖는 조직의 경우, 4) 조직이 소그룹적 결합의 수준을 부분적으로 넘어선 수준에 있는 경우와 동맹의 수준에 이른 경우, 5) 조직의 지역적 범위가 서울 및 수도권에 한정되어 있는 경우와 비록 제한되기는 하나 전국적인 범위에 걸쳐 있는 경우"(조희연, 1993: 133)로 나눠 볼 수 있다.

80년대 초반 비합법전위조직들의 예로는 전국민주노동자연맹, 전국민주학생연맹(80년 5월 결성, 81년 6월 검거), 80년대 중반에는 반제동맹당(85년 10월경부터 활동, 86년 10월 검거),[85] 마르크스-레닌주의당(86년 10월 검거),[86] 제헌의회그룹(86년 초부터 활동, 86년 11월~87년 1월 검거),[87] 노동자해방투쟁동맹(2차제헌의회 그룹, 87년 중반 재건됨, 88년 4월 분화), 구국학생연맹(구학련),[88] 인천지역민주노동자동맹(87년 6월. 노동자

---

85 반제동맹당 사건은 86년 11월 검거된 조직이었다. 이 조직은 당시 학생운동에서 광범한 반향을 불러일으키고 있었던 민족해방민중민주주의혁명론에 기초하여, 노동자 대중의 정치적 조직체를 건설하려던 시도라고 할 수 있다. 당시 노동운동에서는 서노련의 실질적 붕괴 이후 다양한 소그룹이 분립하는 상태로 전화되고 있었는데, NL적 경향을 갖는 학생운동출신 현장활동가들이 소그룹적 연계구조를 극복하려고 시도하면서 대중적인 정치적 조직체를 건설하려던 초기과정에서 검거된 사례라고 할 수 있다(민주화실천가족운동협의회·민족민주연구소 편, 1989: 163-184 참조).

86 86년 10월 말에 검거된 마르크스-레닌주의당 사건은 학생운동출신 현장 활동가들의 지역현장운동조직이었다. 서울노동운동연합의 해체 이후 새로운 노동운동의 정치적 조직을 건설하려는 과제가 현안으로 제기되게 되고, 여기서 지역현장운동론이 제기되었다. 마르크스-레닌주의당은 바로 이러한 지역현장운동론에 기초하여 구로공단을 중심으로 지도적 인물 간의 지역협의체를 운영하면서 활동하던 조직이라고 할 수 있다(세계 편집부 편, 앞의 책, 309-319쪽; 민주화실천가족운동협의회 외 편, 앞의 책,185-203쪽 참조).

87 1985년 무렵의 제헌의회그룹은 전국민주학생연맹에 참여하였던 김철수, 윤성구, 민병두와 새롭게 최민 등이 중심이 되면서 86년 5월경에 결성된 조직이다. 당시 직선제개헌을 슬로건으로 하고 있던 NL진영에 대립하여 파쇼 하의 개헌 반대, 혁명으로 제헌의회 소집을 내걸면서, '개량적·자유주의적 부르조아지'를 대표하는 신민당을 비판하면서 약 반 년 동안 학생운동의 민민투 조직을 지도하면서 반파쇼투쟁을 수행하였던 조직이라고 할 수 있다. 이 조직은 86년 11월경부터 87년 1월까지의 시기에 대대적 검거를 맞아 파괴되게 된다. 제헌의회 그룹은 80년대적인 비합법혁명정치조직의 대표적인 예라고 할 수 있다. 이 제헌의회그룹이 검거로 파괴되면서 잔류성원들이 제헌의회그룹을 재건한 것이 바로 노동자해방투쟁동맹(노해동)이다. 이후 노동자해방투쟁동맹 그룹은 다수파와 소수파로 분립되게 된다. 88년 4월경 분리된 소수파가 17개월 여의 과도기를 거쳐 재결집하여 결성한 것이 바로 사회주의노동자동맹이다(강형민, 1990 참조).

88 구학련은 85년 말부터 정립되기 시작한 NLPDR론(민족해방민중민주주의혁명론)에 기

의 길 발간),[89] 민족통일민주주의노동자동맹(87년 11월 결성), 사회주의노동자동맹(88년 4월 준비위 구성, 89년 11월 결성), 노동계급,[90] 자주민주통일그룹,[91] 반파쇼 투쟁그룹,[92] 국제사회주의자들[93] 등이 있다.

이는 금단의 기제 자체가 사회구성원들에 의해 상이하게 인식되어져 감을 알려 준다. (의사)합의적으로 받아들여졌던 금단의 기제 자체가 쟁점화되고, 그에 대한 비판적 의식들이 민중들 사이에 확산되면서 금단의 기제도 약화되어 갈 수 있었다. 금단의 기제에 의해서 희생자

초하여 1986년 3월 결성되었으며, 주체사상적 입장에서 학생운동의 투쟁을 주도해 갔던 조직이다. 이 단체가 발행한 대표적인 문건의 하나가 '해방서시'이다. 구학련은 품성론과 반종파투쟁을 벌임으로써 학생운동 사상 최초의 '사상운동'을 전개해갔다고 표현할 수 있다(민주화실천가족운동협의회 외 편, 앞의 책, 185-203 참조).

89 인천민주노동자연맹은 86년 여름 인천지역에서 소그룹으로 결집되기 시작하여 87년 2월 살인, 강간, 고문 정권 타도를 위한 인천지역노동자투쟁위원회(타도투위)를 중간과정으로 하여, 87년 6월 26일 인천지역의 다른 활동가그룹과 결합하여 인천민주노동자연맹을 결성하게 된다. 이 그룹은『노동자의 길』이라는 소책자를 계속하여 발간하였다. 이 그룹은 90년 당국에 의해 조직의 중심적인 많은 인자들이 검거되게 되었고, 이후 '노동자정당 추진위원회'와 그 후신으로 탄생한 '진보정당 추진위원회'로 전화되었다. 사실 이 그룹들의 일정 부분은 90년대를 거치는 변화를 거친 후 현재는 민주노동당의 일부로까지 참여하고 있다.

90 1989년 조직원들의 대거 검거를 맞게 된 조직으로서, 반제반독점민중민주주의혁명론(PDR) 노선에 기초하여《노동계급》이라는 팸플릿을 4호까지 발행한 바 있다.

91 민족해방(NL)계열의 활동가 조직을 지하 반국가단체로 규정하여 발표(90년 12월 26일)한 경우인데, 이에 대해서는 최진섭, 1991 참조.

92 반제반파쇼 PDR론에 기초하여 활동하고 있던 그룹으로서 1989년 조직원들이 수사당국에 의해 검거된 바 있다.

93 91년 3월에 일부 조직원이 검거됨으로써 수사당국의 일제검거 대상이 되었다. 정치사상적으로는 레닌의 일국혁명론에 대립하는 영구혁명론에 기초한 트로츠키주의에 기초하고 있는데, 소련 사회주의의 붕괴 이후 소련사회주의를 타락한 '국가자본주의'로 규정하면서 기존의 정통 마르크스-레닌주의 노선에 기초한 혁명운동의 전환을 주장하고 있다.「사회주의란 무엇인가(1), (2)」등의 팸플릿을 발행하였다.

로 되는 집단이나 개인들이 금단의 기제에 저항하는 것이 사회구성원들의 공감을 얻게 되었고, 그 결과 금단의 의사합의로부터 벗어나게 된 것이다. 60년대부터 80년대에 이르는 비합법 정치의 위상변화는 금단의 영역에 속하던 '정치의 사회화'를 위한 운동들이 점차 금단의 영역을 넘어서서 운동정치의 영역으로 등장하는 과정을 의미하였다. 이는 정치와 운동의 경계, 정치와 비정치의 경계가 특정한 정치사회적 조건 속에서 구성된 것임을 다시 한 번 확인해 주는 것이라고 할 수 있다.[94]

이상에서 서술한 바와 같은 비합법정치들은 금단의 기제가 강력하게 작동했던 1953년 이후의 조건 위에서 발생한 '정치의 사회화'를 위한 집단적 행위들이었다고 해석할 수 있다.

3. '재야'와 경계정치

여기서는 70·80년대의 독재 시기에 제도정치가 극단적으로 위축

94 비합법정치의 위상과 관련하여 60년대로부터 80년대로 이행해 가면서 변화를 읽을 수 있다. 비합법조직은 기본적으로 자신을 드러내지 않는 조직형태라고 할 수 있다. 비밀스런 운동정치이기 때문에 어떤 의미에서 '사회로부터 잊혀진' 활동의 성격을 띠고 있다고 할 수 있다. 사회 속에서 발생한 사회적 정치이고 그것이 금단의 기제에 의해 억압된 정치적 요구들을 급진적으로 대변하고자 하는 활동이기는 하지만, 정작 사회구성원에게는 '감추어진' 존재로 있었다는 특징을 갖는다. 그러나 60년대의 통혁당이나 70년대의 남민전은 실체 자체가 감추어지고 활동 자체도 자신의 이름으로 수행하지 않았으나, 80년대 비합법전위조직들은 실체 자체는 감추어졌으나 활동 자체는 제도정치의 경계를 부정하면서 적극적으로 공개적인 정치활동을 하는 조직의 성격을 가지고 있었다고 할 수 있다. 또한 각 시기의 비합법전위조직들이 자신의 장외정치적 활동을 당, 전선체, 동맹 등의 이름으로 자신을 지칭하는 데에서도 알 수 있듯이 그 장외정치적 활동의 위상에 대해서는 상이성을 가지고 있었다는 점을 지적할 수 있다.

되는 상황에서 정치의 사회화를 위한 운동이 '재야'라고 하는 경계정치의 형태로 표출되는 과정을 살펴보고자 한다. 앞서 서술한 것처럼 독재의 시기에 '정치의 국가화'를 위한 '배제의 기제'가 작동함으로써, 그 결과 제도정치로부터 광범위하게 배제되는 정치세력들이 제도정치의 '법적 경계'의 외부에서 정치의 역할을 수행하고 있었음을 드러내고자 하는 것이다. 이는 배제의 기제를 통하여 '정치의 국가화'라는 흐름이 전개되는 것에 대응하여, '정치의 사회화'를 위한 노력이 국면에 따라 '배제된 제도정치'와 운동정치가 결합하여 '재야'라고 하는 독특한 '경계정치'를 형성했다는 것을 의미한다. 이런 점에서 나는 한국의 압축적 근대화의 경험이 특별히 정치와 사회의 관계, 정치와 비정치의 관계, 그리고 제도정치의 상대성을 인식할 수 있는 풍부한 사례로서 인식될 수 있다고 생각한다.

재야운동과 후술하는 바와 같은 낙선운동의 경우, 그 지배적 지향은 기성의 제도화된 정치의 중심적 지위를 전제로 한 운동이라고 할 수 있다. 그런 점에서 앞서 분류한 바에 따르면, '정치의 사회화'를 위한 온건한 흐름이라고 할 수 있다. 비합법정치나 후술하는 순수정치를 기존의 제도화된 정치 자체의 경계를 문제 삼지 않으면서 그 경계 너머에서 이루어지는 정치라고 할 수 있다면, 재야운동과 낙선운동은 '경계'정치 그 자체라고 할 수 있다. 즉 제도화된 정치의 경계 자체를 문제 삼으면서 이루어지는 활동이며, 그러한 경계성 자체가 정치공동체의 구성원들에 의해서 일정하게 공감되고 있다고 할 수 있다. 이런 의미에서 보면, 재야운동은—낙선운동과 같이—그 자체가 사실 제도화된 정치의 직접적 연장이라고 할 수 있다.

재야운동과 낙선운동은 사실상 '준(準)정당'적 기능을 수행하는 것인데, 흥미로운 것은 이 두 운동이 제도정치의 중심성을 공유하고 있으며, 동시에 제도정치 자체의 불구화를 공유하고 있다는 점이다. 그래서 제도정치의 입장에서 보더라도, 재야운동과 낙선운동이 수행하는 준정당적 정치 자체를—자신들이 수행했어야 하지만, 수행하지 못하고 있는—제도화된 정치의 모습이라고 판단한다는 것이다. 그런 점에서 불구화된 대의기구들이 수행하지 못하고 있는 '대의의 대행(代行)'을 직접적으로 수행하는 것이다. 이런 의미에서 재야운동이나 낙선운동은 경계정치의 성격을 지니고 있다고 할 수 있다. '경계'정치는 경계 내부의 정치행위자들과 경계 외부의 비정치행위자들 모두가 기성정치의 한계성을 인정하고 있으며, 그런 점에서 제도정치의 행위자들과 제도정치 외부의 행위자들이 비정치의 정치성을 인정하는 것이라고 할 수 있다.[95]

1) 재야운동

재야라는 개념은 한국적 맥락에서 독특한 의미를 갖는다. 재야는 1960년대경부터 의미를 갖기 시작했던 것으로 보인다. 60년대 반정부운동이 학생운동 중심의 운동에서 제도정치로부터 배제된 제도정치인들과 지식인들이 참여하는 국민적 운동으로 확산되어 가게 되는 것에 대응하여 특별한 의미를 갖게 된다. 물론 대중 사이에서나 언론에

95 재야운동에 대해서는 다음을 참조. 한국기독교교회협의회, 1997; 박종성, 1997; 윤일웅, 1985; 임춘웅, 1980; 정용대, 1989; 한승헌, 1985; 예춘호, 1996; 류근일, 1997; 조진경 외, 1987; 한국기독교 교회협의회 인권위원회, 1987.

서 주목받는 개념으로 된 것은 1970년대 이후이다. 즉 재야는 1970년대 이후 제도화된 정치공간의 외부에 존재하면서도 실질적인 정치적 영향력을 갖는 개인들이나 집단들을 지칭하는 것으로 개념화되었다. 재야는 한국의 독재체제하에서 출현한 독특한 반(半)제도권적인 정치적·사회적 세력이라고 할 수 있다. 말 그대로 재야(在野)이니 들녘, 즉 제도권 외부에 있다는 의미이다.[96] 제도권 외부에 있으면 사실 제도정치권의 입장에서는 관심을 가질 필요가 없다. 그러나 제도권 자체가 협애화되어 있고, 그것이 대중들의 상식에 의해 불신을 받고 있었기 때문에, 재야는 단순히 비정치의 행위자만이 아니었다. 많은 반독재적인 저항인사들을 '배제'하면서 작동했던 70·80년대 한국정치의 상황에서, 재야는 독특한 의미를 가지면서 한국 정치의 한 특징을 구성하는 세력으로 존재하였다.

이런 점에서 재야라는 것은 기본적으로 '불완전한' 혹은 제도정치로서의 국민적 정당성을 현저하게 상실한 제도권과의 관계 속에서 사

96 이정희는 앞의 글에서 재야라는 개념의 과학적 엄밀성을 강조하기보다 역사성과 공간성을 함께 지니는 포괄적 의미로 사용하고자 한다. 즉 '장외(場外)' 정치세력으로서 기존 정치체제에 대항하는 반체제 인사들과 체제에 맞서 투쟁하고 고통 당한 세력들, 그리고 체제에 도전하는 비판적 응결체로 정의하고 있다. 류근일은 여기서 분석하는 재야를 '제도외적 반대세력'으로 규정하고 이들의 출현과 그 정체성의 고착과정을 구성원들의 '신념 획득'을 중심으로 분석하고 있다(류근일, 앞의 책). 김세중은 '비제도권 대항엘리트'를 사용하고 있는데, 이는 "정당, 국회 등의 제도를 통한 정치 참여를 거부하고 대학, 교회 등 시민사회의 비정치적 제도 또는 그 밖에 시민사회 차원에서 자발적으로 형성된 조직에 기반을 두고 활동하는 집단'이라고 규정된다(한국정치학회 편, 1995: 458). 최장집은 정치적 반대운동을 1) 야당(제도야당 및 제도권 반대운동, 2) 재야 또는 비제도권 반대운동, 3) 노동자·농민운동을 중심으로 하는 기층민중운동으로 나누고 있으며, 재야를 "제도권의 정치공간이 폐쇄된 조건 하에서 하나의 대체공간이 정치의 합법적 틀 밖에서 성장"(최장집, 1989: 191)한 것이라고 보고 있다.

용되는 개념이라고 할 수 있다.

재야라는 개념 자체는 다음과 같은 몇 가지 의미를 갖는다. 첫째, 대의민주주의의 형식적 기준에서 제도권 외부에 존재하는 개인이나 집단이다. 배제의 기제가 작동하는 조건에서는 제도정치와 비제도정치의 경계가 확연하지 않다. 그런 의미에서 경계 정치가 바로 재야정치라고 할 수 있다. 재야의 경우, 제도정치의 '경계'가 가변적인 것임을 잘 드러내준다. 재야는 제도화된 정치는 아니지만 국민들 사이에서는 정치세력으로 실질적인 인정을 받는다. 재야는 운동정치의 형태로서 정치를 수행하는 것이 된다. 둘째, 재야는 형식법적인 지위의 차이에도 불구하고, 재조(在朝)와 동등한 혹은 그 이상의 영향력을 가지고 있다. 제도권 외부에 있지만 제도권에 일정한 영향력을 가지고 있으며, 제도권의 불완전성으로 인해 불가피하게 제도권 밖에서 활동하고 있지만 실질적으로는 제도권적 지위를 가지는 것이다. 따라서 재야라는 존재는 제도권적 활동만으로 전체를 포괄하는 것은 불가능하다는 의미를 내포하고 있다. 셋째, 그런 의미에서 재야는 '대의의 대행' 역할을 한다. 재야라는 개념이 성립하는 것 자체가, 유신체제라고 하는 극단적인 배제의 기제가 작동하는 체제하에서 제도권 정치 자체가 대의기관으로서의 명백한 한계를 가지고 있음을 보여주는 것이다. 이때 유신체제의 탄압과 배제로 인하여 제도권의 외부에 존재하면서 제도권이 담아내지 못하는 주장과 목소리를 반영하는 준정당적, 대의의 대행기관적 성격이 재야에 부여되는 것이다.[97] 넷째, 제도권의 일반적인 행위양식과 다른 행위

97 재야 민주화세력이라는 말은 83년 말 유화국면 이후, 즉 제도정치권이 확장되기 시작한 이후부터, 제도권에 진입하기 시작한다. 이때부터 언론에서는 제도정치권에 진입

양식, 즉 데모나 피케팅과 같은 대중동원적 행위양식을 채택한다. 제도권은 분명히 제도정치가 요구하는 특정한 방식으로, 이미 국가화된 정치의 규범에 따라서 행위 하게 된다. 그렇기 때문에 제도권적 규범 자체를 완전히 부정하지는 않지만, 그것을 상대화하고 뛰어넘는 방식으로 존재한다. 재야는 제도권에만 전적으로 의존하지 않고 운동정치와의 결합 속에서, 그리고 국민적 동원의 기조 위에서 존재한다. 다섯째, 재야에는 '정치의 국가화'의 기제들 중에서 배제의 기제가 지배적으로 작동하고 있지만, 금단의 기제 역시 정치와 사회의 경계를 획정하는 데 중요하게 작동하고 있었다. 그런 점에서 재야를 광의로 보게 되면 앞서 서술한 바와 같은 비합법정치도 포함된다. 그러나 지배적인 측면은 김대중 계의 반독재운동과 같이 제도정치로부터 배제되어 직접적으로 '장외정치'로서 작동하는 흐름이라고 할 수 있다.

이런 점에서 재야라는 개념은, 정치라는 것이 의회공간이나 정당정치의 공간 등 제도화된 정치공간에서 이루어지는 활동만이 아니라, 그 외부에서 이루어지는 활동이기도 함을 잘 보여주는 개념이다. 재야는 제도화된 정치를 상대화시켜 주고, 제도화된 정치 외부의 정치를 정치로서 인정해 주는 개념이라고 할 수 있다. 그리고 재야라는 개념은 제도화된 정치가 정당성이 약화될 때 더욱 부각되는 개념이고, 그런 점에서 정치의 경계는 정치의 사회적 정당성에 의존하는 가변적인 것임을 잘 보여준다.

하는 정치인들이나 정치권 진입 이후의 분화와 합종연횡을 다루는 기사에서 등장하게 된다. 80년대 이후에는 재야라는 재조에 대응하는 개념 보다는, 노동자, 농민, 도시빈민 등의 영역으로 운동이 확장되면서 사회운동을 지칭하는 용어로서는 많이 사용되지 않게 된다.

2) 재야의 구체적 형성과정

재야의 형성과정은 기존의 제도화된 정치의 경계가 국민들에 의해서 상대화되어 인식되는 것과 궤를 같이한다. 한국에서 재야는 기존에 배제의 기제를 중심으로 작동하는 독재적 정치가 국민적 지지를 상실하게 되면서, '비(非)정치의 정치'가 주목을 받게 되는 것을 의미한다.

재야의 선구적인 형태는 60년대 중반 한일회담 반대투쟁과정에서 나타났다. 정부와 여당이 추진하고 있던 한일회담에 반대하는 투쟁이 국민적으로 전개되면서 야당이 국회라는 공간을 뛰어나와 국회 외부의 사회운동과 결합하게 되었다. 이때 국회 외부의 사회운동을 주도하는 종교계 및 지식인들 주도그룹이 나타나게 되면서, 이들을 제도화된 정치세력과 구별되는 장외정치세력으로 인식하게 되었다고 할 수 있다.[98] 그러나 이 당시에는 제도정치의 공간과 의회공간에서 형식적 민주주의가 일정하게 존재하고 있었기 때문에, 재야라는 의미가 국민적 의미를 가지고 존재했다고 말하기는 어려웠다.

그러나 3선개헌 이후 시민사회가 저항적으로 활성화되고, 그러한 저항적으로 활성화되어 가는 시민사회의 요구를 제도정치가 반영하지 못함으로써 정치와 사회의 괴리가 확대되는 것에 대응하여 재야라는 것이 실체적 의미를 갖게 된다고 할 수 있다. 그리고 이러한 재야가 조직의 형태로 구현되게 되며, 이 조직의 활동이 비록 제도화된 정당

98 김도현은 한일회담 반대투쟁 및 한일협정 비준 반대투쟁 과정에서 '반체제운동'이 시작되었고, "윤보선 씨 등 강경야당이 학생운동과 연대하기 시작하고 기독교 문인 교수 등 재야세력이 형성되기 시작했다"고 표현하고 있다(동아일보사, 1988: 143). 한일회담 반대투쟁 및 한일협정 비준 반대투쟁에 대해서는 이재오, 1984: 195-249 참조.

은 아니지만 국민들 사이에서는 제도화된 정당에 버금가는 정치적 영향력을 갖게 된다. 70년대 재야운동은 1971년 '민주수호국민협의회', 1974년 11월 '민주회복국민회의', 1978년 '민주주의국민연합' 등과 같은 조직을 경과하면서 구체화되어 갔다.[99] 재야운동이 제도화된 정치에 대응하는 영향력과 지지를 갖게 되었고, 점차 저항적 지식인들의 느슨한 네트워크에서 일정한 집행력을 갖는 조직으로 변화하게 된다.

특히 1972년에 도입된 유신헌법에서는 대통령이 국회의원의 1/3을 임명할 수 있게 된다. 이것은 제도정치가 독재국가에 의해 전면적으로 통제되는 것을 의미한다. 이는 강압적 수단을 통해 정치를 권위주의적 국가의 요구에 따라 재편하는 것을 의미하였다. 이처럼 국가와 사회적 요구들이 각축하면서 공존하는 정치의 공간은 소멸하게 됨으로써, 정치는 사회를 대의하는 기구가 아니라, 국가의 요구를 추인함으로써 사회적 요구의 출현을 봉쇄하는 기제로 작용하게 된다. 국가로부터 자율화된 정치가 소멸하게 된 것이다. 여기서 불구화된 제도정치의 대의적 역할을 대행하는 '장외정치'가 활성화되게 된다. 그것을 선도하는 집단이 바로 재야집단인 것이다.

제도정치와 사회운동의 연합으로서의 재야가 정치적 선도역할을 하게 되는 하나의 중요한 정치적 사건은 1974년 '개헌청원 1백만인 서명운동'이었다. 72년 10월 유신 후 잠복기를 거친 사회운동은 73년 10월 2일 서울 유신반대 데모를 계기로 재활성화 되며, 이어 12월 24일에는 전 의원인 장준하와 백기완 씨 등의 인사들이 중심이 되어 서명

99 1970년대 민주화운동의 전개과정에 대한 일지로는 한국기독교사회문제연구원, 1983: 237–391 참조.

운동을 시작하게 된다. 특히 74년 4월 3일 발표된 '전국민주청년학생총연맹'(민청학련) 사건이 재야운동을 확산하는 중요한 계기가 된다. 한국기독교교회협의회(NCC)에 인권위원회가 만들어진 것도 이 무렵이었다.[100] 1974년 11월에는 '민주회복국민회의'가 "범국민단체로서 비정치단체이며 그 활동은 정치활동이 아닌 국민운동"[101]으로 스스로를 규정하면서 범국민적 민주화운동을 조직적으로 전개하게 된다, 1976년 3월 1일 서울 명동성당에서 있었던 '3·1 민주구국선언' 사건도 재야운동의 확산을 상징하는 사건이었다. 이 선언에는 윤보선, 김대중, 정일형 등의 정치인과 함석헌, 문익환, 문동환, 윤반웅 등의 기독교 인사, 그리고 이문영, 서남동, 안병무, 이우정 등의 학계인사들이 참여했다. 흔히 '명동사건'으로도 불리는 이 사건은 배제된 제도정치인들과 새롭게 부상하는 사회적 저항세력이 '비정치의 정치집단'으로서 결합하는 것을 의미하였다.[102] 78년 1월 24일에는 다양한 재야단체들의 연합기구가 '한국인권운동협의회'라는 이름으로 만들어지기도 하였다.[103] 79년

---

100 NCC인권위원회는 74년 4월 11일 만들어진다. 74년 1월 이해학, 김진홍, 인명진 등 교역자의 구속사태가 발생하고 또한 민청학련 사건 등이 계기가 되어서 창립되게 된다(한국기독교교회협의회 인권위원회, 1986: 468-71).

101 한국기독교사회문제연구원, 앞의 책, 149쪽.

102 "'3·1민주구국선언'은 유신체제에 반대, 항의하는 범재야민주세력의 새로운 연합을 시도하는 성격을 띤" 것이었는데, "보다 정확히 이야기하자면, '3·1구국선언'은 그 자체가 연합의 산물이라기보다는 '3·1민주구국선언'이라는 이름 아래 유신체제가 재야민주세력을 연합, 연대"한 것이라고 표현할 수 있다(홍성우, 1988: 233).

103 이 단체에는 NCC인권위, 천주교정의구현사제단, 한국교회사회선교협의회, 가톨릭노동청년회, 각 도시산업선교 단체, 가톨릭농민회, 기독자교수협의회, 교회여성연합회, 동아 및 조선 자유언론수호투쟁위, 자유실천문인협의회, 석방학생·양심범 가족협의회, 한국기독학생총연맹, 한국기독청년협의회 등 25개 단체가 가입했다(회장 조남기, 부회장 김승훈). 78년 6월에 회장을 함석헌으로 하여 확대 개편하였다(한국기독

3월 1일에는 윤보선, 함석헌, 김대중 등의 재야인사들이 '3·1운동 60주년에 즈음한 민주구국선언'을 발표하고, 이전의 상층저항운동조직이었던 '민주회복국민회의'와 '민주주의와 민족통일을 위한 국민연합'의 활동을 계승하는 의미에서 '민주주의와 민족통일을 위한 국민연합'을 결성하였다.[104]

그런데 흥미로운 것은 '민주회복국민회의'나 '민주주의와 민족통일을 위한 국민연합' 등 거의 대부분의 재야조직들이 자신을 반독재운동을 하는 '범국민단체' 혹은 비정치단체로 규정하고, 주요 활동을 정치활동이 아닌 국민운동으로 규정하였다는 점이다. 그러나 이 글의 맥락에서 재야가 갖는 독특한 의미는 바로 비정치적 사회운동이 제도정치의 실추된 위상을 대체하는 '정치적' 운동으로 작동하게 되었다는 데 있다.

앞서 서술하였듯이 재야라는 것이 의미를 갖는 것은 국가화된 정치가 사회를 반영하지 못하고 그 결과로서 국민적 지지를 상실해 가는 것과 정확히 대응하고 있다. 통상적인 정치와 사회의 관계에서, 사회

교교회협의회 인권위원회, 1987: 1164-82).

104 민주주의와 민족통일을 위한 국민연합은 70년대 말과 80년대 초에 중요한 조직으로 활동한다. 이 단체는 윤보선, 김대중, 함석헌 등 3인을 공동의장으로 하고 중앙위 간사격으로 문익환을 필두로 하여 고은, 박형규, 이우정, 김승훈, 예춘호, 김종완, 김윤식, 박종채, 이문영, 서남동, 안병무, 함세웅, 계훈제, 김병걸, 이태영, 문동환, 백기완, 김관석, 한승헌, 백낙청, 서경석, 심재권 등을 중앙위원으로 하였다. 이들은 70년대 말부터 90년대 오늘에 이르기까지 여러 형태의 재야운동을 주도하는 지도적 위치에 선다(박종성, 앞의 책, 126쪽; 예춘호, 앞의 글, 70쪽; 송건호, 1987: 75-6). "NCC를 모태로 하여 탄생한 인권운동협의회가, 기독교 인권운동과 재야·지식인들이 연합전선을 형성하여 침해받는 인권회복을 위한 운동에 중점을 두었다면, 국민연합은 그보다 정치투쟁적 성격을 강화한 조직이었다"고 표현할 수 있다(한국기독교교회협의회 인권위원회, 1987: 1716).

와 사회를 구성하는 개인들은 제도정치권의 대표자를 뽑는 유권자로 만 여겨진다. 그러나 그 제도정치권이 강압적 국가에 의해 사회와 괴리되어 있다고 국민들에 의해 인식될 때, 제도정치의 공백을 상쇄하는 장외집단의 위상이 강화된다. 이것은 제도정치와 사회의 경계가 구성된 것이며 가변적인 것임을 다시 한 번 확인해 주는 것이다.

3) 70, 80년대를 거치면서 변화하는 재야의 구성

재야의 인적 구성은 70년대에서 80년대로 들어서면서 변화하게 된다. 70년대의 재야운동은 한편에서는 교수, 성직자, 문인, 언론인 등 새롭게 저항운동으로 나아온 지식인 중심의 사회운동세력과 다른 한편에서는 제도정치로부터 배제된 구(舊)정치인들로 구성되어 있었다. 70년대 재야운동은 분명 이념적으로도 제도정치의 회복을 지향하는 운동이었으며, 이념은 '비판적 자유주의' 혹은 '저항적 자유주의'의 성격을 띠고 있었다. 물론 구성도 상층명망가 중심이었다.[105] 자유주의적 지향은 장기 독재 타도, 민주헌법 쟁취, 민주정부의 회복과 같은 슬로건으로 표현되었다.

그러나 80년대에 오면 재야운동의 구성이 더욱 다양해진다. 70년대 재야가 상대적으로 균질적이었던 반면에, 운동이 급진화되면서 자유주의적 경향을 보이는 그룹과 새롭게 급진주의적 경향을 보이는 그룹이 분화되게 된다. 저항적 자유주의와 구별되는 혁명적 지향–맑스주의, 레닌주의, 모택동주의, 주체사상 등 각종 혁명적 조류들–들이

105 조진경 외, 앞의 글, 288쪽.

사회운동세력 일반으로 확대되어 갔다. 80년대 사회구성체논쟁과정의 초기 단계에서 CNP논쟁이 전개되었는데 여기서 70년대 재야적 인식이 시민민주주의로 비판되고, '민족민주주의혁명'적 지향과 '민중민주주의혁명' 지향이 지배적으로 확산되어 갔음을 볼 수 있다. 이러한 상황에서 재야는 제도정치로부터 배제된 제도정치세력 및 그들과 자유주의적 지향을 공유하면서 독재적 정치를 극복하고 정치를 민주화하고자 하는 70년대적 저항인사들, 그리고 80년대 새롭게 급진화된 사회운동세력들로 구성되어 간다.

이것은 재야 내부에 '정치의 사회화'를 지향하는 온건한 흐름과 급진적 흐름이 공존하게 됨을 의미한다. 온건한 흐름은 사회운동세력 내부에도 존재하고 제도정치로 배제된 구 제도정치인들-결국 제도정치로 회귀하고자 하는 집단-로 구성된다. 이제 재야의 의미는, 불구화된 제도정치, 독재적 국가에 의해서 왜곡된 정치를 보완하고 그것의 회복을 지향하는 운동이라는 의미와, 제도정치와는 독립적 위상과 독자적 의의를 갖는 제도정치 자체를 극복하고자 하는 운동이라는 의미를 동시에 갖게 된다. 전자가 제도정치를 지향하고 '정상화된' 제도정치로 수렴되기를 지향하는 비정치적 운동이라고 한다면, 후자는 제도정치를 뛰어넘고 극복하고자 하는 운동이라고 할 수 있다. 후자는 사실 재야라는 용어 자체도 널리 사용되지 않고, 대신 민족민주운동, 민중운동, 반파쇼운동이라는 개념들이 중요하게 부각된다. 전자가 제도정치의 경계를 확장하고자 하며, 제도정치와 비제도정치의 경계선 상에서 제도정치의 '존재론적 긍정' 위에 전개되는 '경계정치'였다면, 후자는 제도정치 자체를 존재론적으로 부정하면서 제도정치를 넘어서서 정치를 사회와 더욱 일체화된 형태로–당시에는 이를 사회주의적 정치로 인식하고 있었다–재편하고자 하는 급진적 인식을 가지고 있었다. 전자는 '정치의 사회화'의 온건한 흐름을 대표한다고 할 수 있고, 후자는 급진적 흐름을 대표한다고 할 수 있을 것이다.

그런데 80년대 중반부터 배제의 기제가 선택적 포섭의 기제로 전환하게 된다. 제도정치의 협애화로 제도정치인들이 운동으로 합류하는 '정치의 운동화'(조희연, 2005) 현상에서, 이제 제도권 외부의 사회운동가들이나 배제된 구 정치인들이 제도정치로 복귀하는 '운동의 정치화' 현상이 나타나게 된다. 이러한 운동의 정치화 과정에서 독재 하에서 배제된 구정치인들이 제도정치로 복귀하는 것뿐만 아니라, 80년대의 급진적인 운동세력들도 제도정치로 진입하게 된다.

이렇게 되면서 재야라는 개념이 제도정치권으로 진출한 사회운동 출신을 지칭하는 의미로 사용되게 된다. 이와 관련해서 일반 언론에서 '재야 출신 정치인'이라는 말이 널리 사용되었다. 70년대와 80년대 초반에 재야라는 개념이 배제된 구정치인들과 저항적 사회운동세력을 통칭하는 것이었다면, 이제 재야가 제도권에 진입해 있는 상황이기 때문에 비제도권에서 존재했던 특별히 반독재민주화운동과정에서 운동정치에 참여하였던 인사들이라는 의미로 사용되었다는 것이다.

주지하다시피 80년에 신군부정권이 출현한 이후 '정치 피규제자'가 광범위하게 양산된다. 신군부정권은 정치정화라는 이름으로 70년대 김영삼이나 김대중 등 야당의 지도적 인물을 배제하는 차원을 넘어서서, 김대중·김영삼·김종필 등 3김 계열의 정치인사들 및 부패에 연루된 인사들을 광범위하게 배제한다. 주지하다시피 80년대 전두환 정권은 정치적 정당성이 더욱 취약해지게 되는데, 제도정치로부터 배제된 인사들의 폭은 더욱 확대된다. 여기서 사회와 극단적으로 괴리된 정치는 그 자체가 정당성을 가질 수 없는 상태에 이르게 된다. 여기서 제도정치권 내의 여당과 야당을 포함하는 '장내정치'와–비록 재야가 사회운동의 형태로 존재하고 있으나 실질적으로는 제도정당을 대체하는–'재야정치'가 각축하는 방식으로 정치가 운영된다. 이는 제도정치가 거의 (독재적) 국가의 부속물로 전락함으로써 제도정치의 고유한 위상을 상실하게 됨을 의미한다. 이는 역설적으로 국가가 구성하고자 하는 제도정치의 경계가 허물어지는 것을 의미한다. 오히려 국민적 지지를 받는 정치의 일정 부분이 제도정치의 경계 외부에서 이루어졌다.

80년대의 맥락에서 재야는 70년대보다 더욱 국민적 지지를 받는 집단이었고, 상대적으로 제도권 정치는 더욱더 대의정치로서의 기반을 상실한 상태에 놓이게 된다. 여기서 재야라는 의미는 제도정치 외부의 저항운동을 지칭하는 개념이라기보다는, 형식적으로는 제도정치가 아니지만 실질적인 의미에서는 제도정치의 대행적 역할을 하는 준(準)제도정치세력의 의미로 사용되게 된다. 미디어에서도 정치를 보도하기 위해서는 제도권 정치동향과 재야의 동향을 동시에 보도하지 않을 수 없는 상황이 되게 된다.

80년대 재야조직은 70년대에 비해서 더욱 발전되어 갔다. 83년 9월 학생운동 출신의 최초의 연합운동 조직인 '민주화운동청년연합'의 출현,[106] 1984년 6월 김승훈, 김동완 목사를 공동대표로 하는 민중민주

106 조진경 외, 앞의 글, 291쪽.

운동협의회의 결성,[107] 1984년 5월 민주화추진협의회(민추협)의 결성,[108] 1984년 가을 문익환 목사, 계훈제 선생, 백기완 선생, 박형규 목사 등을 상층명망가로 하는 민주통일국민회의의 결성,[109] 1985년 3월 29일 민중민주협의회와 민주통일국민회의의 통합을 통한 '민주통일 민중연합'(민통련)의 결성[110] 등을 들 수 있다. 이러한 조직적 변화를 통해서 재야연합조직들은 80년대 장외정치를 주도해 갈 수 있었다. 재야의 조직적 구성은 85년 2·12총선 이전에는 민중민주운동협의회나 민주통일국민회의와 같은 순수사회운동조직과 민추협 등으로 상징된다고 할 수 있고, 85년 2·12총선 이후에는 민추협의 대부분이 제도정치권으로 재진입하게 되기 때문에, 민추협을 구성하는 김대중계(동교동계)와 김영삼계(상도동계), 신민당, 민통련 등의 사회운동조직 등으로 구성된다.[111]

---

107 민중민주운동협의회는 70년대의 명망가 중심의 운동을 벗어나서 조직운동으로 발전해보고자 하는 지향을 가졌다. 그러나 당시의 운동이 가진 일반적 한계를 반영하여, 대중적 기반, 조직적 기반의 취약성이라는 한계를 지니고 있었다(이부영, 1991: 316).

108 민추협에 대해서는 구자호 편, 1988 참조.

109 이부영, 앞의 글, 317쪽.

110 민주통일민중운동연합은 자유실천문인협의회, 동아 및 조선 자유언론수호투쟁위원회, 한국교회사회선교협의회 등과 같은 중간층 지식인 조직을 포함하여, 서울노동운동연합회(서노련), 한국노동자복지위원회(노협), 기독교농민회(기농), 가톨릭농민회(가농) 등의 기층민중운동조직들을 포함하여 구성되었다(최웅, 1987: 293-4쪽). 이는 70년대와 80년대 초반의 연합조직에 비해서 상대적으로 조직적 결속력이 강하게 존재하였으며, 상이한 기층민중·중간층운동의 상층조직으로서의 상징성을 가지고 있었다. "온건 보수야당과는 별개의 대안적 도전연합"이면서 "전두환 정권 출범 이후 가장 광범위하고 강력하게 조직된 운동권의 도전연합"이라고 볼 수 있었다(성경륭, 1993: 116).

111 80년대 초반의 정당변천에 대해서는 심지연, 2004: 7장; 호광석, 2005: 7장 참조.

여기서 중요한 변화를 보게 되는데, '민주화추진협의회'는 기본적으로 배제된 제도정치인들을 중심으로 하는 공개조직으로서의 의미를 갖는다. 70년대에는 배제된 제도정치인들이 재야연합조직의 개인적 구성원으로서 존재하고 있었다. 그러나 80년대에는 운동이 분화되어 가면서 큰 구성에서 배제된-혹은 제도정치로 진출할-제도정치인들과 순수 사회운동으로 구분되어지게 된다. 여기서 전자를 대표하는 조직이 바로 민주화추진협의회이다. 87년 후반 유화국면 이후 전두환 정권도 제도정치 공간을 확장하고자하는 전략을 선택하고 있었기 때문에, 민주화추진협의회를 중심으로 하는 재야'정치'도 활발하게 전개된다. 이를 기초로 85년 2·12총선에서 민추협과 사회운동을 기초로 하는 장외정치세력은 창당 1개월여 만에 당시 제도권 야당인 민한당을 제치고 신민당이라는 제1야당으로 부상하게 되었다.

1985년 2·12총선은 국가화된 제도권 여당과 야당 대 사회(운동)과 결합된 '장외정치'세력의 대결로 치러진 셈이었다. 이 장외정치 세력은 민추협 등이 주도하는 신생야당과 저항운동진영의 일종의 '선거연합'에 기초로 한 것이었다. 특히 저항운동의 일부를 구성하는 학생운동이 선거투쟁의 '전위대'적 역할을 담당하면서 선거가 치러졌다.

여기서 재야의 타협적 흐름은 전두환 정권의 타도보다는, 내각제를 매개로 타협하고자 하는 현실적 경향을 드러내게 된다, 1986년 4월 30일 이른바 '이민우 파동'은 막 제도정치권에 재진입한 장외정치세력이 권위주의적 국가와 타협하고자 하는 흐름이었다. 이것은 재야의 노선 분립과 분열을 의미하는 것이었다. 즉 군부독재의 퇴진을 지향하는 사회운동세력과 군부독재와의 타협을 통해서 제도정치를 타협적으로 재편하고자하는-재야의 일부를 구성하는-배제된 제도정치세력 간의 분열이 나타나게 된 것이다. 통상 전자는 '최소주의적' 전략을 지향하고 후자는 '최대주의'적 전략을 지향하게 된다.[112] 이러한 지향의 차이는 87년 6월 민주항쟁까지 지속되었다.

이는 사실 '국가화된 정치'의 개혁과 정치와 사회의 괴리 극복을 지향하는 타협적 흐름과 사회를 출발점으로 하여 '정치의 사회화'를 지향하는 급진적 흐름 간의 균열을 의미하였다. 이미 재야 내부에 이러한 분립이 존재하고 있었다, 1987년 이전 민주화의 결정적 국면에서 민추협 내부의 분열이나 민추협과 민통련의 갈등 등도 이를 반영한다.

이러한 분열은 당면 반독재투쟁의 절박성, 1987년 2월 박종철 사건 폭로와 같은 절박한 현안의 출현, 재권위주의화를 지향하는 4·13 호헌 조치의 발표 등을 거치며, 제도정치세력과 사회운동세력의 새로운 저항연합이 87년 5월 27일 '민주헌법쟁취국민운동본부'(국본)이라는 형태의 출현으로 이어지게 된다. 85년 2·12총선을 통해서 배제된 제도정치세력들이 이미 제도정당으로 진입한 상태였기 때문에, 당시의 신민당[113]과 저항운동세력이 연합하여 건국 후 최대의 저항연합전선이

112 이러한 민주화연합의 분열 조짐은 1986년 4월 25일 신민당의 지도자인 김대중이 급진학생운동의 전투성을 비난하는 발언을 한 데 뒤이어 4월 30일의 여야 영수회담에서 신민당의 이민우 총재가 급진좌익 학생운동권에 대한 탄압을 묵인하겠다는 입장을 천명함으로써 가시화되었다.

113 12대 총선(2·12)에서 지역구에서 민한당이 26석, 신한민주당이 50석을 확보하였다. 전국구를 합하여 신한민주당은 67석, 민한당은 35석을 확보하였다. 이런 상황에서 민한당 소속 의원과 원외지구당위원장이 민한당을 탈당하여 신한민주당에 입당하는 형식으로 통합이 달성되었고 신한민주당은 103석의 의석을 갖는 거대야당으로 변화하였다(호광석, 2005: 279-281). 이후에 이민우 파동을 계기로 87년 4월 신민당 의원 90명 중 78명이 탈당하여 통일민주당을 만들게 된다.

라고 할 수 있는 국본이 만들어지게 된 것이다.[114] 이 국본의 선도로 87년 6월 민주항쟁이 전개되고 이로써 군부독재시대가 막을 내리게 된다.[115]

87년 당시에는 재야의 구성에서 한편에서는 제도정치로부터 배제된 장외정치인들이 존재하고 있었고, 다른 한편에서는 순수 사회운동세력이 존재하고 있었다. 후자에서도 온건적 그룹과—80년대 이념적 급진화 속에서 변혁적 지향을 가지는—급진적 그룹이 존재하게 되었다. 재야에 속하였던 배제된 제도정치인들은 85년 2·12총선 1달 전쯤인 84년 12월에 정치피규제자의 위치로부터 벗어나게 된다. 또한 85년 4월 김대중과 김영삼이 최후의 정치피규제자 위치에서 벗어나게 된다. 이로써 재야의 구성에서 배제된 제도정치인과 저항적 사회운동세력 가운데, 전자가 제도정치권으로 복귀하게 된다. 이것의 계기는 2·12총선이었다.

재야는 군부독재정권의 퇴진으로 소멸한 것이 아니라, 이후에도 지속적인 의미를 가지면서 사용된다. 그것은 87년 6월 민주항쟁으로 형식적 민주주의가 회복되고 구 독재체제의 민주개혁이 시대적 과제가 되면서 제도정당의 민주화를 위한 노력들이 진행되는데, 이 과정에서 정치적 정당성을 충분히 갖지 못한 제도정당들이 자신들의 정당성을 강화하기 위하여, 재야에 속하였던 반독재민주화운동가들을 영입

114 국본의 조직과 확대에 대해서는 민족민주연구소, 1989 참조.

115 재야의 연합조직이라고 할 수 있는 민통련은 87년 대선 기간 동안에 '비판적 지지', '후보단일화', '민중후보'로 3분되어 응전하게 되고 여기서 군부 출신 노태우 후보가 당선됨으로써 6공화국이 열리게 된다. 이후 88년 4·26총선을 거친 후, 89년 1월 재야조직이 다시 재통합하는 방식으로 '전국민족민주운동연합'(전민련)이 결성되게 된다.

하는 방식으로 이루어지게 된다. 때로는 그룹별로 때로는 개인별로 제도정치권의 정당성 강화를 위해 '수혈'되는 방식을 밟게 된다. 이는 정치와 국가의 입장에서는 '선택적 포섭'의 과정이라고 할 수 있다. 이로써 많은 재야 출신 사회운동인사들이 제도정치권에 진입하게 된다. 이후 재야라는 표현은 사회운동 내부에서보다는, 제도정치권 내에서 운동권 출신 정치인을 의미하는 각도에서 '재야 출신'이라는 식으로 사용된다. 제도정치로의 진입은 재야를 벗어난다는 의미를 갖는다.

여기서 흥미로운 것은 87년 이후의 시민운동이나 민중운동을 재야라는 표현으로 지칭하지 않는다는 것이다. 이는 재야라는 개념이 제도정치의 국가화 속에서 형식적인 제도정치의 경계를 넘는 실질적인 의미에서의 장외정치를 의미하는 것으로 사용되었던 데서 연유한다. 사회운동 자체를 재야라는 의미에서 사용하기보다는, 제도정치의 국가화로 제도정치가 본래적인 제도정치로서 기능할 수 없는 상황에서의 '대의의 대행' 활동적 의미에서 재야가 사용되었던 것을 의미한다. 즉 국가화되고 불구화된 제도정치를 상쇄하는 장외정당 및 장외정치라는 의미를 갖는 사회운동적 활동을 지칭하는 것이었다고 할 수 있다.

우리는 이러한 재야의 개념을 통해서 특정 시기의 제도정치와 비정치의 경계가 가변적인 것으로 변화하는 것임을 알 수 있다. 재야의 부침에서 알 수 있듯이, 제도정치가 국가화되고 사회로부터 유리되는 상황에서, 본래의 정치의 출발인 사회를 대표하고 대의하는 사회적 정치가 제도정치를 보완하고 대행하는 상황이 출현하게 되는 것이다.

재야는 두 가지 경로를 통해서 독특한 의미를 갖는 개념으로 정착되었다. 첫째는 박정희 독재정권의 장기화에 따라서 반독재저항세력이 점차 확대되어 가게 된 데서 주어진다. 60년대까지만 하더라도 박정희 정부는 개발주의적 동원과 반공주의적 동원 속에서 집권의 부당성에도 불구하고 정권의 파국적 위기를 막으면서 유지할 수 있었다. 그러나 69년 8월 7일 3선 개헌안이 국회에 발의되고 본격적인 장기집권 시도를 하게 되면서, 국민적 반감이 점차 확대되게 된다. 60년대 말–70년대 초에는 노동집약적 산업화의 병목지점[116]에서 제기되는 경제 위기와, 독재의 심화에 대응하는 위기가 중첩되면서, 박정희 체제의 일대 위기가 조성된다. 여기서 박정희 정권은 유신체제라고 하는 극단적인 억압체제를 구축하는 방향으로 위기를 극복하고자 하였다. 이러한 극단적인 억압체제의 구축은 역으로 국민적 저항을 촉발하게 된다. 학생과 지식인 중심의 운동에서 점차 대중적 기반이 확대되게 된다. 재야는 바로 이러한 과정에서 출현한 개념이라고 할 수 있다. 재야는 이미 독재정권의 극단적인 억압체제의 부속물로 전락되어 가는 제도정치의 반사물로서 장외 저항운동이 더 큰 국민적 의미를 가져가는 것을 의미하였다. 둘째로 이처럼 제도정치의 국민적 의미가 축소되어가고 장외정치의 의미가 강화되게 되는 것은 억압체제의 강화 속에서 제도정치로부터 배제된 정치인들–국회의원 등–이 저항운동에 참여하게 되면서이다. 김대중이나 장준하, 김영삼 같은 신망 받는 제도정치인들이 제도정치로부터 축출되어 장외에 존재하게 되고 이들이 저항운동에 결합됨으로써, 저항운동은 단순히 '사회'운동으로서의 의

116 남미에서 이러한 초기 산업화의 병목지점에서 나타나는 위기를 매개로 신권위주의체제로의 전환을 이론화한 관료적 권위주의론을 상기할 수 있다(G. 오도넬, 한상진 옮김, 1990).

미뿐만이 아니라 그 자체가 중요한 '정치'적 함의를 갖는 운동으로서 자리매김하게 된다.

기본적으로 장외정치로서의 '재야'운동은 60년대 이후 배제의 정치에 대응하는 '사회의 정치화'의 한 형태로 규정될 수 있다. 배제의 방식으로 구조화된 정치에 대한 저항으로서 '정치의 사회화'를 위한 '사회적 정치'의 의미를 갖는 것이다. 10월 유신 이후 박정희에 반대하는 제도정치인들은 제도정치의 장으로부터 점점 더 확대된 규모로 배제되는데, 따라서 제도정치인들은 운동정치, 거리정치에 합류하게 되고 이것이 재야로 구현된 것이다.

이러한 한국의 재야 장외정치는 대만의 '당외(黨外)운동'과 정확히 대응하는 것이라고 할 수 있다. 70년대 말부터 구체화되기 시작한 대만의 당외운동은 형식적 민주주의 제도와 다당제적 형식이 유지되고 있었던 한국과 달리, 국민당 일당체제로 유지되던 대만의 권위주의적 제도정치의 외부에서 장외정치를 시도한 것이라고 할 수 있다. 이미 개발독재체제에 의해서 '국가화된 정치'가 사회의 요구를 반영하지 못하는 현실 속에서 대만의 당외운동은 '정치의 사회화'를 지향하는 운동으로서의 성격을 지니고 전개되었다. 이것은 한국의 재야 장외정치운동이 배제된 제도정치인들과 사회적 저항운동인사들로 구성되었다면, 대만의 당외운동은 전자보다는 후자를 중심으로 구성되었기 때문이라고 할 수 있다. 물론 이는 한국의 재야의 예처럼 이후 제도정치로 진입하고자 하는 '제도정치의 개혁을 지향하는 온건한 흐름'과 사회의 정치를 실현하고자 하는 급진적 흐름 혹은 순수사회운동적 흐름이 공존하고 있었다고 할 수 있다. 주지하다시피 한국에 비해 대만에서는 후자가 상대적으로 약했다.

이는 개발독재체제하에서 정치의 국가화가 극단적으로 진행됨으로써 (제도)정치와 사회의 괴리가 극단화되면 '정치의 사회화'를 지향하는 사회 내적 운동이 자생적으로 형성된다는 것을 보여준다. 또한 사회적 정치활동으로부터 경계지어진 제도화된 정치라는 것이 명확히 구획되어진 것이 아니라, 특정 조건 속에서 구성되어진 가변적인 것임을 다시 한 번 확인해 주는 것이라고 할 수 있다.

4. 정치의 소멸과 '순수정치'의 출현: 광주꼬뮨

개발독재체제하에서의 급진적인 운동정치의 한 가지 극적 사례로서 광주민중항쟁을 들 수 있다. 이를 나는 '순수정치'라는 개념으로 접근한다.

앞서 서술한 것처럼, 70년대 말 시민사회는 저항적으로 활성화되었고, 대중들은 점차 저항적 주체로 변화해 갔다. 대중들의 이러한 새로운 변화에 '역류'하면서 출현한 것이 바로 전두환이 이끄는 '신군부정권'이자 2기 개발독재였다. 광주사건은 이 땅의 안보권위주의세력 및 개발독재세력이 자신의 권력 유지를 위해서 집단학살까지 자행할 수 있음을 보여준 사건이었으며, 반대로 집단학살까지를 초극(超克)해내면서 한국의 민주주의를 향한 대중적 투쟁이 성장하고 있음을 보여준 사건이었다.

광주항쟁은 몇 가지 점에서 이후 한국 민주주의의 구성적 각축과 그 변화에 대단히 중요한 전기였다. 첫째, 광주학살은 2기 개발독재로 하여금 도덕적 기반을 전적으로 상실해 버린, 더 나아가 권력의 존재론적 정당성 자체를 상실해 버린 체제로 작동하게 만들었다. 광주에서의 학살은 남한 사회에서의 권력이 갖는 '최소정당성'을 허무는 것이었기 때문에, 극우적인 세력이나 뉴라이트 세력도 전두환을 옹호할 수 없게 되었던 것이다. 따라서 광주항쟁은 개발독재 대 민주주의의 대립, 즉 독재를 옹호하는 힘과 민주주의를 옹호하는 힘의 대립에서 후자를 결정적으로 강화하면서, 87년 6월 민주항쟁으로 도약해가는 국민적 추동력을 만들어 내었다.

70년대 후반 시작된 '민주화의 제3의 물결'은 78년 이란혁명, 79년 산디니스타 혁명 등 다양한 형태로 확대되어 가고 있었다. 그러나 내전·분단·휴전형 지형 내에서 전개되는 민주주의는 곧바로 민주주의로 '직행(直行)'할 수 있는 추동력이 없었다. 어떤 의미에서, 광주항쟁은 이중적 행위를 통하여 민주주의의 구성적 각축에서 민주주의를 촉진하는 힘을 강화시켰다고 할 수 있다. 즉 한편에서는 60·70년대 '1기 개발독재'가 12·12를 거쳐 '2기 개발독재'로 이행하는 것에 대한 단호한 저항이었다. 그런 의미에서 5·18은 광주'항쟁'이다. 그런데 5·18은 광주'학살'로서의 성격을 띤다. 전자는 그 '결연함'으로, 후자는 그 '숙연함'으로 이후 87년 6월 민주항쟁이라는 클라이맥스를 향해 가는 민주주의적 추동력을 제공하였다.[117] 특히 광주학살의 희생을 통하여,

117 광주항쟁은 비록 짧은 기간이었지만 폭력적 국가권력이 퇴각한 이후 '무질서'가 아니라, '다양한 구성원들의 자발적인 참여와 연대를 통한 공동체'(최정기, 2010: 21), 최정

민주주의 혁명으로 발전해 가는 데 부족했던 추동력을 보강할 수 있었다고 할 수 있다. 광주항쟁이 없었다면, 80년대 반독재민주화운동의 국민적 확산은 불가능하였을 것이다. "민주주의는 피를 먹고 자란다"라는 말은 바로 광주항쟁의 희생이 이후 한국 민주주의의 궤도 진입에 결정적이었다는 의미로 음미될 수 있겠다.

둘째, 그동안 안보의 신성화가 현실에서는 '안보의 보루'로서의 '군대의 신성화'로 존재하고 있었다고 할 수 있는데, 광주항쟁에서와 같이 군대가 적나라한 '폭력'으로 출현했다는 것 자체가 그에 대항하는 저항의 이념적·전략적 선택의 지형을 대폭 확장하는 효과를 가지고 있었다. 광주학살과 광주항쟁은 개발독재의 폭력적 성격을 투명하게 노출시킴으로써 개발독재국가의 정당화의 기제가 되었고, 동시에 반독재민주화운동을 제약하고 있던 안보 프레임과 개발주의적 프레임을 현저하게—최소한 활동가 수준에서는—균열시키고, 이로써 80년대 전반 이후 '전투적' 저항과 '급진적' 저항을 가능하게 만들었다. '내전' 이후 소멸하였던 급진주의적 인식과 사상, 그리고 운동이 복원되었는데, 나는 이를 '변혁운동의 복원적 태동'(조희연, 1989)이라고 표현한다. 주지하다시피 NL, PD 등으로 상징되는 급진주의적 사상과 실천이 광주항쟁 이후 이른바 '반파쇼투쟁'과정에서 출현·확산되었다. 이처럼 광주항쟁이라고 하는 전환적 저항사건은 '저항 그 자체의 성격 변화'의 계기이기도 했다.

전환적 저항사건은 저항 그 자체의 성격 변화에도 영향을 미친다

운(1999)의 표현으로는 '절대공동체'를 구현하였다. 이러한 코뮨적 저항공동체는 대안적 사회의 원형을 제공하고 있다는 점에서 광주항쟁의 또 다른 의미가 있다.

는 점을 앞서 지적한 바 있다. 광주항쟁으로부터 6월 민주항쟁에 이르는 경험은 민주주의 세력 내부에 급진주의를—복원적으로—형성시켰다. 그 결과 민주주의 세력 내부에 일종의 '민주주의 우파'와 '민주주의 좌파'가 분화된 셈이었다. 전자가 87년 이후 민주주의의 복원 및 자유민주주의적 개혁을 지향했다고 하면, 후자는 자유민주주의적 개혁을 뛰어넘는 민주주의의 급진적 확장을 지향했다. 이처럼 87년 6월 민주항쟁에 이르는 반독재민주화 투쟁과정에서 급진주의의 등장은 이후의 민주주의의 심화를 위한 구성적 힘을 강화하는 데 기여하였다고 할 수 있다.

셋째, 광주학살은 87년 민주화의 격변기에 한국 군부의 새로운 폭력적 억압수단의 사용을 단념하게 하고, 미국이 군부의 폭력적 억압수단을 제어하게 하는 원인(遠因)으로 작용함으로써, 80년 이후 한국 민주주의 혁명의 가능성을 열었다고 할 수 있다. 이것은 광주항쟁이라고 하는 전환적 저항사건이 이후 체제 재편의 지형을 변화시킨 상징적 예라고 하겠다.

앞서 서술하였듯이, 민주주의가 극단적으로 불신 받을 때, 민주주의적 과정을 벗어난 직접적인 무장투쟁과 물리적 적대가 나타나게 된다. 60·70년대 전 세계 곳곳에서 전개된 게릴라 투쟁이 바로 그러한 예이다. 광주항쟁이 총을 들었다는 것만으로도 그리고 총을 들고 '자위적인 무장투쟁'을 전개하였다는 것만으로도—비록 그것이 신군부세력의 광주 양민 학살에 대한 '즉자적 저항'의 성격을 띠고 있다고 하더라도— '내전 이후 한국 저항운동의 지형'을 뛰어넘는 충격적인 것이었다. 이 '충격적 시그널'은 이후 군부내부에서, 보수세력 내부에서, 그리고 미국 내부에서, 군부독재적 통치양식이 이제 더 이상 한국 민중들에게 유효하지 않음을 각인시켰고, 한국 민중의 민주주의투쟁을 무력으로 진압하려는 선택을 단념하게 함으로써, 이른바 '저강도 민주주의'로 이행해 갈 수 있는 가능성을 열었다고 생각한다.[118]

바로 광주항쟁을 '희생의 디딤돌'로 하여, 한국 민주주의 운동은 87년 6월 민주항쟁이라고 하는 전후 민주주의 운동의 클라이맥스로 갈 수 있었다. 이는 4·19혁명 이후 여전히 불안정한 위치에 있었던 민주주의를 국민적 프레임, 즉 어떠한 정치적·사회적 세력도 거부할 수 없는—거부하면 국민적 지지기반을 급속하게 상실하는—프레임으로 만든, 요컨대 독재 프레임을 땅에 묻는 사건이었다. 4·19혁명을 한국에서의 1차 민주주의 혁명으로, 그리고 6월 민주항쟁을 2차 민주주의 혁명이라고 한다면, 광주항쟁은 바로 그 두 혁명을 연결시키는 전환적 저항사건이었다고 할 수 있다.[119]

1) 투 트랙 민주주의와 순수정치

이제 광주항쟁을 제도정치와 운동정치의 관계, 혹은 더 본원적으로 정치의 의미를 새롭게 생각하는 계기로서 설명해보자.

---

118 나는 '내전의 규율효과'가 존재했었다고 생각한다. 즉 민주주의의 구성적 각축과정에서 내전·분단 효과는 저항세력 내부에서 공격적인 저항 전략보다는 자학적이면서 동시에 자기희생적인 저항전략—예컨대 분신이나 단신투쟁과 같은—을 선택하게 하는 규율효과를 가지고 있었다. 이처럼 '공격적 전략'의 제어와 자기희생적인 전략의 선택은 역설적으로 반독재민주화운동의 도덕성을 계속 유지시켜 주는 효과를 가져왔다고 생각된다. 이런 점에서 광주항쟁은—즉자적이지만—자위적 무장투쟁을 선택했다는 점에서 '예외적인' 성격도 가지고 있다고 말할 수 있다.

119 한국의 민주화 모델은 '사회운동에 의한 민주화'의 모델, 혹은 '프로테스트 모델'(이준한, 2007: 392; 최장집, 2010: 2절)의 대표적인 사례로 간주될 수 있다).

나는 '정치의 사회화'를 위한 사회적 투쟁에 있어서 광주항쟁은 독특한 의미를 갖고 있다고 생각한다. '정치의 사회화'의 최고 형태를 정치가 사회와 일체화되는 상태라고 할 수 있다면, 광주항쟁에서 바로 이러한 정치와 사회의 일체화상태가 실현되었고 나는 이를 '순수정치'라고 개념화 한다.

광주항쟁은 우리에게 국가, 정치, 사회의 관계에 대한 중대한 세계사적 경험모델을 보여주고 있다고 생각된다. 광주항쟁은 두 가지 측면을 지니고 있다. 하나는 광주학살이며 다른 하나는 광주무장항쟁과 해방광주의 실현이다. 전자는 이 논의의 맥락에서 보게 되면, 정치가 소멸하고 국가가 폭력 그 자체가 된 상황을 의미한다.

먼저 광주학살은 '본질로서의 국가폭력'이 '현실로서의 국가폭력'이 된 사건이었다. 통상 '본질로서의 국가폭력'이 '현실로서의 국가폭력'이 되지는 않는다(조희연·조현연, 2002). 지배에 대한 자발적인 동의의 장으로서의 정치가 완전히 소멸되는 경우는 드물기 때문이다. 그러나 혁명적 위기상황이나 지배세력이 피지배세력의 저항에 대해서 극단적인 불관용을 보이는 상황도 존재할 수 있다. 이때 국가는 폭력으로 일면화 되고, 정치는 소멸하게 된다. 이러한 정치의 소멸상황, 그람시적 표현으로는 헤게모니가 전적으로 부재한, 강압 그 자체로서의 국가상황에 대한 전형적인 예가 80년 광주학살의 상황이다. 국가가 폭력 그 자체가 되는 순간이 바로 1980년 광주에서 일어났던 것이다.

그런데 이러한 정치의 소멸과 국가의 폭력화에 대해서 사회와 그 구성원인 민중이 응전하는 방식은 다양하게 존재할 수 있다. 통상적인 하나의 방법은 침묵, 묵종, 도피 등 다양한 경로가 있을 수 있다. 국가의 압도적인 폭력에 직면하여, 생존 자체가 문제시되는 상황에서 민중들이 다양한 방식으로 굴종을 선택할 수 있다. 묵종이냐 순수정치로 가느냐의 기로에서 중요한 계기는, 평상시에 걸치고 있던 동의의 갑옷을 벗어던지고 순수폭력으로서 드러난 국가를 넘어설 수 있느냐 없느냐이다. 사실 근대권력이 '인민주권론'과 '주권재민'의 기초에 서 있는 권력이라는 점을 상기할 때, 국가가 '순수폭력'으로서 드러나는 상황은 오히려 예외적일 수 있다. 국가가 순수폭력으로 드러날 때 통상적인 상황은 그에 대응하는 묵종과 순응이다. 여기에 광주의 위대성이 존재한다. 광주는 바로 그 순수폭력에 대항하여 민중적 자위투쟁을 전개한 것이다. 일체의 정당성의 외피를 벗어던짐으로써 이미 정당성을 상실해 버린 국가에 대해 광주민중은 그 순수폭력을 넘어서기 위한 민중자위적 투쟁을 전개하게 된 것이다. 바로 이러한 민중자위투쟁을 통해서 순수폭력으로서의 국가를 넘어선 바로 그 지점에 순수정치가 나타날 수 있는 공간이 형성되는 것이다.

물론 여기서도 1992년 LA사태나 최근의 일련의 혁명들, 즉 튤립혁명이라고 불리운 키르기스스탄 사태, 오렌지혁명이라고 불렸던 우크라이나 사태, 장미혁명(벨벳혁명)으로 불린 그루지야 사태(2005년 11월)에서도 나타난 바와 같이 폭력으로서의 국가가 물러난 자리에 순수정치가 지연적으로 출현하는 것은 아니었다. 이른바 '무정부주의'적 상황은 다양한 가능성을 보여준다. 예컨대 대중 속에 존재하는 약탈이나 방화 등 무정부주의적 모습들이 현상할 수 있었다. 그러나 광주에서는 민중 스스로가 국가가 되는, 민중 스스로가 공적 규율의 주체가 되고 폭력의 기제가 필요 없는, 정치와 사회가 일체화된 상태를 실현한 것이다. 여기에 광주의 또 다른 위대성이 있다.

광주는 국가, 정치, 사회의 관계에서 '정치의 사회화'의 유토피아적 모습을 구현한 사건이었다. 해방광주에서는 '정치의 사회화'의 최고의 목표인 '정치와 사회의 일체화'가 실현된 꼬뮨적 형상을 구현하였다. 이런 점에서 80년 광주에서 실현된 광주꼬뮨은, 국가의 순수폭력에 대응한 순수정치의 세계적 모델이라고 할 수 있다.[120]

앞서도 지적했듯이, 광주꼬뮨에서 실현된 '정치의 사회화'의 최고의 형태로서의 '정치와 사회의 일체'는 '정치의 소멸'과 구별해야 한다. 왜냐하면 정치와 사회의 일체화가 실현된 현실 제도적 모습은 다양할 수 있기 때문이다. 정치가 사회로 환원되는 것만으로 정치의 온전한 모습이 실현되는 것은 아니다. 현존 사회주의의 경험에서도 보았듯이 자율적인 소통을 통한 사회적 의제들의 결정공간으로서의 정치는 좌익 전체주의의 모습으로 드러났다. 현존사회주의에서의 민주주의의 부정은 바로 '정치와 사회의 일체화'를 정치 소멸의 관점에서 바라보았기 때문이라고 생각한다. 광주꼬뮨이나 파리꼬뮨이 과도기적인 유토피아적 형태를 넘어서서 '지속적인 정치형태'로서 자리 잡는다고 가정하면, 이에는 다양한 가능성이 있음을 인정해야 한다. 그리고 그것은 새로운 출발이지 완성이 아니라는 것을 전제해야 한다.[121]

---

120 극단적인 특수사례가 보편적인 본질을 더욱 전형적으로 드러내 줄 수 있다. 광주항쟁에서 극단적인 사례 속에서 오히려 더욱 분명하게 정치와 사회의 상호관계의 본질적인 모습을 확인할 수 있다(프로이트의 정신분석학 이론이 사실 정신질환자와 같은 '비정상'사례를 근거로 하여 – 정상인들 속에서는 잘 드러나지 않는 – 인간의 보편적인 성이론을 발전시킨 것을 상기해 보자).

121 그런 점에서 해방 광주라는 독특한 짧은 공간에서 우리는 미래적인 모습의 일단을 체험하게 된 것이다. 그러나 이것이 어떤 현실 제도적 형태를 보일 것인가에 대해서는

2) 광주항쟁의 전개과정 속에서의 정치와 사회

구체적으로 광주학살과 광주항쟁의 전개과정을 보기로 하자. 먼저 1979년 박정희 체제가 종말을 고한 10.26 사태 이후, 한국 사회는 박정희체제의 연장을 도모하는 신군부세력과 완전한 민주화를 요구하는 아래로부터의 민중투쟁이 격돌하는 국면으로 전환되게 된다. 12·12 사태를 계기로 신군부세력이 국가권력의 물리적 근거로서의 군대를 장악한 후, 더 나아가 국가권력을 제도적으로 장악하고자 하는 시도를 공식적·비공식적으로 전개한다. 이러한 재(再)권위주의화의 과정을 저지하고 민주주의를 회복하고자 하는 아래로부터의 투쟁이 전개된다. 80년 '서울의 봄'은 이러한 아래로부터의 투쟁이 만개한 시기였다. 80년 봄, 학원가에서는 제적 학생들의 복학이 이루어지고 학원민주화 투쟁과 정치민주화 투쟁이 점차 가열화 되었으며, 유신체제하에서 억압당했던 민주노동조합들도 새롭게 활발한 활동을 재개하기 시작하였다. 군대를 장악하고 나아가 국가권력을 장악하기 위한 작업을 진행해 오던 군부세력은 5월 학생들의 시위가 광범위하게 전개되는 것에 대응하여, 마침내 군사쿠데타를 '5·17 비상계엄확대조치'의 형태로 시도하게 된다, 1961년 군사쿠데타에 이은 제2의 군사쿠데타가 바로 광주항쟁의 직접적인 계기가 된 것이다, 1980년 봄 이후 전국적으로 확산되어가고 있었던 학생들의 민주화 투쟁과 노동자들의 생존권 투쟁을

다양한 가능성을 열어 놓고 있어야 한다. 국가의 극단적 모습과 그에 반대하는 순수정치의 유토피아적 모습의 일단을 단기적으로 불완전하게 체험하게 된 것으로 보아야 한다.

진압하고 국가권력을 장악하기 위하여 신군부세력은 1980년 5월 18일 0시를 기해 전국에 비상계엄을 실시하게 된다. 계엄사령부는 '모든 정치활동의 중지 및 옥내외 집회 시위의 금지, 언론 출판 보도 및 방송의 사전 검열, 각 대학 휴교, 직장 이탈 및 파업 금지' 등의 조치를 취하게 된다. 여기에 김대중, 김종필 등 정치인들을 학원분규, 노사분규 선동, 권력형 비리 등의 혐의로 연행하고 김영삼은 가택연금 시키게 된다. 이와 같이 제2의 군사쿠데타를 위한 일련의 조치 속에서 비상계엄 조치의 일부로서, 전북 금마에 주둔하고 있던 7공수부대가 17일 저녁 10시경 광주에 투입되어 전남대, 조선대, 광주교육대 등에 진주하게 된다.

광주항쟁은 여기서의 관점에 따를 때, 크게 세시기로 나눌 수 있다. 첫째는 5월 17일 비상계엄 시부터 5월 19일까지의 시기이다. 계엄군이 투입되고 민중들의 낮은 수준의 저항이 시작되는 시기이다. 이 시기에는 낮은 수준의 국가폭력과 그에 대항하는 낮은 수준의 민중투쟁이 각축하였다. 둘째는 5월 20일부터 5월 21일까지의 시기이다. 이 시기에 점차 국가의 잠재적인 폭력성이 민중의 저항에 대항하여 준전시적인 학살폭력으로 발전되어 갔고, 이에 대응하는 민중들의 자위투쟁이 전개되어 계엄군을 광주에서 퇴각시키게 될 때까지의 시기이다. 셋째는 해방광주가 실현된 이후부터 광주항쟁이 종결되는 5월 27일까지의 시기이다. 이 시기에 민중자위투쟁의 승리로 국가폭력이 물러난 자리에 순수정치가 출현하게 되고, 이것이 다시 전면적인 학살 작전에 의해 진압되는 단계이다.[122]

122 광주학살과 광주항쟁의 구체적인 내용에 대해서는 다음의 선구적이고 고전적인 작업 참조. 전남사회운동협의회 편·황석영 기록, 『죽음을 넘어 시대의 어둠을 넘어』,

3) 낮은 수준의 폭력과 평화적 저항

먼저 첫째 단계의 전개과정을 보기로 하자. 5월 18일 10시경 휴교령이 내려진 전남대의 학생들과 출입을 제지하는 계엄군 사이에 충돌이 발생하게 된다. 계엄군의 주둔에도 위축되지 않았던 100여 명의 전남대 학생들은 '계엄군 물러가라' 등의 구호를 외치면서 시위를 진행하게 된다. 이러한 시위에 대하여 무차별 구타와 연행, 인근 집의 수색과정에서의 일반인에 대한 가혹한 구타 등 포악한 진압을 하게 된다. 이것이 광주에서 국가폭력이 점차 현재화되어 가는 과정에서의 1차적인 사건이었다. 이 과정에서 계엄군은 국가를 대표하여 낮은 수준의 폭력을 행사하게 되고, 이에 대응하는 학생들은 피해의 증언자이자 평화적인 시위투쟁의 주체로 나타나게 된다.[123]

이후 전남대에서 발생한 계엄군의 포악한 진압을 알리기 위해 학생들은 시내로 진출하여 가두선전 및 가두시위를 조직하게 된다. 이에 따라 계엄군들도 시내로 투입되어 진압작전을 행하게 된다. 이 과정에서 노인 및 여자들에게까지도 무차별 곤봉세례를 가하게 된다. 계엄군들의 폭력에 분노한 시민들과 학생들이 광주시내에서 대규모의 시위를 행하게 된다. 여기서 이미 민중항쟁은 학생들의 범위를 넘어 시민 일반, 민중 일반으로 확대된다. 학생과 시민의 전통적 경계선이 초월되고 있었다. 19일에는 2,000~3,000명이 참여하는 시민들이 운집했고, 이들

풀빛, 1985.

123 계엄군의 성격과 이동, 이와 관련된 연구주제에 대해서는 다음을 참조. 노영기, 2005; 정해구, 2001.

은 계엄군의 만행에 분노하여 계엄군 및 경찰과 대치하게 된다. 이때 11공수여단 군인들 1,000여 명이 시청과 금남로에 진출하여 이른바 '화려한 휴가'라는 이름의 무차별 구타와 연행 및 진압작전을 수행하게 된다. 여기서 우리는 국가가 점차 더욱 전면적인 폭력의 실체로 변화해 가는 것을 발견할 수 있다. 즉 '공포의 금남로'(광주광역시 5·18사료편찬위원회, 1997: 109)와 '공포의 광주'가 출현한다. 18일과 19일 공용터미널 부근에서 계엄군의 무자비한 폭력행위가 시외버스 승객들의 입을 통해 전남일원으로 알려져 갔고, 시민들 중 일부가 보다 적극적으로 전남 일대에 광주 참상을 알리는 홍보활동을 하기도 하였다. 화순, 나주, 영암, 강진, 무안, 해남, 목포 등 전남 일대에도 항쟁이 확대되어 갔다.[124]

이에 대응하여 시민들이 맨주먹, 몽둥이, 각목 등을 들고 나와 저항하게 된다. 처음에는 구호를 외치거나 시위대에 참여하는 등의 통상적인 투쟁을 전개하던 민중들이 이제 낮은 수준의 자위투쟁을 전개하게 된 것이다. 비록 총을 들지는 않았지만, 몽둥이나 각목 등으로 스스로를 무장하게 된다. 이 단계에서 계엄군도 처음에는 일부 학생만을 대상으로 한 구타 진압과 같은 낮은 수준의 폭력성에서부터, 시위대중 전체를 대상으로 하는 무차별 구타와 연행을 포함한 더욱 높은 수준의 폭력성을 행사하는 존재로 변화해 가게 된다. 이에 대응하여 민중들의 낮은 수준의 자위투쟁이 더욱 발전되어 갔고, 이를 통해 낮은 수준의 폭력성을 보이는 계엄군, 더욱 넓은 의미에서의 국가를 극복해 가게 된다.

---

124 외곽지역의 항쟁에 대해서는 오유석, 1999: 132-171 참조.

4) 준(準)전시적 학살폭력과 민중의 자위무장투쟁

다음 2단계는 준(準)전시적 학살폭력이 자행되고, 이에 대응하는 민중들의 무장자위투쟁이 전개되며, 이를 통해 폭력으로서의 국가를 극복해 가는 단계이다. 5월 20일에 광주 시내에는 10만 여 명이 운집하여 계엄군의 폭력적 만행에 대해 항의하게 된다. 여기서 계엄군의 왜곡된 선무방송에 맞서기 위해 '투사회보' 등[125]이 뿌려졌고, 이로서 시민들이 민중들 자신의 진정한 정보의 공동체로 되어 갔으며 항쟁의 열기도 점차 고조된다. 여기에 200여 명의 택시 기사들이 '차량시위'를 행하게 됨으로써 계엄철폐, 계엄군의 만행 규탄 등의 요구를 담은 시위들이 급속히 확산되어가게 된다. 계엄군들은 때와 장소를 가리지 않고 시민들을 총 개머리판과 곤봉 등으로 무차별 구타를 행하였으며, 팬티바람으로 줄줄이 묶어 연행했다. 몇백 명씩 좁은 수감 장소에 갇혀 굶주림과 구타를 경험해야 했다. 상무대로 붙잡혀 온 사람들은 보안대에서 갖은 고문도 당하였다.

20일에는 광주전역에서 계엄군, 공수부대와 시위대 간의 충돌이 나타나게 된다. 밤 11시경 광주역을 지키던 공수부대와 시위대 간의 대치 속에서, 시위대가 차량을 앞세워 군의 저지선을 돌파하려 하자

125 광주의 사회운동진영은 '투사회보', '광주시민총궐기문', '민주 수호 전남 도민 총궐기문', '전남민주회보', '선언문', '우리 겨레와 세계 자유민에게 보내는 목포시민의 결의문', '우리는 피의 투쟁을 계속한다!' 등을 제작·배포하면서 항쟁의 의의를 공유해 나갔고(광주광역시 5·18사료편찬위원회, 2005: 31−38; 전남사회문연구소 편, 1988: 107−42. 성명서 등에 대한 분석에 대해서는 박찬승, "선언문·성명서·소식지를 통해 본 5·18", 광주광역시 5·18사료편찬위원회, 앞의 책 참조) 대항이데올로기를 형성해 나갔다고 할 수 있다(광주 항쟁 시 동원이데올로기와 대항이데올로기에 대해서는 김무용, 1999 참조).

발포를 하게 된다. 최초로 공수부대가 발포를 하게 된 것이다. 이어지는 5월 21일은 살육의 날이었다. 광주항쟁에서 문제가 된 학살이 의식적으로 광범위하게 자행되는 날이었다. 여학생들의 옷이 찢기고 발가벗겨지기도 한 것은 물론, 공수부대의 무차별한 학살이 시작된다. 광주가 국가폭력에 의해 피로 물들여지는 날이 시작된 것이다. 개인들에 대한 구타, 학살은 물론 21일 1시에는 도청에서 애국가가 울려퍼지는 것을 계기로 시위대를 향한 집단발포도 이루어지게 된다. 이 과정에서 5월 21일 저녁에는, 이른바 '김대중 내란 음모사건'이 발표된다. "광주사태는 김대중으로부터 사주를 받은 광주지역 불순분자들이 국가 전복을 목적으로 선동하여 일으킨 내란 폭동이며 김대중으로부터 거사자금을 받은 정동년이 광주에서 폭동을 일으켜 학원소요사태를 민중봉기로 유조발전시켰다"고 발표되었다. 광주민중은 국가가 순수한 폭력으로 드러나는 이 순간에 묵종과 침묵이냐, 아니면 항쟁이냐를 선택해야 하는 순간에 직면하게 된다. 여기서 광주민중들은 무장자위투쟁을 전개하기 시작한다. 민중들이 계엄군의 기관총을 빼앗아 발포하기도 하고, 경찰서와 예비군 무기고 등에서 M1 소총, 카빈 소총, 기관총, 탄약, 심지어 TNT까지도 획득하여 스스로를 '시민군'으로 무장하고 공수부대와 투쟁하게 된다. 침묵을 선택하기보다는 국가의 폭력성에 맞서 목숨을 건 무장자위투쟁을 전개하게 된 것이다. 이는 광주민중항쟁의 '새로운 역사적 지평'이 열리게 됨을 의미한다.[126] 심지어 도

126 김홍명 · 김세균, 1990. 김홍명과 김세균은 이러한 투쟁형태의 변화와 함께, 항쟁주체가 학생으로부터 노동계급을 중심으로 하는 기층민중으로 전환되어가고 있다고 분석하고 있다(131–5).

청 앞에서는 시민군과 계엄군의 시가전까지도 전개되었으며, 이 과정에서 많은 사상자들이 발생하였다. 광주 이외의 전라남도 인근의 16개 도시로 광주항쟁이 확산되어 갔는데, 광주시민군이 계엄군의 외곽 포위선을 뚫으려고 하다가 혹은 인근의 지원군이 광주로 진입하려고 하는 과정에서도 계엄군에 의해 많은 사람이 희생되었다. 이 과정에서 자연스럽게 시민군의 지도부가 형성되어 자율적인 무기 관리를 실시하게 되고, 일반차량에 대한 통제도 실시하게 된다. 이는 민중들이 스스로 '통치의 주체'로 나타나게 되는 것을 의미한다. '본시 사회로부터 나왔으되 그것에 군림하면서 스스로를 부단히 소외시키는' 국가에 맞서서, 사회를 구성하는 민중 스스로가 새로운 국가 형성을 하는 것이었다. 이러한 민중들의 무장자위투쟁에 의해서 계엄군들이 광주로부터 퇴각하게 된다.[127] 민중들의 자위투쟁이 국가폭력을 넘어서게 된 것이다. 여기서 광주에 새로운 공간이 출현하게 된다.

5) 꼬뮨과 순수정치

셋째 단계는 민중 스스로가 정치의 주체가 되어 공동체의 문제를 결정하면서 스스로 자율적인 통치의 주체로서 행동하였지만, 그러한 '순수정치'가 27일 새로운 준전시적 국가폭력에 의해 진압되는 단계이다. 7일 간의 순수정치의 시기가 출현한 것이다. 나는 파리꼬뮨의 21세기적 형태라고도 할 수 있는 '광주꼬뮨'을 정치와 사회의 관계라는 점에서 '순수정치'라고 표현하고자 한다.

---

127 무장투쟁의 세부적 전개과정에 대해서는 김창진, 1990; 김창진, 2001 참조.

5월 22일 민중들의 무장 항쟁에 의해 계엄군이 퇴각하게 되면서, 민중 스스로가 다양한 방식으로 스스로의 문제를 해결하고 결정해야 하는 상태로 이행하게 된다. 여기서 '시민공동체'(광주광역시 5·18사료편찬위원회, 1997), '광주공화국'(나의갑, 2001: 234–6) 등 다양한 이름으로 표현되었던 '해방광주'가 출현하게 된다. 시민군은 공간적으로도 '도청'을 장악함으로써, 이른바 민중통치의 시대가 개막된다. 각계를 대표하는 '5·18수습대책위원회'가 결성되었고 나아가 '학생수습대책위원회'와 '일반수습대책위원회' 등도 구성되었다. 스스로의 통치기구를 구성하게 된 것이다.

또한 국가적 통치기구가 부재하게된 것에 대응하여 시민들이 어지러운 거리를 스스로 청소하고 스스로 질서의 주체로 나서게 된다. 과거 국가기구의 공무원은 새로운 통치질서 하에서 전기, 수도 등의 지원사업도 행하게 된다. 상점에서는 식사를 무료로 나누어 주었다. 계엄군의 반격에 대비하여 자발적이고 지속적으로 경비를 서기도 했다. 모든 사람들이 '해방광주' 속에서 각자 도울 수 있는 일을 찾아 자발적으로 헌신하였다.

이 과정에서 흥미로운 것은 은행이나 금융기관, 금은방 등에 대한 약탈 사건이 단 1건도 없었다는 것이다. 기타 일반 상점에 대한 약탈 행위도 전혀 없었다.[128] 새로운 통치기구와 민중자위군대의 식사 등도

128 광주에서의 '질서'와 약탈·방화 등의 부재를 광주시민들이 너무 '도덕적'이었기 때문에, 그리고 지배가 부여한 소유권질서에 적응했기 때문이고 만일 급진적인 계급의식을 가졌더라면 '약탈적 재분배' 같은 행위나 급진적인 재분배 같은 일도 일어났을 것이라고 하는 견해도 존재한다. 그러나 이는 단기적인 민중자위투쟁의 과정에서 피어난 단기적 꼬뮨의 특성, 그리고 신속하게 구성된 민중자치 지도부에 적극적으로 협

민중들의 자발적인 지원에 의해 해결되었다. 시민군 지도부는 차량통행증, 유류발급증, 상황실 출입증을 만들기도 하고, 기동타격대를 편성하고 시민군 전체를 아우르는 등 통치질서를 스스로 구성하게 된다. 민중의 전사(戰士)로 변화한 시민군은 민중을 학살하는 '국가의 군대'와 달리 스스로가 헌신과 모범의 선도자처럼 행동했다. 조지 카치아피카스는 "이러한 해방된 순간에 시민들이 보여준 행동은 시민에게 자치(self-government)와 협동이라는 고유한 능력이 있음을 드러냈다"[129] 고 쓰고 있다. 이러한 것은 국가폭력이 민중자위투쟁에 의해 극복된 공간에서 정치와 사회가 원래 일체화되어 있던 그 본래의 모습이 회복된 것을 의미한다. 국가에 의한 통치에 대응하여 민중의 자치가 대두한 것이며, 이 과정에서 국가통치 속에서 나타난 민중의 도덕성을 뛰어넘는 민중자치적 도덕성이 나타나게 되었다고 표현할 수 있다. 이것이 바로 순수정치의 모습이었다. 물론 단편적인 것이었을 수도 있고, 일시적인 것이었을 수도 있다. 그러나 이는 국가통치와 국가화된 정치를 넘어서서, 사회와 일체화된 정치, 사회와 민중 자신의 통치가 출현한 것을 의미하였다.

력하고자 하는 적극적인 행위 등이 어우러져서 나타난 행위로 해석되어야 한다고 생각한다.

129 조치 카치아피카스, 2002: 231. 그는 "지난 두 세기 동안, 세계역사의 두 사건이 수천명의 민중들이 스스로를 통치하는 자발적 능력을 보여주는 독특한 신호탄이 되었다"(228)고 말하면서, 파리꼬뮨과 광주꼬뮨의 유사성을 "1. 민주적인 의사결정을 하는 대중조직의 자발적 출현, 2. 아래로부터 무장된 저항의 출현, 3. 도시범죄 행위의 감소, 4. 시민들 간의 진정한 연대와 협력의 존재, 5. 계급, 권력 그리고 지위와 같은 위계의 부재, 6. 참여자들 간의 내적 역할 분담(internal divisions)의 등장"(229)으로 정리하고 있다.

그러나 이러한 민중 주체적 통치와 사회와 일체화된 순수정치는 단명할 수밖에 없었다. 5월 26일경부터 계엄군은 탱크 등 중화기를 앞세우고 광주에의 재진입을 시도하게 된다. 이에 대응하여 시민군에 의한 '죽음의 행진'이 이루어지게 되고, 계엄군의 광주 진입은 미루어지게 된다. 그러나 계엄군의 전면적인 진압작전이 예견되는 상황에서 항복이냐 죽음이냐를 선택해야 하는 상황이 다가오고 있었다. 여기서 시민군들은 고등학생이나 여성의 귀가를 종용했다. 이처럼 순수정치의 공간을 지키기 위한 최후의 항쟁에서도 순수정치의 공간에서 높은 도덕성이 발휘되고 있었다. 27일 새벽 4시에 최후의 거점으로서의 도청에 대한 진압작전인 '충정작전'이 시작되었다. 탱크와 중무장 헬기, 자동화기와 수류탄으로 무장한 공수부대원들은 구식무기로 도청을 지키던 시민군들에 대한 무차별 사살작전에 들어갔다. 작전 개시 1시간 30분 만에 도청진압이 완료되었다. 구식무기로 마지막까지 항쟁하던 민중 무장자위투쟁의 지도부는 피를 흘리면서 죽어갔다. 그리고 생존자들은 '특수폭도', '반란행위자'로 분류되어 국가의 감옥으로 끌려갔다. 이로써 10일 간의 광주항쟁, 7일 간의 순수정치의 시대가 막을 내리게 된다.

많은 사람들이 '해방광주'를 한 번의 극적 사건으로 해석한다. 그러나 5·18 비상계엄전국확대와 함께 군대가 국가를 대표하는 폭력적 위압으로 진입해 오는 상황에서 민중들은 침묵과 외면을 선택할 수도 있었다. 또한 그 폭력적 위압을 지나 광주학살이 시작됐을 때, 그 학살 앞에서 도피와 굴종을 선택할 수도 있었다. 그러나 광주민중들은 총을 들고 자위투쟁으로 나아갔다. 더 나아가 계엄군이 광주에서 퇴각한 이후 광주가 '무법천지'로 변화할 수도 있었을 것이다. 그러나 광주는 민중적 자치를 구성하여 갔으며 민중들은 이러한 민중적 자치의 자발적 참여자이자 협력자가 되었던 것이다. 더 나아가 계엄군의 재진격으로 죽음이 엄습해 오는 상황에서, 도피와 굴복을 선택할 수도 있었다. 그러나 광주항쟁의 지도부는 폭력적 지배에의 굴종이 아니라 완전한 해방을 향한 죽음을 선택하였다. 이처럼 해방광주는 여러 번의 선택의 기로에서 자신의 잠재력을 해방광주를 향한 인간적 방향으로 선택함으로써, 혹은 자신 속에 잠재화된 해방의 잠재력을 현재화해 감으로써 다단계로 '구성'되어 갔던 것이었다.

앞서 서술한 금단, 배제, 선택적 포섭이라고 하는 정치의 국가화의 기제들은 기본적으로 정치와 사회의 괴리를 전제로 한 상태에서, 정치를 통해 국가가 사회를 통솔하는 방법들이라고 할 수 있다. 1980년 광주에서는 정치와 사회의 괴리를 전제로 한, 정치의 국가화 대 정치의 사회화의 각축을 뛰어넘어, 맑스가 파리꼬뮨에서 발견했던, 꼬뮨적 형상이 실현되게 된다. 사회구성원들이 집단적인 의제들을 공적으로 결정하는 과정으로서의 정치는 이제 사회와 괴리된 모습이 아니라, 완전히 일체된 모습으로 짧은 해방광주 시기에 출현하였다. 나는 광주항쟁을 파리꼬뮨에 버금가는 근대적인 '순수정치'의 모습이었다고 생각한다. 순수정치 하에서 정치와 사회의 경계가 해소되고, 정치와 사회가 일치하는 순수한 유형의 정치가 출현했던 것이다. 나는 정치와 사회의 경계가 없어지면서 자연스럽게 사회의 집단적 의제를 민중 자신이 결정하는 상황, 민중 자신이 자기규율의 주체가 되는 상황, 그리고 국가화된 정치가 소멸된 상황에서 사회 그 자체가 곧 정치가 되는 모습이 광주에서 나타났다고 생각한다. 정치와 사회의 일치는 정치가 필요하지 않은 상황을 의미한다. 정치의 억압적 기능은 소멸하고, 정치의 협의적 기능만이 존재하는 상황을 의미한다.

물론 이러한 순수정치는 국가폭력이 민중들의 자위투쟁을 통해서 극복된 시공간에서 비로소 가능하였다. 80년 광주민중들이 무장항쟁을 통해 폭력적 국가집단을 후퇴시킨 상황은, 일종의 '위로부터의 권력'이 부재한 공백상태이고 여기서 '아래로부터의 권력'의 실현태인 민중자치의 순수정치가 실현된 것이다. 광주항쟁은 정치가 실종된 절대폭력의 상황에서 민주주의의 원형이라고 할 수 있는 민중의 정치적 자치가 순수하게 출현하는 상황을 의미한다. 이런 점에서 광주꼬뮨은 19세기 파리꼬뮨의 20세기적 모습이라고 할 수 있다.

이것을 광주항쟁에 대한 지나친 '이상화'라고 생각할지도 모르겠다. 그러나 10일 간의 광주의 경험은 일상 속에서 발견하기 어려운, 아니 쉽게 노정되기 어려운 순수한 정치의 모습을 비록 불완전하게나마 체득할 수 있는 기회를 제공했다. 어떻게 보면 비정상성의 공간 내에서 정상성 속에서 발견할 수 없었던 정상성의 본질을 발견할 수 있을지도 모른다. 바로 이러한 의미에서 광주의 10일을 '세계사적 10일'이라고 인식할 수도 있을 것이다.

광주항쟁은 배제의 동학으로 운영되던 정치가 위기에 직면하면서 '정치의 사회화'를 위한 저항들을 폭력적으로 억압하는 과정에서 생겨난 현상이라고 할 수 있다. '정치가 부재한', 즉 순수하게 폭력적 국가로 운영되는—정치란 지배에 대한 동의를 창출하는 계기이다—상태가 출현하였다. 극단적인 정치의 위기 상황에서 변화를 거부하는 세력이 '절대적 폭력'으로 자신을 운영하는 상태이다. 이때는 정치가 실종되며 국가의 폭력성이 순수하게 드러났다. 이에 대응하는 '정치의 사회화'를 위한 사회활동은 '절대공동체'(최정운, 1999, 2001) 혹은 순수한 민중자치로 나타나게 된다. 즉 정치를 사회적 삶으로서 실현하는 상태가 구현되는 것이다. 광주항쟁은 국가가 정치를 말살할 때, 어떻게 민중자치적 정치, 순수한 사회적 정치가 출현하는가를 잘 보여주고 있다. 가장 순수한 국가는 가장 순수한 사회, 가장 순수한 정치를 출현시킨다고 표현할 수도 있다. 이것이 아마도 민주주의의 '묵시록'적 모습일 수도 있을 것이다.

5. 극우반공분단체제와 개발독재체제하에서의 국가-시장-시민사회의 관계 변화

앞서 서술한 것처럼, 해방 이후 한국전쟁에 이르는 시기는 민족국가의 성격을 둘러싼 '전면적인' 계급적·사회적 투쟁기였는데, 이것이 분단으로 귀착되면서 극단적인 반공주의사회가 남한에 형성되게 되었다. 나는 이를 '반공규율사회'로 개념화했다. 반공규율사회란 반공이 일종의 의사(擬似)합의로 존재함으로써 국민적 통제와 규율의 주요 기반이 되는 극우반공주의적 사회를 의미한다. 반공규율사회란 시민사회의 저항역량이 극도로 파괴되고 국가에 대항하는 시민사회의 조직적·인적 역량이 광범위하게 해체된 상태를 의미한다. 그 결과 국가 대 시민사회의 힘의 관계에서 후자가 극도로 약화된 심대한 불균형 상태가 조성되는 것을 의미한다. 일제 잔재의 청산, 찬탁 대 반탁 등 다양한 투쟁이 중층적으로 존재하고 있던 상태에서, 이제는 오로지 반공이라는 가치가 국가와 시민사회의 모든 행위를 규정하게 되는 상황이 나타나게 된 것이다. 이것은 시민사회의 형식적 확립이 반공주의에 의해서 허구화되고, 시민사회는 탈(脫)동원화 된다는 것을 의미한다. 이전의 식민지국가는 이제 반공이라는 새로운 명분하에서 시민사회에 대한 통제력을 회복하게 되며 강력한 통제국가로 자신을 위치 짓게 된다. 이러한 강력한 국가의 출현은 일본 제국주의 하에서 강화된 식민지국가라는 토대와, 한국전쟁 이후 시민사회의 조직적 역량이 대규모로 파괴됨으로써 국가–시민사회의 관계를 유지할 힘의 기초가 파괴된데 따른 것이다. 어떤 점에서 이식된 민주주의 하에서 시민적·정치적 권리가 형식법적으로는 주어졌지만, 그것이 실질적으로는 허구화되었다고 표현할 수도 있다. 결국 '강력한 통제적 국가와 극도로 왜소화된 시민사회'의 구도가 출현하게 되는 셈이다. 여기서 반공주의는 그 동전의 양면으로서 친미주의를 동반하게 된다. 공산주의에 대한 적대감은 반대로 자유세계의 중심으로서, 또한 대한민국의 혈맹으로서의 미국에 대한–자발적인–동일시적 친미의식의 확산으로 나타나게 된다.[130] 또한 해방공간과 한국전쟁을 거치면서 기존의 생산력적 기반은 대규모로 파괴되고 시장(및 자본)이 제대로 발전하지 못한 상태이기 때문에, 50년대 한국 사회의 국가–시민사회–시장의 상호관계를 "'강력한 통제적' 국가–'미발달된' 시장–'극도로 왜소화된' 시민사회"의 구도

130 이러한 친미주의적 상태는 60년대 이후 발전국가가 미국이 추천하는 모델이었다는 점을 고려하면 그러한 미국식 모델을 추구할 수 있는 정신적 토양을 제공하게 된다.

로 요약할 수 있다.

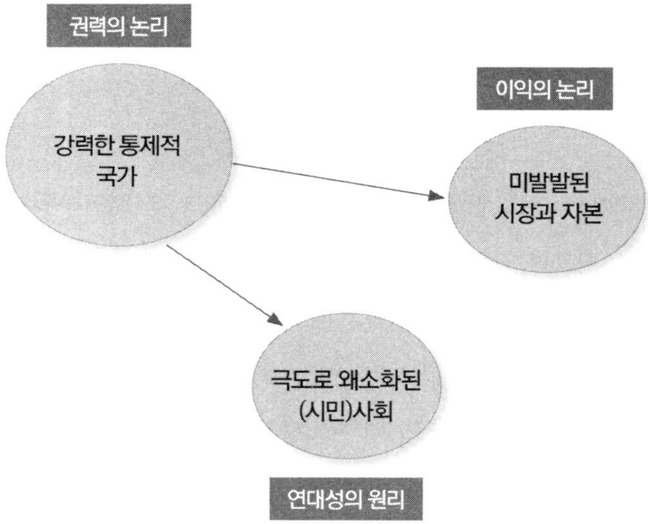

그림. 극우반공분단체제하에서의 국가-시장-(시민)사회, 노동(53년체제)

이러한 구도 하에서는 세 가지 차원의 투쟁전선 가운데 아주 낮은 수준에서의 민주주의 전선만이 존재하고, 계급전선은 철저히 억압되게 되며, 생활세계의 전선은 쟁점화 될 수 없는 조건에 놓이게 된다. 분단 이후 좌우익의 문제나 계급을 둘러싼 쟁점들은 공론의 공간에서는 억압되고 비(非)합법화되었다. 근로자는 존재하되 노동자 계급은 존재하지 않는 상황은 계급전선 자체의 철저한 억압과 주변화를 상징한다. 그 결과 계급적 쟁점을 대표하고 쟁점화 하는 정치적·사회적 세력은 합법적으로는 존재할 수 없게 된다. 그래서 '이식된 민주주의'의 기준을 둘러싼-특별히 미국식 민주주의-쟁점만이 문제로 될 수 있었다.[131] 다음으로 생활세계의 많은 쟁점들은 사실 시민사회가 이와 같이 수동화 되고 공포에 의해 포위되어 있는 상황에서는 현재화될 수 없었기 때문에, 50년대에는 이러한 쟁점 자체가 완전히 주변화되어 있었다고 할 수 있다. 다음으로 민족문제의 경우 극우반공분단체제하에서 최대로 억압된 이슈였다. 분단으로 인하여 남한이 '친미적 사회'로 그리고 북한이 '반미적 사회'로 되었고, 북한의 입장에서는 남한이 '미국의 식민지'적 지위에 있다고 하는 인식을 가지고 있었다. 따라서 '반미=친북'이라고 하는 등식 때문에 온건한 미국 비판 정도도 수용될 수 없는 조건에 있었다. 그런 점에서 민족문제의 전선은 철저히 정치의 의제가 될 수 없었다고 할 수 있다.

1) 개발독재체제하에서의 국가-시장-시민사회

60년대 이후의 발전국가는 바로 이러한 국가-시민사회의 관계 위에서 성립할 수 있었다. 개발독재체제라고 하는 것은 강력한 개발주의와 강력한 국가주도의 결합이라고 할 수 있는데, 후자는 바로 이러한 50년대적 조건 위에서 가능했다고 할 수 있다. 60년대 이후 개발독재는 반공규율사회적 조건 위에서 그것을 강화함과 동시에 그것을 '혁신'하여 유지하게 된다. 반공이라는 것이 공산주의에 대립하면서 스스로를 지킨다고 하는 '방어적' 성격을 지니고 있다고 한다면, 60년대 이

131 민족적 · 계급적 쟁점들은 철저히 부차화 되고 부정선거, 절차적 민주주의의 파괴와 같은 낮은 수준의 민주주의 관련쟁점들을 중심으로 시민사회가 저항적으로 활성화되었던 4 · 19혁명의 성격에서 이를 확인할 수 있다.

후의 개발독재체제는 개발 혹은 성장이라고 하는 보다 적극적인 가치를 설정하고 그러한 가치를 중심으로 자신을 정당화하며 시민사회를 '동원'하게 된다고 할 수 있다.

개발독재의 핵심적인 특징은 개발, 즉 미발달된 시장과 자본의 육성을 국가정책의 최고목표로 설정하였다는 측면에서 50년대의 국가와 구별된다. 국가는 한편으로는 50년대와 같이 극도로 왜소화된 시민사회를 통제함과 동시에 다른 한편에서는 성장의 방향으로 '동원'하게 된다. 이렇게 보면 개발독재체제는 시민사회에 대한 통제·동원적 체제이며, 시장에 대한 지원·육성적 체제였다고 할 수 있다. 이런 점에서 개발독재 체제는 시민사회를 통제·동원화 하는 '국가–시장 동맹체제'였다고 할 수 있다. 이것이 박정희 체제의 본질이라고 할 수 있다. 예컨대 박정희 체제는 경찰과 군대라는 물리력을 이용하여 노동자의 임금투쟁을 비롯한 시민사회의 다양한 저항을 억압함과 동시에, 매월 1회 대통령이 직접 수출확대회의를 주재할 정도로 전국가적 역량을 수출, 시장육성, 성장이라는 목표에 쏟아 부은 체제였다. 이런 점에서 "'강력한 통제적' '발전'국가[132]–'국가의 지원에 힘입어 고속성장 하는' 시장–'억압된' 시민사회"가 존재했다고 평가할 수 있다.

132 발전국가는 developmental state의 번역어이다. '개발'독재체제라는 표현이 사용되고 있으므로, 개발국가로 표현할 수 있으나, '발전국가론'의 논의에서 일반적으로 '발전'국가로 표현되므로, 이를 사용한다.

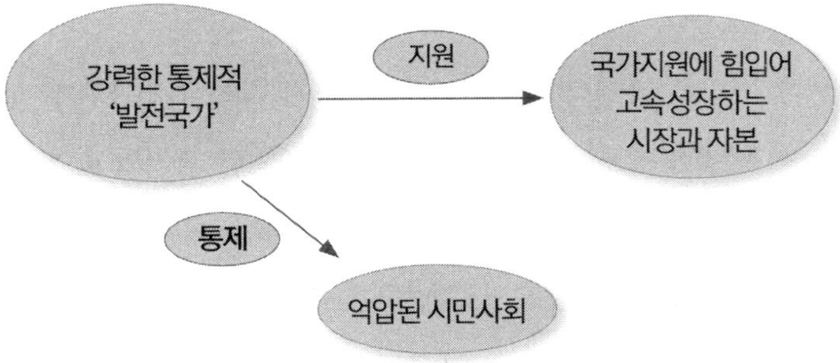

그림. 개발독재체제하에서의 국가-시장-(시민)사회, 노동 (61년체제)

2) 개발독재체제의 위기 속에서의 국가, 시민사회, 사회운동

이처럼 개발독재체제하에서 개발드라이브를 가능하게 하였던 초기의 조건은 정치사회적 측면과 경제적 측면 모두에서 변화하게 되고, 이것이 초기 발전국가의 위기로 나아가게 된다. 먼저 개발독재 하에서 억압되고 독재논리와 성장논리에 의해 포섭되어 있던 시민사회는 개발독재의 모순-개발의 모순과 독재의 모순-에 대항하면서 점차 저항적으로 활성화되게 된다. 이처럼 저항적으로 활성화된 시민사회는 한편으로는 독재국가의 억압에 저항하고 동시에 천민적인 시장(및 자본)에 저항하게 된다. 이러한 저항이 바로 반독재민주화운동 혹은 민중운동이었다. 60년대부터 80년대 중반에 이르는 반독재저항운동의 발전은 바로 시민사회가 저항적으로 활성화되어 가고 있음을 보여주는 것이었다. 시민사회의 다양한 계급계층 및 집단들은 반(反)(권위주의)국가적인 방향으로 동원화 된다. 위로부터의 국가동원에 포섭되어 있던 수동화 혹은 탈(脫)동원화된 시민사회가 저항적인 방향으로 동원되는 것이라고 할 수 있다.

반면에 시장은 독재적 국가의 특혜적 지원 하에서 거대하게 성장해 간다. 이런 점에서 80년대 중반에는 "'강력하지만 과거와 같은 통제력을 상실한' 국가-'특혜적 지원 하에서 거대화된' 시장-'저항적으로 활성화된' '시민사회'라는 구도가 출현하게 된다.[133] 이는 60년대 이후의 발전국가를 가능하게 하였던 계급적 관계, 즉 국가-시장-시민사회의 관계의 변화를 의미한다. 발전국가가 '구지주계급의 부재, 부르주아지의 미성장, 노동계급 및 민중부문의 비활성화'로 상징되는 특수한 국가-계급관계에서 출범하였다고 하면, 이제 '강력한 부르주아지와 역동적인 노동자계급 및 민중부문의 존재, 노동과 시민사회의 활성화'라고 하는 새로운 국가-계급관계에 놓여진다.

3) 개발독재체제의 위기 하에서의 시민사회의 저항적 활성화

개발독재체제의 위기를 구성하는 시민사회의 저항적 활성화는 4가지 차원에서 전개되었다. 먼저 억압적이고 통제적인 발전국가에 대한 반독재민주주의 투쟁의 활성화였다. 수동화 되었던 시민사회는 전

---

133 '강력하나 과거와 같은 통제력을 상실한 국가'와 '특혜적 지원 하에서 거대화된 시장' 간에는 새로운 협력적 관계를 향한 긴장과 갈등이 존재하게 된다. 다음의 그림에서 보는 바와 같이 활성화된 시민사회는 왜곡된 국가와 시장에 대한 개혁요구를 하게 된다. 한국의 발전국가는 강력한 국가개입주의적인 성격을 지니고 있었는데, 이후 민주주의 이행의 과정에서는 이러한 국가개입주의가 경제정책결정과정에서의 국가가 일방적으로 주도하는 방식에서 협의적인 과정이 강조되고 시장과 기업의 자율성을 강조하는 방향으로 변화하게 된다. 이것은 '위계적 공생(共生)'에서 '협의적 공생'이라고 표현할 수 있다(Cho and Kim, 1998: 146-153).

계급계층과 제 집단을 억압하고 있었던 억압적 발전국가에 대항하는 방향으로 활성화되게 된다. 처음 학생운동을 필두로 하여 전개되던 반독재정치투쟁은 점차 지식인운동으로, 나아가 노동운동 등 기층 민중운동으로 확대되어 가고, 심지어는 반독재파 정치인까지 합류하는 국민적 운동으로 확대되어 가게 된다. 이러한 차원에서 시민사회의 활성화는 억압적 국가에 대항하는 시민사회의 총체적 저항의 성격을 띠고 있었다고 할 수 있다.

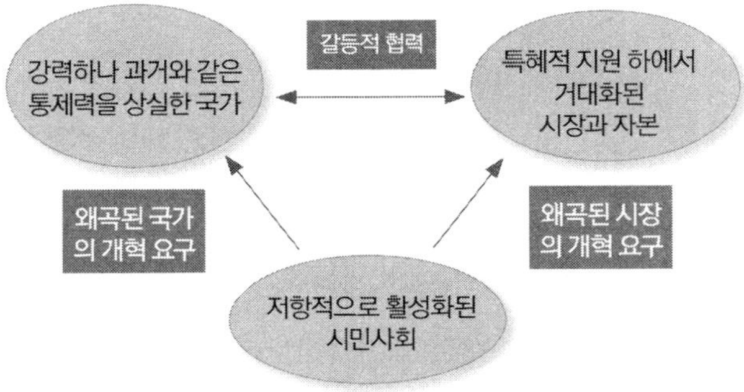

그림. 87년 6월 민주항쟁 이후의 국가, 자본, 시민사회 (87년체제)

다음으로 시민사회의 저항적 활성화의 과정은 시장의 성장에 조응하는 계급적 운동의 출현 및 성장의 과정이었다. 시장의 발전은 시민사회의 계급적 분화를 촉진하였다. 더구나 통제적 발전국가가 자본과 일체화되어 노동자 계급의 생존권적 요구나 경제투쟁 자체를 '정치적으로' 억압했기 때문에, 이러한 노동자들의 비정치적 투쟁마저도 정치화되면서 권위주의적 발전국가에 대한 투쟁으로 수렴되어 갔다. 발전의 진전은 역설적으로 발전의 모순에 대응하는 운동의 성장을 가져왔다. 개발의 모순은 개발과정에서의 발전국가의 계급적 선택성과 개발과정에서의 새로운 불평등에 대응하는 운동이 된다. 이러한 운동을 민중운동이라고 불렀고, 권위주의적 국가에 대응하는 민주주의투쟁과 자연스럽게 일치되고 결합된다. 단순히 독재에 저항하는 민주주의전선뿐만 아니라, 시민사회의 계급적 적대의 발현을 전제로 한 계급전선의 출현이 나타나게 된다.

이렇게 본다면 반독재민주화운동의 과정은 한편에서 계급적으로 분화되어 가면서 동시에 억압적 국가에 대응하는 시민사회의 총체적인 저항운동, 즉 반독재민주화운동으로 수렴되어 가는 과정이었다고 할 수 있다. 제도정치로부터 배제된 온건야당세력과 장외운동세력의 결합, 급진적 저항운동세력의 등장 및 사회운동 내에서의 계급적 분화, 급진적 저항운동세력의 헤게모니 하의 다양한 저항운동의 통합화로 상징되는 사회운동의 '구심력적 심화'(조희연, 1998a: 13)가 바로 반독재민주화운동의 국민적 발전이 된다. 결국 시민사회의 저항적 활성화는 두 가지 측면을 띠고 있었다고 말할 수 있다. 즉 한편에서는 시민사회 내에서의 계급적 균열의 확대와 그에 기반한 노동운동 등 민중운동의 저항적 활성화가 나타나게 되었다. 다른 한편에서는 시민사회 내의 제 계급계층, 제 집단이 시민사회에 대한 총체적 억압에 대항하여 반독재라는 목표를 성취하기 위한 저항적 수렴을 보이게 된다.

셋째, 억압적 발전국가에 대항하는 시민사회의 저항적 활성화의 과정은 개발에 따른 생활세계의 모순에 대응하는 운동들의 출현과정이었다고 할 수 있다. 개발의 과정에서 파괴되는 환경문제에 대응하기 위한 운동, 각종 문화적 억압에 대응하기 위한 저항적 민중문화운동, 계급모순의 재생산과 연결되어 강화되고 있는 가부장적 모순에 대항하기 위한 여성운동의 발전 등을 생각해 볼 수 있다. 그러나 이러한 생활세계의 모순에 대응하는 다양한 운동들은 그 자체로서보다는 반독재운동의 일부로서 파악되고 발전하였다. 이러한 생활세계의 모순은 어떤 점에서 거대한 구조적 모순으로서의 독재에 의해 가려진(overshadowed) 상태에 있었다고 할 수 있었다. 어떤 점에서는 주변적 운동으로서 혹은 반독재민주화운동의 주변적 측면으로서 발전되어 왔다고 할 수 있고, 이런 점에서 생활세계의 전선은 주변적인 것으로 존재했다고 생각된다.

넷째, 60·70년대 박정희 독재체제가 철저히 반공주의·반북주의를 계승하고 있었기 때문에, 민족문제는 여전히 정치의 이슈가 될 수 없었다. 제도정치의 공간에서는 철저히 '금단의 주제'로 인식되어 억압되었다고 할 수 있다.

단지 70년대 반독재민주주의 운동 과정에서 민족문제에 대한 인식이 점차 제기되기 시작하였다. 70년대 후반 '선통일 후민주' 대 '선민주 후 통일' 논쟁이 반독재민주주의 운동 진영에서 제기되기 시작하였으며, 북한을 대립물로 보기보다는 북한을 '통일의 대상'으로 보는, '통일민족주의적' 인식이 나타나기 시작하였다. 그러나 반독재민주주의 운동에 기독교 진영이 일정한 주도성을 차지할 정도로 70년대 반독재민주주의 운동은 대체로 반공주의와 '친미주의'의 지형을 공유하고 있었다고 할 수 있다(김보현, 2006).

그러나 80년대 변혁적 운동의 출현과 함께 민족문제가 반독재민주주의 운동의 급진적 진영에서 핵심적인 의제로 부상하기 시작하였다. 70년대까지의 민주주의 운동과 구별되게, 80년대 반독재민주주의

운동 내에서 민족해방(NL) 진영과 민중민주주의혁명(PDR) 진영이 분화되기 시작하였으며, 특히 반미주의적 입장에 선 다양한 투쟁들이 전개되었다. 82년 부산미문화원방화사건과 83년 서울미문화원 점거농성사건에서부터 시작하여 민족문제를 사회운동의 중심의제로 설정하고 반미주의투쟁을 전면화하는 여러 투쟁들이 전개되었다. 이는 반미민족주의적 경향이 운동정치에 의해 전면적으로 제기되는 것을 의미하였다.

이처럼 다층적으로 활성화되는 저항적 시민사회의 발전에 의해서 억압적 발전국가가 위기국면으로 진입하게 된다. 경제적 측면에서도 60~70년대의 발전국가를 가능하게 하였던 조건들이 소멸하게 되면서 발전국가는 위기에 처하게 된다. 즉 과거와 같은 보호주의적 발전주의의 철회를 요구하는 미국 등 선진국들의 요구, 발전국가의 특혜적 지원 속에서 성장한 시장과 자본의 자율화 요구, 금융의 국가통제와 같이 경제적 '과다 책무'를 짊어지고 있는 발전국가의 경제적 과부하, 금융의 세계화 속에서 과거와 같이 금융에 대한 국가통제를 실현할 수 없는 조건 등이 복합적으로 작용하면서, 경제적 측면에서도 발전국가의 위기가 현실화된다.

개발독재체제의 말기에 이르면, 반독재민주주의 운동이 바로 이러한 4가지 의제의 연합운동의 성격을 띠게 된다. 즉 민주주의전선, 계급전선, 생활세계전선, 민족문제전선에서 극우반공분단체제와 개발독재체제에 의해 제도정치로부터 금단화되고 배제된 의제들에 대해–제도정치에 의해서 대의되지 않는–'대의'를 대행하는 대안대의운동(인민의 자기결정운동)을 해 왔다고 할 수 있다.

민주화체제로의 이행은 바로 이처럼 제도정치로부터 금단·배제된 의제들이 다시 제도정치에 재진입하게 되는 상태로의 변화라고 할 수 있다. 이것은 하나의 단일한 경로만 있는 것이 아니고, 제도정치와 운동정치의 각축의 결과에 따라서 상이한 결과가 출현하게 된다고 할 수 있다.

5장

87년 민주화체제의 제1경합국면:

87년 6월 민주항쟁~90년 3당 합당

5장
87년 민주화체제의 제1경합국면: 87년 6월 민주항쟁~90년 3당 합당

독재체제에서 민주화체제로의 이행은 금단화되고 배제된 제도정치가 복구되고 '제도정치를 매개로 한 지배의 재생산'의 체제로 이행하게 되는 것을 의미한다. 이때 제도정치는 '정치의 국가화' 대 '정치의 사회화'의 흐름(힘)이 각축하는 공간이다. 바로 이 복원된 제도정치하에서, 지배체제는 제도정치라는 통로를 통하여, 과거 극우반공분단체제와 개발독재체제하에서 억압된 4가지 주제들을 '선택적 포섭'하여, 정치의 중심을 제도정치로 이동케 하고 이를 통해 지배를 안정화하고자 한다. 반면에 자신들의 투쟁을 통하여 민주주의 체제로의 이행을 추동하였던 반독재민주주의 운동은 민주화체제하에서 '위로부터의 선택적 포섭'을 뛰어넘어 제도정치의 급진적 확장을 지향한다(이것이 '정치의 사회화' 과정이다). 민주화체제는 확장된 제도정치와 운동정치의 상호 각축 속에서 민주주의가 새롭게 구성되는 과정이었고, 내용에선 4가지 주제를 둘러싼 각축이 전개되는 과정이었다.

여기서 나는 87년 이후 변동과정을 몇 개의 사건을 계기로 경합국면으로 나누고, 이 각각의 경합국면에서—특정한 지형 내에서의—민주주의의 구성적 각축이 투 트랙의 상호작용을 통해 어떻게 전개되는가를 살폈다. 87년 이후의 민주화체제하에서 민주주의의 구성적 각축은 3개의 경합국면에서 상이한 궤적으로 그리며 전개된다. 제1경합국면은 87년 6월 민주항쟁 6·29선언으로부터 90년 3당 합당까지의 시기, 제2경합국면은 이후 97년 대선까지의 시기, 제3경합국면은 1997년 대선 이후 2007년 대선까지 민주정부 10년이다. 이명박정부 이후 민주주의의 구성적 각축은 상이한 양상으로 전개된다. 전환적 저항사건과 체제 재편 사건이 이런 경합국면 변화의 계기가 된다. '제1차 경합' 국면은 이른바 '87년체제'(민주화체제)의 형성기에 해당한다. 이 국면은 80년대 중반 이후 반독재민주화운동의 고양으로 인하여 기존의 독재체제(독재 하의 배제의 정치의 지형)가 균열되고 나아가 그 바탕 위에서 87년 6월 민주항쟁과 6·29선언의 각축, 후속각축으로서의 87년 대선과 88년 총선의 각축이 전개되는 국면을 가리킨다. 제1경합국면을 두 개의 소시기로 나누어 볼 수 있다. 첫째의 소시기는 6월 민주항쟁 6·29선언 이후 88년 총선까지의 시기이다. 둘째의 소시기는 88년 총선 이후 90년까지의 시기이다.

1. 87년체제의 출현과 그 성격: 87년 6월 민주항쟁과 6·29선언

87년 6월 민주항쟁과 6·29선언을 계기로 한국은 개발'독재체제'에서 '민주주의체제'로 전환했다. 이 민주주의 체제는 독재의 유산을 극복하고 민주주의를 구성해가는 체제라는 점에서 앞서 이야기한 것처럼 '민주화체제'라고 이야기할 수 있다. 민주화라고 하는 것은 그만큼 '과정'의 역동성이 크다는 것이다. 이 제1경합국면 하에서 민주주의 체제의 기본 골격을 둘러싼 각축이 전개된다. 이른바 '87년체제'의 형성기이다. 민주주의의 복원은 이제 '민주주의정치를 통한 지배체제의 재생산'(국가체제와 경제체제의 재생산)으로 이행한다는 것을 의미한다. 이 복원된 정치와 체제의 관계가 어떻게 되는가 하는 것이 바로 민주주의의 구성적 각축과정이고 그를 통해 민주주의의 질이 결정된다. 앞서도 서술하였지만, 독재체제하에서는 제도정치는 억압되고 사회적 정치는 반체제적 저항으로만 표현된다. 그러나 민주화 이후 민주주의가 복원되면서 지배가 정치를 매개로 하여 재생산되고 민주주의적 정치의 공간이 출현하기 때문에, 민주주의의 전개는 제도화된 정치와 사회적 정치의 각축과정으로 나타난다.

1) 이중성을 갖는 민주화와 지형의 출현: 6월 민주항쟁과 6·29선언의 상호규정

87년 6월의 국면은, 60년대 이후의 반독재민주화 투쟁이 87년 6

월 민주항쟁에서 클라이맥스에 이르고 반대로 개발독재체제가 최고의 위기에 이른 시기였다. 이 국면에서의 각축이 어떻게 종료되는가에 따라 이후 한국 민주주의의 지형이 다양한 형태로 현실화될 수 있었다. 80년 5·17 군사쿠데타로 제2군부정권을 성립한 전두환 정권은 제도 내 정당인 군부집권당인 '민주정의당'과 관제 야당인 민한당을 축으로 정국을 안정화시키고자 하였다. 그러나 이러한 시도는 79년 박정희 체제의 붕괴와 80년 서울의 봄을 경험한 역동적인 저항적 대중을 충족시킬 수 없는 것이었다. 민정당을 지배적 정당으로 하고 민한당을 주변적 정당으로 하는 제도정치 내의 타협적 공존은 지속될 수가 없었다. 오히려 급진적 운동정치가 주도하는 제도정치 전반에 대한 반대운동이 국민적으로 확대되어 갔고, 이는 제도정치 내의 타협적 공존을 위협했다. 그래서 제도정치가 대의정치로서의 자기기능을 할 수 없는 상태에 이르게 되었다. 70년대 식의 '재야'운동으로 상징되는 경계정치는 제도정치의 일정한 안정성과 제도정치와 비정치의 경계의 일정한 안정을 전제로 했다. 그러나 80년대에는 이것 자체도 성립할 수 없었다. 이러한 제도정치의 위기에 직면한 군부집권세력의 대응은 83년 후반기 이른바 '유화조치'로 나타났다. 이는 급진화되는 운동정치를 주도하는 학생들이나 해직자들을 제도권에 다시 복귀시키고, 군부집권정당이 통제하는 제한된 방식으로 제도정치의 외연을 확장하는 것이었다. 새로운 방식의 '정치의 국가화'를 위한 시도였다. 이런 속에서 85년 2·12총선이 치루어졌다. 이 총선에서 군부집권당은 운동정치의 한 부분인-김영삼과 김대중으로 상징되는-반독재중도자유주의 정치세력의 일부를 제도정치로 복귀시켜 제도정치 자체를 안정화시키려고 하였다. 그러나 이와는 정반대로, 제도정치와 비정치의 경계는 허물어지고 새롭게 원내로 진입한 운동정치세력과 제도정치 외부의 급진적 운동정치세력이 함께하는 반민정당 투쟁은 확대되고 강화되어 갔다. 이는 민정당이 주도하는 '정치의 국가화'는 실패하고, 오히려 반대로 '정치의 사회화'의 흐름이 지배적이 되어갔음을 의미한다.

제도정치의 위기는 심화되어갔다. 이러한 위기의 제도정치를 대대적인 전환으로 몰고 간 것은 바로 87년 6월 투쟁이었다. 87년 6월 10일 전국적으로 200만에 이르는 수많은 대중들은 '호헌 철폐', '직선제 쟁취'라는 구호 아래 거리로 쏟아져나왔다. '5년 담임제'의 헌법 하에서 간선제로 대통령을 새롭게 뽑겠다고 하는 '4 · 13호헌조치'에 분노한 대중들이 거리로 쏟아져 나온 것이다. 주지하다시피 87년 6월 민주항쟁과 뒤이은 6 · 29선언은 독재 시대를 마감하고 민주주의 시대로 이행하는 두 전환적 사건이었다. 87년 수백만이 참여하는 광범한 대중적인 반독재투쟁은 6월 29일 이른바 '6 · 29선언'으로 표현된 제한된 민주화 조치에 의해서 중단되었다. 이런 의미에서 6월 민주항쟁과 6 · 29선언은 포스트독재 시대가 시작되는 계기이자 민주주의의 구성적 각축이 전개되는 새로운 지형을 구성하는 사건이었다. 전자가 중요한 저항적 사건이라면, 후자는 중요한 체제 전환 사건이었다.

6월 민주항쟁은 60 · 70년대 반독재민주주의 운동의 정점에 해당한다. 이는 60년대 이후 독재체제와 그것의 일부를 이루는 통제된 제도정치의 유지가 불가능하게 되었음을 드러내는 사건이었다. 또한 6 · 29선언은 이 현실을 인정하고 아래로부터의 요구를 수용한 독재 지배블록의 선언이었다. 87년 6월 민주항쟁에서 정점에 이른 80년대 전반의 민주화 투쟁 속에는 위로부터의 보수적 민주화의 경로와 아래로부터의 급진적 민주화의 경로가 각축하면서 동시에 내장되어 있었다. 그런데 이 시기의 각축은 6·29선언에 의해 타협적으로 종결되었다. 독재적 권력집단이 아래로부터의 힘에 의해 '단절'적으로 타도되지 않고 제도적·비제도적 권력을 보유하게 된 것이다. 이 특징이 민주화 이후 민주주의의 구성적 각축과정을 제약하는 기본 구조가 되었다.[134]

개발독재체제의 포스트개발독재체제, 즉 민주화체제로의 이행은 상이한 경로를 밟을 수 있었다. 유형론적으로 볼 때 이행은 '아래부터의 혁명적 경로'와 '위로부터의 타협적 경로'로 나눌 수 있다. 87년 이후는 민주주의로 이행의 맥락에 위치한다는 점을 고려하면 '아래로부터의 급진적 민주화의 길'과 '위로부터의 보수적 민주화의 길'로 나눌 수 있다(조희연, 1998b: 3장). 후자의 경로는 그람시적 표현에서 보면 '수동혁명'의 길이라고 할 수 있다. 이러한 두 가지 상이한 가능성은 6월 민주항쟁에 동시에 내장되어 있었다. 그 가운데 한국 사회는 87년

134 미국 및 한국의 지배적 세력의 입장에서 민주주의의 수용은 '독재 방식'을 통한 지배가 더 이상 유효하지 않은 상황에서 '민주주의 방식'을 통한 지배로의 전환을 의미하였다. 이것이 이른바 '저강도 민주주의(low-intensity democracy)'(Gills and Rocamora, 1992)론이다. '저강도 민주주의'라는 것은 개발독재나 안보권위주의와 같은 일면적인 억압전략이나 미국의 직접적인 고강도 개입전략만으로 제3세계를 통치할 수 없게 된 상황을 반영하는 미국의 변화된 전략을 의미한다. 이를 통해 체제에 수렴되지 않고 혁명적 운동의 동력으로 전화되어 가고 있는 대중들의 불만을 민주주의의 새로운 제도적 프레임 속에서 표출시키고 그로 인해 체제 내적 갈등요인으로 존재하게 하려는 것이었다. 저강도 민주주의의 정치적 효과는, 반독재민주화운동 속에서 연합하고 있었던 자유주의와 급진주의를 분리시키고, 또한 중간층적 개혁주의와 민중적 급진개혁주의를 분리시키는 것이었다. 실제 독재에 대항하는 급진적 저항과 동맹관계를 이루고 있었던 80년대의 중간층 개혁주의는 87년 이후 민주주의적 정치가 복원됨으로써 '개혁주의'적 지향으로 분화되게 되었다. 이것은 급진주의와 동맹하고 있었던 '중간층의 개혁주의'가 '체제 내적 개혁주의'로 분화되는 것을 의미하였다.

이후 수동혁명적 경로를 따라 민주주의로 이행해가는 '위로부터의 보수적 민주화'의 길을 겪었다.

그람시는 '수동혁명'의 개념을 통해 지배계급이 피지배계급에서 통치에 대한 동의를 확보하기 위하여 지배계급이 자기변혁을 추구하는 행위를 분석하고자 하였다. 수동혁명은 대중들이 정치경제제도에 영향력을 발휘하는 것을 배제하기 위하여, 즉 피지배계급의 헤게모니를 배제하기 위하여 '지배계급'이 지속적으로 국가권력을 재조직화하는 행위가 된다. 물론 이러한 수동혁명의 기본동력은 지배 자체에 대한 민중들의 '동의의 철회'로 초래된 지배의 위기이다. 이런 점에서 수동혁명은 지배의 위기에 대응하는 국가권력의 재조직화라고 할 수 있다.[135] 이런 수동혁명의 개념을 한국 민주화 과정에 적용한다면, 우리는 수동혁명의 개념을 매개로 '유산된 민주화'를 이야기할 수 있다.

수동혁명으로서의 민주화체제에는 '좌절된' 능동혁명의 여진(餘震)에 의한 추동력(예컨대 91년 5월 투쟁)과 그러한 능동혁명의 가능성을 타협적으로 봉쇄한 불안정이 동시에 공존하고 있다. 87년 6월 민주항쟁

135 '맑스의『정치경제학 비판을 위하여』에서 서술된 이행의 문제틀에 대한 비판적 추론'으로 인식되는 이 수동혁명론은 그람시에게는 '복합적인 역사변동에 의해 특징지어지는 모든 시대'에 적용되는 분석프레임으로 해석되고 있다. 수동혁명의 대쌍(對雙)인 능동혁명－비록 그것이 좌절된다고 하더라도－은 수동혁명의 기본동력으로 작용한다. 한국의 경우 실패한 '능동혁명'의 여진이 소멸하지 않고 87년 이후 수동혁명의 동력으로 존재하여 왔다. 수동혁명의 과정에서 진행되는 국가권력의 재조직화에는 특별히 제도정치의 변화가 중요한데, 지배정당이 저항운동의 개인적, 집단적 분파를 흡수하는 '변형주의'(transformism)적 재편을 포함하여, 여러 형태와 층위에서 지배 및 그 물적 기구로서의 국가권력의 '개량적' 혁신, 구체적으로 억압적 · 이데올로기적 국가기구의 변형, 민중부문의 경제적 통합을 내용으로 하는 '개량화'의 진전 등이 포함된다. 피지배계급에 대한 지배계급의 일종의 '기동전'적인 형태로서의 파시즘은 수동혁명적 과정을 통하여 안정적인 부르주아적 지배형태로의 정상화(normalization)를 실현하게 된다.

의 경우 그 자체가 성공적이지만 다른 한편에서는 실패를 동반한 이중성을 가진 운동이었다. 6월 민주항쟁은 개발독재체제의 종결이라는 성공을 수반하였지만, 다른 한편에서는 과거의 지배세력들의 이니셔티브가 유지되는 상태에서 민주주의로의 이행이 진행된다고 하는 점에서 '유산된' 민주혁명으로서의 성격을 띤다(커밍스, 1995).

2) 87년체제의 성격

'87년체제'[136]라고 했을 때 그것은 87년 6월 민주항쟁 이후 정치적·사회적 행위와 관계, 갈등을 규정하는 일정한 상호작용의 틀이라고 할 수 있다. 이것은 일차적으로 6월 민주항쟁이라고 하는 민중의 저항과 6·29선언이라고 하는 독재적 지배세력의 응전전략에 의해서 구성되었다. 87년 6월 민주항쟁은 그 자체가 87년까지의 다양한 힘들, 그때까지의 반민주주의적 힘과 민주주의적 힘 간의 관계가 표현되고 그것을 통하여 87년 이후의 '민주주의의 구성적 각축'을 위한 지형

136 박명림(2005)은 헌정체제의 관점에서 87년체제를 "대통령제 권력구조 및 3권 분립과 선거주기의 불일치(교착상태 및 분할정부 지속), 법치국가관념의 강화(사법국가로의 진행예측 결여와 정치의 사법화 강화), 대의민주주의의 강화와 직접민주주의의 폭발적 발전 예측 결여(참여와 대의의 충돌 빈발), 사회국가관념의 결여(노동·복지), 탈냉전 및 세계화 상황에의 대비 전무(영토조항 및 국가보안법체제 지속, 이주노동자 문제)"로 정리하고 있다. 이러한 규정은 헌법질서의 성격에 초점을 맞춘 것이다. 진보적 시민사회론의 입장에서 보면, 87년체제는 구권위주의체제의 지속성과 연속성이 결합되어 있는, 개혁의 '가능성'과 '한계'를 동시에 내장한 체제로, 87년 이후 민주개혁운동의 프레임이 설정한 체제라고 할 수 있다. 노동의 입장에서 87년체제는 87년 개정된 노동법에서 표현되는 바와 같이 민주노조운동의 형식적 권리와 공간을 합법적으로 부여받았으면서도, 복수노조 금지, 노조의 정치활동 금지 등의 규제적 장치들이 공존하는 불완전한 체제를 의미한다. 이에 관해서는 다음을 참조. 노중기, 1997; 임영일, 1998.

이 새롭게 출현하는 사건이었다. 87년 6월 민주항쟁과 6·29선언은 이전 시기까지의 투쟁의 종합이면서 이후의 변화를 규정하는 사건이었던 것이다.[137] 6월 민주항쟁이라고 하는 '전환적 저항사건'은 지배적 권력집단의 행위와 전략 선택의 '지형'을 변화시키게 되었고 이는 6·29선언을 낳는 계기가 되었다. 5·16이 4·19혁명이라고 하는 저항사건에 대응하는 특정한 체제 재편 사건이었듯이, 6·29선언은 6월 민주항쟁이라고 하는 저항사건에 대응하는 또 다른 체제 재편 사건이라고 할 수 있다. 그런 점에서 87년체제는 일차적으로 6월 민주항쟁과 6·29선언으로 교직(交織)되었다고 말할 수 있다(조희연, 2009a: 76).

80년대 반독재민주화운동은 87년 6월 민주항쟁에서 정점에 이르렀고, 이로 인해 과거 보수세력의 헤게모니(특히 근대화세력으로서의 헤게모니)는 결정적으로 균열되었다. 그러나 6·29 선언을 통하여 추락이 중지됨으로써 1차 교착이 나타났다. 반독재민주주의 블록의 일부로서의 반독재개혁자유주의 세력은 반독재민주주의 운동의 국민적 확산 속에서 어떤 의미에서 '승승장구'하고 있었으나, 그 성장이 중지된 것이었다. 이렇게 87년체제의 초기 형상이 형성되었다. 이후 이 초기 형상은 87년 대선과 88년 4월 총선이라는 후속 각축을 통해서 구조화되었고, 이 구조는 이후의 각축을 규정하는 지형으로 작동했다.

---

137 주지하다시피 '부르주아 없이 민주주의 없다(no bourgeosie, no democracy)라고 하는 무어(1990)의 오랜 테제는 한국에서 적용되지 않았다. 왜냐하면 한국의 민주주의 발전과정에서 부르주아지는 개발독재 국가와 동맹·유착하면서 성장하였고, 그것과의 저항적 대결의 성격을 지니고 있지 않았기 때문이었다. 단지 개발독재 국가의 강력한 전략적 지원 하에서 성장한 부르주아지가 '제 발로 서게' 되었을 때 그 전략적 지원의 '관치(官治)적 통제'에 '불편함'을 느끼거나 그것을 '과잉'이라고-80년대 전두환 정권에 국제그룹이 해체될 때와 같이-해석하게 되었다고 생각된다.

(1) 87년체제의 이중성

'87년체제'는 이후의 민주주의의 구성적 각축을 다음과 같은 두 방향에서 규정하였다. 즉 한편으론 기존의 국가와 사회의 독재적 형상(形象)을 파기하고 민주주의를 복원하였다. 이로 인해 민주주의 공간이 보장되었고, 그 안에서 일정한 자율적인 각축이 발생할 수 있게 되었다. 그러나 다른 한편으론, 기존 제도정치의 보수적인 지배집단의 이니셔티브를 약화시키고 변형시킬 수는 있었으나, 소멸시키지는 못했다. 이 때문에 기존의 보수적 지배세력이 부과하는 제한 안에 민주주의가 구속되었다. 한편에서 민중들의 아래로부터의 강력한 민주주의적 요구가 존재하는 반면, 다른 한편에서는 위로부터의 타협적 민주화 프레임이 이를 왜곡하고 제약한 것이다. 전자가 6월 민주항쟁으로 상징된다면, 후자는 6·29선언으로 상징된다. 이런 의미에서 이른바 87년체제는 "민주주의에 대한 합의가 헤게모니화된 상태에서 아래로부터의 열망과 위로부터의 제한이 역동적 균형을 이룬 체제"라고 할 수 있다(김정훈, 2010: 38).

87년 개정된 헌법은 87년체제의 이러한 복합적 성격을 정확히 반영하고 있었다. 87년체제는 다양한 얼굴로 나타난다. 예컨대 노동체제의 관점에서의 87년체제는 노동운동을 제약하고 있던 독재적 억압체제가 결정적으로 약화되어 노동운동이 조직적·정치적으로 발전할 수 있는 조건을 마련했으나, 노조의 정치활동 금지, 기업별노조, 제3자 개입 금지 등의 구체제의 제한을 존속시켰다. 민주화 이후 구성적 각축의 역동성을 조명하기 위해서는 조건과 제약이란 이 두 가지 측면을 동시에 보아야 할 필요가 있다. 먼저 그 제약의 측면이다. 87년체제는 87년 6월 민주항쟁으로 표현된 '운동에 의한 민주화'와 그에 대응하는 지배블록의 대응인 6·29선언과 이후의 개헌 협상으로 상징되는 '협약에 의한 민주화'가 결합된 것이었다. 그런 의미에서 6·29선언은 군부세력의 기득권적 지위를 인정하는 틀 안에서 '민주적 경쟁의 자유'을 보장하는 방법의 개헌 협상을 만들어냈다. 6·29선언에 이어 진행된 독재 집권정당과 반독재야당 간의 개헌 협상은 이후 더욱 제도적으로 구체화되어 간다.

(2) 53년체제·61년체제의 제약

87년체제가 한계성을 갖는다는 것은 87년체제가 딛고 있는 53년체제와 61년체제의 유산들이 급진적으로 균열되지 않고 변형되면서 이후의 각축과정을 규정하게 된다는 것을 의미한다.

특정 시기의 민주주의의 구성적 각축은 역사적 진공 속에서 전개되는 것이 아니고 특정한 역사적·구조적 조건 위에서 전개된다. 87년 이후의 민주화는 특정한 지형(地形) 위에서 전개되고 있으며 이 과정에서 이전의 지형도 도전을 받고 변화하게 된다. 즉 87년체제는 53년체제(분단체제), 61년체제(개발독재체제)가 남기고 구성한 지형 위에서 그것에 영향받고 그것에 도전하며 전개된다. 예컨대 53년체제는 특정한 친미반공분단체제로 작동했고, 이는 특정한 '정치적인 것'들을 제도정치의 외부에 금단의 영역으로 위치지웠다. 비(非)친미적·비(非)반공반북적인 행위들은 제도정치에 진입할 수 없었던 것이다. 그러나 이러한 금단의 지형이 도전받게 된다.

앞서 박정희 군부세력이 61년 5·16군사쿠데타를 통해서 확립한 '개발독재체제'를 '61년체제'라고 하고, 더 소급하여 53년 한국전쟁 이후 남한에 확립된 '극우반공분단체제'를 '53년체제'라고 규정하였다. 이러한 53년체제의 극우반공주의적 프레임과 61년체제의 개발주의적 프레임이 극복되지 않은 채로 각인되어, 87년체제의 질곡이 되었다. 그런 점에서 87년체제는 53년체제와 61년체제의 한계 내에서 민주주의로의 이행이 진행되는 체제라고 할 수 있다. 이런 의미에서 지형이라는 표현을 사용할 수 있겠다.

이것은 물론 87년체제 이후 53년체제와 61년체제가 변화하지 않는다는 것이 아니다. 이후 87년 6월 민주항쟁으로 정치적·사회적 공간이 확대되면서 이를 이용하여 53년체제와 61년체제의 기본구조에 저항하는 운동도 분출하게 된다. 예컨대 국보법 철폐운동이나 반미운동, 통일운동 등이 그런 것이다. 이 경합국면을 통해서 53년체제와 61년체제의 지형은 87년체제를 규정하면서도 동시에 특정한 방식으로 변화한다.

개발독재체제는 53년체제의 극우반공주의적 기반 위에서 작동하였다. 그런 의미에서 반독재민주주의 운동에는 53년체제의 극우반공주의적 구조에 대한 저항도 내포하고 있었다. 그러나 위로부터의 보수적 민주화의 경로가 지배적이 되면서, 87년체제의 형성과정에서 53년체제의 제약은 급진적으로 도전받거나 균열되지 않았다. 이것은 이후 민주화 이후의 저항적 행위자들의 전략 선택에 특정한 방식으로 영향을 미치게 된다. 즉 저항세력의 극단적 전략 선택을 제약했다.

민주화 이행에 대한 초기의 저작에서 오도넬과 슈미터(O'Donnell and Schimitter, 1986)는 군부를 자극하는 저항 내부의 급진주의를 경계한 바 있다. 민주주의 이행과정에서 '장기판을 뒤집어 엎는' 교란이 발생하는 경우 민주주의의 이행 및 공고화과정이 '역전'될 수 있다는 우려 때문이었다. 즉 오도넬과 슈미트는 저항진영의 급진주의 전략이 역으로 군부 내부의 온건파의 입지를 약화시키고 역쿠데타 등 민주화에 역행하는 전략 선택으로 나아갈 수 있다고 우려하였다. 이러한 급진주의의 역설은 그들의 이데올로기적 한계에서 연원하는 것이기는 하지만, 한국 민주화 이행 과정에서 급진주의를 제약한 요소들을 확인하는 것은 의미가 있다. 역설적으로 53년체제 효과, 즉 분단효과는 지배와 저항 모두에게 급진적인 선택을 피하도록 만들었다. 분단효과는 군부세력의 '반동적' 억압전략을 제약하기도 했지만, 동시에 저항세력이 최대주의적인 극단적 전략을 선택하는 것을 제약하기도 했기 때문이다. 이런 제약은 역설적으로 저항이 대중과 이반되는 것을 막으면서, 민주화 이행의 추동력을 유지하게 만들었다. 결국 지배의 우익극단주의와 저항의 좌익극단주의가 53년체제 효과, 즉 충분히 극복되지 않은 분단효과로 동시에 제약되면서, 저항의 역동성이 '분출'되는 형태보다는 '지속적으로 표출되는 형태'로 만들어졌다.

물론 여기서 분단효과라고 하는 것은 단순히 북한의 '위협효과'로만 환원할 수 있는 것은 아니다. 더 근원적으로 보게 되면 분단효과라는 것은 지배권력에 대해 민중이 대항할 수 있는 잠재적 위협가능성을 의미하는 것이다. 이런 제한효과 속에서 역설적으로 한국의 민주주의 이행 및 공고화과정이 '일탈'을 경험하지 않으면서도 또한 급진적은 아니지만 점진적이면서 지속적으로 상향 이행하는 경로를 밟은 것이다.

(3) 혁명적 경로의 주변화와 수동혁명적 경로

6·29선언이라고 하는 제도정치적 변화가 사회적 정치를 역규정하는 효과도 여기에서 언급해야 할 것 같다. 즉 87년체제의 제한성으로 사회적 정치에서 혁명적 경로가 주변화된다. 87년체제의 이중성은 민주주의의 구성적 각축의 경로 자체를 제한하기 때문이다. 87년 6월 민주항쟁 이전의 상황은 제도정치 형상의 구조화라는 견지에서 다양한 가능성을 갖는 국면이었다. 예컨대 80년 광주항쟁 이후 전두환 독재정권에 대한 저항이 국민적 반독재민주주의 운동으로 발전되어갔는데 여기서 반독재민주주의 운동의 혁명화와 전투화로 인하여 이전에는 상상할 수 없었던 급진적 경로의 전망도 출현하였다. 그런 점에서 87년 이전의 상황에서는 다양한 경로가 가능하였다고 말할 수 있다. 즉 혁명적 경로에서부터 간선제를 통한 군부정권의 재생산에 이르기까지 다양한 경로가 존재하였다. 앞서 서술한 제도정치의 형상이라는 점에서 보면, 1유형, 2유형, 3유형, 혹은 혁명적 경로, 역류의 경로까지 다양한 경로가 가능하였다고 생각한다. 하지만 87년체제의 성립으로 혁명적 경로가 주변화 되면서, 선거민주주의적 경로가 지배적 경로로 되었다(남한에서 볼셰비키적인 비합법전위정당 노선이 주변화되는 것도 사실은 이의 한 표현이라고 할 수 있다). 한마디로 '혁명적 각축'(혁명적 가능성을 내장한 전투적 각축)에서 '비혁명적인 민주주의적 각축'(선거 민주주의 프레임 내에서의 각축)으로의 이행이었다. 이런 점에서 87년 이후의 민

주화의 성격은 '수동혁명적 민주화'라고 규정해야 한다.

그런데 나는 통상적인 수동혁명에 대한 연구와는 다른 시각으로 수동혁명에 접근해야 한다고 생각한다. 수동혁명을 '실패'의 측면에서만 볼 필요는 없다. 이런 점에서 수동혁명의 두 가지 하위유형을 구분하는 것이 유용하다. 첫째의 유형은, 위로부터의 수동혁명에 의해 아래로부터의 저항이 주변화되면서 안정적인 수동혁명이 진행되는 유형(안정적인 수동혁명)이다. 둘째의 유형은 위로부터의 수동혁명에도 불구하고 저항이 주변화되지 않고 지속적으로 수동혁명이 불안정하게 진행되는 유형(불안정한 수동혁명)의 유형이다. 동일한 수동혁명적 민주화라고 하더라도 지배블록의 이니셔티브의 정도와 안정성의 정도가 다른 것이다. 한국은 그런 점에서 후자의 하위유형이라고 할 수 있다. 이 점이 대만과 한국의 민주화 유형의 질적 성격의 차이라고 할 수 있다.

이것은 87년체제를 구성하는 6월 민주항쟁이라는 계기와 6·29선언이라는 계기의 상호관계 때문이다. 87년 이후의 민주화의 한계를 강조하는 시각에서 보면 후자가 더 지배적이라고 이야기할 수 있다. 그러나 87년 이후의 역동성을 조명하려고 하는 시각에서 보면 전자가 후자의 추동력이었으며, 전자의 추동력이 수동혁명적 민주화의 경로가 지배적인 된 이후에도 체제를 위협하는 동력으로 지속되었다고 볼 수 있다. 비록 6월 민주항쟁이라는 거대한 분출이 6·29선언에 의해 '진정'되었지만, 6·29선언으로 충족될 수 없었던 열망이 이후 정치변동의 추동력으로 작용하는 것이다.

2. 민주주의 헤게모니 블록의 출현

6월 민주항쟁을 6·29선언이 수용했다는 것은 민주주의라는 시대적 과제가 헤게모니적인 목표, 즉 모두가 공유하는 목표가 되었다는 것을 뜻한다. 민주주의는 왜곡되고 변형될 수 있었지만, 민주주의 그 자체에 대한 합의를 제도정치와 운동정치 영역의 그 누구도 되돌릴 수 없었다. 이젠 모든 정치행위자들이 이 민주주의 지형을 인정하고, 이 지형이 부과하는 조건과 제약 안에서 '정치의 국가화' 대 '정치의 사회화'의 각축을 만들어 내야만 했다. 그렇다면 이것이 의미하는 바는 무엇인가? 바로 제도정치, 운동정치, 시민사회의 수준에서 민주주의적 개혁이 국민적 과제가 된다는 것을 말한다. 동시에 이를 추동한 반독재민주주의 세력이 정치적, 그리고 도덕적인 주도권을 행사할 수 있는 헤게모니적인 위치를 확보할 수 있었다는 뜻이기도 하다.

민주주의의 구성적 각축의 현실적인 주제는 바로 구 독재체제, 구 독재 하에서 억압되었던, 곧 반독재민주주의 운동의 저항에 의해서 요구되었던 각종 개혁의제들이었다. 민주개혁이라고 할 때 그것은 개발독재 하에서 고착화된 독재적 지배체제, 특히 독재적 국가뿐만 아니라 독재와 유착하면 성장해 온 경제체제의 민주적 개혁을 의미한다. 그래서 국가·정치민주화와 경제민주화가 헤게모니적 과제로서 부상한다. 국가민주화에는 국가기구와 국가요원들의 교체, 국가운영양식의 민주화 등이 포함된다. 경제민주화는 독재 하에서의 각종 유착관계의 청산과 재벌민주화, 시장의 민주화, 시장에 대한 관치적 통제의 극복과 자율 확대 등이 포함된다.

이처럼 민주주의 목표의 헤게모니화는 독재적 지배블록에 대항하여 오던 민주주의 블록의 헤게모니화를 동반했다. 이는 87년체제의 긍정적인 측면이다. 물론 혁명적 지형에서 비혁명적인 민주주의적 쟁투 지형으로 변화하는 과정에서 부여된 혁명의 구조적 한계를 중심으로 바라볼 수도 있다. 그러나 이를 인정한다고 하더라도, 반독재민주주의 운동이 헤게모니적인 위치를 획득했다는 점은 매우 중요하다. 반독재 민주주의 블록은 기본적으로 87년 6월 이전에는 저항 블록이었다. 반독재민주주의 블록은 87년 이전에는 독재세력의 최종적인 항복을 받지 못하였기 때문에, 헤게모니적인 것으로 존재하지는 못했다. 다만 헤게모니적인 상태로 비약하기 위해, 아래로부터의 저항을 해왔다고 말할 수는 있다. 그런데 6·29선언을 통해 독재세력이 민주주의라는 시대정신을 수용하게 되자, 상황이 변했다. 반독재민주주의 블록이 이제 헤게모니적인 민주개혁 민주주의 블록으로 전환할 수 있는 조건이 형성된 것이다.

이러한 변화는 다양한 장소에서 확인할 수 있는데, 그중 대중들의 정치적 태도의 변화는 중요하다. 즉 대중들은 이제 민주주의를 하나의 시대정신으로 수용했다. 87년 6월 민주항쟁에서 정점에 이른 반독재 민주주의투쟁을 통하여 시민사회 민중들의 정치적 지향 또한 변화하게 된 것이다. '민주주의가 밥 먹여 주냐'고 외치던 민중들은 '밥만 먹고 살 수 없다'라고 하는 식으로 대중의 지향이 변화했다. 이것은 시민사회의 헤게모니가 민주주의에 친화적인 방향으로 변화하는 것을 의미하였다. 6월 민주항쟁은 그 자체가 독재적 세력에 대한 국민적 저항과 '승리'의 경험이었기 때문에, 국민 일반을 독재에 순응하는 '백성(百

姓)적 존재'로부터 '근대적인 정치비판과 권리의식을 갖는 근대적 공중(公衆)'으로 변화시키는 계기로 작용했다. 반독재투쟁의 '의식화' 효과가 전 국민에게 미치게 된 셈이다. 이전 시기의 민주주의의 구성적 힘은 개발독재에 저항하는 학생운동세력, 개발독재의 모순으로부터 새로운 소외계급으로 등장한 노동자와 농민, 도시빈민, 개발독재의 경제적 수혜계급이면서도 개발독재의 억압에 대한 정치적 비판에 의해 이반된 도시 중간층들이었다. 그러나 민주주의의 구성적 힘이 6월 민주항쟁을 계기로 이제 전 국민적으로 확장되었다. 민주항쟁의 '계몽' 효과는, 심지어 독재에 의해서 육성된 '국가조합주의적 조직'들–새마을운동 중앙협의회 등–의 지지대중에까지도 미치게 되었다. 이제 독재에 협력했던 보수적 대중조차도 민주주의로의 시대적 변화를 헤게모니적 과제로 수용해야만 했다.

이것은 기본적으로 시민사회를 구성하는 대중이라는 주체의 정치성이 변화하는 것을 의미한다. 이것을 '시민사회의 저항적 활성화'라고 표현할 수 있다. 이런 의미에서 87년 이후 20년 간의 시기는 독특한 역사적 공간이라고 할 수 있다. 왜냐하면 민주주의(혹은 민주개혁)을 시대정신으로 하는 역사공간이고, 그 공간에서 민주주의를 담지하는 세력이 헤게모니적 지위를 가졌기 때문이다. 이 때문에 구 독재적 보수세력까지도 민주주의적 요소를 전유함으로써 자신을 혁신하고 변형시켜야 했다. 이와 같은 시민사회 내의 민주주의의 헤게모니적 지위를 기반으로, 이후 제도정치 내의 반독재민주주의 세력과 진보적 사회운동 세력은 제도정치와 사회운동 영역에서의 헤게모니적 지위를 가질 수 있게 되었다. 87년 이후의 정치사회적 변동을 주도할 수 있게 하는 토대가 만들어지게 되었다.

운동정치의 공간에서는 반독재민주주의 운동을 계승하는 민주개혁 민주주의 운동이 과거 독재적 보수세력들에 대항하면서 국가민주화와 경제민주화를 추동하는 형국이었다. 특히 국가 민주화와 경제민주화의 과제 자체가 국민적인 과제가 되었기 때문에, 보수세력도 이를 거부할 수 없었다. 따라서 민주개혁 민주주의 세력은 이 국면을 주도할 수 있었다. 그래서 시민운동의 민주개혁운동뿐만 아니라 민중운동의 급진민주주의적 개혁운동도 확산되게 된다.

이러한 독재 이후의 민주주의의 형성을 둘러싼 구성적 각축에서 반독재중도자유주의 세력은 민주주의 블록의 정치적 대표성－물론 독점적인 것은 아니다－을 가지면서 제도정치 내에서 독재적 보수세력을 비판하고 민주 개혁을 추동하는 위치에 서게 되었다. 시민사회 내에서의 민주주의 개혁에 대한 국민적 공감대와 운동정치에서의 민주개혁 민주주의 운동의 이니셔티브에 기반하여, 반독재자유주의 정치세력은 제도정치영역에서 민주개혁을 배타적으로 대표하면서 독재적 보수세력을 압박할 수 있었다. 여기서 반독재중도자유주의 정치세력이 민주주의 블록의 정치적 대표성을 갖는다는 것은 민주주의 블록 내부에서 이들의 '내부－외부－헤게모니'가 존재한다는 것을 의미한다. 여기서 '내부－헤게모니'는 제도정치 내에서 저항적 사회운동의 대표성을 반독재개혁자유주의 세력이 보유한다는 뜻이다. 반독재민주주의 블록의 시민사회 및 운동정치에 대해서 반독재개혁자유주의정치세력이 주도권을 갖는 것이다. 다음으로 '외부－헤게모니'라고 하는 것은 민주주의 블록을 대표한 반독재개혁자유주의정당(세력)이 시민사회 내의 개혁적 대중에게 헤게모니적 지위를 가지게 된다는 것을 의미한다. 이는 시민사회 내의 개혁적 대중에게는—물론 전부는 아니다—반독재개혁자유주의정치세력이 제도정치 영역에서 자신을 대의하는 대표세력이 된다는 것을 의미한다. 이렇게 보면, 민주주의 헤게모니 블록의 내적 구조는 민주주의와 민주개혁을 지지하는 대중의 친민주주의적·반권위주의적 정치성의 존재, 구 독재의 도덕적 기반의 균열 및 민주주의 담론의 헤게모니적 지위, 사회운동 영역에서 민주개혁운동의 헤게모니적 지위, 이를 기반으로 하는 제도정치영역에서 민주주의 블록의 대표성을 갖는 반독재자유주의 세력의 저항적 존재와 시민사회 및 운동정치에 대한 헤게모니적 지위로 구성되어 있다고 할 수 있다.

따라서 시민사회—운동정치—제도정치를 가로지르는, 혹은 제도정치와 사회적 정치를 가로지르는 반독재민주주의적 연대구조가 존재하는 것이다. 반독재자유주의 정치세력 역시 그것이 사회적 정치와 고립된 제도정치세력으로 존재하는 것이 아니라, 오히려 넓은 의미에서의 반독재·민주개혁 민주주의 블록(사회적 정치)의 일부로서 존재한다. 이 때문에 반독재중도자유주의 제도정당은—부단히 제도정치의 보수정치세력과 타협하게 되면서도—독재적 보수정당과의 타협적 공존보다는 민주개혁 사회운동 및 시민사회와 동맹 관계를 우선한다. 앞서 제도정치의 안정화를 타협적 공존과 경계의 고정화로 명명한 바 있다. 그런 의미에서 민주주의 헤게모니 블록의 존재는 제도정치 내의 진보개혁적 블록이 보수적 블록과의 타협적 공존상태보다는, 외부의 반독재운동세력과 동맹하도록 만들었고, 이는 제도정치가 안정화되는 것을 방지했다. 하나의 정당이 통상적인 제도화된 정당으로 단순하게 존재하는 것과, 독재 진영과 반독재진 영의 거대한 각축 속에서 반독재 진영의 일부로서 존재하는 것은 다르다. 이 구조는 반독재민주정부 하에서 새로운 균열을 경험하기까지는, 제도정당들의 행위를 제약하는 요인으로 남아있었다. 바꾸어서 말하면, 민주주의의 구성적 각축을 한 단계 높은 단계로 이행시키기 위한 제도정치 내의 진보적 행위자와 사회적 정치의 연대관계가 87년 이후 지속된다는 것이다.

이에 따라 다음과 같은 기본 패턴이 발생했다. 시민사회에서의 친민주주의적 헤게모니의 형성을 기반으로 하여, 반독재자유주의 정치세력은 제도정치 내부에서 국가와 경제의 민주주의적 개혁을 추진한다. 사회운동은 이러한 반독재정치세력을 제도정치 외부로부터 위협하고, 민주개혁을 더욱 급진적으로 밀고 나가도록 압박하거나 영향을 미친다. 이에 대응하여 개발독재를 주도하였던 보수적 정치세력은 '위로부터의 변형주의'적 개혁을 통하여 아래로부터의 민주개혁 공세를 막는다. 더 나아가 민중들의 요구와 이해를 일정하게 제한적으로나마 수용하는 방식을 통해 시민사회 내에서의 헤게모니의 역전을 도모한다. 바로 이러한 구도로 87년 이후 국가와 경제, 제도정치의 재구성 과정이 진행되었다.

결국 제도정치 내에서는 독재적 보수세력이 현실적인 권력을 보유하고, 반독재자유주의 세력은 대중적 수준에서 헤게모니적 지위를 가지는 방식으로(민주주의 헤게모니 블록의 존재) 민주화체제의 이중권력 상태가 만들어진 것이다. 이것이 87년 이후 한국 민주주의의 역동성을 낳게 된 기본 배경이라고 본다.

3. 87년 6월 이후의 각축: 7·8·9월 노동자대투쟁과 87년 대선

6·29선언을 통해 제도정치의 복원(직선제의 부활과 자유로운 선거의 보장) 약속이 이루어졌다 하더라도, 복원된 제도정치가 어떤 현실적 구성으로 나타날지는 후속 각축에 의해서 결정된다. 87년 6월 국면에서 민주항쟁은 아래로부터의 가두 투쟁의 성격을 띠고 6·29선언은 '약속'의 성격을 띤다. 이 때문에 87년체제가 어떻게 제도정치적 형상으로 현실화될 것인가엔 다양한 가능성이 내장되어 있었다. 어떤 의미에서 방법론만 확정되고 그 방법론에 의해서 어떤 내용을 가질 것인지는 이후의 각축과정에 맡겨져 있었다. 바로 그러한 각축이 12월 대선과 88년 4월 총선을 통해서 전개되었다.

1) 7·8·9월 노동자대투쟁과 개헌 협상

87년체제의 성격을 형성하는 제1소시기에서 제2소시기로 이행하는 국면에 두 개의 과정이 전개되었다. 즉 한편에서는 반독재개혁자유주의 세력이 독재적 보수세력과 '개헌 협상'에 돌입했고, 다른 한편에서는 7·8·9월 노동자대투쟁과 타협적 개헌 협상을 반대하는 급진민주주의 투쟁이 전개됐다. 6·29선언 이후 반독재민주주의 대중투쟁이 소강상태로 접어들게 되면서, 반독재개혁자유주의 정치세력은 반독재민주주의 블록을 대표하여 구 독재적 보수세력과의 '헌법개정' 협상 테이블로 나아갔다.[138] 개헌 테이블은 반독재민주주의 블록 내부의 급진민

138 1987년 12월 대선은 군부독재에서 민주주의로 이행하는 이른바 '정초선거(founding

주주의적 주체들은 철저히 배제된 채, 반독재개혁자유주의 세력과 구독재적 보수세력의 타협적 협의과정으로 전개되었다. 이 개헌 협상 테이블에 대한 입장에 따라 반독재민주주의 운동의 두 구성부분, 즉 제도정치세력과 사회적 정치세력, 자유민주주의적 세력과 급진민주주의 세력은 확연히 분리됐다. 전자는 협상테이블로 나아가고 후자는 '주변화된' 거리의 투쟁을 전개하는 구도가 형성된 것이다. 이 개헌 협상은 7월 말부터 시작되어 8월 동안에 진행되었다. 기본적으로 급진민주주의 세력이 헌법 개정에서 배제된 상황에서, 대통령 직선제, 대통령 5년 단임제, 국정감사권 부활 등 자유민주주의적인 절차적 민주주의를 회복하는 수준으로 헌법개정은 마무리되게 된다.

87년체제의 이중적 구조화로 급진민주주의적 지향은 제도정치세력이 아니라 운동정치로 되었고, 급진민주주의적 운동정치가 제도정치를 위협하며 압박하는 형태로 87년 이후의 민주주의의 구성적 각축이 진행되게 만들었다. 이런 과정은 병행 접근의 방법이 필요한 이유를 다시 확인시킨다. 제도정치로만 시각을 한정하게 되면 6월 민주항쟁으로부터 시작된 일련의 과정이 6·29선언에 의해 '개헌 협상'으로 왜소화 되어 버리게 되기 때문이다. 반독재자유주의 세력의 활동은 바로 이 개헌 국면에서 협상테이블에만 한정됨으로써 결국 헌법 개정은 72년 유신헌법 이전 상태의 복원에 머무르게 된 것이었다. 이런 과정과 동시에 다른 한편에서는 급진민주주의적인 사회적 정치운동이 전

election)'(O'Donnell and Schmitter, 1986: 57)였다. 정초선거는 비민주사회에서 민주사회로 이행하는 최초의 중대한 전국적 선거를 의미하는데, 87년 선거가 이후 민주화의 경로를 '정초'하는 선거로서의 의미를 가졌다.

개되어 나갔다. 그 대표적인 것이 7·8·9월 노동자대투쟁과 급진민주주의적 사회운동들이었다.

먼저 7·8·9월 노동자대투쟁을 보자. 앞서 서술한 87년체제의 이중성에도 불구하고, 그 긍정성이 보장하는 새로운 정치공간 속에서 그동안 61년체제와 53년체제하에서 억압되어져 있던, 그러나 개발독재에 대한 저항을 이어온 노동운동이 광범위하게 분출되었다, 1987년 7·8·9 노동자대투쟁은 한국 노동운동사 전체에 걸쳐 그 전례를 찾아볼 수 없는 대규모 투쟁이었다. 87년 6월 민주항쟁과 6·29 선언 이후 폭압적인 지배체제가 약화되는 조건 위에서 전국적으로 민주노동조합을 새롭게 건설하는 운동, 기존의 '어용' 노동조합을 민주화하기 위한 운동, 고용조건과 임금 인상을 위한 다양한 투쟁들이 분출하였다. 이러한 투쟁은 주로 생산직 노동자들을 중심으로 전개되었다. 7·8·9월 노동자대투쟁 이전인 87년 6월 현재 노조 수는 2,700개, 조합원 수는 105만 명이었다. 그러나 6월 민주항쟁과 7·8·9월 노동자대투쟁을 겪으면서 89년 민주노동조합의 결성률이 최고조에 이르러 노조수는 7,900개, 조합원수는 193만 명으로 증가한다. 2년 반에 걸치는 시기동안 노조수가 무려 5,400개, 조합원수는 93만 명이 증가했다. "7월부터 9월까지 3개월 동안 쟁의는 총 3,311건으로 하루 평균 30건을 상회했고, 가장 정점에 달했던 8월에는 하루 평균 쟁의가 83건이 발생했다. 또 쟁의에 참여한 인원은 약 122만 명으로 1987년 8월 말 현재 사용 근로자 10인 이상 사업체 총 노동자 333만 명의 약 37%에 달했다(노중기, 2008: 51)". 이런 7·8·9월 노동자대투쟁은 87년체제의 성립으로 혁명의 가능성이 주변화된 조건에서, 독재적 억압체제의 약화와 시민사회, 노동, 민중부문의 '주체적 활성화'가 어떻게 병행될 수 있는가를 잘 보여주는 사건이었다.

분명 87년체제는 위로부터의 타협적 민주화의 경로가 지배적이었지만, 그것이 각축의 종결이 아니었다. 보수적 측면이 부여하는 제약에도 불구하고, 진보적 측면이 부여하는 가능성을 최대한 활용하면서 투쟁이 전개되었다. 구조 결정주의 혹은 경제 결정주의의 관점을 통해서만 87년체제를 바라보아서는 안 되는 이유가 여기에 있다. 이와 함께 6·29선언의 효과로 반독재대중투쟁이 소강국면으로 접어들었지만, '거국내각 구성' 투쟁 등 다른 경로를 개척하기 위한 다양한 투쟁들이 전개되었다. 앞서 '가보지 않은 길'에 대한 상상을 이야기했는데, 아래로부터의 급진적 민주화의 경로로 민주화가 진행되었다면, 예컨대 거국내각 구성, 총선 및 제헌 등의 과정으로 전개되었을 것이다. 그리고 거국내각에서 반독재민주세력의 대표성을 반독재개혁자유주의 세력이 배타적으로 갖지는 않았을 것이다. 또한 개헌 협상과정에서 반독재제도정치세력이 운동세력들과 연계하여 이를 진행하였다면 개헌 협상이 단지 유신헌법에서 박탈된 조항을 복원하는 수준을 넘을 수 있었을 것이다.

2) 12월 대선을 둘러싼 각축과정

개헌 협상이 마무리된 이후 12월 '대선' 국면으로 이행하였다. 12월 대선은 주지하다시피 '4파전'으로 치루어졌다. 즉 군부 후보인 노태우,

반독재민주주의 운동의 지도자인 김영삼, 김대중, 그리고 박정희 시대 구 여권의 김종필 등 4후보가 각축하고 여기에 민중후보가 사회운동적 선전활동을 펼치는 국면으로 전개되었다. 이 선거는 결국 직선제라고 하는 새로운 제도정치적 경쟁을 통해 군부 출신 후보가 당선되는 식으로 귀결되었다. 이 대선은 기본적으로 구 독재적 지배블록과 반독재민주주의 블록이 각축하는 장이었다. 여기서 전자는 야당 후보의 분열 전략을 구사하였으며, 후자는 이를 넘어서지 못해 분열하면서 각축하였다. 이는 군부 후보의 당선을 용이하게 하였다. 12월 대선 결과 군부 출신 후보가 헌법적 방식으로 '직선'에 의해 당선됨으로써, 아래로부터의 거대한 투쟁이 있었음에도 불구하고 구독재체제의 '변형주의'적 재편의 경로가 열리게 되었다. 이러한 대선의 결과로 당시에는 구독재적 지배세력이 주도하는 '위로부터의 타협적 이행'이 성공하는 것처럼 보였다. 그래서 당시 브루스 커밍스(Bruce Cumings)는 한국 민주화의 성격을 '유산된 이행'이라고 불렀다.

군부세력의 야당분열전략은 12월 대선을 이해하는 데 대단히 중요하다. 이것은 이후 88년 4월 총선의 지역주의적 질서의 출현과 연관된다. 지역적으로 보면 반독재민주주의 운동은 호남을 기반으로 하는 김대중과 부산경남을 기반으로 하는 김영삼의 연합의 성격을 띠고 있었다. 그리고 충청을 기반으로 하는 김종필 후보가 노태우 후보에 도전하는 형국이었다. 여기서 군부세력은 김대중과 김영삼을 분열시키는 전략을 핵심적으로 구사하였다. 특히 김영삼의 광주 유세와 김대중의 부산 유세에서 발생한 폭력사태가 군부의 야당 분열전략이라는 설도 강력하게 제기된 바 있다. 이런 상황에서 반독재민주주의 블록의 또 다른 구성부분인 사회운동 부문은 김대중과 김영삼을 단일화시키기 위한 '후보단일화' 진영, 상대적으로 진보적인 김대중을 지지해야 한다고 하는 '비판적 지지' 진영, 이 국면을 민중의 독자적인 정치세력화의 계기로 활용하고자 하는 '민중후보' 진영으로 나누어지게 되었다.

다른 경로에 대한 상상의 방법론을 적용해 본다면, 87년 12월 대선에서 '후보단일화' 하는 경우를 상상해 볼 수 있을 것이다. 이 경우 단일화된 후보가 당선되는 경우와 패배하는 경우를 상상할 수 있을 것이다. 후자의 경우에 다시 6월 민주항쟁과 같은 대중투쟁이 재활성화될 가능성도 컸을 것이다. 사회운동 진영의 대응도 상이한 경로를 밟았을 수도 있을 것이다. 예컨대 반독재민주주의 블록의 다수파(당시 민통련으로 대표됨)가 비판적 지지로 가지 않고 대연합을 하고 이 기초에서 후보단일화를 추동하거나 민중후보 전략을 구사하다가 김대중이나 김영삼과 연합하는 경우도 가능했을 것이다. 그러나 후보단일화 진영은 기본적으로 김영삼 계라고 하는 '민주주의 진영의 온건파'를 중심으로 하고 있었고, 민중운동의 다수파는 '비판적 지지'에 경도되어 있었다. 운동정치가 제도정치를 견인하기보다는 제도정치에 의해서 운동정치가 견인되고 그 결과 제도정치적 균열에 따라 운동정치가 균열되는 양상이 나타났다. 가장 큰 문제는 민중진영의 다수파가 당시로서는 양김으로 상징되는 반독재개혁자유주의 세력과 정치적으로 분립되지 않은 상태였다는 점이었다. 훗날의 관점에서 본다면 87년 당시에 후보단일화가 이루어지지 않음으로써, 민주주의의 블록의 온건파인 김영삼은 독재적 보수정당에 영입되어 그들과 동맹함으로써 대통령이 될 수 있었고, 김대중은 또 다른 체제의 위기—외환 위기와 같은—에 의해 도움을 받으면서 보수적 정치분파의 일부와 결합함으로써 1997년에 대통령이 될 수 있었다. 87년체제의 보수적 제도화는, 6월 민주항쟁으로 회복된 '직선제' 선거 공간에서 반독재세력이 분열하고, 12월 대선에서 '직선(민선) 군부정권'이 출현하게 됨으로써 확고해졌다. 민선군부정부의 출현은 6월 민주항쟁에 의해서 촉발된 위로부터의 수동혁명적 시도가 낳은 '1차 변형질서'라고 할 수 있다. 그러나 이는 앞서 서술한 대중의 능동혁명적 기대가 수동혁명적 변화의 현실에 의해서 좌절되는 또 다른 사례였다.

3) 88년 4월 총선과 지역주의 정당질서의 출현, 그 성격

87년 대선에서 패배한 이후 김영삼은 투표 조작 문제를 제기하였다. 실제 구로구청 투표소에서는 투표부정사건이 발생하였다. 이에 항의하는 과정에서 양원태가 하반신 불구가 되는 불상사도 발생하였다. 그러나 군부후보의 당선과 민주후보의 패배가 양김의 분열에 기초에 있다는 대중의 한탄 어린 정서가 이러한 투표부정도 대중의 관심으로부터 멀어지게 했다. 그렇게 '6공화국'은 시작되었다. 6공화국 출범 후, 여야는 88년 4월 총선을 향한 경쟁으로 돌입하였다. 88년 4·26총선에서 노태우가 이끄는 민정당은 125석, 김대중이 이끄는 평화민주당은 70석, 김영삼이 이끄는 통일민주당은 59석, 김종필이 이끄는 신민주공화당은 35석을 차지하였다. 4월 총선의 핵심적 특성은 각 정당의 기반 지역에 따른 의석의 재분배 현상, 곧 지역주의 정당질서의 출현이다. 동시에 여기서 '여소야대'의 구도가 갖는 의미도 중요하다. 비록 김종필이 이끄는 신민주공화당이 이념적으로 민정당과 친화적이라고 하더라도 야당이라고 하는 지위가 이후 제도정치 내에서 독재적 보수세력에 대해서 민주개혁의 시대적 과제들을 강제하는 공간을 확대해 주었기 때문이다.

4. 제2소시기: 위로부터의 수동혁명적 개혁과 운동정치

제1경합국면의 제2소시기에 구독재적 보수세력(지배블록)은 위로부터의 개혁을 통해서 스스로가 주도권력을 갖는 '변형권위주의 정치질서(민선군부정부의 성립으로 인한 '제도정치의 1차 변형')'를 안정화시키고자 했고, 반대로 반독재민주주의 블록은 그러한 변형권위주의 정치질서의 허구성을 뛰어넘어 한 단계 높은 민주주의를 실현하고자 했다. 이것이 민선권위주의 정치질서 하의 '정치의 국가화' 대 '정치의 사회화'의 각축이다. 여기서 정치의 국가화의 시도는 의제와 인물의 '선택적 포섭'의 확대를 통해 제도정치를 안정화하고자 하는 시도로 표현되었으며, 정치의 사회화를 위한 시도는 제도정치를 뛰어넘는 정치의 '급진적 확장'의 시도로 주되게 표현되었다.

87년 대선과 88년 총선을 통해 전개된 제도정치적 재편이 얼마나 헤게모니적으로 지속되면서 이후 안정성을 가질 것인가 하는 것이 향후 정치변동의 향방을 결정하는 것이었다. 민주주의의 구성적 각축과정에서 일정한 제도정치의 재편(민선군부정부의 성립으로 인한 '제도정치의 1차 변형')이 시민사회와 대중의 불만을 상당한 정도로 수렴할 뿐만 아니라, 시민사회–운동정치–제도정치를 가로지르는 민주주의 블록의 기존 결합상태가 해체되고, 민주주의 블록과 결합된 대중이 제도화된 정당에 의해 '동원'되는 식으로 변화할 때 그러한 재편은 안정성을 갖는다. 그러나 반대로 제도정치 재편에도 불구하고, 변화된 제도정치와 대중의 괴리가 지속된다면, 그리고 사회운동에 의한 대중의 결합과 동원이 지속될 때, 민주주의는 또 다른 단계의 구성적 각축으로 변화해 간다. 이런 점에서 이후 변동의 과정은 후자의 경로를 밟았다. 즉 1차 경합을 통해 출현한 '변형권위주의 정치질서'가 균열되고, 사회운동이 대중의 새로운 정치적 요구와 결합하여 그것을 동원하면서, 제도정치의 새로운 변화를 압박하는 형상으로 전개되었다. 그리고 그것이 궁극적으로 6·29선언보다도 한 단계 높은 '위로부터의 정치혁신'으로서의 3당 합당을 불가피하게 만들었다.

민선군부정권인 6공화국은 국가의 성격이라는 점에서는 이중적이었다. 한쪽으론 개발독재를 계승하는 보수세력이 여전히 존재하고 있었지만, 다른 한쪽으론 민주화로 인해 기본적인 시민적·정치적 권리의 보장, 집회·결사의 자유 등 사회운동적 공간을 허용하였다. 이 때문에 그동안 억압되었던 다양한 사회운동과 대중의 요구들이 분출하였다. 88년 이후의 민주주의적 정치의 동학은 87년 6월 민주항쟁을 수행할 정도로 변화된 대중과 개발독재적 보수세력이 여전히 강력한 저항력을 가지고 있는 제도정치(그것은 6·29선언을 거쳐 민선군부정권, 지역주의적 정치질서로 구조화됨) 간의 '괴리'를 출발점으로 한다. 제1경합국면의 제1소시기를 통해서 출현한 변형 권위주의 질서와 지역주의

정당질서는 '아래로부터의 급진적 민주화'의 경로를 봉쇄하는 데에는 성공했지만, 바로 이런 이중성으로 발생하는 '괴리'로 인해 내재적인 불안정성을 동반하고 있었다. 88년에서 89년으로 이어지는 제1경합 국면의 제2소시기인 · 민선군부정부의 초기 국면은 정부가 위로부터의 개혁을 통해 민선군부정부를 안정화시키려고 하는 다양한 정책적 노력이 진행되는 반면에, 다른 한편에서 민선군부정부로 포괄될 수 없는 대중의 정치성 · 저항성과 그것을 배경으로 하는 사회운동의 역동성이 분출하는 국면이었다.

1) 저항의제의 선택적 포섭: 북방정책

반독재민주주의 운동에는 협의의 민주주의 쟁점뿐만 아니라, 계급, 민족, 생활세계 쟁점들이 공존하고 있었다. 민선군부정부로서 성립한 노태우정부는 일련의 위로부터의 개혁을 통해서 반독재민주주의 운동의 요소들을 전유하면서 6공화국을 위로부터 안정화시키고자 하였다. 이것은 의제의 '선택적 포섭'을 통한 제도정치의 안정화시도라고 할 수 있다. 그 대표적인 정책이 북방정책과 노동정책이다. 먼저 북방정책을 살펴보자. 이는 기본적으로 그동안 민족문제에 대해서 극우반공냉전적 입장에서 남북대결 노선과 공산권에 대한 적대적 정책을 취해 오던 군부독재체제의 기조를 전환하는 것이었다. 이에 대항하여 80년대 민주주의 운동의 급진적 분파(NL)은 반미민족주의적 입장과 통일민족주의적 입장을 취했다고 할 수 있다. 사실 북한과 공산권에 대한 극우냉전적 대결정책은 남북화해와 탈냉전적 요구와 기대를 모두 저항운동의 자원으로 만드는 효과를 가지고 있었다. 이제 북방정책을 통하여 저항운동의 쟁점들을 체제로 수용하는 노력이 시작되었다. 특히 70년대 이후 세계적인 탈냉전의 흐름에도 불구하고 한반도는 치열한 냉전적 대결구도가 존재하고 있었는데, 북방정책이라고 하는 신노선을 통해서 이러한 괴리를 극복하고자 하였다. 이른바 '북방외교'(또는 '북방정책', Nordpolitik)라고 불리는 정책은 두 가지 측면을 가지고 있었다. 하나는 탈냉전화에 따라서 기존의 적성국가이전 소련 및 동유럽 국가와의 수교였으며, 다른 하나는 남북 간의 긴장 완화였다. 노태우정부는 박정희–전두환 정권으로 이어지는 '대공산권 대결정책', '남북대결주의'적 정책을 전환하여, 남북 평화공존정책, 그리고 공산권에 대한 대결정책에서 화해정책으로의 전환을 시도한 것이었다. 이는 노태우정부의 가장 진일보한 정책분야였다고 할 수 있다.

민주화의 경제적 맥락이라는 점에서 보면 경제적 안정과 성장이 지속되는 속에서 민주화가 전개되는 유형과 정반대의 조건 속에서 민주화가 전개되는 유형이 있다. 한국은 전자의 유형에 속하고 이 점은 노태우정부 시기에도 그대로 적용될 수 있다. 노태우정부 시기 실질경제성장률은 평균 8.5%에 이르렀다. 그러나 다른 한편에서 물가상승과 부동산투기가 심각하게 확대되었다. 89년에는 주택 가격 상승과 부동산 투기가 중대한 경제적·정치적 문제가 되기도 했다. 여기서 생겨나는 대중들의 정치적 불만이 컸기 때문에, 노태우정부는 경제정의실천시민연합 등 시민단체가 요구하는 '토지공개념' 개념을 수용하고 저소득층을 위한 공공주택인 임대주택 100만 호 건설을 추진하였다. 그러나 이러한 조치들은 지배블록 내에서의 저항으로 제한되었고, 그 결과 정책의 일관성 부재와 강력한 정책 의지 부재로 인하여 대중의 기대에 현저히 못 미치는 결과로 나타났다.

2) 위로부터의 '포섭적 개혁'에 대응하는 운동정치의 급진화

그런데 이러한 위로부터의 개혁은 위기에 직면할 수밖에 없었다. 왜냐하면 대중의 높은 민주화 기대에서 발원하는 민선군부정부에 대한 불신, 위로부터의 개혁을 뛰어넘는 아래로부터의 민주주의 투쟁의 확장, 그것에 의해 촉진되면서 이루어지는 의회 내에서의 반독재 개혁 자유주의정당의 공세에 의해 그 정당화 효과가 반감되었기 때문이다. 또한 아래로부터의 확장투쟁을 억압하는 폭압성의 부상 속에서 개혁보다는 과거 군부정권과의 연속성이 부각되었다. 이런 조건으로 인해 6공화국의 성립으로 출현한 제도정치적 질서는 반독재자유주의 세력을 내부화하여, 지배를 안정적으로 재생산할 수 없었다. 구 독재적 보수세력과 반독재자유주의 세력의 타협적 공존은 불가능하게 되었고, 제도정치의 경계가 고정화되어 운동정치와 제도정치의 동맹이 구축되는 것은 불가능하였다.

(1) 동의대 사건과 공안정국

이러한 흐름에서 89년 5월에 발생한 '동의대 사건(東義大事件)'은 우연적 사건이지만 노태우정부를 둘러싼 (변화되지 않은) 지배체제와 (여전히 전투성을 드러내는) 학생운동의 대충돌의 성격을 띠고 있었다. 이른바 동의대 사건은 4명의 경찰을 구금하고 도서관을 점거하면서 농성을 벌리던 학생들이 도서관에 진입한 경찰을 피해 도서관 옥상으로 도피하고, 그 과정에서 발생한 화재로 7명의 경찰이 죽고 77명의 학생들이 구속된 사건(당시 2명은 사형을 언도받았다)이었다. 노태우정부는 이 사건이 경찰을 숨지게 한 사건이란 점을 부각시키면서, 학생운동권에 대대적인 공세를 취하는 계기로 활용하였다. 그러나 다른 한편에서는 정부가 당시 전대협 등으로 상징되는 학생운동과 '화해할 수 없는' 억압세력으로 투영됨으로써 이후 학생운동이 대정부투쟁을 가속화하는 계기가 되었다. 동의대 사태 이후 노태우정부는 이른바 '공안정국'을 형성하면서 사회운동의 확산을 통제하기 위해 대대적인 공세를 전개하였다.

(2) 노동운동

민주화가 동반하는 국가억압기제의 완화와 자율적 운동공간의 확대는 반독재민주주의 운동 속에 내재되어 있었던 급진민주주의적 요소가 현재화되어 전개되는 계기가 되었다. 그것은 궁극적으로 변형권위주의 정치질서의 한계를 뛰어넘어 그것의 균열을 촉발시키는 계기가 되었다. 이에는 먼저 사회경제적 민주주의를 요구하는 노동자들의 투쟁을 들 수 있다. 87년 6월 민주항쟁 이후 이어진 87년 7·8·9월 노동자대투쟁을 통하여 수천 개의 민주노조가 설립되었다. 노태우정부의 초기 국면은 이러한 민주노조운동의 지속적이면서 급속한 확대의 시기였다. 89년에는 노조 조직률이 20%에 육박하는 수준에 이르게 된다. 기존의 독재적 억압이 가장 집중되었던 영역이 노동부문이라고 할 때, 6월 민주항쟁 이후의 일련의 민주화 물결 속에서 이러한 억압이 상대적으로 완화되면서 이를 배경으로 노조는 생산직 영역은 물론이고 화이트칼라 노동자와 대기업 노동자들에까지 확산되었다. 87년

7·8·9월 노동자대투쟁이 87년 6월 투쟁을 소강상태로 만든 6·29선언을 뛰어넘는 것이었다면, 노태우정부 시기를 관통하여 지속적으로 확대된 민주노조운동은 87년 대선을 통해서 등장한 변형권위주의 정치질서를 새롭게 뛰어넘는 것이었다.

이러한 노동자 자신의 투쟁의 확산과 함께, 반독재운동 속에서 내재화되어 있었던 이른바 PD적 요소, 예컨대 반재벌투쟁, 반(천민)자본투쟁이 다양한 형태로 전개되었다. 이 시기의 가장 상징적인 투쟁은 '목회자의 전경련 점거 시도'였다. 물론 6공화국은 몇 가지 이전과는 다른 노동3권의 보장 등의 정책을 통하여, 새로운 노동자 투쟁을 진정시키며 변형권위주의질서 내에서 안정화하려고 하였다. 그러나 이미 군부독재체제로부터 해방된 노동자들의 새로운 투쟁을 이제 변형권위주의질서에서 안정화될 수 없었다. 노태우정부 이후 아래로부터의 '정치의 사회화'를 위한 투쟁과 위로부터의 '정치의 국가화'를 위한 노력이 접점을 찾을 수 없는 영역이 바로 이러한 노동자를 포함한 민중생존권 분야였다.

(3) 급진 통일민족주의 운동

북방정책은 반독재민주주의 운동에 내재된 민족주의적 요소에 대한 위로부터의 전유노력이라고 할 수 있는데, 반대로 아래로부터의 급진적 운동은 위로부터의 포섭의 범위를 넘어서서 '정치의 급진적 확장'을 위한 노력으로 전개되었다. 노태우정부 하에서 치열한 각축의 영역이 바로 북방정책, 대북정책의 영역이었다. 88년 이후 이에 대응하는 급진 통일민족주의 운동이 전개되었다. 87년 이후 남한의 사회운동

진영의 다수파인 민족해방파가 기존의 민족주의적 경향을 구체적으로 '북한 바로 알기 운동'이나 '북한 재인식', '북한의 민족적 이해', '역사적 재평가', 그리고 평양축전 참가 등의 활동을 전개한 것이다. 여기서 89년 문익환 목사 방북사건이나 임수경 방북사건 등이 나타나게 된다. 이 반미투쟁과 통일투쟁은 80년대 반독재운동에 내재해 있던 급진적 요소들인데 이 시기 사회운동의 다수파(이른바 NL)가 이를 전면화하면서 이를 억제하려는 국가권력과의 치열한 대결이 전개되었다. 이후 민주화체제로 이행하면서 제도정치의 급진적 확장이라는 견지에서 개발독재 하에서 억압되었던 통일민족주의적 경향과 반미민족주의적 경향이 북한 바로알기 운동 등의 형태로 표출된 것이다. 앞서 나는 민주화가 시작된다는 것은 '배제의 기제'가 중단되고 그동안 배제되었던 정치세력에게 제도정치가 개방되고, 제도정치의 지배적 세력은 선택적 포섭을 통해 제도정치의 재안정화를 도모하며, 반대로 운동정치는 선택적 포섭에 의한 안정화에 도전하면서 금단의 지형 자체를 해체하고자 하며 선택적 포섭을 뛰어넘는 '제도정치의 급진적 확장'을 추구한다는 점을 언급하였다. 이러한 반미투쟁과 통일투쟁은 53년체제의 '금단의 지형', 예컨대 반공반북친미분단 프레임을 해체하기 위한 투쟁이라고 할 수 있다. 제도정치에 진입할 수 없었던 53년체제의 '금단'의 영역에 위치해 있던 비(非)친미적 · 비(非)반공반북적인 '정치'(실제로는 비정치)가 진입하도록 제도정치의 급진적 확장을 지향하는 실천이었다.

이 동일한 운동은 50년대 극우반공분단체제와 60 · 70년대 개발독재체제하에서라면 극단적인 탄압을 받았을 것이다. 실제 그 시기에 이러한 운동은 공적 공간에서 표출될 수 없었고, '테러독재'적 탄압을 받았다. 그러나 민주화체제는 과거의 극우반공분단체제와 개발독재체제와 달리 이러한 운동이 공적으로 표현될 수 있는 공간이 확장되었다는 점에서 다르기도 하지만, 그 대중적 효과가 상이하게 관철된다고 하는 점에서도 차이가 있다. 즉, 극우반공분단체제는 대북 적대체제의 성격을 가지고 있었다. 하지만 북한이 70년대를 거치면서 그 경제적 정체를 경험하게 되고 정치적으로도 통제적 성격이 강화되면서 70년대 초까지와는 달리 '대남 위협력'이 현저히 약화되었다. 남한이 80년대를 넘어서면서 경제적으로 약진을 하게 되고 경제력의 측면에서 남북한 간의 균형이 깨지게 되는 상황이 출현하게 된 것이다. 더구나 북한에 우호적인 동맹세력이었던 중국에서 개혁개방이 본격화되고, 90년대 초 소련 사회주의체제가 붕괴하면서 '체제위기'가 상존하는 상황에 놓이게 되었다. 이는 남한의 지배세력으로 하여금 과거와 달리 북한에 대해 보다 유연한 정책을 선택할 수 있는 조건이 되었다. 즉 70년대 초까지는 남한의 민중에게 북한을 개방적으로 노출시키는 것이 남한체제에 위협이 되는 상황이었지만 90년대 이후에는 남한이 체제우위를 점하게 됨으로써 남북한의 연계정책을 취하더라도 남한에 체제위협이 되지 않는 상황이 출현한 것이었다. 이전까지는 '경쟁적 반공주의'가 적대적인 형태로 표현되었다고 한다면, 이제 '체제우월론적 반공주의'가 자발적으로 작동할 수 있는 조건이 되었고, 이는 민주화체제하에서 남한 지배체제에 전략적 선택의 범위를 확장하는 것이었다고 평가할 수 있다.

(4) 시민사회의 주체적 활성화

개발독재 하에서 시민사회는 독재적 국가에 대한 저항을 중심으로 활성화되었고, 이를 나는 '시민사회의 저항적 활성화'라고 표현하였다. 87년 이전까지 존재하던 시민사회에 대한 국가통제가 민주주의로 이행하면서 현저하게 약화되면서, 시민사회가 다양하게 활성화 된다. 권위주의적 발전국가에 대항하는 시민사회의 역동성을 '저항적 활성화' 라고 표현한다면, 민주주의 이행과정에서 나타나는 시민사회의 새로운 역동성을 '주체적 활성화'라고 표현할 수 있다. 주체적 활성화라고 할 때, 시민사회의 역동성이 국가에 대항하는 저항적 역동성으로도 표출되는 일면화를 넘어, 시민사회가 쟁점화 되지 않았던 새로운 쟁점을 중심으로 정치화되는 과정 곧, 각종 계급계층이나 집단을 중심으로 조직을 구성하고 이를 통해 자신들의 요구나 이해를 실현하기 위한 주체적 활동이 고양되어 가는 과정을 의미한다.

5. 광주 의제를 둘러싼 제도정치의 내적 균열

변형권위주의질서(1차 경합질서)가 안정화되지 않고, 제도정치－사회운동－시민사회를 가로지르는 저항연대가 지속된 데에는 제도정치 공간에서의 '광주청문회', '5공 청문회'가 큰 역할을 했다. 즉 광주청문회와 같이 군부정권의 최대의 약점인 광주학살과 5공화국의 각종 부패가 의회라는 장을 통해서 쟁점화되게 되었다. 이는 1차 경합질서로 출현한 질서에 대중들이 만족하지 않고 그것을 뛰어넘는 질서를 요구하는 단계로 나아가게 하였다. 특히 이 두 청문회는 전두환과 노태우의 '연속성'을 극명하게 드러냄으로써, 6·29선언과 87년 대선에서의 승리에 기반하고 있는 민선군부정권의 정당성을 심대하게 훼손했다. 노태우정부는 이러한 의회 내의 야당의 공세에 대응하고, 광주항쟁의 폭압적 이미지와 부패의 이미지로부터 벗어나기 위하여 전두환 대통령을 제외한 친인척과 측근들에 대해 사법조치를 시도하였다. 이 대표적인 것이 5공 비리의 상징적 인물로 인식되고 있었던 새마을중앙협의회 회장 전경환 씨의 구속이었다. 그러나 이러한 시도에도 불구하고 광주청문회와 5공청문회를 통한 야당의 공세, 대중들의 분노로 인하여 전두환의 '백담사 유배'를 강제하지 않을 수 없었다.

이러한 각축과정에서 민선군부정부는 1차 경합질서를 안정화시키기 위하여 '정치의 사회화'를 위한 투쟁들을 반국가적이고 불온한 것으로 매도하고 공권력을 활용하면서 탄압하였다. 노태우정부는 초기에는 억압적 수단을 '억제'하였으나 위기가 강화되면서 억압적 수단을 폭넓게 활용하였다. 89년 '범죄와의 전쟁'과 같은 '우회적 담론'으로 스스로를 정당화하면서－스스로가 전두환정부와 달라야 하므로－대중의 다양한 투쟁의 분출과 사회운동의 저항에 대해서 억압정책을 사용하게 되었다. 이것은 민선군부정부가 수립되었음에도 불구하고, 혹은 바로 이전 군부정권의 헤게모니 집단이 연속됨으로 인하여 기존의 '억압적 국가기구'와 요원들이 그대로 지속되었기 때문이었다. 그래서 노태우정부의 '위기'라는 인식이 확산되자, 이전의 억압적 관행과 정책들이 부활하였다. 억압적 국가기구의 지속적인 행태는 국가안전기획부의 도청, 보안사의 민간인 사찰과 저항적 정치인 체포 계획(이른바 '청명계획') 같은 것으로 표현되었다. 이처럼 과거의 억압적 기제의 '불법적인' 동원과 아래로부터의 저항에 대한 탄압은 '포스트독재정부'를 자임하는 '6공화국'의 딜레마가 되었고, 이는 역으로 저항이 확대되는 데 기여하였다. 노태우가 '물태우'로 표현되는 과정은 과거와 같은 독재적 통제수단을 사용할 수 없는 노태우정부와 새롭게 분출하는 새로운 운동과 투쟁들 간의 괴리에서 국가와 제도정치의 위기에 직면했다는 뜻이었다. 89년은 이런 점에서 격돌기였다. 즉 아래로부터의 통일투쟁과 노동자투쟁이 확대되면서 변형권위주의 질서의 위기가 조성되었다면 반대로 노태우정부는 공안정국을 조성하면서 공권력을 최대주의적으로 활용하는 시기였다.

결국 여기서 향후의 정치 변동의 향방을 결정짓는 것은 민주화 공간이 주어진 이후 분출된 새로운 급진민주주의적 요소들이 대중들에 의해서 지속적으로 지지를 받으면서 한 단계 높은 수준의 민주주의의 실현을 향한 추동력으로 작용할 것인가 하는 것이다. 위로부터의 개혁정책에도 불구하고, 시민사회–사회운동–제도정치를 가로지르는 민주주의 블록의 헤게모니적 지위는 이 시기에 균열되지 않고 유지되었다. 대체로 민주화 과정에서 '독재 대 반독재'의 선명한 대립 구도는 희석되는 것이 불가피한 역사의 발전과정이다. 그런데 대립의 선명성이 어느 정도 강력하게 또 얼마나 오래 지속되는가하는 것이 한 사회의 민주주의의 구성적 각축의 수준에 영향을 미치는 중요한 변수이다. 이런 점에서 보면, 반독재민주주의 운동 내의 급진적 통일민족주의적 요소가 대중적 지지를 받는 형태로–비록 선도투적인 양상으로 인하여 특정 국면에서는 대중의 이반을 낳기도 했지만–지속되었다고 할 수 있다. 이는 시민사회의 주체적 활성화와 연관되어 있다. 독재에 대항하는 시민사회의 저항적 활성화는 87년 이후 합법공간이 확장되면서부터는 시민사회의 주체적 활성화로 확대되어 전개되었다. 이는 여러 계급 계층이 기존의 억압된 이해와 요구를 민주주의 운동의 일부로서 표출되게 되는 것을 의미한다. 즉 민주주의의 확대가 여러 계급계층의 이해투쟁과 결합되어 전개되었다. 이것은 이러한 정치적·이데올로기적 급진적 투쟁도 이러한 민주주의 운동의 확장투쟁 속에서 수용될 수 있는 가능성이 컸다고 할 수 있다. 즉 제1경합국면에서는 반독재민주주의 운동에 내재해 있던 급진주의적 요소들도 전면화 되고 현재화된 운동으로 전개되었는데, 이러한 급진성을 노태우정부는 부각시키면서 이러한 급진적 운동과 대중을 고립시키고자 했다.

그러나 이 시기는 독재 하에서 억압된 여러 계급계층의 이해와 요구에 기반한 투쟁들이 분출하고(시민사회의 주체적 활성화) 있었기 때문에, 고립화 전략은 시민사회의 헤게모니 지형 자체를 바꿀 수 없었으며(민주주의 헤게모니 블록의 지속) 오히려 공동의 적(구 독재적 유산을 갖는 국가와 정치)으로 인식되었다. 그만큼 다양한 투쟁들이 민주개혁 민주주의 운동의 거대한 흐름 속에 연대하는 가운데 존재하고 있었다. 이것은 그만큼 한국의 민중들이 6·29선언과 12월 대선을 통하여 출현한 '6공화국적 질서'에 대해서 수긍하지 않는다는 뜻이다. 이처럼 '1차 변형 질서'에 순응할 수 없는 시민사회 및 사회운동과, 1차 변형질서로 출현한 제도정치에 의해서 수렴되지 않는 요구와 이해를 갖는 대중의 도전에 의해서 1차 경합 이후 질서는 서서히 위기에 처해 가고 있었다. 민주주의의 한 단계 높은 구성적 각축이 가능한 방향으로 민주주의의 새로운 구성적 힘이 출현한 것이다.

궁극적으로 6공화국적 정치(1차 정치질서)가 대중들의 새로운 민주주의적 요구와 이해를 수렴할 수는 없었고, 6공화국 정치는 존재론적 불안상태에 놓이게 되었다. 따라서 이 시기의 각축을 통해 통상 '사회운동에 의한 민주화'(최장집, 2010)라고 표현되는 남한의 민주화는 보수 주도적인 민주주의 질서로 안정화되지 않고 더욱 높은 단계로 이행해 갔다고 말할 수 있다.

6. 3당 합당과 지배의 혁신: 2차 변형 정치질서의 형성

이처럼 민선군부정부라고 하는 1차 변형질서(1차 수동혁명적 질서)의 존재론적 불안정에 대응하여 구 독재적 지배블록이 선택한 전략이 바로 3당 합당이었다. 3당 합당은 87년 이후의 한국정치사에 대한 대단히 중요한 체제전환적 사건이다. 3당 합당은 88년 4월 총선에서의 제2야당과 제3야당이 된 통일민주당의 김영삼과 신민주공화당의 김종필이 민정당과 합당하는 것이다. 이는 민선군부정부라고 하는 '1차 변형 정치질서'에 뒤이은 '2차 변형 정치질서'라고 할 수 있다. 독재적 보수세력은 김영삼과 김종필을 흡수함으로써 그 '정치적 정당성의 기반'을 더욱 강화할 수 있었다. 흥미로운 것은, 90년 1월 22일은 3당 합당이 선포되는 날이었다. 왜냐하면 이 날은 '전국노동조합협의회(전노협)' 출범이 선포되는 날이기도 했기 때문이다. 이 두 사건이 동시에 이루어지는 것은 대단히 상징적인 것이었다. 즉 1차 경합질서 이후에 출현한 제도정치적 질서에도 불구하고－혹은 그 공간을 이용하면서－그것을 위협하는 사회운동이 대대적으로 성장한 것을 보여주기 때문이다. 그 대표적인 현상이 바로 노동운동의 성장이고, 전노협은 그 중심에 있던 조직이었다. 따라서 전노협의 출범은 1차 경합질서 하에서 그것을 위협하면서 성장한 노동운동, 사회운동, 나아가 사회적 정치의 발전을 상징한다. 이러한 사회운동의 발전과 그에 따른 도전에 대한 국가적 지배세력과 제도정치세력의 응전이 바로 3당 합당이라고 볼 수 있다.

이는 최장집의 표현대로 제도정치의 수동혁명적 과정 곧 이른바 '변형주의'적 재편이었다. 즉 시민사회 헤게모니의 특정한 존재상황(이는 도덕성의 위치를 말해 준다)을 전제로 하여, 반독재의 도덕성을 갖는 개인과 세력의 일부를 '포섭(co－optation)'하는 방식으로 지배의 변형을 시도하는 것이다. 더구나 이는 '개인적 이동'이 아니라 '집단적 이동'의 성격을 띠고 있었다. 이 3당 합당은 구 보수적 지배세력의 입장에서 보면 6·29선언에 의해서 반독재민주주의 블록을 분열시킨 후 그것을 지역주의적 정당질서로 대체하였으나 여소야대의 구조가 '예기치 않게' 출현함으로써 나타난 1차 변형질서와 사회의 간극을 추가적 '혁신' 조치를 통해서 축소하고자 하는 시도였다. 동시에, 위로부터의 개혁을 통해서 아래로부터의 최대주의적 민주주의의 요구를 선택적으로 수용하면서 큰 틀에서는 아래로부터의 저항을 제한·봉쇄하고자 하는 시도였다고 할 수 있다.

1) 지역주의적 정당질서의 이중성

이 3당 합당은 88년 지역주의적 정당질서가 내장하는 구조적 불안정에서 나타난 여러 선택지 중의 하나였다. 구 독재적 지배세력의 입장에서 보면 6·29선언으로 반독재민주주의 블록을 분열시킬 수 있었으나, 그것은 예기치 않게 '여소야대'의 지역주의적 정당질서를 출현시켰다. 이는 국가 제도정치와 사회의 불일치를 극명하게 드러낸 결과였다. 여소야대의 구조는 오랜 동안 '보수패권 의회질서'에 의존해 온 보수세력에게는 대단히 불편한 구조였다. 이질적인 성격–통일민주당의 김영삼, 평화민주당의 김대중, 신민주공화당의 김종필–이 존재함에도 불구하고 '야당'이라는 구조적 지위는 민정당에 대한 '야당연합'을 구성토록 하였다. 이 야당연합은 제도정치 외부의 사회적 정치의 압력을 받으면서 민선군부정부에 대해서 공세적인 태도를 취했다. 이것은 민선군부정부라고 하는 1차 변형질서를 존재론적으로 불안정하게 하는 것이었다.

중요한 것은, 지역주의적 정당질서가 제도정치와 대중의 관계에 미치는 '고정화' 효과였다. 즉 지역주의적 정당질서의 고착화는 정치적 지지의 이동을 대단히 어렵게 만들었다. 이는 제도정치의 여소야대 구조가 시민사회의 여소야대 구조, 그리고 대중의 정치적 지지분포의 여소야대 구조로 확장된다는 것을 말한다. 예컨대 지역주의적 질서는 김대중의 영남 기반을 제약하는 데는 효과적이나, 반대로 자민당의 호남 기반을 확대하는 데는 결정적으로 비효과적이었다. 신정부가 출범하면서 여러 가지 혁신적 정책을 통하여 대중의 지지의 분포를 변화시키게 된다. 정부 출범 초기에 60~70%가 넘는 국정지지도가 나타나는 것이 일반적인 이유도 여기에 있다. 그러나 지역주의적 구도는 이런 국민지지의 형성을 어렵게 만들었다. 이는 어떤 형태로든 변화가 있지 않는 한, 1차 변형질서로서 출현한 국가와 제도정치 질서는 지속적으로 불안정하게 됨을 의미하였다.

2) 정치적 '전향'

여기서 변형주의적 재편이라는 것이 대중과의 관계에서 어떻게 받아들여지는가 하는 것이 중요하다. 동아시아적 맥락에서 이것은 '전향'이라고 하는 가치적 용어로 개념화된다. 이 점에서 3당 합당은 반독재 민주주의 블록의 일부를 구성하고 있었던 자유주의 우파세력, 특히 김영삼 세력의 정치적 전향의 성격을 띠고 있었다. 전향은 하나의 정치적·사회적 세력이 자신의 가치지향과는 정반대로 실리적 관점이나 폭압에 따른 굴복으로 정반대의 진영으로 합류하는 것이다.

이것은 지역주의적 정당질서의 또 다른 내적 모순에 기인한다. 즉 호남을 기반으로 하는 평화민주당의 김대중이 김영삼에 비해서 자유주의 좌파적 성격을 가지고 있는데, 이 평화민주당이 제1야당으로 존재하였다. 이는 자유주의 우파적인 성향의 제2야당을 이끌고 있던 김영삼과 그의 추종집단에게 정치적 입지의 축소로 인식되었다. 오랜 양당제적 전통이 고착되어 있는 상황에서, 상대적으로 덜 진보적이라고 인식되는 정당은 '고사(枯死)'될 위험이 컸다. 이것이 김영삼과 민정당과의 합당을 촉진했다. 물론 이는 기본적으로 87년 12월 대선에서의 양김의 분열이 만들어낸 왜곡된 구도의 '의도하지 않은' 사생아라고 할 수 있을 것이다.

물론 3당 합당을 통하여 이루어진 정치적 전향은 완전한 것은 아니었다. 3당 합당으로 김영삼이 독재블록으로 위치 이동을 할 때 이를 거부한 영남의 개혁주의 정치인들이 민자당으로의 합당을 거부하고 통일민주당을 지키기로 결정한 것이었다. 이후 이것이 '꼬마민주당'이라고 불리운다. 꼬마민주당은 10석 안팎의 군소정당이었지만, 그럼에도 불구하고 이 정당의 향방은 향후 중요한 의미를 갖는다. 먼저 '정치적 전향'을 거부한 것으로 인식됨으로써 그 구성원들은 상당한 도덕성을 갖는 인물들로 부상되었다. 따라서 이후 이들이 어떻게 이동하는가 하는 것이 중요한 제도정치적 의미를 갖게 되었다. 특히 이 잔류 그룹이 존재함으로써, 부산 경남 주민의 김영삼 지지 속에 혼재되어 있던 '반독재민주주의 정서'와 '지역감정'이 분리되는 계기를 촉발시켰다. 전자를 정치적으로 계승하면서 부산 경남에서의 야당의 대중적 기반을 유지할 수 있는 조건을 만든 것이다. 지역주의라는 의미에서 볼 때에도, 이들이 독재블록, 즉 민자당에 합류하지 않은 것은 대구 경북의 패권적 지역주의가 부산경남의 반독재의 '저항적인 지역주의'를 완전히 포섭하지 못하게 한 것이었다. 곧 영남보수주의의 내적 균열을 발생시켰다. 이는 진보의 도덕적 정당성을 제고함으로써 단순히 영남의 표 분산을 넘어서서 전국적인 표의 향방 및 대중의 정치적 향배에도 영향을 미쳤다.

3) 3당 합당이 민주주의의 구성적 각축에 미치는 영향

3당 합당은 당시의 지형에서는 '상당한 지배의 혁신'의 의미를 담고 있었다. 또한 제도정치-사회운동-시민사회(대중)의 결합관계의 변화를 촉진하게 되었다. 극우냉전보수적 지배블록에 반독재자유주의 우파 세력이 합류함으로써 구 지배블록의 성격에 일정한 변화를 동반하게 된다. 또한 88년 총선을 통해서 가시화된 지역주의적 정당질서에서 부산경남의 지역적 기반을 갖는 김영삼의 통일민주당과 김종필의 자민련이 구 독재적 지배블록과 합치게 되는 것은, 부산경남과 충청의 대중들과 반독재민주주의 블록과의 결합이 해체되고 이 두 지역이 '지배의 지역적 기반'으로 전환되는 것을 의미하였다. 88년 지역주의적 정당질서의 출현이 반독재민주주의 블록에 '지역적 균열'을 도입하는 계기였다고 하면, 3당 합당은 바로 독재 블록과 반독재블록의 구성 자체를 지역주의적 균열을 전제·활용하면서 재구성하는 것이었다.

이는 기본적으로 반독재민주주의 세력과 시민사회 내의 대중의 결합관계가 변화되는 것이었다. 이것은 반대로 제도정치 내의 보수연합이 대중을 동원하는 범위가 대단히 확대되는 것을 의미하였다. 통상 '보수대연합'이라고 불리우는 3당 합당은 '보수의 재구성'이라고 할 수 있었다. 반독재자유주의 우파를 일부로 포섭하는 보수의 외연의 확장이었다. 이것은 자연스럽게 야당에서 호남을 기반으로 김대중이 이끄는 평화민주당의 고립이자 '반호남 지역연합'이 성립되는 것이었고, 반독재민주주의 운동진영의 대중적 기반을 대단히 협소하게 만드는 것이기도 했다.

이후 제2경합국면은 3당 합당으로 조성된 제도정치의 지형 속에서 상대적으로 지배의 주도권이 강력하게 존재하는 식으로 전개되었다. '또 다른 경로'에 대한 상상을 해보자. 그것은 3당 합당적 질서가 안정화되는 경로이다. 만일 한국정치가 이러한 경로를 갔다고 하면, 한국의 제도정치가 앞서 서술한 바와 같이 '패권적 보수정당'이 존재하는 일본형 경로를 갈 수도 있었을 것이다. 실제 3당 합당은 한국의 극우냉전보수적 지배블록에 반독재개혁자유주의 세력(정치적 리버럴의 우파)이 합류함으로써 한국에서 지배의 안정화가 촉진되고 이로써 '정치를 통한 지배의 안정화'라는 점에서 일정한 변화가 나타나는 계기였다고 평가할 수 있다.

앞서 87년체제를 두 가지 손상된 헤게모니의 교착이라고 표현한 바 있다. 3당 합당은 바로 이러한 교착을 타개하기 위한 지배의 혁신전략이었다고 할 수 있다. 3당 합당으로 87년 6월 민주항쟁을 통해서 헤게모니가 결정적으로 균열된 보수세력과 반독재개혁자유주의적 세력이 갈등적 공존을 하고 있었던 교착적 질서가 균열되고, 위로부터의 보수적 주도권이 복원되기 시작했다고 말할 수 있다. 여기서 중요한 것은 이러한 수동혁명적 변형이 능동혁명적 역동성과 전투성을 '주변화'시킬 수 있는가, 아니면 반대로 사회적 정치가 이러한 주변화 전략을 넘어서서 민주주의 블록과 대중의 결합이 유지하면서 제도정치 내의 3당 합당 식의 새로운 '타협적 공존' 구조를 넘어설 수 있는가 하는 것이다.

6장

민주화체제의 제2경합국면:
노태우 · 김영삼정부 시기

6장

민주화체제의 제2경합국면: 노태우·김영삼정부 시기

제2경합국면은 90년 3당 합당 이후 노태우정부와 김영삼정부의 전 기간을 말한다. 87년체제의 지형이 일정하게 일단락 된 이후에, 이 지형 위에서 지배와 저항의 각축, 제도정치와 운동정치의 병행 각축이 전개된다. 변형권위주의 정치질서의 불안정과 그로 인한 저항의 역동성은 제도정치-시민사회-운동정치의 전 영역에서 존재하고 있었다. 여기서 제1경합국면의 제1소시기를 통해서 출현한 제도정치 질서는 안정화되지 않고 위기로 나아가게 되었고, 그것은 90년 3당 합당으로 새로운 전기를 맞게 된다. 제2경합국면은 3당 합당으로부터 92년 대선에 이르는 제1소시기와 김영삼정부의 초기 개혁 국면으로서의 제2소시기, 김영삼정부의 중반 이후의 개혁의 균열국면으로서의 제3소시기로 나눌 수 있다.

1. 3당 합당 이후의 제도정치 내의 균열과 운동정치의 도전

3당 합당 그 자체가 곧 제도정치와 사회의 안정화를 의미하는 것은 아니었다. 이후 상당한 진통과 갈등을 겪게 된다. 즉 한편에서는 지배블록 내부에서의 균열과 재편 갈등이 전개되고, 다른 한편 저항블록에서는 이를 무력화하기 위한 투쟁이 아래로부터 전개되었다. 먼저 3당 합당 이후의 균열과 갈등에 대해 살펴보기로 하자. 3당 합당은 독재적 보수정치세력과 반독재자유주의 우파세력 일부의 연합이었다. 그러나 87년 이전의 국면에서 '적대적 갈등'을 겪던 세력의 연합이었기 때문에, 또한 당내 이해관계를 둘러싸고 양자가 첨예하게 대립하고 있었기 때문에, 이후 민자당 내부에서 다양한 균열과 갈등이 촉발된다. 먼저 민자당 내에서 구 민정계와 신민주계의 헤게모니 각축이 치열하게 전개되었고, 이 과정에서 일정한 분파들이 민자당으로부터 이탈하게 된다. 민자당의 창당멤버였던 이종찬의 이탈이나 박태준의 탈당도 그 예가 될 것이다. 이러한 핵분열은 대통령제라고 하는 권력 독점 질서 때문에 더욱 광범위하게 발생하는 것이었다. 그러나 이런 갈등과 균열은 기본적으로 3당 합당이 대중(시민사회)과 운동의 '불신 위협'에 의해서 강제되는 개혁이었다는 점, 그리고 이러한 지배블록 내의 새로운 균열이 그 자체로 시대적 선도성을 담보하는 것은 아니었다는 점 때문에, 3당 합당적 질서 자체의 위기로까지 발전하지는 않았다. 또한 제도정치는 사회적 정치의 영향력 하에 존재한다는 점을 상기해야 한다. 3당 합당 이후 사회적 정치의 고양은 지배블록 내에서—비록 '전향'

을 하였지만–가장 '진보적인' 민주계가 헤게모니 집단으로 부상하는 데 촉진역할을 하였다. 이러한 민자당 내의 각축과는 별개로, 3당 합당적 정치질서를 뛰어넘어 한 단계 높은 '정치의 사회화'를 지향하는 사회적 정치가 분출하였다. 이러한 사회적 정치는 대중의 직접행동으로 표현되기도 하고 조직화된 운동정치로 표현되기도 하였다. 3당 합당 이후의 초기 민자당 체제에 대한 거대한 사회적 도전의 한 상징적인 사례가 바로 '91년 5월 투쟁'이었다.

1) 91년 5월투쟁

91년 5월 투쟁은 강경대 치사사건이 계기가 되었다. 등록금 인하와 이 투쟁을 주도하던 총학생회장의 석방을 요구하며 전개되던 명지대 학내 시위 도중, 백골단의 쇠파이프를 이용한 무차별 구타로 인해 두부에 심각한 타박상을 입고 사망한 사건이었다. 노태우정부는 사건의 책임을 물어 내무부 장관을 급거 경질하였으나, 이후 학생들은 노태우 대통령의 사과와 책임자 처벌 등을 요구하며 저항을 계속해 나갔으며, 이러한 흐름 속에서 4월 29일 전남대 박승희가 강경대 사건 규탄집회 중 분신[139]하였고, 이어 5월 1일 안동대학교 학생 김영균, 5월 3일 경원대 천세용, 5월 8일 전민련 사회부장 김기설, 5월 10일 노동자 윤용하 등이 잇따라 분신하게 됨으로써 이른바 '분신정국' 이 조성되었다. 91년 5월 투쟁과정에서 13건의 분신 사례가 있었으며, 2,361건의 반정부투쟁이 나타났다.

139 분신에 대한 사회학적 연구로는 다음을 참조하라. 이창언, 2009.

과거 정치적 격변은 한 학생이나 개인의 죽음이 매개된 경우가 많았다. 4·19혁명도 그랬고, 87년 6월 민주항쟁도 그랬다. 그런 점에서 3당 합당적 새 전략으로 지배체제의 안정화를 도모하고자 하는 노태우정부에게 이 사건은 큰 도전이었다. 지배블록은 이 치열한 5월 투쟁에 대응하기 위하여, 훨씬 더 '극단적인' 방법을 선택하여 대응하였다. 그것의 하나가 분신의 도덕성을 타격하고 그 순수성을 의심케하는 대중조작 방법이었다. 이른바 '유서 대필 조작사건'이 그것이었다. 5월 8일 서강대 건물 옥상에서 민주주의를 요구하며 투신한 김기설 전민련 사회부장의 유서를 강기훈이 대필해주었다고 하는 한국판 드레퓌스 사건은—이후 대필이 근거없음이 드러났는데—3당 합당 이후의 거대한 도전에 대한 지배블록을 대표한 검찰의 대대적인 공세의 성격을 띠고 있었다. 이러한 공세 속에서, 우연적 사건이라고 할 수 있는 이른바 외대 '정원식 밀가루 투척사건'이 발생하였다. 이를 계기로 보수언론과 노태우정부는 반독재민주주의 블록과 그 일부로서의 학생운동에 대해서 대대적인 도덕적 공세를 가하였다. 특히 '우연적' 사건임에도 불구하고, 이를 이용하여 '마지막 강의를 마치고 나오는 스승'에 대한 '패륜적'인 행위라는 식으로 도덕적 공격을 가하였다.

그런데 이 분신 자살 투쟁(suicide protest)은 자기희생적인 투쟁의 한 형태로서 대단히 예외적으로 일어난 일(1971년 전태일의 분신이나, 1975년 김상진의 할복)이다. 대체로 국가폭력에 의한 희생으로 죽음이 일어나기 때문이다. 그런데 91년 5월투쟁에선 분신 자살투쟁이 '전략적'으로 선택되고 연쇄적으로 일어났다는 점에서, 이를 둘러싸고 민주주의 블록 내부에서 균열이 발생하였다. 또한 91년 5월 투쟁은 이전의 반독재투쟁보다 더 훨씬 격렬한 투쟁이었음에도 불구하고 지배권력에 대한 심대한 타격보다는 오히려 사회운동 진영과 시민사회 내부에 새로운 균열을 낳는 식으로 작용했다. 예컨대 김지하의 조선일보 칼럼('죽음의 굿판을 걷어치워라')은—70년대 반독재운동의 상징적 인물이 김대중과 김지하였던 만큼—큰 파장을 일으켰다. 더구나 김지하의 칼럼이 나온 바로 다음인 5월 18일 검찰이 김기설 유서 대필 사건을 발표하여 분신투쟁 자체의 도덕성 논란이 민주주의 블록 내부를 크게 균열시켰다.

91년 5월 투쟁은, 87년의 좌절과 90년 3당 합당에 대한 사회운동진영 및 시민사회의 거대한 저항, 혹은 3당 합당식 '전향의 정치'에 대한 좌절에 기초한 저항의 표현이었다. 제도정치의 수동혁명적 변형이 이루어지는 상황에서, 그것에 포괄되지 않는 '능동혁명'적 역동성은 분노와 좌절을 겪게 되고, 이것이 더 지속적이고 헌신적인 결의와 투쟁으로 나타난 것이다. 세 가지 계기가 있었다. 첫째는 87년 6월 민주항쟁의 6·29선언 이후의 소강 국면화, 둘째는 12월 대선에서 양김의 분열에 편승한 군부 후보의 당선이고, 셋째는 3당 합당이다. 그런데 첫째는 6·29선언이라고 하는 군부세력의 '전략적 쇼'에 의해서 국민들이 저항을 단념하는 것이었다면, 둘째와 셋째는 반독재민주주의 진영의 '부도덕한 행위'에 의한 것이었다. 즉 둘째와 셋째는 반독재민주주의 진영의 대표적인 인사들의 이기심과 분열, 3당 합당이라고 하는 반독재민주주의 지도자의 전향으로 나타난 것이었다. 그렇기 때문에 '적의 문제'로 나타난 문제가 아니라 '우리 문제'로 나타난 것이라고 할 수 있었다.

이러한 좌절의 조건 위에서, 91년 강경대 타살사건이 발생한 것이었다. 강경대 타살사건은 민선군부정부가 과거 독재정권과 전혀 다르지 않다는 새로운 자각을 만들어 냈고, 이는 반대로 그렇게 다르지 않은 지배체제와 타협하는 기성정치에 대한 극단적인 저항을 불러일으켰다. 이것이 5월 투쟁을 낳은 좌절의 한 측면이다. 그런데 분신이라는 행위의 근저에 있는 거대한 좌절은 이처럼 스스로가 용납할 수 없는 '불변한' 불의의 구조임에도, 일반학생들과 대중들이 침묵하면서 일상으로 돌아가는 것에서 발생하였다. 강경대 타살사건에서 드러나는 바와 같이 민선군부정부의 폭력의 정치는 변하지 않은 채 저기 그대로 엄존하는데, 반독재민주주의 블록의 지도자가 그 민선군부정치와 '야합'을 했다. 게다가 학생 대중과 일반 대중은 그 민선군부정부의 폭력의 정치와 싸워 한 단계 높은 민주주의를 향해 나아가기는커녕, 오히려 일상으로 돌아가는 현실이 나타난다. 바로 이것이 일련의 연쇄분신을 촉발한 분신행위자들의 심리적 조건이었다.

여기서 운동공동체, 특히 순수한 학생운동 지도그룹의 좌절은 컸다. 분단효과로 인해 적에 대한 무력시위 등 '공격적 행위'를 할 수 없는 조건에서, 그리고 대중이 점차 운동에서 이반해 간다고 느끼는 조건에서, 결국 "운동의 확산 혹은 하락 저지라고 하는 '대의'를 위한 자기희생"의 전략적 행위로서 분신이 나타나게 된 것이다. 더욱이 그것이 연쇄적으로 반복 출현했다. 이런 점에서 분신투쟁은 도덕적으로 용납할 수 없는 현실에 대한 두 가지 자기희생적인 촉구행위였다. 하나는 민선군부정부와 그에 타협하는 '3당 합당'이라고 하는 '전향의 정치'(제도정치)에 대한 저항의 정치(사회적 정치)이며, 다른 하나는 투쟁으로부터 '일상'으로 돌아가는 학생들과 대중에 대한 도덕적 촉구(민주주의 블록과 시민사회의 관계에서 나타난 사회적 정치)였다. 3당 합당이 제도정치의 하나의 응전양식였다면, 분신투쟁은 그 지형 내에서의 사회적 정치의 한 응전양식이었다고 할 수 있다.

2) 5월 투쟁의 효과

5월 투쟁의 효과는 운동공동체에 미친 효과, 지배에 미친 효과, 대중에 미친 효과 등으로 나누어 볼 수 있다. 먼저 대중에게 남긴 효과는 독특했다. 지금까지 한국의 지배와 저항의 각축에서 한 대학생의 죽음은 거대한 '저항적 전환사건'으로 작용해 왔다. 분신이 지배체제의 대중적 기반을 균열시키는 거대사건으로 발전한 바 있기 때문이다. 그러나 91년 5월투쟁에서 발생한 20여 명에 이르는 '연쇄분신'은 20배의 효과를 낸 것이 아니었다. 5월투쟁은 3당 합당적 질서를 뛰어넘지 못했을 뿐만 아니라, 오히려 극단주의 운동으로 대중에게 인식되었다. 이는 대중이 운동에서 일상으로 귀환하는 과정을 촉진했다. 80년대 민주화운동의 국민적 확산은 대중이 공포를 점차 벗어던지면서, 작은 저항에서부터 큰 저항으로 참여하는 과정이 확대되면서 발생했다. 그러나 대중은 분신 앞에 숙연해하기는 했지만, '참여'를 선택하지는 않았다. 5월투쟁은 투쟁 전개 과정에서 '절제'의 미덕을 상실함으로써, 급진적 운동정치와 대중의 괴리를 크게 하는 효과를 발휘했다.

다음으로 운동공동체의 측면에서 본다면, 91년 5월투쟁은 이른바 '5월세대'를 형성하는 효과를 발휘했다. 5월투쟁에 참여했던 이들의 일부는 이후에도 운동을 떠나지 않고, 운동공동체에 헌신하는 활동가들이 되었다. 그 배후엔 '산 자의 부끄러움'이라고 밖에 말할 수 없는 도덕적인 동기가 존재했다. 자신의 생명마저 버리며 투쟁한 자에 대한 도덕적인 책무가 운동공동체에 존재했고, 이 책무를 이행하기 위해 5월 이후에도 운동 현장을 떠나지 않은 것이다.

그러나 5월투쟁은 자신의 목적을 달성하지 못했다. 지배체제와의 관계에서 본다면, 5월투쟁은 3당 합당적 질서를 전복할 수 없었기 때문이다. 이미 기술했던 바와 같이, 5월 투쟁은 3당 합당이라고 하는 '전향의 정치'(제도정치)에 대한 '저항의 정치'이고, 동시에 저항에서 일상으로 돌아가는 학생과 대중에 대한 '도덕적 촉구'의 정치(사회적 정치)였다. 또한 5월 투쟁은 이전의 투쟁에 비교하면 훨씬 격렬한 투쟁이었다. 이 과정엔 분신 투쟁도 존재했다. 그러나 노태우정부를 근본적 위기에 몰아넣지는 못하였다. 만일 이런 투쟁이 87년 이전에 나타났다면, 민정당 체제를 급격하게 위기로 몰아넣는 계기가 되었을 수도 있다. 이것은 하나의 사회적 정치가 제도정치의 구성(constellation)에 따라서 상이한 정치적 효과를 발휘한다는 사실을 보여준다.

운동공동체의 입장에서 3당 합당은, 전향의 정치에 기반을 둔 지배의 변형주의적 재편이었다. 하지만 대중의 관점에서 본다면 이 변형주의적 재편은 동시에 지배집단의 혁신 과정이기도 했다. 바로 이 부분에 존재하는 균열로 인해 5월투쟁은 자신의 목표를 달성할 수 없었다. 이 점에서 91년 5월투쟁은 분명 '실패'한 투쟁이었다고 말할 수밖에 없다. 그러나 투쟁의 실패를 인정하는 것이, 투쟁이 남긴 효과까지 무시하는 것은 아니다. 5월투쟁은 3당 합당을 통해 구성된 지배체제의 정당성과 도덕성에 대한 근본적인 질문을 잉태했다. 이는 '전향의 정치'의 정당성과 도덕성을 묻는 과정이기도 했다. 강경대 타살사건은 3

당 합당을 통한 지배의 변형에도 불구하고, 국가의 조직화된 폭력의 속성은 변하지 않았다는 인식을 운동공동체에 각인시켰다. 이런 두 조건이 결합하면서, 전향의 정치와는 다른 각도에서 그리고 변하지 않는 국가의 폭력과 대결하면서 민주주의를 한 단계 더 발전시키기 위한 동기구조가 만들어졌다. 곧 3당 합당 질서와의 분리를 촉발시키는 계기가 된다. 이것은 2008년 촛불시위가 남긴 효과와도 유사하다. 2008년 촛불시위는 민주주의 블록의 구성원들과 신보수정부의 분리를 촉발했다. 이 때문에 민주주의 블록은 신보수주의 정부보다 더 발전된 방향의 민주주의를 추동하기 위한 동기를 형성하게 된다.

제3경합국면이 출현하게 된 것은 따라서 3당 합당 질서 자체에 대한 직접적인 저항은 아니었다. 오히려 위기는 3당 합당을 기반으로 등장한 문민정부의 국가운영 자체로부터 나왔다. 충족되지 않고 있던 과거의 요구에 덧붙여, 문민정부가 추진하는 세계화 정책은 과거와는 질적으로 다른 요구들을 발생시켰다. 세계화는 새로운 갈등의 중심축이 되었고, 이 갈등을 둘러싸고 시민사회 또한 새로운 역동성을 창출해내기 시작했다. 과거의 갈등과 현재의 새로운 갈등이 중첩되면서, 제도정치 내의 균열과 위기가 촉발된 것이다.

3) 92년 총선과 대선

1992년은 14대 총선과 14대 대선이 이루어지는 시기였다. 이 총선에서 민자당이 149석, 민주당이 97석, 통일국민당이 31석을 차지하였다. 3당 합당 이후 민자당은 218석을 보유한 절대다수 정당이지만,

14대 총선(1992년)에서는 계파 간의 갈등으로 인해 낙천한 인사들이 무소속으로 출마하거나 통일국민당 공천을 받으면서 299석 중 149석으로 축소되게 된다.

여기서 특기할 만한 사항은 통일국민당의 출현이다. 한국의 대표적인 재벌의 총수인 정주영이 대선을 염두에 두고 정당을 창당한 것이었다. 이 통일국민당은 공산당 허용이나 반값 아파트와 같은 공약을 내걸기도 했다. 통일국민당은 14대 총선을 통해 원내 교섭단체를 구성했다. 통일국민당의 출현은 단지 한 정당의 부상 과정만은 아니었다. 왜냐하면 민주화의 또 다른 이면을 보여주기 때문이다. 민주화는 민중의 정치적 해방의 과정이기도 하지만, 반대로 자본권력이 권위주의 국가통제로부터 해방되는 과정이기도 했다. 이런 관점에서 본다면, 통일국민당의 창당은 자본세력이 국가의 종속대상에서 직접 국가권력의 담당세력이 되려는 프로젝트였다. 그러나 통일국민당은 영호남의 지역주의적 대결의 격화, 재벌에 대한 국민적 반감 등으로 인해, 92년 대선에선 성공하지 못하였다.

92년 대선에서는, 김영삼 민주자유당 후보가 9,977,332표(42.0%), 김대중 민주당 후보가 8,041,284표(33.8%), 정주영 통일국민당 후보가 3,880,067표(16.3%), 박찬종 신정치개혁당 후보가 1,516,047표(6.4%), 백기완 무소속 후보가 238,648표(1.0%)를 얻었다. 민자당에서 탈당하여 새한국당을 만든 이종찬 후보는 중도사퇴하였다. 특히 김영삼 후보는 김대중 후보를 190여 만 표의 압도적인 표차로 압도하였다. 대선에서 패배한 후, 김대중은 12월 19일 정계은퇴를 선언하고 93년 1월 영국으로 외유를 떠났다.

3당 합당으로부터 92년 대선까지는 '3당 합당적인 제도정치 혁신'을 시민사회와 사회운동이 뛰어넘지 못한 시기이다. 이처럼 사회적 정치의 개입력이 현저히 축소된 상황에서, 제도정치 내부의 혁신은 한계에 직면할 수밖에 없었다. 김대중에 의한 '뉴디제이 플랜', 민자당 내에서의 이종찬의 이탈, 정주영의 통일국민당의 창립 등 다양한 역동적 현상들이 있었지만, 3당 합당으로 조성된 지형을 넘어설 새로운 역동성은 만들어지지 않았다. 2차 변형질서라고 할 수 있는 3당 합당을 뛰어넘으려면 시민사회와 운동정치, 즉 사회적 정치가 3당 합당적 지형을 뛰어넘는 역동성을 창출해야 하는데 5월 투쟁에서 보여진 것처럼 그것은 불가능했다.

이 시기 제2경합국면에서 3당 합당으로 자기를 혁신한 지배블록의 주도권을 저항블록이 압도할 수 없었던 상황에서 이 시기가 사회문화적으로도 전환기였다는 점도 중요하다. 한국현대사에서 이 시기는 문화적으로 흥미로운 시기이다. 문화대통령이자 신세대의 아이콘이었던 '서태지와 아이들'이 등장하는 시기이기도 하다. 92년 3월 1집 앨범 《난 알아요》는 한국의 젊은 세대의 트로트, 록, 포크수준의 음악을 록과 랩으로 바꾸는 전기가 되었다.

이와 함께 91년 소련 사회주의가 붕괴하고, 한중 수교 등도 진행되었다. 이런 조건의 변화는 이전에 반독재민주화운동과 그와 결합된 급진주의 운동의 종언을 강제 하는 것처럼 보였고, 이는 제2경합국면에서의 저항블록의 주도권을 약화시키는 요인이 되었다.

동시에 체제에 대립적이지 않은 보수적 시민운동이 등장했다. 이는 체제 내적인 개혁운동을 통한 '위로부터의 개혁'의 경로도 가능하다는 인식을 확산시켰다. 특히 체제 내적인 시민운동의 등장과 함께 젠더, 시민, 환경 등의 새로운 이슈를 둘러싼 시민운동도 분출하였다. 이 또한 정치, 민족, 계급 등의 이슈들을 자기정체성으로 하는 급진적 민중운동과 반독재운동의 주도권을 약화시키는 요인이 되었다.

2. 김영삼정부: 개혁 국면 이후의 균열

문민정부의 수립은 민선군부 정부를 이어 구 군부세력과 반독재자유주의 우파세력이 연합한 정부가 수립되는 것이었다. 이를 87년체제의 2차 변형질서라고 부를 수도 있다. 대통령제 하에서 자유주의 우파세력이 헤게모니 분파라는 점에서 이 정부는 민주주의 이행과정에서 성립한－구 독재세력과 동맹하여 성립한－자유주의 우파정부라고 할 수 있다. 6·29선언이라는 지배전략이 민선군부정부라고 하는 1차 변형질서로 현실화되었던 것처럼, 이제 3당 합당이라는 지배전략은 92년 대선을 통해 문민정부(개혁자유주의 우파정부)라는 2차변형질서로 현실화되었다고 할 수 있다.

이 정부는 출생부터 이중적 성격을 가지고 출범했다. 즉 하나는 반독재자유주의 우파세력이라고 하는 정체성이며, 다른 하나는 '위로부터의 보수적 민주화'의 한 과정으로서 구 군부독재정부의 변형이라고 하는 점이다. 나는 김영삼정부의 초기 국면과 중후반 국면을 별개의 소시기로 나누어 분석하고자 한다. 전자는 반독재자유주의 우파의 반독재민주주의 운동의 일부로서 갖는 정치적 개혁성이 발현되는 시기이다. 이 시기에 지배블록은 민주주의 저항블록을 압도할 수 있었다. 후자는 자유주의 우파정부가 세계화의 동학과 결합되면서 신개발주의 세력으로 변모하고 이에 따른 정책을 추진하는 국면이다. 동시에 이 국면은 사회균열 효과가 확산되면서 대중적 저항이 확대되는 시기였다. 새로운 문민정부 하에서도 3당 합당적 혁신과 문민정부적 정치를 통하여 민주주의 운동에 내재한 대중의 불만과 요구를 위로부터 수용, 전유하여 현존 정치를 안정화시키고자 하는 흐름과 반대로 그러한 대중의 불만과 요구를 기성정치에 대한 '반정치적 정치성'으로 전환시켜 기성정치의 질서를 변화시키고자 하는 흐름이 존재하고 이 양자가 각축한다.

1) 초기 개혁 국면

김영삼정부는 93년 이후 개혁정책을 강력하게 펼쳐 나갔다. 김영삼정부는 반독재민주화운동 과정에서 요구되었던 의제들 중 일부와 시민운동이 주창하였던 개혁의제들 중 일부를 적극적으로 수렴하는 식으로 위로부터의 개혁을 시도하였다. 그 가장 대표적인 것은 하나회의 숙정(肅正)과 93년 8월 금융실명제의 실시였다. 이 두 가지 개혁은 상당히 전격적인 것이었다. 이 시기 하나회의 숙정은 이후 김대중정부까지를 포함하여 민간정부의 전통이 강력하게 자리잡도록 하는 계기가 되었으며, 태국 식의 민주화의 '역류(reverse wave)'가 나타날 수 있는 군부 내의 조직적 기반을 현저히 약화시키는 계기이기도 했다. 금융실명제의 개혁은 경실련을 포함한 시민운동의 대표적인 캠페인 의제였고, 그것은 '개혁적' 제도정치세력과 '개혁적' 시민운동세력의 '동맹'을 상징하는 것이기도 했다. 또한 부동산 가격의 안정과, 과도한 토지 겸병을 방지하기 위한 목적으로 토지거래실명제(土地去來實名制)를 실시하였다. 고위공직자의 재산등록을 제도화했고, 기성 중진정치인을 포함해서 고위 공직자들에 대한 비리 척결도 활발하게 전개하였다.

개혁자유주의 우파 정부의 성립 이후 초기 개혁 국면은 3당 합당적 질서가 안정화로 돌입할 수 있는 일정한 가능성을 보여준 국면이었다. 따라서 경우에 따라 김영삼정부 시기는 문민정부(군부독재세력과 동맹한 자유주의 우파 민간정부) 수준에서 한국 민주주의의 구성적 각축을 종결짓고, 일정 기간 한국 민주주의가 그 수준에서 안정화될 수 있는 가능성이 있었다. 왜냐하면 그 한계에도 불구하고, 3당 합당을 기반으로–비록 구 군부독재세력과 동맹하기는 하지만–반독재자유주의 우파정부가 성립한다는 것은, 상대적 의미에서 국가적 지배의 큰 혁신이었기 때문이다. 그리고 초기의 개혁드라이브는 사회운동과 시민사회의 반제도정치적 저항성을 수렴하면서 지배적 질서를 상당히 안정화시킬 수도 있었다. 특정 단계의 제도정치가 안정화되는 것은 시민사회 내에서의 헤게모니 지형의 변화, 운동정치 내에서의 급진파와 온건파의 분리, 제도정치와 운동정치의 분리 등이 나타날 때 가능한데, 초기 국면엔 이런 계기들이 내재되어 있었다.

실제 3당 합당은 김영삼이 반독재민주주의 블록으로부터 이탈하고, 충청지역을 대표하는 김종필 역시 야당블록으로부터 이탈하여, 민자당 체제에 합류함으로써 시민사회 내에서 반독재민주주의의 헤게모니가 균열될 수 있는 가능성을 제고하였다. 문민정부는 그 균열을 기반으로 한다. 또한 문민정부를 경유하면서 사회운동 내에서 시민운동으로 상징되는 온건파와 민중운동으로 상징되는 급진파의 분리경향이 나타났다. 경실련을 포함한 시민운동은 민중운동과의 차별성을 강조하면서 2차 변형질서에 대해서 상대적으로 우호적인 시각을 가졌던 것도 사실이다. 이런 기초 위에서, 시민사회적 동력에 기초하여 사회운동이 제도정치의 변화를 강제할 수 있는 상황이 소멸할 수도 있었을 것이다. 더구나 김대중도 은퇴한 상황에서 제도정치 내부의 진보적 블록에는 강력한 야당을 재건할 동력이 대단히 취약했다.

2) 중도 자유주의 우파 정부와 개혁자유주의 시민운동의 관계

문민정부 초기 국면에서 문민정부와 시민운동이 맺는 관계는 대단히 중요한 의미를 갖는다. 노태우정부 시기에 '구성적으로 출현'한 시민운동은 그 이후 국민적 공신력을 가지면서 영향력을 확대해 왔다. 운동정치 내에서 한편에서는 노동운동을 포함한 민중운동의 조직적 기반도 확대되어 왔지만, 다른 한편에서는 '신생' 시민운동이 공론의 영역에서 막강한 영향력을 가지면서 확대되어 온 것이다(시민운동의 영향력 확대는 보수언론과 보수정부의 전략적 의도도 크게 작용하였다고 평가할 수 있다).

시민운동이 부상하고 이것이 운동정치 내에서 중요한 위치를 가져가는 새로운 조건은, 한편으로 3당 합당과 문민정부적 변형을 통해 지배적 질서와 제도정치의 변형주의적 재편의 프레임을 강화할 수도 있었으며, 다른 한편에서는 한 단계 높은 민주주의의 구성적 각축의 대중적 기반을 확대할 수도 있었을 것이다.

민선군부정부라는 1차 변형질서에 대하여 개혁자유주의적 지향을 갖는 초기 시민운동은 비판적이고 대결적이었다. 부동산 투기나 주택 가격 급등에 대한 시민운동의 비판적 활동은 제1차변형질서의 불안정화에 기여하고 이로써 한 단계 높은 제2차 변형질서(3당 합당과 문민정부적 질서)로 나아가는 계기가 마련되었다. 문민정부 초기 시민운동 영역에서의 헤게모니 쟁투의 결과는 민주주의의 구성적 각축의 향방에서 중요했다. 왜냐하면 문민정부 초기 질서와 경실련의 운동이 상호 조응하면서 제2차 변형질서의 정당성을 강화하는 방향으로 작용했기 때문이다.

인적 측면에서도, 김영삼정부 초기에 손학규와 같은 반독재민주화운동의 상징성을 가지면서 제도권의 기반을 가진 인사, 박세일과 같은 경실련 운동의 핵심세력들 일부가 문민정부에 참여하기도 했다. 인적 요소의 통합만이 아니었다. 의제도 문민정부에 의해 수렴되는 방향으로 나아갔다. 금융실명제의 도입이야말로 89년 이후 경실련의 대표적인 의제의 하나이기도 했다(한국은행 독립, 부동산 투기 규제 등). 반독재자유주의 우파의 개혁성이 시민운동의 의제 수용을 통해서 더욱 극명하게 이 시기에 드러났다고 할 수 있다.

시민운동의 일부 구성원이 문민정부에 참여하게 되는 것은 이후 제도정치와 운동정치의 관계, 제2차 변형질서의 안정화와 관련해서 중요한 의미를 띤다. 실제 이들의 정부 참여는 문민정부의 초기 개혁성과 상징성을 구성하고 확장하는 데 중요한 역할을 하였다. 다른 시기와 달리, 위로부터의 개혁과 시민운동의 체제 내적 개혁성향이 조응하면서 문민정부 개혁의 시민적 기반을 강화해 주는 시기였다. 이런 의미에서 문민정부의 초기 개혁 국면은 3당 합당적 질서가 상대적으로 안정화되었던 시기라고 할 수 있다.

3) 개혁정책의 균열

제2경합을 통해서 성립한 질서가 균열되는 것은 바로 운동정치를 통해서였다. 사회운동은 문민정부적 질서의 새로운 모순에서 발원하는 시민사회의 새로운 균열, 이러한 균열을 기성정치에 대항하는 '반정치적 정치성'으로 전환했다. 2차 변형 권위주의질서(독재세력과 반독재자유주의 우파의 연합질서)가 안정화되지 않고 한 단계 높은 '정치의 사회화'를 향한 방향으로 움직이기 시작한 것은, 몇 가지 요인이 결합되었기 때문이다.

첫째, 지배의 안정화를 위해서 문민정부가 중후반에 추동한 친세계화 정책의 파괴적 결과에 의해서였다. 김영삼정부는 초기 개혁국면을 마감하고 중반에 들어서면서 이른바 '세계화' 정책을 국정 담론화하면서 본격적으로 추진하기 시작하였다. 하나회 숙정 등 반독재민주개혁의 핵심적 과제를 일정하게 청산했다고 간주한 문민정부는 세계화에 부응하는 새로운 개방화 전략을 추진하였다. 그 대표적인 것이 OECD 가입이었다. 이와 함께 UR 협상에 대응하여 김영삼정부는 농산물 시장 개방을 적극적으로 추진했다. 문민정부가 세계화 정책을 전면화 하는 과정은 독재에 대항해서 싸웠던 반독재세력의 일부 분파인 자유주의 우파세력이－과거 개발독재적 성장 프레임과는 구별된다고 간주하는―친세계화적 성장정책을 담지하게 되는 것이자, 동시에 새롭게 성장주의·개발주의 프레임에 포획되는 과정이었다. 이것은 초기 '신경제 100일 계획'으로 표현되었으나, 세계화 담론이 등장하면서 김영삼정부의 전반적인 기조로 되어갔다. 국공유화된 기업을 민영화하는 작업이 가속화되었고, 흥미롭게도 박정희 정권에서 국공유 상태에 있던 도로 및 철도의 민영화를 시작했다. 전매청을 준(準)민영화하여 한국담배인삼공사로 바꾸기도 했다.

그런데 OECD의 가입과 UR 협상을 계기로 하는 개방화정책, 넓은 의미에서의 세계화 정책은 대중들의 삶에 새로운 잠재적인 위기요인들을 만들었고 동시에 시민사회 내부에 긴장요인을 형성하게 된다. 문민정부적 정치의 질서의 균열은 역으로 김영삼 집권 이후 UR정책 등 친세계화를 선택하고(그에 수반되는 사회경제적 요구를 수렴하지 못함으로써, 사실 세계화 정책을 구사하는 순간 친기업적인 정책관성을 갖게 된다), 그에 대항하는 '새로운 저항들'이 출현하게 되면서부터였다. 흥미로운 것은 독재에 대한 저항에서는 전투적으로 투쟁을 했던 반독재민주세력의 온건파가 이제 친세계화 정책을 전면화하게 되었던 것이다. 이는 세계화가 동반하는 심각성을 반독재세력이 충분히 인식하지 못했음을 의미한다(결국 아무런 경각심 없이 수용한 세계화의 파괴적 결과가 바로 문민정부의 기반을 새롭게 붕괴시키는 식으로 작동하게 된 것이다). 이러한 세계화 정책의 구체적인 예는 1995년 이른바 5·31교육개혁안, 즉 '신교육체제 수립을 위한 교육개혁안'이다. 김영삼정부는 '개혁'이라는 이름으로 세계화 정책을 추동하였고, 그것의 일환으로 대학자율화와 이른바 신자유주의적 대학 구조조정 정책을 추동하기 시작하였다. 교육경쟁력 강화가 국가경쟁력 강화의 핵심이라고 판단하고, 이것을 공교육 시장화와 대학의 자율화와 민영화로 추동한 것이었다. 민주개혁이 공공성을 강화하고자 하는 입장에서, 세계화라는 이름으로 경제적 자유주의를 개혁으로 추동하는 입장으로 변한 것이었다. 어떤 의미에서 정치적 자유주의가 반독재개혁자유주의의 지배적 성격이었다고 한다면, 이들이 통치세력이 되면서 경제적 자유주의가 지배적인 성격으로 정착해 갔다고 말할 수 있을 지도 모른다.

문민정부가 친세계화 정책으로 선회한다는 것은 부패척결이나 투명성 제고, 경제력 집중의 완화를 위한 자본권력·재벌권력의 개혁보다는, 세계화의 '첨병'으로서의 대기업을 강화하고 지원하는 정책으로 선회한다는 뜻이었다. 이와 같은 정부–기업 간의 관계 변화를 배경으로 하여 한국의 대기업은 이른바 문어발식 확장을 가속화하였다. 문민정부의 세계화 정책을 대기업은 '글로벌 경영'과 '글로벌 기업확장'의 계기로 활용한 것이다. 김우중의 책 제목이기도 한 '세계는 넓고 할 일은 많다'는 언술은 이 시기 대기업의 지향을 잘 보여준다. 이로써 문민정부 중후반은 대기업의 방만한 확장의 시기가 되었다. 그러나 이러한 '규제받지 않은' 무분별한 확장 전략은 국민경제적 위기를 동반하였다. 87년 이후 민주화로 인한 '경제에 대한 국가통제'의 약화를, 대자본이 과잉확장의 계기로 '악용'하게 됨으로써 나타나는 새로운 위기이다. 이것이 이후 외환 위기의 내적 요인을 구성한다.

경향이란 관점에서 본다면, 구 독재의 유산에 대한 민주적 개혁을 둘러싼 모순과 갈등은 상대적으로 완화되어갔다. 반독재개혁자유주의 우파세력이 주도하는 문민정부가 성립하는 것 자체가 이러한 완화의 한 표현이라고 할 수 있다. 그러나 새롭게 세계화의 동학이 내부화되면서 세계화를 둘러싼 새로운 모순과 갈등이 확대되었다. 이런 점에서, 반독재자유주의 우파세력은 집권세력으로서 친세계화적 정책을 적극적으로 구사하면서 지배를 안정화하고자 했으나, 그 세계화의 동학이 동반하는 파괴적 결과를 직시하지 못하고 그에 대해 적절히 응전하지 못함으로써 새로운 균열과 저항을 낳았다고 할 수 있다. 이를 도식화하면 다음과 같다.

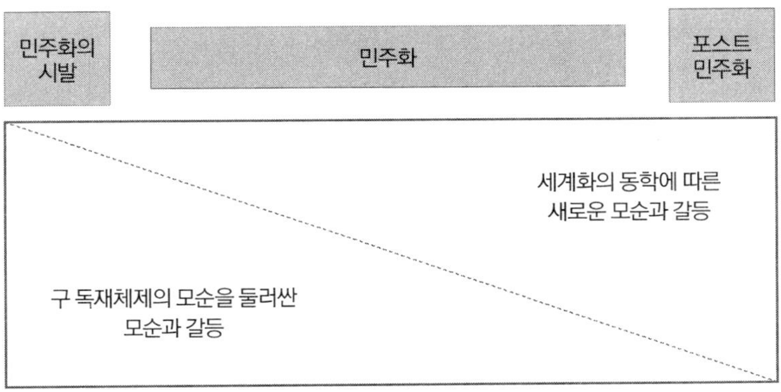

그런데 이처럼 친세계화적 성장전략이 동반하는 파괴적 결과에 대해 심각한 인식이 부재했던 것은, 반독재개혁자유주의 우파세력에게만 한정된 것은 아니었다. 사실 초기에는 민중운동 일반도 이에 대한 심각한 인식이 부재하였으며, 김대중·노무현을 포함하는 반독재개혁자유주의 좌파(진보적 자유주의 세력) 또한 마찬가지였다. 반독재세력이 민주화에는 '유능'했지만 '세계화'의 도전 앞에는 무능했다고 평가받게 되는 이유도 여기에 있다.[140]

140 이는 민주화의 동학이 세계화의 동학과 결합하면서 개혁자유주의 우파세력이 후자의

4) 사회적 정치의 새로운 역동화와 국가폭력의 증대

이처럼 국가의 친세계화 정책과 자본권력의 급속한 확장이 초래하는 새로운 모순이 시민사회의 새로운 잠재적 저항성을 창출하게 되고, 이를 배경으로 사회적 정치의 새로운 역동화가 나타나게 된다. 이 시기의 사회적 정치의 활성화에는 두 가지 측면이 있다. 한편에서는 민주개혁 민주주의 블록의 좌파 진영인 민중운동의 새로운 역동성이 나타나게 된다. 그것은 민중운동의 일부를 구성하는 농민운동의 반정부적 활성화에 의해, 또한 노동부문의 새로운 역동화에 의해서였다. 다음으로 민주개혁 민주주의 블록의 우측 진영인 시민운동이 진보적으로 분화하면서 시민사회의 잠재적 저항성을 반정치적 정치성으로 구성해 냈기 때문이었다.

(1) 운동정치의 활성화

먼저 문민정부의 친세계화·개방화 정책은 전통적인 개발독재세력의 국가조합주의적 동원세력이자 지지세력이었던 농민과 정부와의 관계를 변화시키게 된다. 물론 농산물 시장 개방은 80년 이후 시작된 것이었지만, 이 시기 이것이 정치화되면서 시민사회 내의 계급계층들의 저항성의 변화에 크게 영향을 미치게 되었다. 이러한 변화의 한 상징적인 사례가 2000년대 이후 반세계화 투쟁이 본격화된 이후의 일이지만, 2003년 9월 멕시코 칸쿤에서 열린 WTO 각료회담에 반대하는

논리에 포획되고 세계화의 동학이 새로운 피해자 집단을 만들어내면서, 사회적 정치를 역동화하기 때문이었다. 이것은 기존의 민주주의 블록의 투쟁을 새롭게 하고 역동화했고, 이것이 문민정부적 정치질서를 뛰어넘는 사회적 정치가 출현하는 것을 촉진하였다.

투쟁 속에서 이경해 씨가 자살한 사건일 것이다. 개발독재의 전 과정을 거쳐서 농민은 독재적 보수세력의 견고한 지지기반이었다. 새마을운동은 사실 농민의 정치적 지지기반이 균열되는 것을 방지하기 위한 농촌 동원운동의 성격이 있었다. 그러나 이제 농민의 저항성이 확대되고 집권당으로부터의 이반이 확대되게 되었다.

둘째, 문민정부에 대립하는 노동운동의 새로운 활성화를 들 수 있다. 문민정부가 중후반에 들어서고 세계화 정책을 전면화하면서 당연히 세계화의 첨병인 수출대기업을 지원해야 한다는 논리가 지배적이 되었다. 자본권력이 제도정치에 가하는 제약성이 증대되었고, 이는 연대성을 강화하면서 노동자의 사회경제적 요구를 확장하고자 하는 노동운동과의 충돌 가능성을 확대했다. 주지하다시피 87년 7·8·9월 노동자대투쟁을 계기로 확산되기 시작한 민주노조운동은 90년 전국노동조합협의회를 거쳐 95년 11월 민주노총의 창립에 이르기까지 상승곡선을 그리게 된다. 문민정부 시기는 노조 조직률 자체는 하강국면으로 변화하였지만, 노동운동의 조직적 발전이라는 점에서 상승기라고 볼 수 있었다. 이렇게 조직적 발전을 해오고 있던 노동운동과 문민정부적 질서가 격돌한 것이 1996년 말~1997년 초의 총파업이었다. 이는 노동문제 영역에서 민주개혁을 둘러싼 투쟁과 세계화를 둘러싼 신모순을 둘러싼 투쟁이 극적으로 결합됨으로써 노동운동이 역동화된 대표적인 사례라고 할 수 있다. 96년 말 안기부법 개악에 반대하는 민주개혁 투쟁과 다른 한편에서는 세계화 시대의 국제경쟁력 강화를 위한 노동법 개정 반대투쟁이 결합됨으로써 국민적 투쟁으로 전개되었기 때문이다(이것이 이후 노동운동의 정치세력화의 중대한 전기가 된다. 97년 대선에서 국민승리21이 권영길 후보를 낸 것도 이를 출발점으로 한다).

셋째, 3당 합당과 문민정부적 정치질서(2차 변형질서)가 균열되면서 새로운 단계로 이행하게 되는 것을 가능하게 한 또 하나의 운동정치적 현상은 시민운동 내의 헤게모니의 변화이다. 문민정부 초기 시민운동이 문민정부의 개혁 파트너가 되면서, 문민정부적 질서의 안정화에 기여할 가능성도 있었음을 지적했었다. 그러나 문민정부 중후반에 초기의 '보수적 시민운동'의 정체성에 도전하는 진보적 시민운동이 출현했다. 94년 참여연대의 출범을 비롯하여 보수적 시민사회운동과는 구별되는 다양한 진보적 시민사회운동이 문민정부 친화적 인식을 뛰어넘으면서 나타난 것이다. 진보적 시민운동은 제도정치의 새로운 변화를 추동하는 사회적 정치의 내적 구도를 형성했다.

(2) 국가폭력의 증대

이처럼 2차 권위주의 변형질서에 대항하는 사회적 정치가 활성화되어 가게 되면 그것의 당연한 귀결로서 국가의 폭력성이 발현되는 빈도가 높아지고 확대되어 간다. 대중의 잠재적 저항성에 기초한 운동의 조직화된 저항이 확대되면 기존의 제도정치를 통한 국가와 지배의 재생산이 용이하지 않게 되고, 이는 국가와 대중/운동의 빈번한 충돌로 나타나게 되기 때문이다. 이것은 당연히 공권력 사용의 증가로 나타난다. 여기서 노태우정부와 김영삼정부 하에서의 국가폭력의 상황에 대해서 살펴보게 되면, 이러한 추이를 잘 알 수 있다. 문민정부는 시민적·정치적 민주주의의 요구들을 위로부터의 개혁을 통해서 수렴하고자 했다. 사실 문민정부 자체가 이러한 점에서의 진전을 의미하기 때문에, 이 점에서는 아래로부터의 운동의 이슈들을 약화시키는 효과를 가지고 있었다. 그러나 문민정부 중후반에 오게 되면, 여러 가지 이슈 영역에서 아래로부터의 저항이 강화되고, 이를 억제하기 위하여 문민정부는 공권력을 폭넓게 도입하고자 하였다. 이는 반대로 문민정부가 가지고 있었던 시민적·정치적 민주주의 차원의 개혁성을 퇴색시키는 효과를 발휘했다. 여기서 노태우정부와 문민정부 이후의 공권력 사용과 그로 인한 구속 등의 추이에 대해서 살펴보자.

표. 연도별 학생 구속자수

연도		구속자수
1970	박정희체제	2
1971		43
1972		1
1973		165
1974		246
1975		126
1976		27
1977		90
1978		230
1979		267
1980	전두환정부	468
1981		258
1982		200
1983		316
1984	전두환정부	61
1985		678
1986		2,117
1987		1,189
1988	노태우정부	546
1989		1,232
1990		1,173
1991		765
1992		255
1993	김영삼정부	82
1994		410
1995		263
1996		909
1997		1,014
1998		419
1999		288
2000		129
2001		149

자료: 최정기(2002)에서 재인용[141]

141 이 수치에는 화염병 사용 등의 처벌에 관한 법률, 특수공무집행방해 치상, 폭력행위 등 처벌에 관한 법률, 국가보안법 위반, 집회 및 시위에 관한 법률, 도로교통법 위반 등으로 입건되어 구속된 사건들이 모두 포함됨.

위의 〈표〉는 학생 구속자수의 변화를 보여주는데, 민주주의 투쟁의 주된 투쟁동력이 학생운동이었던 점을 감안할 때 민주주의투쟁과 희생의 규모 추이를 추정할 수 있는 간접적인 지표가 될 수 있다. 이 표를 통해 학생 구속자 수는 70년대 말, 80년대 초를 거치면서 급증하게 된다는 점, 또한 한국 사회가 민주화의 도정에 들어섰다고 평가되는 노태우정부나 문민정부로 이행하면서도 학생 구속자의 수가 결코 감소하지 않았다는 것도 알 수 있다. 학생 구속자가 최고에 이르는 시기는 87년 6월 민주항쟁을 전후한 시기이다. 89년과 90년 노태우정부 하의 공안정국 시기에도 구속자 수가 매우 높다. 이 시기엔 학생운동에 대한 정부의 대대적인 탄압이 있었다. 문민정부 하에서 96년의 연대사건을 통해 대규모 구속상태가 발생했고, 97년엔 여러 가지 노동자 투쟁 등에 대해서 대대적인 탄압이 존재했다.

흥미로운 점은 노태우정부 시기에 오히려 전두환 정권 때보다도 학생 구속자들이 많다는 것이다. 그리고 문민정부 초기에 학생 구속자 수는 현저히 축소되게 되는데, 중후반에 가면 다시 상당히 높은 수준으로 복귀하는 것을 알 수 있다. 이것은 학생운동을 포함하여, 운동정치의 저항성과 역동성을 1차 변형질서는 거의 전적으로 수렴하지 못하면서, 거대한 갈등상태에 놓여 있다는 것을 보여준다. 2차 변형질서인 문민정부 하에서 초기 개혁국면에서는 구속자가 상당히 줄어들게 되나, 중후반에는 다시 급증한다. 이는 결국 위로부터의 개혁을 통해 아래로부터의 저항의 요구들을 수렴하지 못하고, '탄압과 저항의 악순환' 구조로 복귀하는 것임을 말해 준다. 바꾸어 말한다면, 사회적 정치가 기존의 제도정치의 형상을 수용하지 않고 저항적인 태도를 견지하면서, 일정한 대중적 동원력을 보유하고 있었다는 것을 말해 주는 것이다.

여기서 주로 구속자 수가 많이 존재하는 이슈 영역은 민족문제 영역과 노동문제 영역이었다. 제2경합국면 하의 학생운동은 단지 선거 민주주의의 부활의 차원에 머물지 않고, 민주주의를 통일민족주의적 투쟁과 반외세 민족주의적 투쟁으로 확장하고자 했다. 이런 목표 하에서 북한 바로알기 운동, 통일축전 참가운동과 같은 급진적 남북교류, 통일운동, 반미운동 등을 전개하여 왔다. 이런 활동은 곧바로 공권력의 탄압 대상이 되었다. 96년 연대 사건이 대표적인 것이다. 또한 노동문제를 둘러싼 노동자들의 권익운동에 대해서도 노태우정부와 김영삼정부가 결코 우호적이 아니었으며, 공권력의 가혹한 탄압이 이어졌다.

이것은 다른 의미에서는 1차 변형질서와 2차 변형질서가 반독재 민주주의 운동의 낮은 수준의 이슈–선거 부활 및 시민적·정치적 민주주의의 신장 등–를 포섭하는 데는 성공하였지만, 민족문제 이슈와 사회경제적 민주주의 이슈에 있어서는 결코 개방적이 아니었음을 뜻한다. 제도정치를 통해서 사회적 요구를 수렴하려고 하는 위로부터의 노력은 제도정치를 급진적으로 확장하려는 '정치의 사회화' 요구를 수렴할 수 없었다. 이것은 단순히 국가폭력이 증가했다는 것만을 의미하지는 않는다. 제도정치에 대한 대중의 불신이 커지면서 제도정치를 통한 지배의 재생산이 용이하지 않게 되고, 어떤 형태로든 제도정치의 개편이 불가피하게 된 것이다.

3. 제도정치의 균열과 위기: 97년 대선

바로 이처럼 2차 변형질서에 대항하는 사회적 정치(운동정치)의 역동화과정은 제도정치 내에서의 타협적 공존을 균열시키고 새로운 각축이 전개되는 것을 촉진하였다. 97년 대통령 선거 국면은 이처럼 제도정치와 사회적 정치의 각축으로 조성된 지형 위에서 지지 획득을 위한 전략적 경쟁을 하게 된다(어떤 의미에서 비선거 국면에서 사회적 정치가 얼마나 제도정치의 지형을 전환시키는가에 따라 선거에서 정당들의 경쟁양식이 변화하게 된다. 그런 의미에서 지형 변화가 있는 것이다). 제2경합국면은 바로 지배에 의해서 단행된 이러한 혁신의 구도 하에서 포스트독재 민주주의 정치가 안정화될 것인가 아닌가하는 것을 둘러싼 각축이었다. 그러나 3당 합당과 그를 통해 출현한 문민정부와의 대중의 괴리, 그것을 동력으로 하는 사회운동의 조직적 대응, 거기서 제도정치 내의 새로운 투쟁적 질서의 재구축, 거기에 외환 위기라고 하는 우연적 조건이 매개되면서, 한국 민주주의는 한단계 높은 단계로 이행할 수 있었다.

1) 김대중의 복귀와 야권의 재편

이처럼 2차 변형질서가 새로운 균열을 보이게 되면서 그 정치적 기반이 불안정하게 되는 것을 계기로 김대중의 정계 복귀가 이루어지게 되고, 97년 대선까지에 이르는 복합적인 각축의 경로가 이어졌다. 그 직접적인 계기는 1995년 6월 27일에 실시된 지방선거에서 제1야당인 민주당이 수도권을 장악하는 대승을 거두는 것이었다. 1992년 12월 대선 패배 이후 은퇴를 선언하고 93년 1월 영국으로 갔던 김대중은 95년 7월 18일 '정계 복귀'를 선언한다(93년 7월 귀국). 그런데 그는 민주당으로 입당하지 않고 새정치국민회의를 창당하였다. 이는 야권의 분열과 민주주의 블록의 균열을 의미했다. 이를 활용해 그를 반대하는 보수언론들이 다양한 담론-예컨대 '거짓말하는 정치인' '야당 분열 획책' 등-으로 공격을 하였다. 그의 복귀는 격렬한 논란을 일으켰다. 그러나 제도정치와 운동 영역에서의 새로운 저항적 역동성의 발현으로 인하여 김대중이 운신할 수 있는 공간은 확대되고 있었다. 김대중은 기성 제도정치에 대한 대중의 이반과 그로 인한 기존 제도정치 내의 균열, 새로운 변동의 역동성이 출현하는 것을 계기로 하여 정계 복귀를 행한 것이었다. 왜냐하면 그러한 새로운 역동성은 대안적 가능성을 찾는데, 당시로서는 제도정치 안에 대안적 재편의 중심적 리더가 부재한 상태였기 때문이었다. 이 공간은 역설적으로 문민정부와 김영삼정부의 국정의 난맥에 의해서 주어지고, 그에 대항하는 운동정치의 활성화, 대중들의 불만과 이반의 확대에 의해서 주어진 것이었다. 그런데 대중의 이반과 운동정치의 활성화의 영향으로 제도정치 내의 변동의 역동성이 높아지더라도 그것은 결정론적인 과정을 밟는 것은 아니다. 그것은 제도정치 내의 행위자들의 상호작용과 전략적 선택에 의해서 매개된다.

민주주의 블록의 지역적 균열이 존재한다는 점이 중요하다. 그 지역적 균열은 양김의 '부도덕한' 행위에 대한 대중의 불신을 일부 구성요소로 하고 있다.

이런 상황에서 김대중의 정계 복귀는 문민정부의 친세계화 정책으로 인한 새로운 정치성과 결합에 기초한 기존 민주주의 블록의 재활성화로 이어진 것이 아니고 내적 균열로 이어졌다. 김대중은 정계 복귀 후–복귀에 대한 비판과 보수의 공세를 넘어서기 위하여–문민정부적 정치에 대한 대중의 불신을 배경으로 하여, '수혈'과 통합재편을 통해서 시민사회와 제도정치의 새로운 저항성을 수렴함으로써, 기존의 민자당(신한국당) 패권질서에 도전하고자 했다. 그러나 이러한 과정은 순조롭게 이루어지지 않았다. 정작 1996년 15대 총선을 새정치국민회의와–그것에 통합하지 않은 일부 개혁적 의원들이 있는–통합민주당은 분열된 체제로 치루어야 했다.

1995년 지자체 선거는 문민정부의 정치적 기반의 균열을 상징했다. 민자당은 1995년 지방선거에서 15개 시·도 중 5개 지역에서 승리한 반면, 민주당과 자민련 등 야당은 8개 지역에서 승리하였다. 이에 1996년 총선에서 민자당은 신한국당으로 당명을 바꾸고 대대적인 물갈이와 홍준표·이재오 등 외부인사의 영입을 시도하는 한편, 전두환·노태우의 구속을 통한 한 단계 높은 과거 청산을 시도하여 새로움을 추가하고자 했다. 야당은 김대중이 정계 복귀하여 창당한 새정치국민회의에 당시의 제1야당인 통합민주당의 의원들이 대거 이탈하여 참여하는 형국이었기 때문에(내부에 김대중의 정계 복귀에 반대하는 사람이 많아서) 실질적으로 야당은 새정치국민회의와 통합민주당으로 분열되어 선거를 치룬 셈이 되었다. 또한 김종필이 이끄는 자유민주연합이 분리되어 3당 합당이 균열되었고, 김영삼 대통령이 이끄는 신한국당은 여러 가지 스캔들과 국정난맥상을 드러내고 초기의 개혁성이 퇴색

하는 국면이었다. 이런 조건에서 치루어진 선거임에도 불구하고, 야당은 참패했다. 즉 1996년 15대 총선결과는 민자당 130석, 새정치국민회의 79석, 통합민주당 15석, 자유민주연합 50석으로 나타났다, 1995년의 지자체 선거에서의 결과와는 정반대의 결과가 나타났다. 지역구 의원 교체율도 이 선거에서 대단히 높았다.

총선년도	1996년(15대)	2000년(16대)	2004년(17대)	2008년(18대)
지역구 교체율	39.1%	24.1%	36.4%	38.5%

이 총선 결과는 김대중에게는 큰 타격이었다. 대선 후보가 되는 것 자체가 어려운 상황이었다. 당연히 제3후보론도 제기되었다. 이런 상황에서 1997년 초 김대중은 국민회의의 대선후보가 된다. 반대로 신한국당은 이회창 후보를 대선 후보로 결정한다. 3당 합당과 문민정부적 정치를 뛰어넘는 역동성을 저항블록이 담보하지 못하는 상황은 여당 후보인 이회창 후보가 50%에 육박하는 지지율을 유지하고 '대세론'이 지배적인 되는 상황을 만들었다. 이런 조건은 투 트랙적 민주주의 과정으로 볼 때, 한 단계 높은 민주주의의 단계로 이행하는 것이 당시로서는 대단히 어려운 것으로 볼 수 있다.

여기서 '가지 않은 길에 대한 상상'의 방법론을 도입해 보자. 사실 97년 후반의 상황으로 보면 '이회창 정부'의 탄생도 상당히 큰 가능성으로 존재하였다. 이회창 정부가 탄생하면 3당 합당과 문민정부적 정치지형이 유지된다는 것을 의미하며, 이후 궤적은 '민주정부 10년'이 아닌 다른 경로를 밟았었을 수도 있다. 혹은 2002년 노무현 후보의 등장과 같이 새로운 참신한 후보를 통해서 대선에 임했을 수도 있을 것이다. 그러나 최종적으로 1997년 12월 18일 15대 대선에서 김대중 후보는 1033만 표(39.7%), 이회창 후보는 994만 표(38.2%), 이인제(국민신당)은 493만 표(18.9%), 권영길(국민승리 21)은 31만 표(1.2%)로 김대중이 2위 이회창을 39만 표 차이로 이기고 대통령에 당선되었다.

2) 두 가지 요인

제도정치의 지형이 바뀌면서 한국 민주주의가 한 단계 높은 구성적 각축의 단계, 즉 반독재민주정부의 단계로 이행하는 데에는 두 가지 요인에 의해 힘입은 바가 크다. 하나는 전략적 요인이고 다른 하나는 우연적 요인이다.

DJP연합이라고 하는 전략적 요인과 외환 위기의 발생이라고 하는 우연적 요인이 결합되면서, 민주주의를 둘러싼 구성적 각축은 반독재민주정부의 성립이라고 하는 새로운 단계로 이행하게 되었던 것이다. 물론 이 두 가지 요인은 김대중정부의 출현을 가능하게 한 요인이었지만, 반대로 김대중정부, 즉 자유주의 좌파 정부의 '타협적 이행'의 경로(53년체제와 61년체제의 프레임에 위력적으로 돌파하지 못한)이기도 했다. 이런 제약은 김대중정부의 신자유주의 프로젝트로 구체화되어 나타났다.

(1) DJP 연합

먼저 DJP연합과 민주주의 블록의 재결집이다. 대선을 앞두고, 1997년 11월 3일, 국민회의는 내각제 개헌을 약속하며 자민련의 총재였던 김종필, 박태준과 후보 단일화에 합의하였다. 대선에서 김대중 후보의 당선은 88년 총선을 통해서 등장한 지역주의적 정치구조 하에서 DJP연합(김대중–김종필–박태준 연합)의 효과에 힘입은 바가 크다. 15대 대선에서 실제 김대중은 1992년 대선에서 얻은 804만 표에 더하여 추가로 228만 표를 더 획득했는데, 이 표는 김종필이 기반을 두는 충청의 지지(43만 표를 더 얻음), 박태준을 매개로 하는 대구경북의지지(14대 대선보다 5% 많은 14%의 득표를 획득)에 더하여, 전국적으로 반김대중 정서를 완화함으로써였다. 기본적으로 88년 지역주의적 정당질서가 고착화되어 있는 상황에서 나타난 또 하나의 '상층연합 재편'의 한 형태였다. 고착화된 지역주의적 질서를 DJP연합을 통해 정치적 지지로 전환해 낸 것이다.

문민정부에 집권세력의 일부로 참여하였던 김종필은 김영삼 세력과의 갈등 속에서 민자당을 탈당하여 1995년 지자체 선거를 앞두고 '자유민주연합'을 만들었다. 김종필의 이탈에는 물론 지배블록 내의 내부 정치 역학적 요인이 강하게 작용한 것이 사실이다. 김영삼이 당선되고 그후 일부 야당의원들을 영입하여, 민자당은 과반수 이상을 점하는 거대 여당으로 재편되었다. 그리고 당연히 김영삼의 대통령으로서의 이니셔티브가 강화되어 갔다. 이미 90년대 3당 합당과정에서의 '내각제 밀약'에 관한 중앙일보의 보도(91년 5월 31일 보도)로 인해 내각제의 형식을 통해서 지역대표정당으로서의 지위를 유지하기는 어려운 상태였기 때문에, 김종필에게는 충청의 지역적 기반을 사수하기 위해서도 3당 합당적 동맹구조에 잔류하는 것이 득이 되지 않는 상황이 되었다. 김종필의 이탈은 88년 총선을 통해서 성립한 지역주의적 정당질서가 엄존한 상황에서 '반호남 보수연합'을 균열시키고 문민정부적 제도정치 질서의 새로운 재편을 불가피하게 한 하나의 요인이 되었다. 사회적 정치의 역동화에 의해서 제도정치 내의 기존 정당들 간의 타협적 공존의 지형이 균열된 것이다. 기본적으로 지역주의적 정당질서를 전제로 한 '상층연합'으로서의 3당 합당이 균열되는 것을 의미하기 때문이다. DJP연합은 지역주의적 정당질서를 전제로 한 역의 '호남-충청연합'의 성격을 띠고 있었다.

3당 합당이 제1의 변형주의적 현상이라고 한다면, DJP연합은 제2의 변형주의적 현상이라고 할 수 있다. 여기서 변형주의는 헤게모니 집단이 누구인가에 따라서, 그 변형과 연합이 이루어지는 구조적 태반이 무엇인가에 따라서 상이한 정치적 효과를 갖는다고 할 수 있다. 이런 점에서 3당 합당은 기본적으로 정당통합이고, 군부집권세력들이 헤게모니 집단으로 존재하면서, 자유주의 우파세력이 참여하여 헤게모니 투쟁을 하면서 지배블록의 내적 관계가 변화해 가는 것이었다. 이에 반해 DJP연합은 선거연합의 성격을 띠며 헤게모니 집단은 반독재자유주의 좌파세력이라고 할 수 있다.

앞서 김대중의 복귀와 창당과정이 민주주의 블록의 균열의 성격을 띠고 있었다는 점을 이야기하였는데, 대선을 앞두고 이것이 재봉합되는 과정을 밟았다. 이것은 호남-충청 지역연합을 넘어서서 어느 세력이 전국적 개혁성을 상징하는가 하는 중요한 쟁점이었다. 이 점은 민주당의 개혁적 인사들이 이회창으로 상징되는 보수 후보와 결합하는가 아니면 김대중 후보와 결합하는가 하는 선택으로 나타났다. 그 결과 이회창 후보 진영은 새정치국민회의에 합류하지 않은 민주당의 조순 후보와 단일화를 성사시켜 냈고, 반대로 민주당과 신한국당의 합당을 반대하며 탈당한 김원기, 노무현 등 국민통합추진회의 소속 8명은 국민회의에 입당하였다. 이처럼 민주당은 DJP연합을 성사시켜 내고 개혁적 상징성을 갖는 통추의 합류를 이끌어 냈는데, 반대로 이회창은 이인제를 끌어들이지 못함으로써 여권이 분열하는 형국이었다. 선거 종반에는 민주당과의 통합에 성공하였지만, 이미 큰 흐름을 역류시킬 수는 없었다.

(2) 외환 위기라는 우연적 체제전환사건

다음으로 97년 대선이 김대중의 당선으로 반독재민주정부 시대를 여는 방향으로 나아가게 되는 데에는–'우연적인 체제 전환 사건'–외환 위기가 중요하게 작동한다. 여기서 우연적이라고 하는 것은 발발의 우연성을 이야기하는 것이지, 구조적 필연성을 부정하는 것은 아니다. 단지 대선의 치열한 레이스가 펼쳐지는 바로 그 결정적 국면에서 외환 위기가 아무도 예상하지 못한 사건이라는 의미에서다. 96년 총선 이후의 민주주의 블록의 균열과 김대중 이외의 제3후보론 등의 균열 요인을 봉쇄하는 데 외환 위기는 결정적인 영향을 미쳤다. 동시에 외환 위기는 집권세력의 '경제적 통치능력'에 대한 불신과 실망을 증폭시킴으로써, 시민사회와 사회운동의 저항적 활성화에 기여하였다. 이 또한 민주주의 블록의 균열 요인을 봉합하는 효과를 발휘했다.

한창 대선으로 가는 경쟁이 치열하게 벌어지는 10월, 1997년 초부터 태국, 인도네시아 등 동남아시아에서 발생한 외환 위기가 한국에도 엄습하였다. 11월 10일 당시 홍재형 부총리는 김영삼 대통령에게 외환 위기의 심각성을 알리고 IMF구제금융으로 가야 한다는 것을 알렸다. 결국 IMF에 구제금융을 요청하고 12월 3일 양해각서를 체결하기에 이르렀다. 이것이 IMF 경제 위기, IMF 외환 위기, IMF 환란, IMF 관리체제, IMF 시대, IMF 사태라고 불리우는 사건의 발단이다.

통상 기업경영과 금융 부실이 드러나게 되면, 대외 경상수지 적자로 외환 보유고가 크게 떨어져 결제 외환 확보에 어려움을 겪게 된다. 이는 대외신뢰도의 하락으로 이어지면서 외환 차입 자체가 어려워지고 외환시장의 불안으로 환율 상승의 압력이 가해지는 악순환이 나타나게 된다. 일종의 구조적 악순환이다. 이것이 외환'위기'로 표현되는 것은 특정한 국면적인 현상이 파국적 추가 악순환 현상으로 나아가기 때문이다. 즉 구조적 악순환을 우려한 외국 자본의 급속한 이탈, 여기서 화폐 가치와 주가의 폭락, 관련 금융기관의 파산, 대규모 인출사태, 기업 도산의 속출, 그에 따른 실업자 양산 등이 나타나게 된다. 한국의 경우도 이런 궤적을 밟았다.

외환 위기의 원인은 크게 내인(內因)과 외인(外因)으로 나눌 수 있다. 내인은 바로 위와 같은 구조적 악순환을 낳는 기업과 금융부실이 누적된 것을 의미하며, 외인은 투기적인 외국 금융자본(특히 금융자본)의 운동과 이탈이라고 할 수 있다. 여기서 내인은 앞서 서술한 바와 같이 기본적으로 문민정부의 무분별한 친세계화 정책과 그것에 편승한 대자본의 무분별한 확장과 차입경영에 의한 것이라고 할 수 있다. 개발독재 시기의 '정부의 억제책'에서 급속한 확장을 제약당했던 대자본들은 87년 이후 국가통제의 약화 및 김영삼정부 하에서의 세계화 전략과 맞물려 무분별한 차입경영과 무차별적인 확장 전략을 폈다. 97년 외환 위기 이전까지 30대 대기업집단은 이른바 '문어발식 경영'이라는 표현에서 드러나듯이 과도한 차입에 기초하여 무모한 사업다각화를 했다. 이런 의미에서 외환 위기의 내적인 구조적 필연성을 이야기할 수 있다.

물론 외환 위기는 국제적 투기자본의 운동과 분리해서 생각할 수 없다. 외환 위기의 핵심적인 현상은 외화의 부족 현상이다. 국내에 버블을 일으키며 국내 증권시장에 진입해 있는 투기자본이 태국으로부터 확산되는 동아시아 외환 위기에 대응하여 급격하게 이탈함으로써 발생하는 문제가 컸다. 더구나 칠레 등과 같이 투기적 외국 자본의 이동에 대한 통제장치가 없는 상황에서 이러한 급격한 이탈은 외화의 부족사태를 낳게 되었고, 급기야 IMF에 자금을 차입해야 하는 상황에 직면하게 되었다.

외환 위기가 발생한 이후 위기의 원인을 둘러싼 담론적 각축도 중요한 지점이다. 당시 투기적 금융자본이 주도하는 신자유주의적 지구화에 대한 문제의식이 적었던 탓도 있지만, 시민운동과 민중운동은 이 외환 위기를 내인에 초점을 맞추고 대재벌의 방만한 경영과 차입경영 등에 초점울 맞추었다. 이는 당연히 구체제에 책임의 소재를 두고, 대선 국면에서의 정치적 효과라는 점에서는 야권 후보에 긍정적인 정치적 효과를 미쳤다고 할 수 있다. 물론 대선과정에서 이 위기의 정치적 효과를 둘러싼 각축도 컸다. 12월 14일 대선토론회에서는 IMF책임론, 재협상론 등이 주된 쟁점이 되기도 했다. 김대중 후보가 한때 IMF의 요구 조건을 대거 수용한 '굴욕적 협상'을 비판하는 '재협상론'을 제기하였으나, 이는 보수세력과 보수적 미디어의 비판 공세에 밀려 철회하는 현상이 나타나기도 했다.

4. 문민정부: 자본권력의 강화와 세계화의 1차 위기

우리는 문민정부 하에서 민주화의 동학과 세계화의 동학이 복합적으로 작용하면서, 민주주의의 구성적 각축이 새로운 단계로 이행했음을 보게 된다. 3당 합당에 기반을 둔 반독재자유주의 우파세력이 주도하는 문민정부는 민주주의의 구성적 각축에서 상대적으로 안정적인 기조를 유지할 수도 있었을 것이다. 곧 패권적 보수정당이 존재하는 구도로 한국 민주주의의 구성적 각축이 제한될 수도 있었을 것이다. 그러나 체제와 대중의 모순이 확대되고 체제에 대한 대중의 이반이 확대되었다. 사회운동은 기존 국가–제도정치의 형상에 도전하면서 그것이 한 단계 새로운 구성적 각축으로 나아가도록 하는 동력을 만들었다. 새로운 저항들이 출현하고, 그 저항들의 연대가 구성되기 시작했다. 세계화의 동학은 민주화 과정에서 집권세력이 된 반독재자유주의 우파세력의 친세계화적 성장주의로의 선회를 촉진하였고, 이는 의도하지 않은 경제적 모순을 촉발하여 반독재자유주의 우파세력의 헤게모니를 균열시키는 식으로 나갔던 것이다.

여기서 다양한 저항들이 제도정치 내 야권 후보에 대한 지지로 수렴될 수 있었던 것은, 87년체제하에서 형성된 헤게모니적인 민주주의 블록이 여전히－일정한 균열을 보이면서도－강력하게 존재하고 있었다는 것을 보여준다. 또한 단지 과거에 머물지 않고, 민주주의 블록이 세계화의 동학에서 출현한 저항과 일정하게 결합할 수 있었다는 것을 말해 준다. 시민운동과 민중운동의 분화가 촉발한 운동정치의 균열이 87년 이후 분화된 위로부터의 보수적 민주화의 개혁기조를 정당화하는 방향으로 갈 수도 있었다. 그러나 제2경합국면에서 진보적 시민운동들의 출현과 운동정치 내에서의 시민운동의 진보화로 인하여 민주주의 블록이 재역동화되었고, 이에 2차 변형을 뛰어넘는 한 단계 높은 민주주의의 구성적 각축으로 나아갈 수 있게 된 것이다.

1) 민주화 이후 민주주의의 딜레마

민주화와 세계화의 결합 성격을 이해하기 위해서는, 민주화가 '이중의 해방'이란 성격을 지니고 있다는 점에 주목해야 한다. 즉 독재적 국가통제로부터 시민, 민중, 시민사회가 해방되는 측면과, 자본과 시장의 해방이라고 하는 또 다른 측면이 민주화 이행 과정에 동시에 존재했다. 전자를 '정치적 자유화'라고 한다면, 후자는 '경제적 자유화'라고 할 수 있다. 정치적 자유화란 정치적으로 과거의 독재적 억압정책을 자유와 자율을 신장하는 방향으로 전환하는 것을 의미하고, 경제적 자유화란 경제적으로 국가에 의한 시장통제와 기업통제를 완화하는 방향으로 변화하는 것을 말한다. 이는 근대 시민혁명의 초기에 시민혁명의 두 가지 측면, 즉 시민사회와 민중의 자유, 그리고 자본·시장·재산권의 자유에 대응하는 두 자유의 운동이 민주화 이행 단계에서 분출된 것이라고도 볼 수 있다.

분명 87년 6월 민주항쟁의 주된 동력은 독재 하에서 저항적으로 성장해온 시민사회와 민중세력이었다. 그러나 동시에 한국 자본주의와 시장경제의 성장으로 확산된 자율과 다원성에 대한 요구도 그 저항의 한 조건이었다. 이것이 바로 민주화 이후 민주주의의 딜레마이기도 하다. 민주 이행 과정에서 시민과 민중은 자신들의 정치적 자유의 권리를 확장하여 자본과 시장을 통제하고, 민주주의의 사회경제적 질을 높이고자 한다. 반대로 해방된 자본과 시장은 민주주의를 형식화하고 그것의 급진성을 최소화하고자 한다. 이것이 앞서 지적한 정치의 국가화 대 정치의 사회화에 대응하는 것이다. 정치적 자유화와 경제적 자유화의 이중적 과정이 87년 이후 한국의 민주주의 이행과정에서 나타나게 된 것이다. 이러한 정치적·경제적 자유화는 과거 독재국가에 의한 시민사회와 시장의 자율화를 의미하며, 정치적 자유주의와 경제적 자유주의가 실현되는 것을 의미한다. 따라서 한편으로는 구체제의 비민주적 성격, 국가주도성에 대한 개혁을 수반하게 되지만, 다른 한편으로는 경제적인 시장자유주의의 확대로 나타나게 된다.

민주주의 이행과정에서 관철되는 경제적 자유주의는 신자유주의적 지구화와 만나면서, 신자유주의적 버전(version)의 경제적 자유주의로 실현된다. 만일 60·70년대 유럽 복지국가의 맥락에서 민주화가 실현되었다면 민주정부의 정책의 성격은 다르게 나타났을 것이다. 그러나 글로벌 신자유주의의 조건 하에서 경제적 자유화는―시장의 공적·사회적 규제라는 과제는 쟁점화되기가 어렵게 되고―보다 폭력적인 시장만능주의로 표출되게 된다. 이러한 정치적 자유화와 경제적 자유화를 분석적으로 살펴보면, 정치적 자유화에는 ① 국가에 의한 시민사회의 통제 약화(자율화)와 ② 시민사회적 요구의 선택적 수용의 증가(제도화)[142]가 포함되며, 경제적 자유화에는 ③ 국가에 의한 시장통제의 약화(시장자율화)와 ④ 국내 시장의 폐쇄적 보호의 약화(개방화)가 포함된다.

정치적 자유화는 권위주의 국가에 의한 시민사회의 억압을 약화시키고 시민사회의 역동성이 발휘될 수 있는 정치적·사회적 공간을 확장시킨다는 점에서, 그리고 더 나아가 시민사회의 요구에 대한 국가의 개방성을 증대시키고 시민사회의 요구가 실현되는 제도적 통로와 공간을 확장시킨다는 점에서 분명 '축복'을 가져온다고 할 수 있다. 물론 결과적으로 시민사회의 역동성과 사회운동을 '체제 내화' 하는 효과를 가져올 수 있다. 이런 점에서 보면, 정치적 측면에서 민주주의 이행과정은 민주화를 이용하여 지배를 안정화하려는 흐름과 민주화의 공간을 활용하면서 저항의 확산을 도모하려는 흐름의 각축과정이라고 할 수 있다. 이를 단순하게 도식화해보면 다음과 같다.

142 선택적 수용과 제도화는 통상적인 민주화이론에서는 민주적 공고화(democratic consolidation)의 한 측면을 지칭한다. 민주주의라는 것이 갈등적인 제 정치·사회 세력이 거부할 수 없는 제도적 규칙으로 정착될 때 우리는 민주주의의 공고화를 이야기할 수 있는데, 이러한 공고화는 단순히 선거규칙의 정착뿐 아니라 과거에는 거리의 투쟁을 통해 표출되고 수렴되었던 요구들이 제도적인 통로를 따라서 표출되고 수용되는 '제도화'를 통해서 가능해진다(Mainwaring, G. O'Donnell and J. S. Valenzuela, 1992). 여성운동의 제도화에 대한 사례연구로는 다음을 참조. 서미라, 2002.

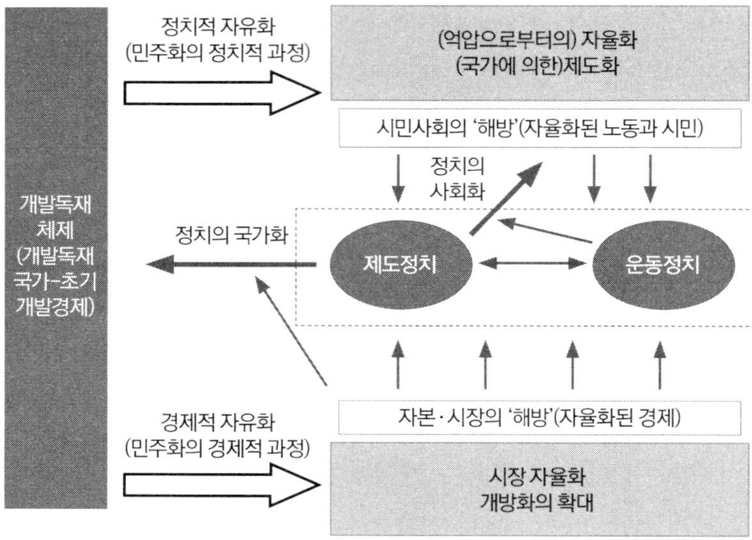

그림. 민주화의 이중적 과정에 따른 정치적·경제적 변화

2) 경제적 자유화의 과정

경제적 자유화의 과정은 이미 80년대 후반 이후 시작되었다. 개발독재적 예외국가가 구현하고 있던 보호주의적·국가주도적인 발전주의는 80년 전두환 정권의 성립 이후 개방주의적·시장자율적인 발전주의로 전환하기 시작했다. 1980년대 초반부터 실시된 민영화와 개방화는 이런 전환의 예라고 할 수 있다. 이는 한편에서는 기존의 보호주의적 발전주의로 인한 부담을 국가가 더 이상 감당할 수 없는 수준에 이르렀기 때문이며, 다른 한편에서는 1960년대 이후 발전국가의 지원을 받으면서 성장한 자본이 이제 국가로부터 독립하여 기업경영상의 자율권을 확보하고자 하는 요구가 강화되었기 때문이다. 개방화는 개

발독재국가적 성장 드라이브로 성장한 한국 경제에 대한 외국 자본들의 요구를 반영하는 것이었다. 이러한 변화는 발전주의를 계승하면서 발전주의의 질적 성격의 변화라는 점에서, 구발전주의에 대비되는 신발전주의(neo-developmental regime)라고 부를 수도 있다(Cho, 2000).

이러한 개발지향적인 발전주의국가의 변형은 1987년 이후 6공화국과 김영삼정부를 지나면서도 지속적으로 관철된다. 6공화국부터 시작된 UR 협상이나 김영삼정부하에서의 UR 협상 타결 및 WTO 체제의 출범 등을 거치면서 이러한 시장주의·개방주의적 발전주의로의 변화는 보다 가속화되게 된다. 문민정부의 정치적 정당성은 역설적으로, 더욱 높은 수준의 개방주의·시장주의적 개발주의가 관철될 수 있는 조건을 형성했다. 이를 매개한 것이 세계화라는 담론이었다.

전체적으로 60·70년대 개발독재적 예외국가가 행사하고 있었던 국가 주도성은 '양적으로' 보면 확실히 약화된다. 국가 주도권은 한편으로는 저항적 시민사회의 도전에 의해서, 다른 한편으로는 시장의 도전에 의해서 약화된다. 앞서 지적한 대로 특혜 지원을 받으면서 고속성장한 시장과 자본의 입장에서는 과거와 같은 강력한 국가 개입의 변화를 요구하게 되었으며, 발전국가의 권위주의적 성격에 저항하는 시민사회는 국가의 무소불능의 힘을 비판하는 저항력으로 작용하였다. 자본의 능력과 시민사회의 역량이 강화되면서, 강력한 국가 개입이 정당성을 갖지 못하게 된 것이다. 국가 주도성은 상대적으로 약화되었다. 노태우정부 시기 이러한 현상은 특히 두드러지게 된다. 시장주의적 이데올로기, 경제 자율성, 민간 부문의 자율성에 대한 담론은 경제에 대한 국가 주도성을 약화시켰고, 자본과 시장의 자율성과 이니시어티브를 강화하는 방향으로 작용하게 된다.

발전주의 국가의 핵심적인 특징은 금융에 대한 국가 통제권의 확보라고 할 수 있다. 그러나 개방화의 진전으로 인해서 국가의 금융 통제권은 현저하게 약화되었고, 일정한 자율성을 갖게 된 자본이 직접 국제 금융 시장으로부터 민간 금융을 유치할 수 있게 되었다. 물론 IMF 경제위기 이후 국민정부의 성립과 더불어 일정하게 국가이니셔티브가 회복되기는 한다. 하지만 70년대까지와 같이 경제성장에 있어서의 국가 이니셔티브를 전면에 내세우기보다는, 시장자율성을 기반으로 시장의 합리성을 제고하기 위한 '수단적 행위'로서의 국가개입만 정당화되었다.

경제적 자유화의 과정은 정치적 자유화가 가속화되는 '민주정부' 하에서 더욱 촉진된다. 경제 영역에 대한 정치적 조절과 개입의 필요성이 약화되는 조건에서, 민주정부는 개혁이라는 이름으로 경제적 자유화를 더욱 촉진하였다. 물론 이것은 세계화 영향 하에서이다. 세계화의 흐름과 결합되면서 '민주정부'는 신자유주의적 성격의 경제적 자유화를 가속화한다. 어떤 점에서 민주정부 하에서 70년대까지의 중상주의적 발전주의가 '신자유주의적 발전주의'로 전환한다고 표현할 수 있겠다.

글로벌 신자유주의의 영향 속에서 관철되는 경제적 자유화에 따라 새로운 모순이 다양하게 표출되었다. 신자유주의적 영향 하에서 경제적 자유주의화의 정책들은 시장주의적 구조조정, 민영화, 개방화, 노동시장의 유연화, 자율화 등으로 표출되게 된다. 이러한 경제적 자유주의는 정치적 민주화에도 불구하고 이전보다는 더욱 공적 부문의 축소, 고용의 불완전화, 비정규화, 소득불평등의 확대 등으로 나타나게 된다. 이것은 정치적 자유화의 축복과 동시에 진행되는 경제적 자유화의 재앙이라고 표현할 수 있다(조희연, 2002c).

(1) 경제적 자유화로서의 '세계화'

경제적 자유화의 한 측면으로서의 '국내시장에 대한 폐쇄적 보호의 약화', 즉 개방화가 문민정부에서는 '세계화'라는 이름으로 적극 추진되기 시작하였다. 김영삼정부는 집권 이후 개혁이라는 이름으로 몇 가지 조치를 단행하였다. 그 대표적인 것이 1993년 8월 12일에 전격적으로 단행된 '금융실명제(金融實名制)'이다. 은행의 가명계좌를 실명계좌로 바꾸는 이 조치로 금융시장이 위축되고 소규모 사업자들이 자금을 조달하는 데 어려워지는 등 부작용이 있었으나, 장기적으로 경제개혁의 기초를 닦았다는 점에서 국민들의 환영을 받았다.

이러한 경제개혁 조치에도 불구하고 김영삼정부는 전체적으로 친대기업적인 경제정책의 기조를 가지고 있었는데, 그것이 이른바 신경제정책으로 표현되었다. 김영삼정부는 취임 후에, 경기 활성화에 역점을 두고 금리 인하, 재정 조기 집행, 기업 투자 유인 등을 주 내용으로 하는 신경제 100일 계획을 발표하였고 이를 확장한 '신경제 5개년 계획'도 발표하고 시행하였다.

김영삼정부는 당시 진행되던 '우루과이 라운드 협정'을 93년 12월 타결하였다. 이 협정은 이전에 비해 상품, 금융, 건설, 유통, 서비스 등의 전 산업분야에서 외국에 문호를 개방하는 조치였다. 또한 시장개방정책에 맞추어 낙후된 분야의 경쟁력을 높힌다는 명분 하에 '세계화'를 국정담론화하고 1995년 1월 '세계화추진위원회'를 공식 출범시켰다. 정부는 세계화 정책의 일환으로 1996년 9월 12일 경제협력개발기구(OECD)에 가입하였다.

앞서 지적한 것처럼, 87년 이후 제2경합국면의 정치적 각축과정에서 3당 합당으로 상징되는 지배의 '혁신'을 사회적 정치가 뛰어넘지 못하고 있었다. 이러한 상황에 전환을 가져온 것은 저항이 아니라 문민정부 그 자체였다. 곧 김영삼 집권 이후 UR 정책 등 친세계화를 선택하자(그에 수반되는 사회경제적 요구를 수렴하지 못함으로써, 사실 세계화 정책을 구사하는 순간 친기업적인 정책관성을 갖게 된다), 그에 대항하는 '새로운 저항들'이 출현하였다.

이것은 칼 폴라니(Karl Polany)가 이야기하는 바와 같이, 시장확대의 파괴적 결과가 '사회의 자기보호' 운동으로 나타난 것이다. '자기조정적 시장의 확대와 그것에 맞서 사회를 보호하려는 반대운동이 충돌하는 이중적 운동이라는 현상'이 발생한 것이다. 세계화와 개방화를 통해 시장의 원리를 농업분야에 그리고 농산물 시장영역에 확대적용하고자 했던 김영삼정부는 그것이 동반하는 파괴적 결과와 농민들의 저항으로 지배의 새로운 균열에 직면하였다.

민주화의 동학과 세계화의 동학(OECD, UR, WTO)이 어떻게 만나는지가 한국민주화를 이해하는 데 대단히 중요하다. 반독재자유주의 우파세력이 집권세력으로서 친세계화적 정책을 적극적으로 구사하면서 지배를 안정화하고자 했으나, 그 세계화의 파괴적 결과를 직시하지 못하고 그에 대해 적절히 응전하지 못함으로써 새로운 균열과 저항을 낳았다고 할 수 있다.

사실 반독재운동에서 저항적 농민운동은 주류적 운동은 아니었다. 사실 독재 하에서 반독재민주주의 운동의 주요한 지역적 기반은 도시였다. 그래서 여촌야도의 구도가 출현하였다. 그러나 이제 여도야촌의 현상이 부분적으로 해체된다. 예컨대 강남 3구의 지속적인 보수정당 지지가 확대되는 데 반해서, 농촌 지역에서 개방화를 추진하는 정부에 대한 반대도 확대되었다. 이 과정에서 진보적 농민운동의 대중적 기반과 동원력도 확대되었다. 바로 이처럼 경제적 자유화의 '재앙'에서 최대의 피해자 집단인 농민들을 중심으로 하는 새로운 저항의 출현과 그것을 일부로 하는 사회적 정치의 강화가 문민정부적 정치의 새로운 균열 요인이었다.

(2) 경제적 자유화로서의 시장자율화

경제적 자유화의 또 하나의 측면은 국가에 의한 시장통제의 약화, 즉 '시장자율화'이다. 앞서 지적한 것처럼, 민주화는 단지 시민사회와 민중의 자유와 자율만 증대하는 것이 아니라 개발독재의 전략적 지원과 통제를 함께 받던 자본과 시장을 위한 자유와 자율을 증진시켰다. 그런데 대자본은 '경제에 대한 국가통제'가 약화되는 계기를 자본의 무분별한 확장으로 이어갔다.

한국 대자본은 첫째의 측면에서 이야기한 세계화 정책을 동시에 스스로의 확장의 계기로 활용하면서, 그것을 촉진하는 정책을 문민정부에 요구하였다. 그래서 문민정부의 시기는 사실 반독재민주주의 세력의 일부가-비록 구 독재적 세력과 동맹한 것이지만-집권한 최초의 문민정부였음에도 불구하고, 대기업의 최대의 확장기였다. 역설적으로 문민정부 시기가 핵심 대재벌들에게는 '본격적인 도약기'라는 것이다. 새롭게 강력한 영향력을 가진 대자본은 김영삼정부가 세계화 정책으로 선회하는 것을 계기로-독재 하에서 억압된 대중들의 사회경제적 요구를 수용하는 방향이 아니라-국제경쟁력 강화를 위하여 친기업적 정책을 압박하였다.

자본에 의한 정치의 제약을 보여주는 중요한 공세담론의 하나는 '고비용 저효율정치'였다. 이는 은연중에 자본과 기업경영은 대단히 효율적이고 고비용적으로 작동하는데, 국가와 정치는 후진적이라고 하는 것이다. 정치의 후진성에 대한 공세의 성격이 있지만, 반대로 '정치를 통한 자본의 공적 통제'라고 하는 과제를 주변화하고 무력화하는 성격도 있다고 할 수 있다.

나아가 대자본의 경제적 확장은 동시에 국가와 제도정치에 대한 제약으로 나타남으로써, 문민정부가 하나회, 금융실명제 실시 등의 개혁을 단행했음에도, 사회정책에서 진보적 방향으로 나아가는 것을 제약하였다. 자본의 무분별한 확장을 간접적으로 보여주는 것은 자본의 정치적 야망의 분출이기도 했다. 정주영의 국민당 창당이 나는 하나의 상징적인 예라고 본다. 대자본은 경제권력을 갖는 차원을 넘어서 정치권력과 국가권력에 대한 욕망을 드러냈다고 생각한다. 정주영의 국민당 창당은 대자본의 야망을 보여주는 것이며, 대자본의 경제적 확장에서 유래하는 자신감의 표현이다. 물론 경제권력의 확대를 달성한 대자본이 정치권력을 장악하는 데는 성공하지 못했다.

문민정부 말기의 위기는 대자본이 세계화를 빌미로 과잉성장하면서 나타나는 새로운 위기였다. 이는 시민사회의 새로운 저항적 역동성을 만들어 냈다. 이런 현상은 손호철의 주장처럼, "신자유주의의 강력한 전지구적 경향에도 불구하고 김영삼정부가 세계화를 내세운 신자유주의적 축적전략을 채택하고 이를 위해 OECD 가입과 그 전제조건인 금융시장 개방을 날림으로 추진하지 않았다면, 나아가 이에 따라 97년 경제위기라는 경제적 계기가 생기지 않았다면, 그리고 그 덕으로 집권한 김대중 대통령이 이에 보답이라도 하듯이 대통령 자신이 직접 나서서 '지금은 식민지 시대가 아니기 때문에 외국자본을 많이 들여올수록 좋다'며 신자유주의 정책을 무비판적으로 수용하지 않았다면, 한국의 경제체제는 현재와 상당히 다를 것이라고 생각한다"(2009d: 15-6)고 말할 수 있을 것이다.

그런데 이러한 자본권력의 강화에도 불구하고, 민주주의 개혁의 헤게모니적 지위는 이에 대항하여 민주주의를 급진적으로 확장하려는 힘이 강력하게 작동할 수 있는 공간을 제공하였다. 이러한 힘들이 비록 자본과 권력의 힘을 압도하지는 못했지만 스스로를 표현할 수 있는 충분한 힘과 공간을 확보하고 있었고, 이로 인해 자본에 대해 아래로부터의 '강요된 개혁'을 추동할 수 있었던 시기였다고 할 수 있다.

87년 6월 민주항쟁 속에 내재된 급진민주주의적 지향은 '민주주의와 자본주의의 전쟁'에서 민주주의를 확장하는 중요한 동력으로 작용하였다. 주지하다시피, 노동자계급운동은 87년 6월 항쟁이 복원해 낸 민주주의적 정치공간을 적극적으로 활용하면서 스스로를 조직화해 나갔고, 복원된 민주주의가 단순히 선거민주주의의 부활로 끝나지 않고 시장과 자본주의의 사회화를 위한 방향으로 나아가도록 하는 투쟁을—87년의 타협적 프레임에 의해 제한되면서도—전개해 나갔다. 민주주의 정치라는 공간을 통해서 자본주의에 대해 일정한 '강요된 개혁'이 부과된 것이다.[143]

전체적으로 보면, 87년 이후 자유민주주의적 지향을 갖는 반독재자유주의 세력이 저항 내부에서 헤게모니를 갖고 있었고 민주개혁이라고 하는 과제가 지배적 과제가 되고 있었다고 할 수 있다. 그러나 민주주의 좌파세력(급진민주주의 세력)은 스스로의 요구와 이해를 실현하기 위한 민중생존권 투쟁을 전개하였다. 이는 노태우·김영삼정부에 의해 진행되는 '위로부터 개혁'을 넘어 아래로부터의 자유민주주의적 개혁운동을 급진화하는 압박효과를 봤다. 민주주의 좌파세력(급진민주주의적 세력)들의 아래로부터의 투쟁과 반독재자유주의 세력의 제도권 내의 '개혁주의' 투쟁이 결합되면서, 87년체제는 경제적 심급에서도 비록 제한된 형태이지만 어느 정도의 진전이 이루어졌다. 87년 이후 한국의 정치변동이 일본형 경로로 가지 않은 이유는(만일 노태우정부나 김영삼정부가 안정화되었다면 그렇게 되었을 것이다), 아래로부터의 급진민주주의적 투쟁이 타협적인 반독재자유주의를 계속 압박했기 때문이다.

이러한 구체적인 결과가 노동자의 권리, 일반적인 인권의 확장 등 개혁적 조치들로 나타났다. 87년 이후 95년경까지의 노동자들의 조직률의 상승, 실질임금의 상승 같은 현상도 이러한 예가 될 것이며, 민주

143 이런 점에서도 바로 87년 민주항쟁에서 외쳐졌던 민주주의의 급진적 요소를 우리가 재해석하고 재전유하는 노력이 필요하다고 생각한다. 자본주의의 극복이나 반신자유주의적 전망도 사실 바로 이러한 87년체제에 내재했던 급진민주주의적 지향과 결합되어야 한다고 생각한다.

노총과 같은 급진적 노동조직의 조직적·정치적 발전의 시기도 바로 이 시기에 있었다.

(3) 노동과 자본: 파국적 균형

제2경합국면은 이런 점에서 보면, '이중의 해방'을 경험한 자본권력과 반대로 독재적 억압으로부터 '해방'된 노동이 각자 급속하게 자기 확장을 하는 시기라고 할 수 있다. 어떤 의미에서 두 해방된 주체세력 간의 '팽팽한 각축의 균형'이 존재하였다고 할 수 있다. 앞서 농산물 시장의 개방이라고 하는 시장 확대로 사회의 자기보호운동인 농민들의 다양한 저항이 나타난다고 표현하였는데, 97년 초의 기아사태는 노동 영역에서 자기보호운동이 나타난 사례라 할 수 있다. 자본세력이 문민정부가 내거는 세계화 담론을 배경으로 '경제를 요새로 하고', 반대로 노동자는 새롭게 확장된 민주주의를 '요새로' 하여 '파괴적인 교착' 상태에 놓이게 되었다.

제2경합국면에서 자본의 급속한 확장에 대응하는 노동의 확장은 96년 12월 말~97년 초의 총파업에서 최고점에 이르렀다. 한편에서 자본의 확장이 이루어지는 반면에 아래로부터의 투쟁에 의해서 노동을 억압하는 각종 악법들이 일정하게 개선되고 동시에 실질임금 상승으로 노동소득의 몫이 확대되는 경향이 나타났다.

노동조합의 조직률의 확대과정, 정치적 자유화로 인한 운동공간의 확장, '시민사회의 주체적 활성화' 등 87년체제하에서의 다양한 사회집단들의 억압된 요구와 이해를 실현하기 위한 다양한 투쟁들이 상승작용하는 사회적 분위기 속에서, 노동세력의 약진이 제2경합국면에 지속되었다.

기아자동차 사태는 제2경합국면에서 자기확장을 해오던 자본세력과 노동세력이 대격돌한 사건이라고 할 수 있다. 여기서 삼성의 기아자동차 인수가 실패하고, 기아자동차는 7월에 부도위기에 몰리게 되었다.

자본이 무분별한 자기확장이 외환 위기로 이어지게 되면서 이 파국적 균형은 새로운 전환점을 맞게 되었다. 앞서 서술한 대로, 민주화 이후의 국가통제의 약화, 김영삼정부 하에서의 세계화 전략의 전면화에 따른 우호적인 환경에 힘입어, 대자본은 무분별한 차입경영과 무차별적인 확장 전략을 선택하였다. 이 시기 김우중의 '세계는 좁고 할 일은 많다'라는 서적은 한국 대자본이 국내 경영에서 글로벌 경영을 지향하는 의미를 담지만, 동시에 어떻게 '위기 속의 성장'을 추구하고 있었는가를 잘 보여준다(문민정부 초기에만 약간의 규제). 이것의 압축적인 표현이 외환 위기로 나타난 것이다.

대자본의 무분별한 확장이 새로운 위기를 낳고 그것이－저항이 달성해 내지 못한－지배의 위기를 만들어 내게 된 것이다. 나는 2경합국면에서 '대자본의 제한없는 자기확장'의 모순에 의해서 국가와 제도정치의 기존 형상의 새로운 균열과 위기를 창출하게 되었다고 생각한다.

바로 이러한 세계화의 파괴적 결과가 만들어내는 새로운 위기는 역설적으로, 김영삼의 영입을 통해 위기를 우회하면서 구 개발독재체제의 변형주의적 재편에 성공하고 있었던 지배블록을 새로운 위기로 인도하는 계기가 되었던 것이다. 그리고 이것은 97년 대선에서 50년

만의 야당정부로 이어진다.

3) 민주주의를 해체하는 힘의 성격 변화

여기서 중요한 것은, 민주화 이후 민주주의의 구성적 각축에서 민주주의의 최소화를 지향하는 '해체적 힘'이 상이한 방식으로 작동하기 시작하였다는 것이다. 87년 이전까지는 민주주의를 위협하고 최소화하며 해체하려고 하는 힘은 주로 '외재적 억압권력'의 형태로 주어졌다. 50년대 안보와 치안과 같은 가치가 민주주의를 '외재적으로' 위협하였고, 60년대 이후에는 근대화 담론으로 무장한 군부독재가 '외재적으로' 민주주의를 위협하였다. 그러나 민주주의가 국민적 가치와 제도로서 정착하게 되면서부터는, 이제 민주주의에 대한 위협과 해체적 힘은 민주주의를 '전제(前提)'하고 민주주의의 내부로부터 민주주의를 최소화하고 공동화(空洞化)하려는 방식으로 작동하게 된다.

이러한 해체적 힘의 변화는 먼저-군부세력이 국민적 항쟁으로 그 도덕적 기반을 상실하게 됨으로써-자본권력과 시장권력이 강력한 중심세력으로 존재하게 되었다는 점에서 출발한다. 87년 6월 민주항쟁의 주된 동력은 분명, 독재 하에서 저항적으로 성장해 온 시민사회와 민중세력이었지만, 동시에 한국 자본주의와 시장경제의 성장으로 확산된 자율과 다원성에 대한 요구도 주변적 요인을 이루고 있었다.

앞서 정치적·사회적 다원성의 요구를 출현시킴으로써 한국 민주주의를 '심화'시키는 동력을 창출한 한국자본주의와 시장경제의 성장은, 87년 이후의 민주주의에 대해서는 반대의 영향을 미친다. 즉 한국의 민주주의를 '보수적 민주주의'로, 나아가 현존 자본주의와 시장경제를 위협하지 않는 '제한된 민주주의'로 재생산되도록 하는 힘으로 작동하게 되었다는 것이다. 자본권력과 시장권력의 성장으로 이제 민주주의의 해체적 힘의 핵심에는 군부가 아니라, '민주주의의 내부행위자'로서 자본권력과 시장권력이 존재한다. 이들 새로운 현실권력은 민주주의를 부정하는 것이 아니라, 그것을 수용하면서 그것을 내적으로 포획하여 그것이 자본주의와 시장경제에 대해 위협적이지 않고 공존하는 것이 되도록 만들고자 했다.[144] 이것은 민주주의 해체적 힘이 '외재하는 적(위협)'의 형상으로서가 아니라 '내재하는 적'의 형상으로 작동하게 됨을 의미한다.

이는 지배블록의 내적 변화를 말해 준다. 개발독재체제를 통하여 개발이 '성공'적으로 진행됨으로써 이전과 달리 (대)자본권력과 시장권력이 대거 성장하게 되었기 때문이다. 개발의 성공적인 진행으로 인하여, 정치적 민주화체제의 경제적·계급적 기반이 변화하게 되었다. 특히 대자본의 성장은 과거의 군부세력 외에 지배체제의 중요한 '보수'세력이 출현하게 된 것이었다. 이는 지배블록에서 군부세력이 주도성을 상실한 반면에 자본세력이 더욱 중심적인 지위를 차지해 가게 됨을 의미한다. 제도정치와 운동정치의 각축과정에서 자본권력과 시장권력이

144 박정희 개발독재가 추동한 '성공적인' 산업화는 처음에는 스스로를 붕괴시키는 힘의 성장으로, 이후에는–민주주의가 '필연화'된 이후에는–민주주의를 한계지우는 힘으로서 작용하게 되었다. 이것은 민주화에 이중적 성격이 내재해 있기 때문이다. 즉 국가로부터 시민사회의 자유(자율)와 동시에, 국가로부터 시장의 자유(자율)도 내재해 있으며, 정치적 자유화만이 아니라 경제적 자유화도 내재하고 있었기 때문이다(조희연, 2004a: 270–81).

지배체제와 제도정치, 운동정치의 관계에서 중요한 영향을 미치게 된 것이다.

[보론 1]

한국 정치·사회세력의 경계 변화:

보수주의-자유주의-급진주의

나는 1장 민주주의 병행 접근의 방법론에서 한국의 정치·사회세력을 보수주의, 자유주의, 급진주의세력으로 구분하였다. 이 기준을 따라 세 세력 간의 관계 변화를 민주주의의 구성적 각축과정의 변화에 따라 파악할 수 있다. 해방 이후 현재까지의 정치사회적 세력들의 이데올로기적 지향성을 개괄해보면 다음과 같다.

세력 / 시기	보수주의	자유주의	급진주의
한국전쟁 이후	극우반공주의화	어용화	소멸 혹은 비합법화
60·70년대	군사주의와의 결합	분화(어용으로부터 저항적 자유주의의 출현)	급진주의의 새로운 출현
80년대	분열	저항적 자유주의의 확산	혁명화
87년 민주화 이후	합리화	(1) 자유주의와 급진주의의 분리 (2) 개혁주의와의 결합	급진화

이러한 변화에는 다음과 같은 지배담론과 저항담론의 상호작용이 중요한 효과를 미쳤다.[145]

첫째, 분단의 조건에 기반을 두는 반공주의는 '보수주의–자유주의–급진주의'의 질적 성격을 변화시키게 된다. 예컨대 한국전쟁 이후 반공주의의 극단화는 보수주의 세력의 극우반공주의화, 자유주의 세력의 어용화, 급진주의세력의 비합법화 등을 초래했다. 서구적 자유주의가 남한 현실에서 불구화된 모습으로 존재하게 되는 이유도 여기에 있다.

둘째, 분단·반공의 조건에 의해서 영향을 받으면서, 식민지국가, 안보국가를 계승하는 개발독재국가의 재생산은 국가 대 시민사회의 관계에서 이른바 '강한 국가–약한 시민사회'를 출현시키게 되었다. 남한에서의 국가주의적 전통은 '보수–자유–진보'를 관통하는 국가주의적 성격을 정당하게 문제시하지(problematize) 못하도록 만들었다.

셋째, 성장주의, 개발주의(developmentalism) 역시 '보수주의–자유주의–급진주의세력'을 관통하고 있다. 심지어 남한의 자본주의적 발전주의(capitalist developmentalism)뿐만 아니라 북한의 사회주의적 발전주의(socialist developmentalism)까지도 개발주의 혹은 성장주의로부터 예외가 아님을 알 수 있다. 대통령의 주된 치적도 성장률에 의해 규정되는 남한의 현실은 이것을 반영하고 있다.

---

145 그런데 이러한 '보수–자유–진보'의 이념형적 구도가 현실 속에서 어떤 실제적 관계로 구체화되느냐 하는 데에는 다양한 변수들이 작용하게 되며, 여기에 지배담론과 저항담론이 영향을 미치게 된다. 다양한 담론들–반공주의, 국가주의(민족주의), 성장주의, 가족주의, 지역주의, 글로벌리즘 등–은 이러한 보수주의–자유주의–급진주의의 상호관계에 영향을 미치게 된다.

넷째, 개발독재 하에서, '보수주의-자유주의-급진주의'의 왜곡된 관계는 87년 6월항쟁에서 정점에 이른 아래로부터의 민중적 투쟁에 의해 자신을 설명할 수 있는 이념 구도로 전환되어야 했다. 그러나 이는 다시 왜곡되어 지역주의 구도로 전화되었다. 이에 따라 개발독재 하에서의 패권적 지역주의의 이념적 본질(극우적 보수주의 내지 온건보수주의)과 구별할 수 있던 저항적 지역주의의 이념적 본질(자유주의 내지 급진주의)은 이제 동일한 지역주의로 퇴행·굴절되어 버렸다. 87년의 반독재진영, 특별히 자유주의적 제도정치세력의 도덕적 파탄은 패권적 지역주의가 자신을 지역주의의 우산 아래서 유지·보수(保守)하는 것을 가능하게 하였다. 현재의 지역주의는 개발독재가 민주주의로 이행하는 과정에서 발생한 왜곡이 고착화된 현상이라고 볼 수 있다.

다섯째, 가족주의 역시 '보수주의-자유주의-급진주의'를 구속하는 시민사회의 기반으로 존재한다. 폐쇄적 가족주의와 그 속에 내장된 가부장성은 한국 자본주의의 기본 성격이다. 가족주의적 자본주의가 남한의 정치적 보수주의와 결합하면서, 남한자본주의의 사회성 및 공공성을 어떻게 질곡에 빠지게 하는지의 문제가 제기될 수 있다. 가족주의는 '절대적 사유주의'와 자연스럽게 결합되어, 사유성의 공공적 규율과 규제를 제약한다. 공공성을 확장·진작시키기 위한 급진주의적 투쟁에 근본적인 제약 요인으로 가족주의가 작용하고 있다.

1. 53년체제와 61년체제하에서의 보수와 진보

먼저 53년체제하에서는 반공주의가 지배적 담론으로 군림하면서, 사회가 '반공규율사회'로서 작동하게 되었다. 53년 이후의 남한사회는 극우반공주의로 '포맷(format)된' 사회였다. 여기서 남북 간의 치열한 대결구도는 '승공(勝共) 담론'을 넘어 '멸공(滅共)' 담론으로 나타난다. 한국의 보수가 강력한 극우반공주의와 반북(反北)주의를 자기 정체성으로 가져가게 되는 것도 이러한 조건에서였다. '친북(親北)적'으로 보여지는 세력에 대해서 국가의 물리력이 곧바로 가해지는 것을 찬성하는 '강압적 보수주의'로 존재하였다고도 표현할 수 있다.

53년체제하에서 반공주의는 극단화되고 이러한 극단화된 반공주의하에서 민주주의, 시민권 등 자유주의의 기본가치들은 쉽사리 무시되었다. 이것은 53년체제하에서 보수는 극우화되고 자유주의 역시 독립적인 정치사회세력으로 존재할 수 없었음은 물론, 자유주의적 가치들이 억압되고 있었음을 의미한다. 자유주의적인 가치마저도 불온시 되는 극우반공주의적 조건 위에서, 자유주의적 전통은 존재할 수 없었다.

이것은 한국의 보수가 극우반공주의와 반북주의 속에서 자유주의를 상실해 가는 과정이기도 하였다. 53년체제하에서 권력을 갖는 보수는 자유주의 세력마저도 독립적 세력으로 존재할 수 있는 공간을 박탈하였다. 그 결과 보수 혹은 반동과 구별되는 자유주의적 담론은 취약하였고 자유주의적 실천 및 담론을 담지할 정치사회세력 부재하였다. 자유주의를 모든 정치사회세력이 거론하지만, 자유주의가 독립적인 가치로 자유주의 세력이 독립적인 세력으로 존재할 수 있는 공간은 소멸한 것이 바로 50년대였다.

한국에서 보수주의는 언제나 자유와 민주라는 언어로 자기정체성을 표현한다. 자유민주연합, 자유당, 민주공화당 등이 대표적인 것이다. 그러나 한국의 보수주의는 극우반공분단체제하에서 자유주의의 일반적 성격을 상실하였으며, 자유와 민주를 억압하는 세력으로서의 위상을 가졌다.

물론 한국의 보수는 급진주의 자체도 용납하지 않았다. 이 시기에 급진주의적 세력과 급진주의적 담론은 '비합법화'될 수밖에 없었다. 최소한 공론의 영역에서는 소멸할 수밖에 없었다. 이렇게 보면 53년체제하에서 진보 자체가 공론의 광장에 존립할 수 없었고 억압당하였기 때문에, '진보 없는 보수의 시대'로 존재하였다고 할 수 있다.

다음 61년체제하에서 정치사회적 세력들 간의 관계 및 이념적 지형도 변화하게 된다. 이 시기에 50년대의 민간권위주의정권은 군부독재정권으로 변화하게 된다. 60년대 이후 개발독재 하에서는 지배적 담론이 근대화, 산업화, 절대빈곤으로부터의 탈피 등을 포함하는 개발주의, 발전주의(developmentalism) 담론 혹은 성장주의담론으로 전환된다. 이것은 한국의 보수가 반공주의적 보수에서 반공주의적·개발주의적 보수로 '자기혁신'을 한 것이다. 그러나 이러한 반공주의적·개발주의적 보수는 후기로 가면서 다른 한편에서 독재적·권위주의적 성격을 강하게 띠게 된다. 이런 점에서 61년체제하에서의 보수는 반공주의적·'개발'·'독재'적 보수로서의 성격을 띠었다고 할 수 있다.

60년대 이후의 근대화 담론은 4·19혁명을 통하여 분열되었던 보수주의 세력을 성장이라고 하는 새로운 국가목표를 중심으로 재통합하였다. 어떤 점에서 반공주의 담론에 의해 정당화되면서 통합되어 존재하던 한국의 보수가 4·19혁명에 의해 균열되었다가 근대화 담론에 의해 정당화되면서 한국 보수의 새로운 재구성이 일어났다고 할 수 있다. 하지만 1960년대까지 한국의 자유주의가 보수로부터 독립한 독자적인 세력이 아니라 보수에 포섭된 세력으로 존재한다고 하는 상황은 동일하였다.

국가에 의한 '직접살인'과 '간접살인'(조현연, 2000)마저 공공연히 진행되는 개발독재의 폭력화로 60년대 보수의 개발주의의 국민적 동원 효과가 약화되고, 반대로 개발독재에 저항하는 아래로부터의 운동이 강화된다. 군부정권의 장기집권에 따른 정치적 정당성 약화, 근대화 자체의 새로운 현실모순이 심화되면서, 저항담론으로서의 민주주의담론이 점차 광범위하게 확산된다. 이는 야당 내부에서 보수주의적 세력들의 주변화와 저항적 자유주의 정치세력의 분화 및 중심화가 촉진되는 것과 궤를 같이한다. 이러한 과정은 대체로 야당 내부에서 양김 씨가 주도적인 분파로 되어 가는 과정이기도 했다. 한국의 보수가 권위주의적·독재적·파쇼적 보수로 자유주의를 배제하는 과정에서, 한국의 자유주의가 보수의 헤게모니 속에 편입되어 있다가 마침내 독립되게 된다. 개발독재의 모순 속에서, 개발독재에 저항하는 과정에서 자유주의가 진보에 속하게 된다.

이러한 과정은 50년대까지 어용적 성격으로만 존재하여 왔던 자유주의 세력들의 분화가 촉진되는 것으로 나타난다. 즉 자유주의적 세력이 – 반공주의적 보수의 헤게모니에 포섭된 – 친독재(어용) 자유주의와—반공주의적 보수로부터 이탈하는—반독재적 혹은 저항적 자유주의로 분화되어 간다.[146] 그리고 반독재자유주의 세력들은 급진주의적인 반독재세력과 연합하게 된다. 이런 의미에서 60년대 이후의 독재 대 반독재의 구도 하에서 반독재내에는 (정치적) 자유주의적 지향 및 세력과 급진주의적 지향 및 세력이 공존하고 있었다고 할 수 있다. 이런 점에서 반독재재야운동은 반독재정치적 자유주의 세력과 반독재급진주의세력 간의 연합세력이라고 규정될 수 있다. 양김 씨로 대표되는 정치적 자유주의 세력들은 군부권위주의정권의 배제와 탄압에 저항하면서 전투적 급진주의세력과 함께 반독재민주화운동을 국민적 운동으로 전개했다. 70년대 중반 이후 반독재민주화운동은 자유주의가 반공주의적·개발독재적 보수로부터 이탈하여 자립하고 나아가 급진주의와 연합하여 투쟁하는 운동을 의미한다.

흥미로운 것은 진보주의·급진주의가 자립화하고 존립 공간을 확보하게 되었다는 점이다. 독재가 더욱 강화되고 그에 대응하여 반독재민주화운동이 국민적 운동으로 되어가는 과정에서, 한국의 급진주의는 점차 시민권을 얻어가게 되는데 이 과정에서 혁명적 진보도 출현하게 된다. 이 시기의 급진주의는 맑스주의, 레닌주의, 주체사상 등 다양한 급진적 사상들을 흡수하면서 이론적으로 더욱 급진화·혁명화하

146 1970년대 반독재민주화운동의 상징적인 인물들, 예컨대 김동길 교수의 궤적을 이런 맥락에서 보자. 현재 진보주의의 상징적인 인물이었던 리영희 선생이 한국전쟁 당시 미국통역장교로 출발했던 것을 상기해 보자. 미국적 가치관을 투철하게 가진 개신교 목사들의 반독재민주화운동 참여도 이런 맥락에서 이해될 수 있다. 장준하 선생이 결코 진보주의나 급진주의자가 아니면서도 반독재민주화운동의 선도적인 대열에 서 있게 된 것도 이러한 시각에서 이해될 수 있다.

였고, 현실적 존재 양태의 측면에서는 5공화국의 폭력적 탄압에 맞서서 전투적인 성격을 강화해 간다. 이 시기 급진주의 세력은 반(反)자본주의적 지향뿐만 아니라 반미주의적 지향도 강화해 가게 된다. 이러한 급진주의의 반자본주의적·반미주의적 급진화는 반독재민주화운동에서 연대세력이 되는 정치적 자유주의 세력에도 영향을 미치게 된다. 이것은 자유주의 세력에게도 일정한 급진성과 진보성을 촉진하는 결과를 낳게 된다. 87년 6월 민주항쟁은 바로 정치적 자유주의 세력과 급진적·전투적 진보주의세력이 연합하고 여기에 국민적 투쟁이 결합된 사건이었다고 할 수 있다.

개발독재의 후반기에 보수는 개발주의적 보수, 권위주의적·파쇼적 보수로 존재하는 반면에, 진보는 자유주의적 진보와 급진 진보로 구성되게 된다. 결국 61년체제의 후반기에 한국의 보수는 독재의 모순으로 그 정당성이 훼손되게 되고 자신들의 추동한 근대화의 '성공'이 가져오는 새로운 모순으로 그 주도성을 빼앗기는 상황에 놓이게 된 것이다. 그 속에서 한때 자신들의 헤게모니 하에 있었던 자유주의 세력은 급진주의와 결합하여 보수에 도전하는 형국이 된 것이다.

결국 1961년 개발독재체제하에서, 보수는 극우반공주의적 정체성과 개발주의·성장주의적 정체성과 동시에 권위주의적·파쇼적 정체성을 갖게 되었고, 반대로 진보는 민주주의를 지배적 정체성으로 획득해 가면서 동시에-개발독재의 말기에 자유주의가 저항적 자유주의로 반독재운동에 합류하게 되면서-내부에 자유주의적 진보와 급진적 진보-80년대적 양상으로는 반미주의나 사회주의 등까지를 내포화하

는-가 공존하는 형상으로 변화하게 되었다.[147]

2. 민주화 속에서의 보수주의, 자유주의, 급진주의세력의 경계의 재획정

1987년 6월 민주항쟁은 61년체제로부터 87년체제로 전환되는 계기였다. 87년체제하에서의 민주화 과정에서 보수와 진보에는 상이한 변화가 나타나게 된다. 민주화 이후에는 지배담론의 핵심적인 측면이 근대화 담론에서 세계화 담론으로 변화한다. 이러한 세계화 담론은 반독재민주화운동과정에서 저항블록의 핵심적 구성부분으로 이동한 '저항적 자유주의 세력'의 재통합효과를 갖는다. 새롭게 부상한 세계화 담론은 저항적 자유주의 세력이 정치사회적 이슈을 둘러싸고 개혁적 성격을 표출하더라도 경제적 이슈를 둘러싸고는 세계화를 촉진하는 개혁으로 나아가도록 하는 효과를 낳는다. 민주정부를 자처하는 정부들이 오히려 세계화를 촉진하는 경제적 자유화를 개혁의 이름으로 강력하게 추진하는 것도 바로 이러한 예가 될 것이다. 이는 새로운 지배담론으로서의 세계화 담론이 정치사회적 세력관계의 구성에 효과를

147 이런 점에서 반독재민주주의 블록은 복합적 구성을 보인다고 하겠다. 반독재민주주의 블록은 '독재 시대의 경계'를 경계선으로 하여-국가부문, 제도정치, 사회운동, 시민사회를 망라하여-온건보수까지 포함해서 자유주의 세력, 급진주의세력, 폭넓은 부문을 망라한다. 투쟁 전선이라는 측면에서 본다면 ① 협의의 민주주의 ② 계급전선 ③ 생활세계전선 ④ 민족문제전선에서 주변화되고 억압당한 다양한 정치·사회 세력의 연합이라고 할 수 있다.

미치는 것을 의미한다. 즉 세계화 담론은 민주주의를 둘러싸고 대결적 태도를 갖는 보수주의 세력과 자유주의 세력이 세계화(여기에는 정보화, 개방화, 성장 등의 다양한 함의가 포함된다)의 흐름의 일정한 편차에도 불구하고—공통적 정책태도를 드러내게 된다는 것이다. 새로운 세계화 담론—이는 객관적 환경에 의해 촉진되고 특정 개인이나 집단의 의도된 담론이 아니라고 하더라도—은 반독재민주화운동 속에서 저항화되어갔던 자유주의 세력이 친(親)지배블록적 인식과 정책지향을 공유해가게 되는 것을 의미한다.

물론 이러한 변화는 보수주의, 자유주의, 급진주의 세력의 성격 및 상호관계가 변화되는 속에서 이루어진다. 먼저 87년 이후의 민주주의이행의 과정은 보수주의의 합리화, 자유주의의 급진주의로부터의 독자화, 급진주의의 내적 분화로 나타나게 된다고 표현할 수 있다. 앞서 서술한 대로, 국가(관료), 제도정치(정당), 시민사회(사회운동) 수준에서 보수주의적 세력, 자유주의적 세력, 급진주의적 세력이 존재하고, 이러한 세력들이 담론효과에 의해 규정되면서 변한다.

먼저 보수주의의 '합리화'를 본다면, 국가주의적 발전동원체제하에서 보수주의는 극우적 성격을 띤 채로 존재하였으며 동시에 파쇼적이고 극우반공주의적 성격을 띤 채로 있었다. 이러한 보수주의는 80년대 이후 민주화 속에서 저항세력의 요구를 흡수하면서 동시에 저항에 의해서 강제적으로 변형되어 가게 된다. 상대적으로 합리적이고 온건한 보수주의 혹은 '시장친화적 보수주의'[148]로의 변화가 나타나게 된다.

---

148 60년대 이후의 보수주의가 개발독재국가 혹은 이른바 '발전국가'의 이니셔티브를 적극적으로 인정하고 주장하는 '국가주도 선호적인' 보수주의의 성격을 띠었으나, 이제

이러한 변화는 엄밀하게 이야기하면 보수주의 내부에서의 헤게모니 분파의 변화로 이야기할 수 있다. 여전히 지배블록 내에 극우반공주의적 보수파가 존재하고 있으나 민주주의 이행과정에서 이러한 분파들은 주변화된다. 이런 점에서 90년 3당 합당은 전후의 극우반공주의적·군부권위주의적 성격을 띠고 있던 한국의 보수주의가 반독재자유주의 세력을 흡수함으로써 보수주의의 '진보화'가 나타나게 되는 계기라고 할 수 있다. 또한 3당 합당은 지배블록 내에 극우반공주의로 일색화되어 있던 분파들이 극우보수주의에서부터 온건자유주의에 이르기까지 '다원화'되는 출발점이라고 할 수 있다. 문민정부에서 온건자유주의분파는 지배블록 내부에서 헤게모니를 갖게 되면서 한국 보수주의의 합리화를 촉진하는 개혁을 시도하게 된다. 문민정부는 바로 반독재자유주의정치세력을 전면에 내세운 '변화된' 보수세력의 재집권기라고 할 수 있다.

이러한 과정은 87년까지의 한국의 보수주의 세력이 87년 이후 민주주의 이행과정에서 새롭게 재정립된다는 것을 의미한다. 반독재자유주의 야당세력의 포섭을 통하여, 새로운 인물의 영입을 통하여 스스로를 '신보수'로 재정립해 가게 된다. 국민정부는 이런 점에서 문민정부와 달리 반독재자유주의정치세력이 헤게모니 분파로서 보수주의적 정치세력의 일부와 연합하여 집권한 정부라고 할 수 있다. 이 국민정부 하에서 보수주의적 제도정치세력은 야당이 되면서 이전 시기의 정당성을 상쇄하면서 일정부분 '합리적' 보수주의 혹은 온건보수주의로

시장자율성을 주장한다거나 '작은 정부'로 상징되는 국가부문의 축소를 주장하는 시장주도성을 강조하는 '시장친화적 보수주의'의 성격을 띤다.

변형되어 가게 된다.[149]

다음으로 중요한 변화는—반독재민주화운동과정에서 급진주의와 결합되어 있었던—자유주의의 독자화라고 할 수 있다. 민주주의의 이행이 가져오는 가져오는 중요한 변화는 바로 자유주의가 급진주의로부터 분리되고 또한 극우적 보수주의에 종속적으로 포섭되어 있던 자유주의의 분리가 나타난다는 것이다. 앞서 지적한 대로, 60년대 이후 개발독재의 과정은 자유주의(세력 혹은 담론)가 어용화된 형태로밖에 존재할 수 없는 상황을 만들었으며, 진정한 독립적 자유주의는 저항적 자유주의로 반독재급진주의와의 투쟁적 연대 속에서 비로소 존재할 수 있었다. 이전 시기에 한국의 자유주의는 없었고,[150] 반독재저항 속에서 비로소 정치적으로 가능하게 되었다고 할 수 있다.[151]

70·80년대 반독재민주화운동은 자유주의적인 제도정치세력과 자유주의적인 시민사회세력, 급진주의적인 시민사회세력으로 구성되어

---

149 이러한 온건보수주의와 자유주의적 제도정치세력들은 앞서 서술한 정치적 자유화 및 경제적 자유화의 제 차원에서 입장의 차이를 드러내게 된다(물론 분단, 글로벌 신자유주의, '위로부터의 보수적 민주화' 등의 제요인은 온건보수주의와 자유주의제도정치세력의 정치적 자유화 및 경제적 자유화를 둘러싼 태도를 '우익적' '보수적' 방향으로 굴절시키게 된다).

150 김동춘이 지적한 대로 "한국에서 자유민주주의란 곧 냉전자유주의(cold-war liberalism)의 전형이자, 그 극단의 퇴행적인 모습을 지닌 것이었다. 이것은 분명히 자유주의가 아니라고 할 수는 없지만, 자유주의의 스펙트럼에서 보자면 자유주의 원칙과는 가장 거리가 먼 사고방식이었다. 어쩌면 이것은 '사상'이라기보다 공산주의에 반대하는, 남한자본주의 체제를 옹호하는 기득이익 옹호논리였다고 보는 것이 정확할 것이다"(2000b: 256). 어떤 점에서 개발독재 시기에 한국 사회는 자유주의의 과잉이 아니라 자유주의의 과소로 고통받고 있었다고 말할 수 있다.

151 많은 '자유주의'적 지향의 개인이나 집단이 '혁명적'으로 투쟁하였다. 80년대 CNP논쟁 상기해 보자.

있었다. 반독재민주화운동 속에서 급진주의와 연합함으로써 한국의 정치적 자유주의 세력은 부분적으로—개인적이건 집단적이건—진보적인 성격 및 사회적 성격을 가질 수 있는 계기를 갖게 된다. 이들은 80년대 민주화 투쟁을 통하여 합법적인 제도정치 영역으로 복귀하게 되고 이후 집권세력으로까지 나아간다.[152] 여기서 급진주의와 자유주의적 제도정치세력의 분리가 나타나게 된다. 제도정치영역에 복귀한 자유주의적 제도정치세력들은 역으로 반독재급진주의세력들을 '수혈'함으로써 '합리화되는' 보수주의정당과의 경쟁 속에서 자신의 정당성을 강화하게 된다. 이러한 자유주의의 독자화에 세계화 담론 가장 중요한 요인으로 작용했다. 이러한 경쟁과정에서 한국의 '취약한' 자유주의 세력이 '강력한' 보수주의 세력과의 경쟁 속에서 독자적인 기반을 확보하게 될 것인지는 향후의 과제로 남게 된다.

나아가 시민사회 내부에서 급진주의와 자유주의 사회세력 간의 분화가 나타났다. 시민사회 내부의 분화를 본다면, 87년 이후 민주화는 자율적인 정치적·사회적 운동 공간을 확장하게 되었고, 시민사회 내의 '자유주의'적 사회운동세력은 '시민운동'이라는 이름으로 과거의 자유주의·급진주의 연합운동(민중운동)으로부터 분립하여 독자화했다.

152 87년 이후 노태우정부라는 과도기를 거쳐 문민정부 및 국민정부라고 하는 정치적 자유주의 세력의 집권기로 이행하게 된다. 문민정부와 국민정부는 반독재자유주의적 정치세력이—비록 연합이기는 하지만—집권세력의 중심분파가 된 것을 의미한다. 그러나 양자는 차이를 갖는다. 전자는 반독재(온건)자유주의 세력이 과거의 보수주의 세력에 포섭되는 방식으로 집권하였으나 후자는 (중도)자유주의 세력이 중심이 되어 과거의 '주변적' 자유주의 세력과 연합하는 방식으로 집권한다는 점에서 차이를 갖는다. 그렇기 때문에 전자는 '합리화된' 보수주의의 재집권의 성격을 띠게 되는 것이며, 후자는 독자적인 자유주의적 집권을 의미한다.

80년대 후반 경실련 등으로 상징되는 시민운동의 부상은 정치사회적 실천에 있어서의 자유주의적 지향이 현실화되는 것을 의미하였다. 90년대 이후 시민운동의 이념적 분화와 다양화가 진전되고 있기는 하지만(조희연, 2001b), 거시구조적인 측면에서 보면 시민운동은 자유주의적 사회운동이라고 규정할 수 있다. 이러한 자유주의적 시민운동세력들은 정치적 자유화에 있어서는 '위로부터의 보수적 민주화'로 인한 점진적 개혁성, 불철저한 개혁성에 대립하여 철저한 개혁을 촉구하는 세력으로 존재한다.

과거 개발독재 하에서 보수주의적 관변단체가 있었고 반대편에는 급진주의적 민중운동이 존재하였다. 양자의 중간에 이른바 시민운동이 존재하였으나, 그것은 '탈(脫)정치화된 시민운동'으로 존재하였다(조희연, 2001c). 그러나 이것이 87년 이후에는 '자유주의'적인 '정치적' 시민운동으로 독자화하게 된다. 어떤 점에서 자유주의적 제도정치세력에 의해 추진되는, 87년 이후의 민주주의 개혁은 자유주의적 사회운동의 국민적 기반을 대단히 넓게 만들었다. 한국에서 시민운동의 성장은 시민운동의 내적인 요인에서도 찾을 수 있겠지만, 민주화 개혁의 구조적 성격에서도 찾아야 한다.[153]

---

153 민선민간정부 시기에 있어 자유주의적 사회운동(시민운동)은 민선민간정부의 정치적 자유주의에 대한 지지 속에서 경제적 자유주의에 대한 지지로 경도되어 왔다고 표현할 수 있다. 구체제의 관치주의적 성격, 국가주의적 성격에 대한 개혁(예컨대 공공부문의 개혁)이라는 점에서 자유주의적 사회운동은 민선민간정부의 개혁을 지지하는 입장을 취하게 되는데, 여기서 더 나아가 경제적 자유주의 정책전반에 대한 지지로 나아가게 된다. 노동운동에서 시민운동의 친(親)신자유주의적 성격을 지적하는 것은 바로 이 지점이다. 정치적 자유주의 및 경제적 자유주의에 대한 입장에 따라 사회운동은 중층적으로 분화되게 된다고 할 수 있다.

87년 이후의 민주주의 이행과정이 지배의 혁신으로 귀결되는 '수동혁명'이라는 점이 그것이다. 과거의 지배블록은 극우보수주의로 일색화되어 있었던 반면에, 이제 반독재자유주의적 정치세력은 보수주의로부터 분리되어 독자적인 집권세력—비록 보수파와의 연합(예컨대 자민련)에 의한 것이지만—이 됨으로써 지배블록 내의 구성이 다원화되게 된다. 이렇게 다원화된 지배블록의 통합효과가 세계화 담론에서 핵심적으로 나타난다.

과거 근대화 담론이 극우보수주의적인 군부권위주의세력에 의해 담지되었다고 하면, 세계화 담론은 담지주체가—극우보수주의와 연합한—온건자유주의적인 반독재정치세력(문민정부)과 중도자유주의적인 반독재정치세력으로 확장된 것이다.[154] 이것이 민주화와 세계화의 결합이 갖는 구조적 의미이기도 하다. 신자유주의적 지구화의 맥락에서 전개되는 민주화는 이제 민주세력으로 하여금 새로운 지배블록의 중심 분파가 되도록 하고 바로 그 민주세력이 '신근대화'론에 다름아닌 세계화를 추진하는 주체로 되는 것이다.

세계화 담론의 핵심적인 구성내용이 되는 개방화와 민영화를 포함한 개방주의적·시장중심적 발전주의는 앞서 지적한 대로 이미 전두환 정권 시대부터 시작되었다. 그러나 이러한 정책적 전환은 독재정권의 '정치적' 한계에 의해 굴절되면서 실시될 수밖에 없었으며, 포괄적인

154 지배담론이 자유주의적 정치세력에 의해 담지되는 것은 시민사회 내에서의 자유주의적 사회운동의 독립적 존재와 부상에도 기반하게 된다. 시민사회의 자유주의적 사회운동은 지배담론으로서의 세계화 정책이 구체제의 개혁이라는 점에서의 긍정성(예컨대 기업의 투명성 제고 등)을 갖고 있다는 점에서 그것을 가속화시키는 방향으로 활동한다는 점에서 세계화 담론의 시민사회적 기반을 부분적으로 구성한다고 할 수 있다.

지배담론으로 정식화되지 못하였다. 이러한 포괄적인 지배담론으로의 재정식화는 지배블록 내에서 헤게모니 분파의 전환이 나타나는 87년 이후, 특별히 문민정부에서였다. 어떤 점에서 지배담론의 세계화 담론으로의 전환은 그 담지주체가 자유주의적인 정치세력으로 전환되면서 비로서 완성을 보게 되었다고 이야기할 수 있다. 문민정부에 의해 정식화된 세계화 담론은 IMF위기를 겪으면서 국민정부에서도 계승되게 된다. 이것은 세계화 담론의 담지주체가 구 보수주의 세력에서 보수주의 세력과 유착한 반독재자유주의 세력(예컨대 김영삼 계), 반독재자유주의 세력(김대중 계)으로 확장되는 것을 의미한다. 물론 세계화 담론이 새로운 세력에 의해서 주도된다고 할 때 그것은 과거의 보수주의 세력이 주도하는 방식과는 차별성을 가지면서 전개된다. 과거의 보수주의적 세력에 비해서 대항담론의 요구사항들을 적극적으로 선택적 포섭하는 방향에서 지배담론을 보완하기 때문이다. 대항담론이 요구하는 구체제의 민주적 개혁의 요구들을 일정하게 선택적으로 수용하면서 자본과 시장이 요구하는 세계화 정책들을 구사한다. 문민정부는 금융실명제, 역사 바로 세우기, 하나회 숙정 등 많은 민주개혁의 요구들을 수용하면서 동시에 세계화 담론을 적극적으로 지배담론으로 재정식화하였다. 국민정부는 '민주주의와 시장경제의 병행'이라는 모토 하에서 시장경제의 민주적 개혁의 과제를 '강도 높게' 시행하면서 시장경제의 세계화에 부응하는 개혁-과거의 독재정권 및 문민정부가 수행하지 못하였던 개혁-을 '강도 높게' 수행하게 된다.[155]

155 역설적으로 과거의 근대화 담론에 이은 세계화 담론을 주도한 것은 '상당한 수준의' 민주적 개혁을 동반한 반독재자유주의 세력이 주도하는 정부에 의해서였다는 것은 역

이처럼 구 권위주의체제의 민주개혁이라는 과제를 반대급부로 하여 새로운 지배담론은 반독재자유주의정치세력에 조응하는 것으로 정착되어가게 된다. 이는 우연을 매개로 한 것이지만 지배담론의 변화와 지배담론 담지주체의 변화가 동시에 진행되는 필연적 과정이라고 할 수 있다. 이것이 민주화와 세계화의 결합의 성격이다.

지배블록이 단순히 정권담당 엘리트뿐만 아니라 야당정치집단도 포함하는 포괄적인 구성을 갖고 있다고 할 때, 이제 지배블록 내는 극우보수주의 분파, 상대적으로 온건합리주의적 보수적 분파, 중도자유주의적인 분파 등이 다양하게 존재하게 된다. 87년 민주주의 이행 이전에는 극우보수주의적인 분파들이 정권담당 엘리트 지위를 독점하였으나, 심지어 이제 중도자유주의적인 분파가 정권담당 엘리트의 지위를 차지하게 된다. 더구나 6·15남북정상회담 이후 남북관계에서 평화공존형 남북관계가 추구되고 있다고 할 때, 지배블록 내는 대결적 남북관계를 추구하는 보수주의적 분파와 평화공존형 남북관계를 추구하는 자유주의적 분파가 공존하는 셈이다. 사실 민주주의라는 것이 자유민주주의적 정치와 다원적 사회로의 이행을 의미한다고 할 때 정확히 이러한 변화가 일어나고 있는 셈이다.[156] 한국의 경우 아래로부터 민중적 투쟁이 지배에 강제한 '수동혁명'이 바로 이런 식으로 표출되고 있다고 하겠다.

50년대에는 지배블록과 저항블록의 관계에서 자유주의정치세력

설적이라고 할 수 있다.

156 이러한 분화가 사실 한국의 민주화가 결국 지배의 철폐가 아니라 '지배의 혁신'이자 '저강도 민주주의'로 귀결되는 것이다(조희연, 1998a: 2장).

이 극우보수주의적 지배블록에 종속적 존재로 존재하다가, 60년대 이후 개발독재 하에서 일부 자유주의적 정치세력이 보수주의와 분리되고 나아가 급진주의와 연합하여 저항블록에 속하였던 데 반하여, 이제 자유주의 정치세력은 급진주의로부터도 독자화 하여 지배블록의 새로운 집권세력으로까지 변화하고 있는 것이다.

이러한 지배블록의 변화는 근대화 담론의 세계화 담론으로의 변화에 대응하는 것이기도 하다. 즉 세계화 담론의 효과에 크게 의존하고 있다는 것이다. 과거 근대화 담론이 극우보수주의적인 군부권위주의 세력에 의해 담지되었다고 하면, 이제 세계화 담론의 담지주체가—극우보수주의와 연합한—온건자유주의적인 반독재정치세력(문민정부)과 중도자유주의적인 반독재정치세력으로 확장되고 있는 것이다.

[보론 2]

87년 이후 한국 시민운동의 출현과 분화

앞서 나는 6월 민주항쟁의 '이중성'을 지적하였다. 즉 6월 민주항쟁은 성공이면서 동시에 실패였다. 6월 민주항쟁은 과거의 군부파시즘을 퇴진시키고 직선제에 의한 민선정부를 성립하였을 뿐만 아니라, 이후 민주주의체제로 이행하는 도정에 한국 사회를 올려 놓았다는 점에서 '성공'이라고 할 수 있다. 또한 그 결과로서 자율적인 정치적·사회적 공간을 창출함으로써 이후 시민운동을 포함한 각종 사회운동 및 개혁운동이 활동할 수 있는 공간을 확보했다는 점에서도 성공이라고 할 수 있다. 그러나 군부파시즘을 '혁명적'으로 퇴진시켰으나, 그 물적·인적 유산을 철저하게 청산하지 못하여 이후 수동혁명의 경로를 열었다는 점에서 '실패'라고 할 수 있다. 87년 이전에는 혁명적·급진적 민중운동 세력이 주도하는 '아래로부터의 급진적 민주화'의 길과 구 세력들이 주도하는 '위로부터의 보수적 민주화'의 길이 각축하고 있었다면, 87년을 거치면서—6·29선언과 12월 대선을 거치면서—위로부터의 보수적 민주화의 길이 지배적인 경로로 정착하게 되었다. 그 결과 구 군부파시즘 세력 및 기득권세력이 제도적·비제도적 권력을 유지하는 속에서 민주개혁이 이루어지는 경로로 되었다.

1. 시민운동의 구성적 출현과 그 성격

6월 민주항쟁의 이러한 이중적 결과가 바로 민주항쟁과 시민운동의 관계, 시민운동의 초기 성격을 규정하는 요인으로 작용하게 된다. 먼저 성공의 측면에서 6월 민주항쟁은 시민운동이 활동할 수 있는 공간을 확보함으로써 시민운동의 출현을 가능하게 하였다고 할 수 있다. 이전 시기는 대통령을 비판하거나 헌법 개정을 요구하는 경우 수년의 실형을 살아야 하는 '공포의 시기'였기 때문에 시민운동과 같은 사회운동이 존립할 수가 없었다. 수년의 실형을 감수하면서 저항을 하는 개인이나 집단은 급진적인 민중운동으로 국한되어 있었다(사실 이것이 민중운동의 도덕성의 근거이기도 하다). 시민운동은 시민적·정치적 권리가 최소한도로 보장되는 민주주의적 조건 속에서 활동하는 운동이라고 할 때 이러한 성격의 시민운동이 가능하게 하는 조건은 민주항쟁이 군부파시즘을 직접적으로 퇴진시킴으로 형성된 조건이라고 할 수 있다.

그러나 6월 민주항쟁의 실패의 측면은 시민운동에 또 다른 제약을 부여하였다. 초기 시민운동은 과거의 급진적이고 전투적인 민중운동과 자신을 구별하면서—비(非)민중운동 혹은 반(反)민중운동적 정체성-온건한 이념을 표방하는 동시에, 합법적·제도적 수단과 통로를 중심 수단으로 했다. 또한 자신의 기반과 정체성을 중간계급에 두었다(조희연, 1998a, 325-30). 이처럼 초기 시민운동의 정체성은 이전의 민중운동과 달리 '보수적 자유주의'의 성격을 갖는다. 시민운동의 이러한 새로운 자기 규정은, 6월 민주항쟁이 실패로 귀결되면서 보수언론을 포함한 구세력들이 주도하는 수동혁명형 민주화의 길로 한국 사회가 이행하게 된 조건과 무관하지 않다.

여기서 중요한 점은 자유주의적 사회운동으로서의 시민운동이 급진적·진보적 민중운동과 분립되고 그로부터 독자화한다는 점이다. 군부권위주의 하에서 한국의 자유주의는 진보주의-80년대에 이는 혁명적 급진주의로 존재하였다-와 결합된 채로 존재하였다. 그러나 시민운동의 출현은 반독재민주화운동 과정에서 결합되어 있던 자유주의와 진보주의의 분립, 더 정확하게는 자유주의의 진보주의로부터의 분립과 독자화로 규정될 수 있다고 생각된다. 이러한 분립은 86년 6월 민주항쟁의 '실패' 즉 87년 이후의 수동혁명적 민주화라고 하는 결과에 의해 시민운동이 영향을 받았음을 의미한다.

여기서 우리가 염두에 두어야 할 것은 시민운동이라는 것이 '선험적인 실체'로 존재하는 것이 아니라 시민운동의 외연과 그 정체성이 구성되는 것이라는 점이다. 사실 현재 시민운동이라고 포괄되는 개별운동 형태들은 이전 시기부터 존재하여왔다. 그러나 그것이 87년 이후의 지형 속에서 독특한 성격의 운동으로 부상되었고 어떤 점에서 민중운동과 구별되는 자유주의적 정체성을 갖는 시민운동으로 '구성'되었다고 할 수 있다. 여기서 구성이라고 하는 것은 무엇이 시민운동인가 시민운동에 포괄되는 운동은 어떤 형태인가하는 것은 선험적으로 결정되어 있지 않다는 의미의 표현이다. 이런 '구성의 관점'[157]에서 볼 때 초기 시민운동은 80년대의 전투적·급진적 지향의 민중운동과 구별되는 제도적 조건을 활용하면서 자유주의적 지향을 갖는 새로운 사회운동으로 구성되어졌다고 할 수 있다.[158]

그런 점에서 시민운동은 '실체적' 개념이라기보다는 그 자체가 하나의 '이데올로기'적 범주로 간주될 필요가 있다. 87년 이전 군부파시즘체제가 존재하고 그에 대항하는 민중운동의 혁명적 투쟁이 활발하며, 민중운동의 이념이 하나의 시대정신을 표상하고 있었을 때, 민중운동은 사회운동의 지배적인 경향이었다. 이때 모든 저항적 사회운동은 민중운동과 동일시를 하고자 했다. 그러나 87년 민주화 이후 새로운 조건이 구성되었다. 예컨대 반파시즘 투쟁이 한창이던 80년대 초반에 진보적 여성운동은 변혁적인 반독재투쟁의 일부로, 즉 민중운동적

157 여기서 구성의 관점이라는 것은 구성주의적 사회운동론(임희섭, 2001, 『집합행동과 사회운동의 이론』, 고려대 출판부, 9장)과 같은 특정한 사회운동론을 염두에 두기보다는 민족주의와 같은 담론의 구성에서 보여지는 보다 일반적인 구성주의적 관점을 지칭한다(배네딕트 앤더슨, 2002).

158 시민운동의 성격이 어디에서나 동일한 것은 아니다. 광주라는 상대적으로 진보적인 정치적 공간에서는 광주경실련이 출범할 때 중앙의 경실련 출범과 상이한 성격을 띠기도 했다. "1991년 지방의회선거 이후 선거 패배의 후유증, 광주전남연합으로부터의 제명조치 등으로 단체 활동이 어렵게 된 전남국본관계자들이 대거 광주경실련으로 활동무대를 옮기면서 광주경실련은 본격적인 활동의 계기를 마련한다. 이러한 사실은 광주경실련의 1992년 임원구성에서 확인할 수 있는데, 전남국본의 실무책임을 맡았던 이○을 비롯해 염○○, 이○○ 등이 집행위원으로 활동하고 있으며 간사를 맡았던 김○○도 전남국본 실무그룹 출신이다. 전남국본관계자들의 참여 이후 광주경실련은 1992년 조직강화특위 활동과 2주년 총회활동을 통해 실질적인 활동을 시작하면서 지역사회운동은 과거 민족민중운동과는 다른 시민운동의 흐름이 등장하게 된다"(김희송, 2012).

인 정체성을 보유하고자 하였다. 그러나 80년대 후반과 90년대 초반에 진보적 지향을 갖는 여성운동은 시민운동으로서의 정체성을 지향하고 있었다. 이런 점에서 현재와 같은 외연과 내포적 의미를 갖는 시민운동은 87년 이후의 체제의 수동혁명적 변화에 대응하는 인식적 조응과 자유주의적 실천의 결과로 나타나게 된 것이라고 할 수 있다.

사실 시민운동의 초동주체들의 이념적 성향은 이미 70·80년대 기독교운동 내부에도 존재하였다. 사실 그 내부에도 이른바 혁명적 지향과 이른바 '개량적' 지향 사이의 대립이 내재하고 있었다. 당시는 반독재라는 시대적 과제 때문에, 이러한 내부적 대립 자체가 중요한 것이 아니었다. 즉 개량적 입장에서 혁명적 지향을 비판하는 활동이 군부독재 앞에서의 적전(敵前) 분열과 동일시되었다. 내부적 대립이 운동권 내부에서는 치열하였지만, 공론의 과정에서는 크게 부각되지는 않았다. 어떤 점에서 본격적인 분화의 정치적 공간, 개량적 입장에서 혁명적 입장과 분립할 수 있는 도덕성의 공간이 부재하였다. 그러나 역설적으로 87년 6월 항쟁 이후 민주주이행이 가속화되고 독재정권의 퇴진이라고 하는 객관적 변화 속에서, 개량적 입장이 분립할 수 있는 도덕적 공간이 존재하게 되었다.

이러한 구성에는 80년대 후반 초기 시민운동의 초동주체들의 이념적 지향과 전략적 선택 또한 중요했다. 초기 시민운동을 주도하는 사람들은 비(非)민중운동 혹은 반(反)민중운동적 성향을 강하게 갖는 보수적 지향의 사람들이었다. 89년 7월 창립된 경실련이 80년대 말에서 90년대 초·중반에 시민운동의 상징적 주도단체가 되었는데, 초기 경실련이 강하게 비민중운동적 성격을 띠고 있었던 것도 현재의 이미지를 형성하는 데 결정적인 역할을 했다. 나아가 초기 시민운동그룹들은, 현재 한국의 이데올로기적 지형이 분단조건에 의해 대단히 '비정상적으로 우익화' 되었다는 점에 도전하지 않은 채, 그 안에서 그것을 수용하는 협소한 인식틀에서 운동을 전개하였다. 현재 문제가 되는 시민운동의 온건화는 시민운동의 주체들이 주어진 체제의 지형을 받아들이면서, 급진적인 전략보다는 온건한 전략을 선택한 결과로 나타난 것이다. 그 결과 현재와 같은 보수적 정체성(정확하게는 '보수적 자유주의'적 정체성)이 일반화되었다.

앞서 서술한 바와 같이 87년 이후 수동혁명의 과정은 능동혁명의 의제를 가지고 있지 않은 정치적 변동의 과정이라고 할 수 있다. 그런 점에서 80년대의 혁명적 급진성의 전통에 서 있는—비록 그것을 동일하게 갖고 있지는 않지만—민중운동과 수동혁명적 체제는 근본적으로 긴장관계를 지니고 있었다. 반면에 체제의 자유주의적·다원주의적 변화를 지향하는 시민운동의 경우에는 체제와 충돌할 필요가 없었다. 포스트파시즘의 이데올로기적 안정화를 지향하는 보수언론들은 오히려 시민운동이 갖는 제한적 비판성을 국민적 운동으로 부상시켰다. 포스트파시즘의 혁명적 균열은 방지하면서 파시즘의 합리화의 동력으로 시민운동의 동력을 활용하고자 하는 의도 하에서 시민운동을 국민적 운동으로 부상시키는 조건을 만들고자 한 것이다. 시민운동의 부상에는 바로 이러한 보수언론의 적극적인 지원이 중요한 조건이 되었다. '국민적' 운동으로서의 시민운동은, 파시즘 체제의 혁명적 파국이 타협적으로 봉합된 수동혁명적 재편의 경로가 지배적인 조건에서, 보수언론을 포함하는 이데올로기적 국가기구의 적극적인 행위에 의해서 구성된 것이다.

여기서 시민운동의 이른바 '신사회운동'적 성격에 대해서도 논의할 필요가 있다. 통상 시민운동은 서구의 신사회운동과 동일시된다. 물론 한국의 시민운동에는 신사회운동적 성격도 존재하기는 하지만, 오히려 서구적 의미에서의 구(舊)사회운동적 성격이 강력하게 존재하고 있다고 봐야 한다. 내가 볼 때, 시민운동은 본질적인 의미에서의 서구적 의미에서의 신사회운동과는 구별되며, '신'사회운동의 의미를 말할 수 있다면 그것은 87년 이전 반독재민주화운동의 지배적인 형태로서의 급진적 민중운동과 구별되는 '새로움' 때문이다. 그러나 한국의 시민운동은 개발독재 하에서 고착된 왜곡된 국가와 왜곡된 시장의 민주적 개혁이라고 하는 과제를 중심으로 활동하고 있고, 이런 점에서 사실 이른바 '구(舊)'사회운동적 성격도 강하게 가지고 있다(조희연, 2001b, 236-37). 현재 한국에서 시민운동이 담당하고 있는 민주주의의 참정권의 확장, 형식적 민주주의의 실제적 불완전성, 부패적 성격, 시장의 천민적 성격을 극복하기 위한 투쟁은 서구에서 노동자운동이 일정 부분 담당했던 역할이었다. 단지 이것이 변화된 맥락에서 시민운동에 의해 담지되고 있는 것이다. 성격적인 측면에서 보더라도, 68년 5월 혁명으로 상징화되는 유럽의 신사회운동은 사회민주당이 집권하는 수준에 이른 서구적 민주주의의 근본적인 한계성, 제도화된 권위주의, 직접 민주주의적 요소의 탈각 등에 대한 비판의식에 기초하고 있다. 즉 권력감시적 혹은 권력지향적 운동을 뛰어넘어 생활세계적 이슈, 가치적·문화적 이슈들을 지향하는 급진성을 내장하고 있다. 그러나 초기 시민운동들을 본다면, 서구의 신사회운동이 갖는 기존의 경제주의적·국가주의적 질서에 대한 급진적 저항성은 대단히 취약하였다.[159] 서구의 신사회운동은 사회민주주의적 복지국가와 같은 수준으로 민주화되어 있는 서유럽적 현실에 대한 저항운동인 것이다. 그런 점에서 '반(反)제도주의적 급진성', '반권위주의적 급진성'을 내장하고 있다. 한국의 시민운동도 물론 이러한 신사회운동적 성격이 전혀 없었다고는 할 수 없지만, 시민운동을 국민적 운동으로 부상시킨 '낙선운동'이나 재벌개혁운동 등은 기본적으로 구사회운동적 과제의 영역에 속한다고 할 수 있다. 이런 점에서 시민운동은 민중운동에 대한 운동적 대립물로서의 '새로움'만을 착안하였지 서구의 '신'사회운동이 내장하는 급진성은 취약한 성격을 지녔다고 볼 수 있다.

결국 87년 이후의 시민운동은 87년 6월 민주항쟁의 성공과 실패의 이중적 결과 속에 규정되면서 스스로를 비(非)민중운동적 '신'사회운동으로 '구성'하면서 출현한 운동으로 규정할 수 있다. 이러한 초기 시민운동의 자기규정은, 87년 이후 군부파시즘 체제의 혁명적 타파의 경로가 주변화되고 그 수동혁명적 경로가 지배적인 조건에 대응하는 자유주의적 행위자들의 능동적 실천에 의해 구성된 범주라고 할 수 있다.

다음, 과거 개발독재체제에 대항하는 반독재민주화운동과정에서 상호결합되어 있었던 (저항적) 자유주의 세력과 급진진보 세력이 분화되었다. 정치적 차원에서는 김영삼이나 김대중으로 상징되는 반독재

159 신사회운동의 정치적 동맹양식과 관련하여서도 다양한 견해가 존재하고 있다. 신사회운동과 서구의 맑스주의 운동의 적극적 '근접화'를 주장하는 D. Plotk(1990) 참조. 오페는 3가지 동맹모델을 상정하고 있는데, 신사회운동과 좌파적 정당, 사민주의적 정당의 동맹을 중심으로 하는 모델도 이러한 예가 될 것이다(Offe, Claus, 1993).

자유주의 정치세력들이 제도정치권으로 복귀하고 진보주의적 사회운동세력과 분리되었다고 한다면, 사회운동 차원에서는 반독재민주화운동 과정에서 결합되어 있었던 (저항적) 자유주의 사회세력들이 진보주의적 사회세력들과 분화되었다. 70·80년대 반독재민주화운동은 자유주의적인 제도'정치'세력과 자유주의적인 '사회'세력, 진보주의적인 '사회'세력으로 구성되어 있었다고 할 수 있다. 반독재민주화운동 속에서 진보주의와 연합함으로써 한국의 정치적 자유주의 세력은 부분적으로—개인적이건 집단적이건—진보적인 성격 및 사회적 성격을 가질 수 있는 계기를 갖게 된다. 이들은 80년대 민주화 투쟁을 통하여 합법적인 제도정치영역으로 복귀하게 되고 이후 집권세력으로까지 변화하게 된다. 여기서 진보주의와 자유주의적 제도정치세력의 분리가 나타나게 된다. 제도정치영역에 복귀한 자유주의적 제도정치세력들은 역으로 반독재진보주의세력들을 '수혈'하는 방식을 통해, 자신을 지속적으로 합리화하고자 한 보수주의정당과의 경쟁하였다.

나는 80년대 후반 경실련 등으로 상징되는 시민운동의 부상은 정치사회적 실천에 있어서의 자유주의적 지향이 현실화되는 것을 의미한다고 본다. 시민운동 내부에 다양한 이념적 스펙트럼이 존재하지만 (조희연, 2001b), 거시구조적인 측면에서 보면 시민운동은 자유주의적 사회운동이다. 이러한 자유주의적 시민운동세력들은 '위로부터의 보수적 민주화'로 인한 점진적 개혁성, 불철저한 개혁성에 대립하여, 정치의 자유를 위한 철저한 개혁을 촉구하는 세력으로 존재하였다.

과거 개발독재적 예외국가 하에서는 한편에 보수주의적 관변단체가 있었고 반대편에는 진보주의적 민중운동이 존재하였다. 양자의 중간에 이른바 시민운동이 존재하였으나, 그것은 '탈(脫)정치화된 시민운동'으로 존재하였다(조희연, 2001c).[160] 그러나 이러한 중간지대의 사회운동이 반독재민주화운동 및 민중운동의 투쟁에 힘입어 자유 공간이 확장되면서 점차 자율성과 비판성을 획득하게 되고 87년 이후에는 '자유주의'적인 사회운동, 즉 시민운동으로 독자화하게 된다고 말할 수 있다. 어떤 점에서 자유주의적 제도정치세력에 의해 추진되는, 87년 이후의 민주주의 개혁은 자유주의적 사회운동의 국민적 기반은 대단히 넓게 만들게 된다. 한국에서의 시민운동의 성장은 시민운동의 내적인 요인에서도 찾을 수 있겠지만, 민주화개혁의 구조적 성격에서도 찾아야 한다.[161]

87년 이후 민주주의이행과정에서 분화되는 자유주의적 사회운동은 초기에는 민중운동과의 대립적 성격을 지배적으로 가지고 있었다. 특별히 민주주의 이행 자체의 성격을 보수적으로 파악함으로써 민중운동과의 대립적 성격을 자신의 정체성으로 가지고 있었으며 일종의 '대체적' 관계를 상정하고 있었다. 그러나 민주주의이행이 진행되면서 시민운동 자체가 다원화되고 분화되면서 이러한 초기의 성격은 보다

---

160 조희연, 2001c, "한국의 민주주의와 사회운동의 전개: 민중운동과 시민운동의 관계를 중심으로", 『NGO가이드』, 한겨레신문사, 2001.

161 민선민간정부 시기에 있어, 자유주의적 사회운동(시민운동)은 민선민간정부의 정치적 자유주의에 대한 지지 속에서, 경제적 자유주의에 대한 지지로 경도되어 왔다고 표현할 수 있다. 구체제의 관치주의적 성격, 국가주의적 성격에 대한 개혁(예컨대 공공부문의 개혁)이라는 점에서 자유주의적 사회운동은 민선민간정부의 개혁을 지지하는 입장을 취하게 되는데, 여기서 더 나아가 경제적 자유주의 정책전반에 대한 지지로 나아가게 된다. 노동운동에서 시민운동의 친(親)신자유주의적 성격을 지적하는 것은 바로 이 지점이다. 정치적 자유주의 및 경제적 자유주의에 대한 입장에 따라, 사회운동은 중층적으로 분화되게 된다고 할 수 있다.

다양하게 나타나게 된다. 시민운동의 경우 그 지배적 성격은 자유주의적이라고 할 수 있으나 보수적 성격에서부터 온건진보주의에 이르기까지 다양한 정체성을 갖게 되었으며, 또한 한 단체 내부에서도 다양한 스펙트럼의 인사들이 참여하게 되거나, 보수주의-자유주의-진보주의라고 하는 정치적 이념의 스펙트럼을 넘어서서 생태주의나 페미니즘, 공동체주의 등 정체성 자체의 분화도 나타나게 된다.

시민운동의 특징과 관련하여, 87년 이후 민주화체제하에서 그것이 '국민적 운동'으로 비쳐졌다. 그람시적 의미에서 보면, 시민운동이 여러 운동정치 중에서도 '국민적-대중적' 운동으로 헤게모니화되었다고 표현할 수 있는 현상이 나타났다.

한국에서 시민사회는 한국 시민사회 발전의 특수성 때문에, '부르주아적 시민사회'라는 의미보다는 공공적 시민사회라는 의미를 강하게 담지하고 있다. 서구적 맥락에서 시민사회는 부르주아적 시민사회라는 의미와 공적 시민사회라는 의미를 동시에 가지고 있다. 즉 한편으로는 국가에 반하는 자율성을 갖는 '공적'인 영역을 담지-국가만이 공적 기구가 아니라-하는 사회로서의 성격[162]을, 다른 한편으로는 과거 국가에 의한 통제로부터 벗어나 자유로운 경제 활동과 경제적 관계를 맺는 부르주아적 사회로서의 성격을 가지고 있었던 것이다. 이것은

162 미국을 방문한 토크빌은 국가 영역 외부의 다양한 '공공적' 삶을 주민 회의, 언론 자유, 지방 자율, 사법부 독립, 교회와 국가의 분리, 다양한 시민적 결사체들의 존재에서 확인(알렉시스 토크빌, 『미국의 민주주의』 1·2 참조)하였는데, 이처럼 국가로부터 독립된 자율적 공간, 그것의 법제적 표현으로서의 시민적·정치적 권리-물론 이것조차도 대단히 제한되었지만-가 바로 시민사회의 구성적 내용이라고 할 수 있다. 그람시는 국가로부터 독립된 자율적 공간에서 지배에 대한 동의를 둘러싼 '자율적인' 계급투쟁이 전개되는 장을 발견하게 된다(안토니오 그람시a, 1999 참조).

서구에서 시민사회의 탄생을 알리는 시민혁명이 한편으로는 (절대주의적) 국가로부터 시장의 독립을 의미하는 '부르주아적' 개인의 탄생이자 다른 한편에서는 공적 시민의 탄생의 과정이었기 때문이다.

그런데 한국의 시민사회라는 것은 부르주아와 연관된 것이 아니라, 국가와 부르주아에 대항하는 공공적 운동과 연관되었기 때문에, '사적 시민사회'가 아니라 '공공적 시민사회'로 현실화되었다.

이것은 개발독재 하에서의 국가-경제-사회의 관계의 특수성을 반영한 것이다. 즉 한국에서는 민중들이 시민사회를 요구하는 방향으로 정치적 주체성을 변화시켜 가는 바로 그 시기에, 한국의 부르주아는 개발독재의 전략적 지원을 받으면서 그 하위파트너로 유착되어 성장하였다. 서구의 시민사회의 출현과정에서처럼 부르주아가 노동자와 신흥프롤레타리아 계급과 동맹하면서 또한 그것을 선도하면서 헤게모니세력으로 존재하였던 것과 구별된다. 따라서 한국의 부르주아지는 민주주의와 시민사회의 추동자가 아니라 그것의 도전을 받는 존재로서 규정되었다. 반면에 시민사회, 사회운동 부문은 독재적 국가의 탄압을 뚫고 성장하였다. 이러한 과정에서 국가와 자본 간에는 유착과 부패적 관계가 성립되었고 그것은 대중들의 불신의 대상이 되었다. 반면에 시민사회, 사회운동 부문, 민주주의 블록은 개인의 이해를 희생하면서 동시에 '공익'을 위해서 헌신하는 입장이었고 이것은 대중에게 도덕성을 갖는 식으로 투영되었다.

여기서 시민사회가 시민단체 등과 동일시되면서 '공적 이해'와 '공공성'에 기여하는 부문으로 인식되었다. 그래서 시민사회는 도덕성과 투명성을 가지고 국가체제와 경제체제를 개혁하는 과제를 갖는 영역으로 기대되었다. 이것은 이른바 시민사회 개념이 갖는 함의의 차이로 나타났다. 즉 서구에서 시민사회에는 '시장적 시민사회'라는 개념과 '공적 시민사회'라는 함의가 이중적으로 존재하는데, 한국에서는 '공공적 이해'를 추구하는 영역이자 행위자들로 인식되게 된 것이다. 시민사회의 출현의 동학에서 이처럼 공공적 이해가 부르주아지가 아니라 독재에 대항해서 싸웠던 진보적·개혁적 세력과 그 행위로 등치되는 것이 바로 한국 시민사회의 특수성이라고 할 수 있다.

2. 90년대 수동혁명적 민주화의 균열과 시민운동의 다양화

이러한 초기 시민운동의 구성된 정체성은 90년대를 경과하면서 변화하게 된다. 87년 이후 노태우정부 수립을 계기로, 사회운동 진영, 특별히 민중운동 진영에는 '패배'적 정서가 강력하게 존재하였다. 87년 대선을 거치면서 수동혁명적 경로가 지배적인 경로로 정착하게 되면서 패배적 정서가 일반화된 것이다. 또한 그러한 경로가 자신들의 분열, 반독재민주화운동의 일부를 구성하는 양김의 분열에 기인한다고 하는 점이, 민중운동 진영의 무력감과 좌절감을 증폭시켰다. 과거 민중운동이나 반독재민주화운동의 좌절요인은 주로 외부적인 독재 권력의 억압에서 주어진 것이었다면, 이제는 내부적인 요인에 의해 좌절을 맛보아야 한다는 점에서 일종의 '정신적 공황' 같은 것 마저 존재하였다. 이런 요인이 사실 시민운동이 '국민적' 운동으로 부상되는 조건이기도 하였다.

그러나 노태우정부 시기를 거치면서 수동혁명적 이행 자체가 균열되었다. 87년 이전 급진적 민중운동을 계승하는 민중운동이 재활성화되고 사회운동의 역동성이 회복되었다. 이에 시민운동의 정체성 또한 변화가 필요하였다. 이러한 변화에는 여러 가지 정치사회적 요인이 있었다. 먼저 국가의 재불안정화이다. '합헌적'인 방식으로 재집권함으로써 높은 정치적 정당성과 정치적 안정성을 향유할 것으로 보였던 노태우정부는 여러 가지 요인이 복합적으로 작용하면서 다시 정치적으로 불안정하게 된다. 이것은 '합헌적'인 방식으로 선거를 통해 노태우정부가 재집권했음에도 불구하고 그 집권과정의 허구성이 노정됨으로써, '변형된 군부정권'에 반대하는 국민들의 비판의식이 재활성화되게 되었기 때문이다. 예컨대 6월 민주항쟁의 좌절을 낳은 6·29선언이 군부파시즘의 전략적 시나리오에 의해 기획된 '정치적 쇼'라는 것이 폭로되거나 혹은 5공청문회나 광주청문회를 통해 집권층의 역사적 반민주성이 대중적으로 드러난 것이다. 비록 지역주의에 의해 왜곡되기는 하였지만, 88년 4·26총선을 계기로 한 여소야대 국회의 출범은 노태우정부의 정치적 불안정화를 촉진하였다. 이처럼 억압적 기능을 담당하는 정부의 약화는 사회운동의 역동성이 회복될 수 있는 가능성을 만들게 된다.

다음으로 파시즘적 억압체제의 균열에 따르는 시민과 민중들의 다층적인 주체화와 민주적 활성화의 증대이다. 87년 군부파시즘의 민주적 전환 이후, 과거 파시즘권체제하에서 순응과 굴종을 강요당했던 국민들이 개인의 차원뿐만 아니라, 직업집단 및 계급계층 차원에서 자신들의 이해를 실현하기 위하여 조합을 결성하거나 시민·사회단체를 조직하는 등 집단적으로 주체화되어 갔다. 87년 이전에 군부파시즘에 대항하는 방향에서 사회적 역동성이 '저항'적으로 활성화되었다고 하면, 87년 이후에는 스스로를 주체화시키는 방향에서 사회적 역동성이 활성화되고 있다고 할 수 있다. 이전에 관변단체밖에 존재하지 않았던 다양한 사회영역에서 다양한 직업, 계급, 계층 별로 조합들과 결사체들이 생겨나고 정부와 정당에 대해서 비판적 목소리를 발하는 시민·민중단체들이 확대되어 간 것이다. 일종의 직업별, 계층계급별 자각과 조직화가 진행되는 것이다. 이것의 대표적인 예로서, 87년 7, 8, 9월 노동자대투쟁 이후 활성화된 민주노조운동은 생산직 영역은 말할 것도 없고 사무직과 전문직으로, 중소기업뿐만 아니라 대기업으로, 국내 기업뿐만 아니라 공기업이나 외국기업에 이르기까지 확산되어 갔다. 그런 점에서 사회적 역동성의 저항적 활성화는 87년 이전에는 주로 파시즘적 독재정권 타도라는 '외재적인' 저항의 형태로 표출되었으나, 87년 이후에는 관변적 조합과 조직에 대항하여 다양한 사회적 주체들이 자발적·독립적으로 자기조직화를 하는 방향으로 진행되었다. 87년 이후의 이러한 변화를 87년 이전의 시민사회의 '저항적 활성화'에 대비되는 시민사회의 '민주적 활성화'라고 표현할 수 있겠다. 심지어 공무원 노조도 결성되었다. 시민사회의 민주적 활성화가 국가공무원으로까지 확장되는 것은 사회적 역동성의 활성화 및 주체화의 확장의 정도를 말해 준다는 점에서 대단히 의미 있는 현상이다.

이런 조건에서 시민운동의 다양화가 진행되었다. 90년대를 거치면서 시민운동의 정체성이 재구성되는 방향으로 나아간 것이다. '진보적 시민운동', '민중적 시민운동'을 표방하는 시민운동단체들, 초기의 보수적 정체성을 갖는 시민운동으로서의 정체성을 거부하는 인권운동 단체들의 출현, 비록 자유주의적 틀 내에서이지만 급진적 정체성을 추구하는 다양한 사회운동체의 출현(동성애적이나 급진적 여성운동단체 등)은 시민운동의 정체성을 재구성하는 과정의 결과다. 그러나 이러한 시민운동 정체성의 재구성은 민중운동과 시민운동의 정체성 동일시나, 반민중운동적인 보수적 시민운동적 정체성의 해소보다는, 민중운동과 시민운동의 분립 구조를 지속하면서, 시민운동의 다양화라는 형태를 취하였다.

시민운동 영역에서 비록 소수파적 지위를 갖는 것이기는 하지만 급진주의적 흐름이 출현하게 된 것도 시민운동의 다양화를 말해 준다. 90년대를 거치면서 인권운동영역에서의 급진주의적 지향, 환경운동에서의 급진주의적 지향, 생태근본주의적 관점, 생태운동과 결합된 무정부주의의 흐름, 생태공동체운동, 급진주의적 페미니즘운동 등 다양한 영역에서 급진주의가 출현하기도 하였다. 특히 기존의 대변형 운동이나 권력감시형 시민운동이 기성질서와 성장주의적 가치를 공유하는 동시에 거대기구화하여 관료주의적 병폐를 노정하고 있다는 비판 하에, 보다 근본주의적 관점에서의 생활가치의 전환 곧 근본적인 문화적·의식적·생활적 전환이 필요함을 역설하는 시민운동도 출현한다. 시민운동의 다양화 과정에서 맑스주의적 급진성과는 구별되는 비(非)맑스주의적 급진성이 다양한 사회적 이슈를 중심으로 형성되고 실천되고 있으나 이것은 현재까지는 주변적인 흐름으로 존재하고 있다. 이러한 다양화는 이념적 분화뿐만 아니라 시민운동이 다양한 이슈 영역으로 또한 풀뿌리 수준으로 확장되는 방향으로도 나타났다. 사실 시민운동은 종합적 시민운동에 의해 '과잉대표'되고 있었기 때문에 권력 감시나 시장 감시가 주된 시민운동 영역으로 인식되었으나, 시민운동의 발전과정 속에서 다양한 시민적 주체가 참여하고, 다양한 사회적 적대와 이슈들을 둘러싼 운동들이 분화하게 된다.

이처럼 다양하게 분화되고 다양화되는 시민운동의 문제는, 맑스주의적 관점 혹은 변혁론의 관점에서 보면 계급계층적으로는 중간층을 포함한 비(非)노동자계급적 역동성, 이슈 상으로는 다양한 사회적 적대와 이슈들을 어떻게 파악할 것인가 하는 것이 문제가 된다. 시민운동의 부상에 대하여 급진주의 진영은 다양한 형태의 비판을 제기하였다. 시민운동의 대표적 사례라고 할 수 있는 소액주주운동이나 다양한 형태의 권력감시운동, 재벌개혁운동 등에 대해서 그것이 자본주의 체제 자체를 균열시키는 운동이 아니며 오히려 그것을 합리화하고 체제내적 운동이라고 비판하였다.[163] 미국식 운동의 모델을 따르면서 시장'관리주의'적 입장으로 경도됨으로써, 체제의 합리화와 선진화에 기여할 뿐, 그것이 자본주의적 시장 질서 자체의 근본적인 재편으로 이어지지 못한다고 비판한 것이다. 정치개혁운동의 대표적인 사례로서 인식되는 낙천낙선운동에 대해서도 그것이 기성정당의 인적 쇄신에 기여하였을 뿐, 기성정당의 이데올로기적 폐쇄성이나 부패구조를 근본적으로 척결하는 데 이르지 못하였으며 진보정당의 제도정치권 진

163 대표적인 글로서 정종권, 2001, "시민운동에 대한 비판적 평가", 유팔무 · 김정훈 편, 『시민사회와 시민운동(2)』, 한울. 여기서 정종권은 시민운동이 자유주의 운동, 관리주의 운동, 미국적 모델을 지향하는 운동, 비(非)신사회운동으로서의 성격을 가지고 있다고 비판하고 있다. 나아가 이종희(1999), 김세균(1997), 홍일표(2001) 참조.

출에 기여하지도 못하였다고 하는 비판도 제기되었다. 이러한 비판들은 대체로 '맑스주의적 혁명주의' 혹은 급진주의의 입장에서 시민운동이 갖는 온건보수주의 혹은 자유주의적 성격을 비판하는 것이었다. 이러한 급진주의적 비판은 시민운동의 보수적 정체성의 극복과 분화를 촉진하는 '외적' 환경으로 작용하였다.

3. 시민운동 분화의 사례 –환경운동, 여성운동, 주민자치운동

한국의 환경운동은 70년대 말부터 환경피해자들 중심의 반공해운동으로 시작되었다. 이러한 운동은 조직화되어 1982년에는 한국공해문제연구소, 1986년에는 공해반대시민운동협의회, 1987년에는 공해추방운동청년협의회, 1988년에는 공해추방운동연합이 각각 창립되어 활동하게 되었다. 87년 이후의 환경운동은 지속적 발전을 하여, 90년대에 전국적 기반을 갖는 환경단체들이 만들어지고 국민적 캠페인을 전개하는 단계로 발전하였다, 1993년에는 환경운동연합과 녹색연합이 창립한다. 환경운동연합은 1988년 창립된 서울의 공해추방운동연합을 포함하여 지역의 환경조직들이 연합하여 1993년 4월 2일 창립되었다. 93년 12개의 지역조직으로부터 출발하여 2002년에는 47개의 지역조직을 갖는 대규모 조직으로 발전하였다. 녹색연합의 경우 1991년 6월 배달환경연구소로부터 시작하여, 1993년 3월의 배달환경연합을 거쳐, 1994년 4월에는 대한녹색당창당준비위원회, 푸른한반도되찾

기시민의모임(1991년 6월)이 통합하여 배달녹색연합으로 재창립함으로써 탄생하게 된다. 배달녹색연합은 96년 4월 녹색연합으로 개칭하게 된다. 이보다 앞서 1989년 창립된 경실련도 환경관련 사업들을 전개하였었는데, 1992년에는 환경개발센타를 만들게 되고 1998년 11월에는 사단법인 경실련 환경정의시민연대로 이름을 바꾸고 1999년 9월 7일에 경실련으로부터 독립하게 된다.

환경운동의 발전과정에서, 생태주의적인 지향을 새롭게 표현하는 단체들도 생겨나게 되었다. 대표적인 것으로 1989년 창립된 김지하, 박재일 씨 등이 중심이 되어 창립된 한살림 모임이나 1999년 창립된 풀꽃세상을위한모임 같은 것을 들 수 있다, 1989년에 창립된 한살림 모임은 생명운동과 공동체운동을 주도한 이후, 우리 사회에서 생태주의 이념을 확산하는 데도 크게 기여했다. 생태주의 문화운동과 공동체운동을 지향했던 한살림 모임은 이후 귀농운동이나 환경생태교육활동으로도 확산되었다, 1988년 3월에 '한국불교사회교육원'으로 개원하여 1994년 6월 개칭한 (사)한국불교환경교육원, 운동단체는 아니지만 생태주의 이론과 생명문화를 확산하는 데 기여하고 있는 1991년 11월 창간된 '녹색평론'도 그러한 확산의 예가 될 수 있다.

90년대 환경운동이 발전하면서 많은 시민들이 회원으로 참여하게 되었으며 이 결과 환경운동연합 같은 경우는 5만을 헤아리는 회원을 보유하게 되었다. 사업도 소수활동가 중심에서 시민들이 참여하는 대중적 캠페인으로 전개되게 된다. 환경운동이 국민적인 운동으로 발전하게 된 데에는 대표적인 환경사건 및 그에 대응하는 환경운동이 존재한다. 먼저 1991년 낙동강 페놀 오염사고를 들 수 있다. 낙동강 페놀 오염 사고는 환경운동이 국민적 운동으로 전개되고 있음을 보여준 동시에, 환경정책의 전환점적 사건이었다고 할 수 있다. 1991년 3월, 경북 구미의 두산전자 공장에서 1990년 11월부터 총 325총의 페놀 폐수가 유출되어 대구시민의 식수원인 낙동강이 오염되는 사고가 발생한 것이다. 이 사건 이후 전국적으로 '두산 재벌'에 대한 규탄과 불매운동, 책임자 처벌 및 재발 방지를 위한 강력한 조치를 요구하는 운동이 일어났다. 이 사건이 환경문제 대중화의 계기가 되면서 대구, 마산, 차원 등에 많은 환경운동조직들이 생겨나게 되었으며, 중앙단체들의 환경운동 참여도 확대되었다. 다음으로는 1991년에서 2000년까지에 걸쳐 진행된 동강 살리기 운동이다. 1991년 1월 정부가 영월댐 건설 계획을 발표하고 이에 대응하여 환경운동연합 등 환경단체들이 자연생태계 보전을 위해 동강댐을 반대하는 운동을 지속적으로 전개하였다. 지역에서도 '영월댐 백지화 3개군 투쟁위원회' 등이 창립되어 서명, 공개질의서, 시위, 각종 집회 등을 통해서 동강댐을 백지화하기 위한 투쟁을 전개하였다. 이 운동은 결국 2000년 6월 5일 환경의 날에 김대중 당시 대통령이 백지화를 발표함으로써 종결되었다. 다음으로 대표적인 환경투쟁은 새만금 간척사업 반대운동이었다. 새만금 간척사업은 노태우정부 시기에서부터 계획(1987년경)되어 1991년 착공되어 사업이 진행되다가 마지막 완공단계에 이른 노무현정부에서 국민적 저항을 받은 사건이다. 새만금 간척사업은 상대적으로 낙후된 전라북도 지역 개발사업의 일환으로, 전라북도 서해안에 33km의 방조제를 쌓아 401㎢의 바다를 간척하는 대규모 사업이었다. 시화호 오염에 자극을 받고 동시에 국민들의 환경의식의 성장에 계기지워지면서, 새만금 간척사업이 가져올지도 모를 생태학적 재앙을 방지하기 위한 환경운동이 1998년 김대중정부에서부터 강력하게 전개되기 시작하였다. 이 과정에서 새만금 문제는 전국적 이슈뿐만이 아니라 국제적인 이슈가 되었다. 2002년 8월 남아공 요하네스버그에서 열린 지속가능발전세계정상회의이나 2002년 11월 스페인 발렌시아에서 열린 제8차 람사협약 당사국 총회 등에서도 민간단체에 의한 쟁점화가 이루어진 사안이었다.

새만금 간척사업이 노무현정부에서 국민적 저항운동으로 발전하는 하나의 중요한 계기로서 '3보일배' 운동을 들 수 있다. 천주교, 불교, 기독교, 원불교의 성직자들이 2003년 3월 28일부터 5월 31일까지 새만금 갯벌을 살리기 위해, 새만금에서 서울까지 305km의 거리를 3보일배(3걸음 걷고 한 번 절하는 불교의 수행)로 행진한 것이다. 목숨을 건 자기희생적 수행으로 국민적 관심이 제고되었을 뿐만 아니라, 사회운동의 새로운 문화적 실천양식으로서도 큰 주목을 받았다.

이 새만금 간척사업 반대운동 외에도 위도 방사능폐기물 처리장 건설 반대운동은 노무현정부 하에서 환경운동의 고양을 드러내는 하나의 중요한 사례라고 할 수 있다. 부안을 중심으로 하는 방폐장 반대운동은 지역단체나 중앙환경단체뿐만 아니라 지역주민 전체가 참여하는 대중적인 환경운동의 사례였으며, '지역이기주의'적인 관점을 뛰어넘어 핵전력 위주의 정책의 문제점, 나아가 '개혁적인' 노무현정부의 개발주의적 패러다임을 국민적으로 드러내는 계기가 되기도 하였다.

다음으로 여성운동의 경우를 보자. 87년 이전 민주화운동청년연합 여성부나 여성평우회로 상징되던 진보적 여성운동은 87년 21개 여성단체가 가입한 '여성단체연합'이라는 진보적 여성운동 블록을 형성하면서, 새로운 발전의 계기를 맞았다. 여성운동은 87년 이후의 확장된 민주적 공간 속에서 가장 활발한 활동을 전개한 동시에 조직적 발전을 이룩한 운동영역이라고 할 수 있다. 민주항쟁이 전개된 87년은 '한국여성노동자회'(3월), '경남여성회'(4월), '여성민우회'(9월), '제주여민회'(11월), '충남여민회'(12월) 등이 만들어지는 시기이기도 하였다. 88년에도 이러한 지역 여성운동 조직의 창립의 물결은 이어졌다. 87년 이후 여성운동의 조직적 발전은 다른 운동과는 달랐다. 조직적으로 분화되기보다는, 여성단체연합의 지역조직화란 방향에서 운동의 확산과 분화를 통합한 것이다. 다른 영역과 달리 상대적으로 여성운동의 조직적 단일성이 강하게 관철되었다고 말할 수 있다.

게다가 89년 1월 결성된 전국민족민주운동연합에 가입하기까지 했다. 하지만 그 이후 여성단체연합은 민족민주운동의 부문운동으로서의 정체성을 넘어서서, 독자적인 여성운동으로서의 정체성과 독자성을 강화해 간다. 이 시기는 동시에 시민운동이 부각되는 과정이었는데, 많은 여성운동은 민족민주운동정체성 대신에 시민운동적 정체성을 담지하기도 하였다.

90년대 이후 여성운동은 연도별로 여성운동의 핵심적인 쟁점들을 부각시키는 방식으로 사업을 전개하였다. 예컨대 1990년을 '모성보호의 해'로 정해, '탁아법 제정 요구'를 핵심과제로 부각시켰다. 평등노동권 확보, 산전산후 휴가 쟁취, 성폭력 추방 등 다양한 쟁점을 여성단체연합 등의 여성운동이 쟁점화하는 데 성공하였다.

90년대 이후 여성운동 또한 분야별로 분화된 여성운동조직들이 만들어졌다, 1991년 4월 한국성폭력상담소의 창립, 평화통일 분야에서 1997년 '평화를 만드는 여성회'나 '전쟁을반대하는여성연대 WAW(와우)'의 창립을 들 수 있다, 1999년에는 여성장애인 조직으로서 '한국여성장애인연합(여장연)'이 만들어지기도 하였다.

여성운동은 기존의 여성차별적인 관행과 구조를 변화시키고 여성 친화적 제도를 만드는 법제화운동의 형태로 전개되어 상당한 성공을 거두었다. 89년 개정된 남녀고용평등법, 91년 탁아입법, 93년 12월 '성폭력 범죄의 처벌 및 피해자 보호 등에 관한 법률(성폭력특별법)', 1995년 남녀고용평등법의 개정, 1995년 윤락행위등방지법의 개정, 1995년 여성발전기본법의 제정 등을 들 수 있다.

여성운동은 95년 제4차 북경대회 이후 여성문제의 쟁점화나 여성차별의 극복이라는 차원을 넘어서서, 보다 적극적인 '성주류화전략'과 여성세력화, 그 일부로서의 정치세력화 전략을 추진하였다.

98년 국민정부 출범 이후 진보적 여성운동인물들이 보다 적극적으로 내각이나 국회에 진출하게 된다. 어떤 의미에서 기존에 집권세력과 보수적 여성단체의 동맹이 있었다고 한다면, 이것이 균열되면서 생겨나는 새로운 공간에 진보적 여성운동이 적극적으로 진출하게 되었다고 할 수 있다. 이는 진보적 여성운동의 적극적인 성주류화의 과정으로 해석될 수도 있겠지만, 동시에 진보적 여성운동의 제도화라고 볼 수도 있었다. 이와 같은 진보적 여성운동의 제도화와 강화·확산을 비판하며 이에 대응하는 여성운동의 차별적 분화의 경향도 나타난다. 여성정체성의 급진적 재구성을 지향하는 급진적 페미니즘으로 무장하고 '차이의 정치학'을 강조하는 영 페미니스트 그룹들이 다양하게 등장하기 시작하였다. 이들은 '사적인 것이 정치적인 것이다'라고 하는 급진적 페미니즘의 슬로건 하에서 기존의 진보적 여성운동이 쟁점화하지 못했던 섹슈얼리티의 문제, 운동권에서의 남성 폭력 등 새로운 다양한 쟁점들을 제기하였다. 이들은 일상적인 삶과 문화영역에서의 쟁점화되지 않은 쟁점들을 새롭게 급진적 페미니즘적 관점에서 쟁점화하였다.

90년대 우리 사회의 반여성적인 남성문화를 변화시키는 데 중요한 계기를 제공한 사건이 서울대 우조교 성희롱 사건이었다. 이 사건은 성희롱(sexual harrasement)이라는 용어를 회자시키게 되고 직장 내에 만연한 성희롱 사건을 쟁점화하는 중요한 계기가 되었다. 여성운동의 적극적인 캠페인과 법원의 전향적 판결은 우리 사회에 만연한 남성 중심의 성희롱적 문화를 전환시키는 데 크게 기여하였으며, 성희롱을 성폭력의 일부로까지 재규정해 내는 계기로 작용하였다.

90년대에 시민운동은 다양한 이슈영역으로 확장되었고 이 과정에서 다양한 시민운동조직들이 결성되었다. 시민운동의 다양화와 다양한 영역으로의 확산은 한 근대적 개인의 여러 정체성들의 차원에서 개인들의 능동화되고 정치화되어 가는 것을 의미한다. 과거에는 문제화되지 않고 쟁점화되지 않던 주제들을 중심으로, 개인들이 쟁점화되어 가는 것이었다. 이러한 주체화에 대응하여 시민운동은 정보공개운동, 납세자운동, 행정개혁운동, 녹색소비자운동, 과학기술운동 등 다양한 영역으로 확장되었다.

먼저 정보공개운동 같은 경우도 하나의 예가 될 것이다. 이러한 정보공개운동에는 경제정의실천시민연합, 함께하는 시민행동, 참여연대 정보공개사업단 및 지역의 많은 시민사회단체들이 참여하였다. 정보공개운동은 공직자들이 국민들의 세금을 올바로 사용하는가에 대한 시민사회단체들의 감시과정에서 애용되는 방법 중의 하나였다. 지방자치단체장들의 판공비 및 업무추진비의 정보공개청구운동으로 많은 관심을 끌었다. '주머니돈이 쌈지돈'과 같은 식으로 사용되던 국민들의 혈세가 이제 감시의 대상이 되었다는 것은 시민운동의 발전을 반영한다고 생각된다. 2000년 6월 29일에는 '전국 판공비 공개운동 네트워크'가 구성되기도 하였다.

또한 시민운동의 확산은 과학기술과 같이 전문가의 영역으로 신비화되어 있는 영역을 시민운동의 이슈로 전환하는 운동으로도 나타났다. 93년 5월 경실련 산하에 만들어진 과학기술위원회, 1997년 11월에 창립된 참여연대 산하 '과학기술 민주화를 위한 모임'(추후 시민과학센터로 개칭됨) 등은 과학기술영역에서의 시민 참여, 정부의 과학기술정책에 대한 감시, 과학기술의 사회화 등을 지향하면서 확산되었다.

또한 시민운동의 확산은 중앙권력을 대상으로 한 운동뿐만이 아니라 지역에서의 운동, 지역을 근거지로 하는 다양한 주민자치운동과 공동체운동을 탄생시켰다. 먼저 특정 지역공동체를 근거지로 하는 주민자치운동은 크게 주목을 받지는 않았으나 다양한 형태로 전개되었다. 주민자치운동은 한편에서는 빈민지역주민운동의 일환으로 철거지역 등을 중심으로 하는 주민자치공동체운동으로 전개되었으며, 다른 한편에서는 특정 지역에서 지역주민 일반이 참여하는 공동체운동으로 전개되었다. 전자와 관련해서는 〈난곡주민회〉, 〈상계 3·4동 주민모임〉, 〈봉천 5·9동 지역발전추진회〉 등과 같이 같은 '동모임'을 중심으로 하여 전개된 빈민지역의 공동체운동, 1990년대 이후 빈민지역을 중심으로 생산자협동조합을 건설하고자 하는 생산공동체운동 등을 그 예로 들 수 있다. 1991년 서울 하월곡 4동에서 허병섭 목사를 중심으로 하여 만들어진 '일꾼 두레'를 비롯하여 상계동의 '실과 바늘', 미아동의 '솔샘일터', 성동구 금호동의 '논골 생산자협동조합' 등도 포함될 수 있다. 1993년 금호동 철거지역에서 '주민협동공동체 실현을 위한 금호·행당·하왕지역 기획단'을 중심으로 추진된 논골생산자협동조합과 신용협동조합 활동 등도 그 예이다. 95년 3월 창립된 '관악주민연대'는 전자로부터 출발하여 후자까지 확장하고자 한 사례라고 할 수 있다.

후자와 관련해서는 1994년에 전개된 강서·양천 지역을 중심으로 하는 '우장산 살리기 운동', 1991년 이후 전개된 부천 YMCA에 의한 담배자판기 금지운동 등을 그 예로 들 수 있다. 특히 94년부터 전개된 성미산 주민들의 투쟁은 무차별 개발에 대한 주민저항의 승리를 거두는 것은 물론, 더 나아가 지방자치단체에 대한 행정감시와 의정감시 활동, 독거노인과 저소득 가정 등의 주민복지사업 전개, 학교급식조례 제정운동 등의 교육개혁운동, 반찬가게협동조합운동이나 유기농 제품 먹거리운동, 공동육아운동 등 지역주민공동체운동으로 확장되어 전개되었다. 1991년 11월 청주시 의회에 의한 행정정보공개조례' 통과(92년 7월 대법원에 의해서 추인) 이후, 90년대 중반 이후 부천시 어린이놀이터 관리 조례 제정운동, 2001년부터 진행된 과천의 보육조례개정운동, 2001년 말부터 안산에서 진행된 '판공비공개조례' 제정운동 등도 예가 될 것이다. 주민자치운동의 대표적인 사례 중의 하나로 일산주민들의 다양한 운동들을 들 수 있다. 2000년 경기도 고양시 백석동 주민들이 주민 동의 없는 도시계획을 무효화하기 위한 직접민주주의적인 주민

투표운동, 2000년 이후 전개된 고양시 러브호텔 반대운동 등이 그것이다. 그 외에도 2001년 이후 성남 시장에 대한 주민소환운동, 2001년 광진구 주민들이 전개하였던 주민감사청구운동, 2001년 서울시를 상대로 예산참여조례 제정운동 등도 대표적인 지역주민자치운동의 사례들이라고 할 수 있다.

주민자치운동과 함께 지방분권운동도 시민운동의 중요한 영역이 되었다. 오랜 역사를 갖는 한국의 중앙집중주의를 극복하고 실질적인 지방분권을 실현하기 위한 운동은 2000년대에 들어서면서 가속화되었다. 2000년 10월 5일에는 '지방분권과 자치를 위한 전국시민행동'이 출범하였으며, 2001년 3월 22일에는 지방과 수도권의 지방자치연구자와 자치단체 그리고 시민단체가 지방자치헌장을 선포하기도 하였다. 이러한 흐름과 함께, 풀뿌리 민주주의를 실현하고 지방자치선거에서 생활정치를 구현한다는 목적 하에, 2001년 4월 17일「전국지방자치개혁연대」가 창립되기도 하였다. 2001년 9월에는 영호남 4개 지역과 서울의 각계 지식인들이 참여하는 '지방분권촉진 지식인 선언'을 발표하기도 하였다.

2002년 11월 7일 경북대에서는 전국 13개 시·도 본부 또는 준비위원회와 경실련이 참여한 가운데 '지역균형발전과 민주적 지방자치를 위한 지방분권국민운동'(지방분권국민운동)이 창립되었다. 지방분권국민운동은 이날 창립대회에서 지방 살리기 3대 입법과 지방분권 10대 의제를 제시하였다. 이러한 흐름에 부응하여 2002년 10월 전국 시장·군수협의회가 '지방자치발전을 위한 여의도선언문'을 채택하고 11월 4일 '지방분권특별법' 제정을 촉구하기도 하였다.

이러한 지방분권운동을 배경으로 당선된 노무현정부는 지방분권을 핵심적인 국정과제로 설정하고, 2003년 10월 14일 국무회의에서 국가균형발전법과 지방분권특별법, 신행정수도건설에 관한 특별조치법 등 3대 입법안을 확정하여 국회에 제출하였으며, 2003년 12월 29일 국회에서 국가균형발전법과 지방분권특별법, 신행정수도건설에 관한 특별조치법 등 3대 특별법과 주민투표법 등이 가결되었다.

이러한 시민운동의 발전은 자연스럽게 여러 가지 연대운동을 활성화시키게 된다. 특별히 국민정부에 오면서 이러한 연대운동이 활성화되었다. 이는 한편에서는 시민운동이 부문·지역 등으로 확대되었다는 주체적 조건과, 50년 만의 야당정부 이후 시민사회의 의제를 관철시키는 공간이 대폭 확장되었다는 객관적 조건에 힘입고 있다, 1999년 동강을 살리기 위한 연대, 2000년 4월 총선 시기 낙천낙선운동을 전개하기 위한 총선시민연대, 특검제 쟁취를 위한 시민행동 등을 들 수 있다, 2000년에는 부패방지법 제정, 인권법 입법화, 국가보안법 폐지 등 핵심개혁 과제들을 하는 연대운동도 전개되었다,

2001년 2월 27일 '시민사회단체연대회의'의 출범은 80년대 후반 시민운동의 정체성에 기초한 시민단체협의회 시대가 폐막되고 낙천낙선운동을 경과하면서 확장된 시민운동의 연합시대가 개막되는 것을 의미하였다.

90년대 이후 시민운동의 분화와 다양화는-87년 6월 민주항쟁 이전을 기준으로 한다면 급진주의의 퇴조로도 볼 수도 있겠지만-90년대를 거치면서 시민사회의 주체적 활성화가 확장되는 것을 의미한다. 즉 한 근대적 개인들이 과거에는 문제화되지 않고 쟁점화되지 않던 주

제들을 중심으로 개인들이 능동화되고 정치화되어 가는 것을 의미한다. 예컨대 납세자운동의 경우 시민이 정치적, 경제적 이슈뿐만이 아니라 납세자로서의 정체성을 중심으로 능동화되는 것을 의미하였다.

7장

민주화체제의 제3경합국면(1): 97년체제

7장

민주화체제의 제3경합국면(1): 97년체제

한국 민주화체제의 제3경합국면은 김대중정부에서 노무현정부로 이어지는 '민주정부 10년'의 시기이다. 보수적 민주화의 경로에서 김대중정부, 즉 국민정부의 수립은 일정한 반전(反轉)의 의미를 갖는다. 노태우정부와 김영삼정부가 집권세력의 '변형'을 통해 구체제를 성공적으로 재생산한 경우라면, 국민정부의 성립은—그것이 자민련과의 연합에 의한 것이기는 하지만—구 집권세력과의 단절이자 반독재야당세력의 독자적 집권이 이루어진 것이다. 즉 지배세력의 변형으로 구 지배체제가 유지되던 상황에서 반독재야당이 주도하는—비록 소수파 정권이기는 하지만—야당정권 상황으로 바뀌었다. 87년 민주주의 이행의 제2단계로 규정할 수 있는 이유이다. 김대중정부의 성립에는 1997년 외환 위기와 IMF 신탁통치체제로의 이행이라고 하는 조건이 중요하게 작용하였다. 구 집권세력의 '통치능력'의 한계가 극단적으로 드러나, 보수적 지향의 국민들마저도 위기탈출을 위한 새로운 리더십을 선호할 수밖에 없는 상황을 조성하였기 때문이다.

그러나 이러한 반전은 87년 이후 '위로부터의 보수적 민주화'가 부여하는 거시적 한계 내에 존재했다. 이러한 거시적 한계는 김대중정부가 자민련이라고 하는 구 지배블록의 주변적 정파와 연합해야 하는 불가피성으로 나타났다. 한편에서는 야당 정부라는 점에서 전향성(前向性)을 가지고 있으나, 다른 한편에서는 구 세력과의 절연에 기초하기보다는 그것과 연합하여 성공한 정권이라는 점에서 김대중정부는 '태생적 이중성'을 지닌다.

1. 97년체제의 이중성

97년 외환 위기와 97년 12월 대선에서 반독재세력에 의한 민주정부의 성립에 기초해 이른바 '97년체제'가 형성된다. 민주정부의 성립은 권력과 저항의 관계, 민주주의의 촉진적 힘과 해체적 힘의 관계를 변화시키는 사건이었다. 나는 97년의 사건은 전환적 저항사건으로서의 의미와 전환적 체제 재편사건으로서의 성격을 동시에 갖고 있다고 생각한다.

사실 반독재민주정부의 등장은 '지배체제'라는 각도에서 보면, 지배블록 내의 헤게모니 정치집단의 변화를 의미하는 것이지만, 지배체제와 민중의 각축이라는 점에서 보면, 제도정치의 경계가 급속하게 확장되는 것을 의미한다. 그동안 운동정치의 영역에 있던 의제와 인물이 이전보다 훨씬 광범위하게 제도정치로 이동하기 때문이다. 이런 점에서 '제도화'는 '포섭(co-optation)'이다.

그러나 반독재민주정부는 출발에 있어서는 제도정치의 기존 지형을 뛰어넘는 운동정치의 '성공'이라는 의미를 갖지만, 결국 제도정치의 확장으로 운동정치·사회적 정치가 축소될 수도 있었다. 이런 방향으로 변화가 성공적으로 이루어진다면, 최장집이 이야기하는 대로 제도정당의 사회적 기반의 취약성이 일정하게 극복되면서 제도정치와 사회의 괴리가 상대적으로 축소되고 제도정치가 이전보다 가일층 안정화될 수도 있다(개혁자유주의 세력 주도의 제도정치의 안정화가 이루어지는 것이다). 그러나 민주화의 의제를 중심으로 하는 제도정치의 확장은 이루어졌으나, 신자유주의적 지구화가 가져오는 파괴적 결과가 '제도정치와 사회의 괴리'를 확대하여, 사회적 정치가 지구화 의제를 중심으로 새롭게 확장되었다.

1) 97년체제의 이중성

97년체제는 '민주개혁적 정치와 신자유주의적 경제의 모순적 결합' 체제이다. 97년체제는 이런 의미에서 이중성을 갖는 체제이다. 전자의 측면에서 보면, 61년 이후 최초로 '야당 정권'이 수립되는 정치적 전기이다. 이는 87년체제가 지향했던 민주개혁 민주주의 운동의 '상향(上向) 발전'이다. 그러나 다른 한편에서 본다면 반독재자유주의 좌파 정부가 신자유주의적 프레임에 포획되는 새로운 '변형'의 시기로 파악될 수 있다. 이것을 3차 변형질서라고 표현할 수 있다.

기존의 국가 및 지배질서라는 점에서 보면, 민주주의의 구성적 각축 과정에서 반독재개혁자유주의 세력이 통치세력이 되는 것을 의미한다. 반독재개혁자유주의 세력은 기존의 국가 및 지배질서의 심대한 '전복세력'이 될 수도 있으며, 반대로 새로운 변형적 재편 및 안정화를 초래할 수도 있다. 물론 전자의 경로가 현실화되는 것은 아니었다.

반독재민주정부의 성립은, 군부독재 세력이 중심이 된 기존의 국가 및 지배질서에는 상당한 도전과 균열을 동반하는 것이었다. 지배블록 내부에 이제 새로운 반독재개혁자유주의 분파가 진입하여 구 독재적인 보수적 분파와 상호 경쟁한다. 풀란차스적인 의미에서 지배블록이라는 개념을 사용한다면, 지배블록 내에 보수적 분파와 자유주의적 분파가 각축하며 공존하는 것이다. 또한 반독재민주정부는 국가의 전복이 아니라 국가의 확장이 될 수도 있다. 과거청산도 국가의 정당성을 높여 주는 것이 된다. 혁명적 경로를 거의 완전하게 소멸하는 것으로 비추어질 수도 있다. 그런 점에서 기존의 국가 및 지배 일반의 균열은 아니고 변형적 재편이다.

97년체제는 87년체제의 실현이자 '연속'인 동시에, 다른 한편에서는 87년체제의 새로운 전환이고 '역전'이다. 87년체제의 지배적인 담론과 지향은 '민주개혁적 정치'였고, 지배의 변형주의적 재편에 저항하는 운동의 지배적 성격 또한 민주개혁 민주주의 운동이었다. 97년체제에서 반독재개혁자유주의 세력은 집권세력이 되어 위로부터 민주개혁적 의제를 한 단계 높은 수준으로 실현했다. 97년체제는 그것이 새롭게 신자유주의적 경제와 결합되어 모순적으로 존재하는 체제라고 할

수 있다.[164]

아시아의 민주화의 맥락과 비교하여 이를 보다 일반적으로 규정해 본다면, 전자는 정치적 자유주의가 보수정당에 대항할 수 있는 정당으로 변형되는 문제이고, 후자는 '정치적 자유주의 세력의 신자유주의화(neoliberalization of political liberals)' 문제이다. 이것은 반독재자유주의 세력에게 제기된 두가지 도전을 표현한다. 87년 이후 민주주의 헤게모니 블록의 일부를 구성하고 있던 제도권 개혁자유주의 세력은 자신들이 추구했던 민주개혁의 과제를 집권세력으로서 어떻게 실현하는가 하는 과제에 직면했다. 또한 독재에 저항하는 과정에서 대면하지 못하였던 세계화의 도전에 반독재세력이 새롭게 어떻게 응전하는가도 중요했다. 후자의 과제는 이미 반독재자유주의 우파세력이 집권한 문민정부에서 제기된 바 있다.

2) 수평적 정권 교체

김대중정부의 성립은 '만년 야당'이었던 반독재민주정당이 '집권'한 것이고, 이는 그 자체만으로도 한국 민주주의를 심화시키는 큰 전환의 성격을 가지고 있었다. 민주정부의 성립이 전환적 저항사건의 성격을 갖는 이유도 여기에 있다. 우리가 '다른 경로에 대한 상상'을 해

164 이처럼 이중성을 포착하고자 하는 것은, 민주정부 10년이 단순히 '잃어버린 10년'이기만 한 것이 아니라, 87년체제의 일정 측면－특별히 정치적 요구－의 확장실현의 성격을 지니고 있다는 것이다. 그리고 그 과정에서 나타난 대중들의 요구와 기대의 발전이 08년체제에도 그대로 계승되고 있고 2008년체제하에서의 대중의 역동성을 규정하고 있다고 보기 때문이다.

보면 더 확연히 알 수가 있다. 예컨대 97년 대선에서 이회창 후보가 당선되었을 경우, 제2경합(이는 기본적으로 3당 합당이라는 지배의 혁신전략이 체제를 높은 수준으로 안정화하는 경로이다)으로 출현한 제도정치적 질서가 안정화되었을 수도 있다. 87년 6월 민주항쟁은 61년 이후의 개발독재체제에 대한 거대한 도전이었지만 독재적 보수세력의 집권기를 종결시키지는 못하였다. 그러나 97년체제는 반독재자유주의 '민주정부'의 수립이라고 하는 중대한 정치적 전기를 만들었다. 97년체제의 한 측면으로서의 반독재자유주의 정부의 성립은, 87년체제의 불완전성 하에서 좌절하지 않고 아래로부터 성장해 온 사회적 정치의 역동성이 국가권력 담당세력의 전환을 쟁취한 사건이라고 볼 수 있다.

사실 97년체제가 종결되는 시점에서 97년체제를 보면 반독재자유주의 세력의 신자유주의화와 그 경제적 한계성을 지배적 측면으로 규정할 수 있다. 하지만 반독재자유주의 세력이 주도하는 민주정부 시대의 개막은 87년 이후 아래로부터의 투쟁의 성과이고, 지배의 분열, 지배의 경제적 무능력을 대중에게 각인한―우연적이면서 동시에 '필연적인' 외환 위기를 상기하자―'보수의 위기'의 결과로서 출현한 것이었다. 그런 의미에서 97년체제의 등장 자체가 중대한 정치적 의미를 가지고 있고, 그것은 후술하는 신자유주의적 경제의 특수성을 구성하는 것이다. 이는 정권 교체라는 민주주의의 또 다른 병목지점을 한국 민주주의가 통과하는 것을 뜻한다.[165] 통상 민주주의 이행 및 공고화의

165 주지하다시피 민주주의로의 이행과 공고화과정에는 여러 가지 병목지점이 존재한다. 자유화 조치의 시행, 선거의 부활, 엘리트 내의 다원적 경쟁의 출현, 정권담당세력의 교체, 사회적 수준에서의 다원성의 증대 등의 과제들이 그것이다, 헌팅턴(Huntington, 1991: 266)은 '두번의 정권 교체 테스트(two turnover test)'라는 기준을

이론적 맥락에서 본다면 한국 민주주의가 공고화되는 것이다. 왜냐하면 한국 민주주의가 구 독재세력이 주도하는 '위로부터의 개혁'의 한계성을 넘어, '아래로부터의 개혁 추동노력'을 매개로, 헌팅턴(1991)이 '두 번의 교체(two turn-over)'라고 표현한 민주주의 공고화의 기준을 충족하면서 '역전불가능한' 민주주의로 나아가는 것이기 때문이다. 민주주의 이행과정에서 선거라고 하는 경쟁의 규칙이 어느 정치세력도 '판을 엎어버릴 수 없는' 규칙으로 정착되고, 나아가 구 독재적 보수정당과 반독재적 중도자유주의정당이 교대로 집권하는 '다원적 엘리트 경쟁구조'인 일종의 '다두제(polyarchy)'가 실현된 것이다. 물론 이는 독재적 보수세력의 패권체제로 역류할 수도 있을 것이다. 그러나 역사는 한국 민주화가 그러한 병목지점을 통과하였음을 보여주고 있다. 많은 동남아시아 국가들은 구 독재적 보수세력이 제도적·비제도적 권력을 보유하여 민주개혁을 왜곡·지체시키는 '신과두제적 유형(neo-oligarchic type)'이 되었다. 하지만 한국은 '포스트과두제적 유형(post-oligarchic type)'으로서의 민주주의 수준으로 발전한 것이다(조희연, 2008c 77-84). 브루스 커밍즈(Bruce Commings)가 '유산된 이행'이라고 탄식했던 한국 민주주의 이행은 이제 반독재민주정부가 수립되는 단계로 상향발전한 것이다.

물론 이러한 상향발전의 '질(質)'적 성격은 다를 수 있다. 한국에서

제시한다. 정권 교체가 두 번 일어나게 되면, 민주주의가 공고화되고 이 테스트를 통과한 것으로 간주된다. 한국에서 민주정부의 출현은 3번째 선거를 통해서 이루어졌는데, 노태우정부는 '민선(民選) 군부정부', 김영삼정부는 군부세력과 연합한 '민선 민간(民間)정부'라고 할 수 있는데, 김대중정부는 반독재야당세력이 주도하는 정부로의 정권 교체라고 할 수 있겠다.

반독재민주정부가 이전의 독재적 정부와 얼마만큼의 '연속성'과 '단절성을' 갖는가 하는 점은 매우 중요한 사항이다. DJP연합이라는 전략적 요인과 외환 위기라는 우연적 요인은 역으로 정치개혁과 경제개혁에서 구체제와의 단절성과 함께 연속성도 강력하게 존재하게 만들었다.

앞서 87년체제가 손상된 두 헤게모니의 교착적 상황이란 속성을 띠고 있다는 점에서, 3당 합당이 이러한 교착적 상황을 보수 주도로 타개하기 위한 지배의 혁신 프로젝트라고 말한 바 있다. 이런 관점에서 보면, 97년 말 김대중의 대통령 당선은 87년체제의 헤게모니 교착 상태의 전향적 균열을 향한 출발점이다. 내가 97년체제의 양면성을 보고자 하는 이유도 여기에 있다. 하지만 김대중정부는 전향적 균열을 향한 출발점인 동시에, 민주화의 동학과 차원을 달리하는 세계화의 동학과 만나면서 등장한 새로운 모순성의 출발점이기도 했다. 그것을 나는 민주개혁적 정치와 신자유주의적 경제의 모순적 결합이라고 표현하는 것이다.

3) 지배블록의 구성 변화

정권 교체는 지배블록의 구성 변화를 의미한다. 개발독재 하에서는 제도정치 내의 반독재자유주의 정치세력마저도 배제되었다. 이때 지배블록과 저항블록의 경계는 다음과 같이 구성되어 있었다. 극우보수주의 세력, 군부세력을 구성으로 하는 협애화된 지배블록을 한편으로 하고, 다른 한편에는 반독재자유주의정치세력과 급진적 운동정치세력 등으로 구성되는 민주주의 저항블록이 존재했다. 그러나 문민정부의 출현을 계기로, 저항블록에 속하였던 반독재자유주의 우파 정치세력이 지배블록에 참여하게 되었다. 이제 국민정부의 등장을 계기로 반독재자유주의 좌파 정치세력이 저항블록에서 지배블록으로 이동하게 된다. 이에 따라 그동안 민주주의 저항블록에 속하였던 의제와 인물들이 대거 지배블록에 통합될 수 있었다. 결론적으로 보면, 극우보수적 분파와 군부분파, 자본 분파, 보수적 미디어분파 등으로 일색화되어 있었던 과거의 지배블록과 달리, 지배블록 내의 구성이 다원화된 것이다. 지배블록이 단순히 정권담당 엘리트뿐만 아니라 야당정치집단도 포함하는 포괄적인 구성을 갖고 있다고 할 때, 이제 지배블록 내에는 극우보수주의 분파, 반독재개혁자유주의 우파(상대적으로 온건합리주의적 보수적 분파. 예컨대 김영삼 분파), 반독재중도자유주의 좌파(김대중 세력) 등이 다양하게 존재하게 된다.

반독재자유주의 좌파세력이 지배블록에 참여하게 된다는 것이 바로 민주주의의 구성적 각축의 지형 변화의 중요한 내용을 이룬다. 제2경합에서 제3경합으로의 전환과정에서 출현한 이 새로운 지형은 이전의 지형과 다르다. 이전의 지형이 '보수=집권세력, 진보개혁=저항세력'이라고 하는 성격을 지니고 있었다고 한다면, 새로운 지형은 진보개혁의 일부가 집권세력이라는 조건 위에서 창출된 것이다. 바꾸어서 말한다면 반독재자유주의 좌파세력이 국가논리(안보의 논리와 경제 운영의 논리)에 영향을 받게 된 것이었다. 바로 이러한 지형 위에서 제도정치(국가와 경제의 모순을 흡수)와 사회적 정치(잠재적 저항성을 정치성으로 전환)는 새로운 상호작용과 각축을 했다. '국가 논리의 내부화'라고 부를 수 있는 이 현상은 이후 민주주의 블록 내의 관계, 대중과의 관계에 중

대한 변화를 초래한다(이는 정권 교체의 딜레마이다).

2. 민주개혁정치: 위로부터의 진전

반독재개혁자유주의 좌파세력이 집권세력이 됨으로써, 민주개혁정치의 진전이라고 하는 긍정적 측면이 나타났다. 국민정부 하에서는 이전 시기에 비해, 반독재민주주의 블록의 저항의제였던 것들이 국가정책으로 수용되어 시행되었다. 먼저 독재 하에서부터 만들어진 '억압적 국가기구'의 개혁이다. 즉 내무부나 공보처가 폐지되었고 안기부, 검찰, 경찰의 기능을 재조정했다. 여성의 인권 강화를 위해서 세계에서 열세 번째로 여성부를 신설하였다. 독재 하의 악명 높은 정보기관인 안기부(안전기획부)는 국가정보원으로 개칭되었고, 구호를 '음지에서 일하고 양지를 지향한다'에서 '정보는 국력이다'로 바꾸면서 내부 개혁도 진행했다.

국민정부 하에서 가장 중요한 업적으로 간주되는 국가인권위원회도 설치되었다. 국가인권위원회의 성격과 위상을 둘러싸고 검찰과 인권단체 간의 오랜 각축이 있었는데, 아시아 여러 나라의 인권위원회에 비해서는 상당히 선진적인 인권위가 만들어졌다. 비록 법적 구속력을 갖지는 않았지만, 다른 국가기구의 활동에 대해 인권의 관점에서 '도덕적이고 실질적으로 상당히 구속력을 갖는' 판단을 내릴 수 있는 위상이 부여되었다.

사회경제정책의 측면에서 주요한 전진은 복지 기반의 확충이었다.

국민건강보험의 통폐합이 진행되었는데, 이는 기존의 공무원, 지역, 직장조합을 일원화하는 것이었다.[166] 또한 한국형 복지국가의 제도적 기반들이 국민정부에서 상당히 구체적으로 만들어졌다. 고용보험의 전 사업장으로의 확대, 1998년 국민기초생활보장법의 제정, 1999년 4월 국민연금의 전 국민의 확대실시, 2000년 8월 보건의료단체의 중요한 요구사항이었던 의약분업의 실시[167] 등이 이루어졌다. 또한 외환 위기에서 사회안전망의 확충을 위한 조치로서 출발한 사업이기는 했지만, 실업지원대책의 확대, 실업자 고용사업체에 대한 급여지원 등 사회안전망을 확충하기 위한 다양한 정책들이 실시되었다.[168]

1) 대북포용정책

국민정부의 민주개혁 정책에서 가장 중요한 것 중의 하나는 민주개혁 민주주의 운동에 내재되어 있던 요구를 수용해 국가정책을 냉전

166 사회 전반적인 제도도 대대적으로 개편되었는데, 기존 공무원, 지역, 직장조합으로 나뉘어 있던 의료보험 체계는 국민건강보험으로 통합해 국민건강보험공단이 일괄적으로 관리하게 되었다.

167 또한 항생제 남용을 막는다는 취지하에 조제와 진료 행위를 약사와 의사가 나누어 행사하는 의약분업도 2000년 8월부터 시행되었다. 의약분업 역시 시행까지 조제권을 놓고 의사협회와 약사협회 간 첨예한 대립이 있었으며 시행 전까지 몇 차례 파업에 돌입하는 등 혼선을 빚었다.

168 실업자 구제를 위해 공공근로사업이 1998년 처음 시행되었으며 노동자 복지 향상을 위해 고용보험을 전 사업장으로 확대했다. 국민건강보험 통합과 더불어 시행까지 헌법소원을 비롯한 갖가지 진통을 겪었던 국민연금 전국민 확대 실시도 1999년 4월부터 시행되었다. 결국 의료보험 수가를 재조정 하는 타협안에 의사협회가 동의하고 약사협회의 반발을 정부가 누르다시피 하면서 시행되기에 이른다. 그밖에 국민기초생활보장제도, 직업훈련 강화, 실업자 고용업체에 대한 급여 지원 등 사회안전망을 더욱 강화하는 정책이 추진되었다.

적인 대북대결정책에서 남북평화공존정책으로 전환했다는 것이다. 김대중정부 성립 이전까지는 이것은 민주주의 운동의 가장 급진적인 이슈였다. 이는 80년대 말 이후 통일민족주의적 운동으로, 북한 바로알기 운동으로, 반미민족주의적 운동으로 표현되었던 이슈이다. 그러나 이제 반독재자유주의 세력이 집권세력이 됨으로써 남북화해정책이 본격화된 것이었다.

1998년 6월 북한과 금강산 관광, 개발 사업에 합의했고 이 사업의 단독추진사업자로 선정된 정주영 현대그룹 회장이 소떼를 몰고 판문점을 경유해 방북했다. 이후 현대를 중심으로 남북경협이 추진되었다. 남북화해정책은 2000년 6·15 남북정상회담과 6·15 남북공동선언으로 발전하였다. 남북정상회담에서는 개성공단이 합의되어 추진되었다.[169] 2002년에는 당시 한국미래연합 박근혜 대표가 김정일과의 회담을 하기도 했다.

사실 남북 간의 대결정책 완화를 위한 노력은 87년 이후 민선군부

169 햇볕정책은 2000년 6월 15일에 있었던 남북 정상 회담으로 절정에 이르렀다. 이는 분단 이후 최초의 남북정상회담으로, 이 자리에서 김대중 대통령과 김정일 국방위원장은 낮은 단계의 연방제를 골자로 하는 통일 방향에 합의한 6·15 남북 공동선언을 발표하고 개성공단 설립에 합의한다. 그리고 같은 해 말, 햇볕정책을 통해 남북간의 관계를 진전시키고, 독재 정권 시절 한국의 인권에 헌신한 공로로 노벨 평화상을 수상했다. 그러나 햇볕정책에 대한 비판과 정책 추진 도중 잡음도 있었다. 김대중 대통령은 2000년 2월 8일 일본 TBS 지쿠시 데쓰야 NEWS23 특별 회견에서 "김정일 총비서는 지도자로서의 판단력과 식견을 갖추고 있는 것으로 알고 있다"라는 발언을 해서 한동안 야당인 한나라당에게 색깔론 공세를 받게 된다. 여기에 대북 불법 송금 사건이 터지면서 햇볕정책은 본격적으로 비판의 대상이 되기 시작했다. 정부가 남북정상회담이 있기 전인 2000년 6월 12일 5억 달러를 현대그룹을 통해 북한에 송금한 이 사건은, 2003년 특검으로 현대상선, 현대전자, 현대건설 등이 5억 달러의 비밀 자금을 마련했다는 사실이 드러났고 특검 도중인 2003년 8월, 정몽헌 현대아산 회장이 자살하면서 파문이 일었다.

정부와 문민정부 하에서도 계속되어 왔다. 동아시아의 국제정세는 이미 70년대 초반부터 미-중 관계의 개선을 매개로 '탈냉전화'의 방향으로 변화되어 왔다, 1991년 소련 공산당 체제의 붕괴 이후에도 이전의 냉전적 대결기조가 남한에서 지속된다는 것 자체가 동아시아의 정세변화, 세계적인 탈냉전의 변화의 흐름과 맞지 않는 일이었다. 탈냉전화의 맥락과 조응하기 위한 일련의 국가정책들이 진행된 바 있다. 노태우정부의 북방정책이 있었고, 문민정부 하에서 남북정상회담 추진 시도, 비전향 장기수의 석방 등이 그것이다. 그러나 통일민족주의 운동은 노태우정부의 북방정책을 한국 사회의 변화된 증거로 받아들이지 않았다. 왜냐하면 당국 자간의 상층야합의 산물로 보았기 때문이다. 이에 노태우정부의 북방정책은 국가-시민사회 관계 변화를 동반하지는 못했다. 문민정부에서의 남북정상회담 시도는 역설을 만들어 냈다. 왜냐하면 김일성 주석의 급서로 인하여, 정상회담 국면이 '조문파동'을 매개로 공안국면으로 전환되었기 때문이다. 이에 국가-시민사회의 관계는 오히려 경직되었고, 문민정부가 대북대결적인 입장을 강화했다. 정반대의 효과가 나타난 것이다.

그러나 김대중정부 하에서 남북정상회담은 전혀 다른 효과를 낳았다(누가 주체가 되어 어떤 정책을 추구하는가에 따라서 그것이 갖는 정치사회적 의미가 달라진다는 것을 우리는 여기서 확인하게 된다). 이는 남북 간의 대결관계가 평화공존 관계로 전환하는 계기가 되었다. 이미 김대중정부는 집권 초기부터 민화협 같은 조직을 만들었는데, 이는 보수세력의 최대 '헤게모니 영역'이었던 '북한과 관련된 활동영역'에 일정한 변화를 주입한 것이었다. 민족화해범국민협의회는 98년 6월 8·15 대축전 제안에 앞서 만들어진 단체로, 정계, 사회, 문화계, 종교계 등 각계 단체들과 인사들로 구성한 협의체였다. 그런데 이 안엔 과거 남북대결주의적 정책을 취하던 관변단체들까지 참여하고 있었다. 이로써 과거 대북적대적 노선을 취해 왔던 극우반공단체, 통일민족주의적 운동을 전개했던 급진적 통일운동단체와 정당, 정부가 남북화해라고 하는 최소한의 공통성을 가지고 공존하는 양상이 전개되었다. 이는 남북정상회담 이후 더욱 공고화되었다.

2) 대중들의 공포로부터의 '해방'의 새로운 단계

97년체제하에서 민주개혁 정치의 진전은 대중들의 태도에도 중대한 변화를 가져왔다. 먼저, 87년 6월 민주항쟁을 통하여 독재적 정권으로부터의 '해방'의 경험이 있었다. 그 전제 위에서 이제 항쟁의 구성부분이었던 반독재세력의 집권을 경험하게 된 것이다. 이 과정에서 과거와 같은 국가적 통제와 규율로부터 대중들이 상대적으로 자유롭게 되는 경험, 즉 일종의 '공포로부터의 해방의 경험'이 축적되었다. 왜냐하면 97년 '진보'정권의 출현은 대중들을 규율하고 있던 질서의 억압효과를 대거 축소하는 결과를 가져왔기 때문이다. 물론 여전히 반북주의와 반공주의의 이데올로기적 효과가 강력하게 작용하는 것은 사실이었다. 그러나 대중의 경험이 그 안에 균열을 발생시켰다.

이와 같이 독재적 정권으로부터의 '해방'의 경험과 과거와 같은 국가적 통제와 규율로부터 대중들이 상대적으로 자유로워지는 경험의 축적은 97년체제하에서 시민 스스로가 자신의 권리와 이해 관계를 표현하고 저항할 수 있는 사회심리의 공간 확장으로 연결되었다. 이에 민주정부 10년 동안 대중들의 정치적 행동양식에도 상당한 변화가 나타났다. 예컨대 2000년 낙선운동 당시, 낙선운동 지지자들은 시민운동의 후원자 위치를 점유하고 있었다. 그러나 2002년 대선과정에서 출현한 노사모 같은 경우는 낙선운동 지지자보다는 더욱 적극적인 대중이었다, 2009년 촛불시위 역시 일반 대중들의 정치적 태도가 더욱 적극적으로 되었다는 것을 보여준다.[170]

특별히 민주정부 10년은 과거 독재적인 보수세력의 지배 하에서 억압된 다양한 사회적 소수자 집단들이 자신들의 요구와 이해를 실현하기 위한 투쟁이 확산된 시기였다. 구 독재적 보수세력의 정치적·사회적 통제의 약화는, 우리 사회에서 다양한 소수자 집단들이 자신들의 정체성과 요구를 전면화해서 투쟁할 수 있는 공간을 제공하였다. 동성애자, 양심적 병역거부자, 장애인, 성적 노동자 등 다양한 소수자 집단들의 이른바 '정체성의 정치' 혹은 '차이의 정치'가 활성화된 것도 이 시기의 중요한 긍정적 측면이라고 할 수 있다.

소수자운동이 활성화되는 것과 함께 생활세계적 이슈가 더욱 부각되는 것도 흥미로운 변화였다. 87년부터 97년까지의 시기에는 공론의

170 나는 "민중운동과 시민운동의 시대는 가고 촛불운동의 시대가 왔다"(80년대 말~90년대 초에는 "민중운동의 시대는 가고 시민운동의 시대가 왔다"라는 표현이 있었음을 상기해 보자)라는 등의 표현은 대단히 단순한 표현이라고 생각한다. 나의 시각에서는 이러한 것은 대중들의 비판성과 저항성의 표출양식이 지배권력의 성격에 대면하면서 변화하는 것을 보여준다. 촛불운동의 조직적 기초에는 민중운동과 시민운동 조직의 뒷받침이 존재한다. 단지 나는 대중의 새로운 저항성이 변화해 가면서 새롭게 표출되는 촛불운동 같은 경우를 보면서 그것을 어떻게 자신들과 결합시키고 전유할 것인가 하는 고민이 필요하다고 생각한다.

공간 자체가 확장되기는 했지만, 위로부터의 민주화 이행으로 여전히 제약되어 있었다. 그러나 국민정부 이후 공론의 공간 자체가 비약적으로 확장되었고, 반독재민주세력의 집권이 나타날 정도로 체계의 민주화가 진행되면서, 점차 생활세계적 이슈가 더욱 주목을 받게 되었다. 소비 생활의 이슈들은 물론 사회경제적 인권, 동성애, 장애인, 외국인 노동자, 재외교포 문제 등 소수자의 문제들이 새롭게 쟁점화되기도 하였다, 1999년 9월 창립 이후 문화 권력에 대한 감시와 대중생활 및 문화행정 상의 여러 이슈들을 쟁점화하고 있는 문화개혁시민연대의 활동 같은 것도 중요한 변화 중의 하나라고 할 수 있다. 또한 환경문제 같은 이슈들도 과거와 다른 큰 국민적 반향을 일으키면서 전개되었다.

새로운 정치 공간에서 시민적 역동성이 기성체제(establishment)에 대한 저항적 행동으로 나타난 대표적인 사례가 언론 개혁 운동, 특별히 안티조선운동이라고 할 수 있다. 기존의 반공주의적·보수주의적 지배 체제의 이데올로기적 재생산 기제로서 스스로가 권력화하였던(조희연, 2001d) 보수 언론에 대한 투쟁은 야당 정부하에서 주체적으로 활성화되고 있는 시민사회를 잘 보여 주고 있다. 이러한 안티조선운동은 반공주의적 규율이 작동하고 있는 한국 사회, 즉 반공규율사회로서의 한국 사회의 이데올로기적 보수성이 균열되고 있음을 보여 주는 상징적인 사건이라고 할 수 있다.[171]

171 사회운동에서 성공의 경험이 중요하다. 87년에 이어 97년의 경험은 작은 성공이고 그것은 사실 민중들의 정치성의 발현에 있어 중요한 영향을 미친다.

3) 인터넷 공간의 진보화
–이후 노사모 등의 출현의 기반

반독재민주정부 하에서의 대중의 주체성의 변화에는 김대중정부 하에서의 IT산업의 발전이 중요한 요인을 이룬다. '정보 독점'의 해체는 진보적인 정치적 효과를 동반하였다. 사실 하나의 지배는 정보가 전문가들(그람시적 표현으로는 '전통적 지식인')로 구성된 지배 이데올로기들에 의해서 독점되어, 지배에 친화적인 방식으로 가공되고, 가공된 정보가 대중에게 하나의 권위로 인정될 때 가능하다. 그런 점에서 97년체제하에서 급진전된 지식정보화와 인터넷을 통한 소통의 확대는 대중들이–과거에는 전문가들에 의해 독점된–정보에 자유롭게 접근하고 스스로가 정보 가공의 주체, 정보에 따른 정치적 판단의 주체가 될 수 있는 객관적인 조건을 구성하였다. 이는 대중의 주체화에 있어 매우 중요한 조건의 형성이었다.[172] 인터넷의 확산과 함께 유행한 '집단지성'이란 표현은 이러한 정보 독점의 해체와 대중이 정보의 중심이 되는 흐름의 한 표현이라고 할 수도 있다. 모든 이들을 놀라게 했던 미네르바사건에서, 미네르바가 경제전문가들을 뛰어넘는 경제분석을 할 수 있었던 것은 하나의 상징이었다. 왜냐하면, 이미 대중이 경제전문가들에 의해서 가공된 정보의 2차적 수령자(受領者)로만 머물고 있지 않

172 사실 중세 가톨릭과 근대 종교개혁 이후 신교 간의 핵심적인 차이는 신에 대한 '정보'를 '성직자'라는 '전문가'를 거치지 않고 대중들이 접근할 수 있고 가공·판단할 수 있다는 점에 있다. 물론 신교 역시 성직자에 의한 새로운 지식독점이 나타나지만 그래도 원리적으로는 구교와 현격한 차이가 있다. 이 점이 전근대 종교와 근대종교의 핵심적인 차이라고 나는 생각한다.

음을 보여주었기 때문이다.

사실 김대중정부 말기의 정치적 '위기' 양상에도 불구하고 노무현 정부가 탄생할 수 있었던 것도 이러한 요인과 무관하지 않다고 생각한다. 주지하다시피 2007년 대선의 승리는 인터넷 공간에서의 진보적 이니시어티브에 의해서 촉진되었다고 할 수 있다. 이러한 공포로부터의 해방과 대중의 정보접근권의 확대, 그를 기반으로 하는 대중의 주체화의 진전이 한국이 일본과 다른 경로를 갈 수 있는 요인이기도 하며, 김대중 정권 이후 등장한 신보수정부가 압도적 다수로 당선되었음에도 불구하고 불안정한 이유였다.[173] [174]

4) 풀뿌리 보수주의의 지속

그런데 이와 같은 민주개혁 정치의 구현에도 불구하고, 시민사회의 풀뿌리 보수주의는 유지 존속되었다. 이는 사실 61년체제의 유산이라고 할 수 있다. 왜냐하면 박정희 독재 하에서 위로부터 '국가조합주의'적 조직이 광범위하게 육성되었기 때문이다. 그로 인해 시민사회의 대중들은 풀뿌리 보수주의에 의해 광범위한 영향을 받았다. 80년대

173 내가 97년체제하의 민주개혁적 정치의 효과를 강조하는 것은, 이러한 경험이 08년체제하에서의 대중들의 이명박정부에 대한 태도를 달리 규정한다고 생각하기 때문이다. 이 점은 이명박정부와 같은 '역전'의 시기에는 더 큰 사회적 저항으로 표현될 수 있는 기반이 민주정부 10년 동안의 대중들의 변화의 중요한 측면이라고 하는 점을 말해 준다.

174 물론 이러한 변화가 곧 기존의 제도정치의 지형변화와 바로 연결되지는 않는다. 이는 넓은 의미의 기존 정치로부터의 대중의 이반을 촉진한다. 그러나 이것이 바로 기성정치에 대한 반정치적 저항을 낳지는 않는다. 그러나 이후 반정치적 정치성이 발현되도록 하는 중요한 대중적 기반을 이룬다고 말할 수 있다.

이후 한편에서 반독재민주주의적 흐름이 헤게모니적으로 확산될 때에도, 기존의 풀뿌리 보수주의 사회조직들은 해체되지 않았다. 이런 조직의 대표로는 새마을중앙협의회, 바르게살기운동협의회, 자유총연맹 등의 관변단체를 들 수 있다.

국민정부의 성립 이후 이런 상황이 어떻게 변할 것인가는 큰 쟁점이었다. 국민정부는 각종 관변단체를 해체하는 전략보다는, '위로부터 개혁·포섭'하는 전략을 선택하였다. 반독재개혁자유주의 좌파세력이 주도하는 위로부터의 '변형적 재편'전략이 셈이다. 이것은 한편으로 국민정부가 DJP연합이라고 하는 구 보수세력과의 동맹하는 속에서 출범하였기 때문이기도 했지만, 다른 한편에선 오랫동안 '레드콤플렉스'에 시달려온 김대중 세력이 구 세력과의 대립보다는 '타협적 공존' 전략을 추구한 것이라고 할 수 있다. 국민정부는 상대적으로 국민정부에 친화적인 인물들을 관변단체의 상층에 배치하는 인선 전략을 통해 위로부터의 타협적 개혁을 시도했다. 가장 대표적인 것이 강문규 YMCA 전 사무총장을 새마을중앙협의회 회장으로 임명한 것이었다. 이러한 시도는 민주평화통일국민회의 등 정부의 영향력 하에 있는 준(準)국가조직들에도 적용되었다.

보수주의 조직단체의 변형 포섭 전략과 함께, 제2건국위원회와 같이 국민정부의 새로운 동원체제를 구축하는 시도도 전개되었다. 과거 독재정부의 위로부터의 동원과 동일하게, 개혁자유주의정부도 위로부터 시민사회를 동원하고자 한 것이다. 국민정부의 이러한 전략은 이중적인 효과를 발휘했다. 즉 한편으론 보수적 시민사회의 강력한 저항을 '우회'하는 효과가 있었다. 다른 한편에서는 풀뿌리 보수주의 단체들이 반독재개혁자유주의 정부의 성립'에도 불구하고' 자신을 보존할 수 있는 공간을 제공하였다. 이는 사실 87년체제하의 제한성, 즉 위로부터의 타협적 이행의 결과 때문이기도 했다. 국민의정부를 통해 관변단체들은 사회적 보수세력으로 변신하면서, 자신을 보존하는 데 성공했다.[175] 이와 함께, 지역의 보수적 토호세력의 강력한 힘도 약화되지 않았다. 개발독재 시기에 형성되어진 보수세력의 다양한 사회적 조직들도 해체되지 않았다. 새마을운동과 관련된 각종 대중조직들, 반상회, 예비군이나 민방위와 같은 정치군사적 통제조직, 보수세력이 헤게모니를 갖고 있는 각종 사회조직들에 대한 해체 혹은 개혁 작업은 이루어지지 못하였다. 이로 인해 보수 단체의 '뿌리 깊은 보수성'을 혁파하지는 못했다. 그러나 상층부 인력의 동원을 통해 일정한 균열과 다원성을 도입하는 데 성공하였다.

물론 이러한 풀뿌리 보수주의 존속과 관변단체의 기반 존속은 시민운동과 민중운동이 국민정부 하의 '정치적 기회구조' 안에서 풀뿌리 보수주의를 해체하며 대중 속에 확고하게 뿌리내리는 작업을 성공적으로 수행하지 못한 데서 기인하는 것이기도 했다. 민주정부라는 정치적 기회구조가 열어 놓은 공간에서 적극적인 대중 활동을 통해, 자신의 대중 기반을 확장하는 데 실패한 것이다. 그 결과 87년체제하에서 정치적·법률적 상부구조의 일정한 민주개혁이 진행되었지만, 반공주

175 이 대표적인 예가 2011년 초 새마을운동이 국가기념일로 되는 과정에 민주당이 전혀 반대의 목소리를 내지 않은 것과도 연관된다. 이미 새마을운동중앙협의회가 단지 과거의 보수적 관변단체만이 아니라 반독재민주정부와도 타협적 공존을 성취한 조직이었기 때문에, 최소한 보수정당과 자유주의정당은 반대하지 않는 조직으로 변신한 것이었다.

의의 사회적 기초와 그에 의해서 엄호되는 풀뿌리 보수주의, 그 인적 기반은 거의 균열되지 않은 채로 남아 있게 되었다. 그 결과가 반독재 자유주의 세력의 '정치적 실정(失政)'을 매개로, 보수의 능동화 혹은 재활성화로 나타나게 되었던 것이다.

3. 정치적 자유주의의 신자유주의로의 전환

진보개혁적 운동정치의 의제가 정부정책으로 실현되는 것과 정반대로 '외환 위기 극복'이라는 명분 하에서 개방화, 민영화, 노동시장 유연화 등으로 상징되는 신자유주의적 정책이 전면적으로 실시되기 시작하였다. 97년 12월 대선에서 김대중이 당선되면서, 김대중은 이미 국가와 경제의 관리자로서의 역할을 부여받았다. 외환 위기의 여파로 김영삼정부의 공신력이 훼손된 상태에서, 구제금융을 제공하는 IMF와 신정부의 입장에서 협상하여야 했기 때문이다. 이전의 다른 정부가 다음해 2월까지 '인수'작업을 진행하던 것과는 다른 상황이었다. 당선 이후부터 김대중 후보는 이미 경제정책의 주요한 결정자가 되었다.

김대중정부는 98년 초부터 외환 위기의 극복을 공식 선언한 2001년 8월에 이를 때까지, 다양한 구조조정 작업을 진행하게 된다. '금융, 기업, 노동, 공공' 4대 분야에 외환 위기 극복이라는 이름으로 '개혁'정책을 시행하였다. 김대중정부의 개혁정책의 기본 기조는 IMF가 제3세계의 부패경제의 개혁을 위해서 요구한 사항들(conditionality)의 기본 방향을 따르는 것이었다. 즉 고금리 정책, 노동시장 유연화 정책, 민영화, 작은 정부, 금융시장의 개방화 등이었다. 이른바 신자유주의적 기조를 충실히 따르고 있었다. 98년 2월에는 전교조 합법화 등의 정치개혁법안과 파견근로를 허용하는 등 비정규직을 양산하는 계기가 된 법안이 '교환(trade-off)'의 형식으로 실행된다.

1) 신자유주의의 개방화 경제 기조로의 전환: 이중성의 또 다른 측면

김대중정부는 IMF경제위기 극복이라는 명분 하에서 IMF의 권고사항들을-말레이시아의 마하티르와 같은 권위주의적 지도자가 반IMF정책을 선택하는 것과는 대조적으로-전면적으로 수용하면서 이른바 신자유주의적 개방화의 정책을 전면화하였다. 이는 반독재자유주의 세력의 한계였다. 왜냐하면 87년체제에 내장된 급진적인 잠재력이 실현되지 못하고, 87년체제의 헤게모니적 세력으로서의 반독재자유주의의 계급적 한계가 97년체제를 통해 드러났기 때문이다. 바로 여기서 반독재자유주의 세력은 모순적 위치에 처한다. 민주개혁의 한 단계 높은 실현의 담지자인 동시에 신자유주의적 (반)개혁의 담지자가 되는 모순적 위치에 놓이게 된 것이다. 민주개혁이 '성공의 위기' 조건을 잉태한다면, 신자유주의는 '실패의 위기'를 잉태했다.

이렇게 본다면, 외환 위기는 반독재중도개혁자유주의 세력에 양면적인 효과를 미친 셈이다. 한편으론 보수의 통치능력에 대한 신뢰를 결정적으로 해체시킴으로써 중도개혁자유주의 집권을 도왔다. 다른 한편에서는 반독재중도개혁자유주의 세력의 사회경제적 잠재력을 결정적으로 왜소화했다. 이것은 반박정희세력이 박정희의 개발주의적 모델에 갇힌다는 의미이기도 했다. 박정희에 정치적으로 저항했던 세력이 박정희의 개발주의적 모델을 넘어서지 못하고 그것의 '변형'에 갇힌 것이다.

흥미로운 것은 김영삼은 '세계화 정책'을 내걸었고, 김대중은 '전면적인 외환 시장, 자본시장'의 개방으로 나갔으며, 노무현은 전면적인 FTA정책으로 나아갔단 사실이다(물론 나는 폐쇄론의 입장에 서지는 않는다. 글로벌 민주주의론으로 간다). 지배블록의 변화, 즉 지배담론 담지주체의 변화는 근대화 담론의 세계화 담론으로의 변화에 대응하는 것이기도 하다. 과거 근대화 담론이 극우보수주의적인 군부권위주의세력에 의해 담지되었다고 하면, 이제 세계화 담론의 담지주체가-극우보수주의와 연합한-온건자유주의적인 반독재정치세력(문민정부)과 중도자유주의적인 반독재정치세력으로 확장되고 있는 것이다. 이것이 민주화와 세계화의 결합이 갖는 구조적 의미다. 신자유주의적 세계화의 맥락에서 전개되는 민주화는 새로운 지배블록의 중심 분파로 등장한 그 민주세력이 '신근대화'론에 다름 아닌 세계화를 추진하는 주체가 되도록 했다.

세계화 담론의 핵심적인 구성 내용인 개방화와 민영화, 포괄하여 개방주의적·시장중심적 발전주의는 앞서 지적한 대로 이미 전두환 정권 시대부터 시작되었다. 그러나 이러한 정책적 전환은 독재정권의 '정치적' 한계에 의해 굴절되면서 실시될 수밖에 없었으며, 포괄적인 지배담론으로 정식화되지 못하였다. 이러한 포괄적인 지배담론으로의 재정식화는 지배블록 내에서 헤게모니 분파의 전환이 나타나는

87년 이후, 특별히 문민정부에서 이루어졌다. 어떤 점에서 지배담론의 세계화 담론으로의 전환은 그 담지주체가 자유주의적인 정치세력으로 전환되면서 비로소 완성되었다고 이야기할 수 있다. 문민정부에서 정식화된 세계화 담론은 IMF위기를 겪으면서 국민정부에서도 계승 된다. 물론 세계화 담론이 새로운 세력에 의해서 주도된다고 할 때 과거의 보수주의 세력이 주도하는 방식과는 차별성을 가지면서 전개된다. 과거의 보수주의적 세력에 비해서 대항담론의 요구사항들을 적극적으로 선택적 포섭하면서 지배담론을 보완하기 때문이다. 대항담론이 요구하는 민주적 개혁의 요구들을 일정하게 선택적으로 수용하면서 자본과 시장이 요구하는 세계화 정책들을 구사한 것이다. 문민정부는 금융실명제, 역사 바로 세우기, 하나회 숙정 등 많은 민주개혁의 요구들을 수용하면서 동시에 세계화 담론을 적극적으로 지배담론으로 재정식화하였다. 국민정부는 '민주주의와 시장경제의 병행'이라는 모토 하에서 시장경제의 민주적 개혁의 과제를 '강도 높게' 시행하면서 시장경제의 세계화에 부응하는 개혁－과거의 독재정권 및 문민정부가 수행하지 못하였던 개혁－을 '강도 높게' 수행했다.

이처럼 구 권위주의체제의 민주개혁이라는 과제를 반대급부로 반독재자유주의 정치세력은 새로운 지배담론을 구성해 나간다. 이는 우연을 매개로 한 것이지만 지배담론의 변화와 지배담론 담지주체의 변화가 동시에 진행되는 필연적 과정이다. 이런 현상이 한국 민주주의의 사회경제적인 기반을 와해시켰다. 특히 87년 이후 97년 외환 위기 이전까지의 시기에는 정치적 민주화의 열린 공간에서 노동자들과 민중들의 아래로부터의 투쟁에 힘입어 사회경제적 민주주의가 일정하게 진척된 일면이 있었다. 그러나 외환 위기 이후 신자유주의적 구조조정이 전면화되면서 대중들의 삶은 벼랑 끝으로 몰리게 되었다. 이 참혹하고 가혹한 현실은 쌍용자동차의 정리해고 노동자가 20명에 가깝게 자살하는 현실에서 가장 극적으로 표현된다. 현재 쟁점이 되는 비정규직 문제와 정리해고 문제는, 외환 위기 극복과정에서 기업경쟁력 강화를 위한 '노동시장의 유연화'라는 이름으로 98년 김대중정부 이후 전면적으로 확대되었다. 그런데 사실 김대중정부에서는 큰 저항을 받지 않았다. 오히려 2년 만에 외환 위기를 극복했다고 하는 찬사 속에서 묻혀버렸다. 그러나 유연화가 가져오는 고용의 불안과 불안정, 실업의 확대, 양극화가 노무현정부 이후 전면화되었다. 중도개혁정부가 적절히 대응하지 못하자 '좌절'도 강화되기 시작하였다. 800~900만 명을 헤아리는 비정규직 노동자, 100만 명에 가까운 실업자, 10%대에 육박하는 청년실업이 발생했다. 사회복지시스템의 부재 속에서 해고가 곧 한계생활을 강요하는 조건 속에서 많은 노동자는 자살을 선택해야 했다.

87년 이후의 민주주의의 구성적 각축과정은 민주화의 동학과 지구화, 특히 신자유주의적 지구화의 동학이 결합하면서 복합적 궤적을 그리게 된다. 민주화는 특정한 국제적 역사콘텍스트 속에서 진행된다. 이른바 '민주화의 제3의 물결'은 지구화 혹은 신자유주의적 지구화, 특히 금융지구화의 맥락 속에서 이루어진다. 지구화의 동학은 민주화의 동학과 결합되어 특정한 방식으로 그것을 규정한다. 외환 위기 극복이라는 시대적 과제에 제약되면서 좌파 자유주의 세력 역시 친기업적인 신자유주의적 세계화 전략을 선택하였다. 물론 여기에는 DJP연합이라고 하는 보수적 정치세력과의 '불가피한' 동맹이 갖는 정치적 제약이 동시에 존재했다.

2) 반독재민주정부 하에서의 '민주주의와 자본주의의 전쟁'의 변화

87년체제의 성립 이후, 자본주의는 – 민중의 투쟁으로 복원되고 노동자계급의 투쟁에 의해서 진보해 가는 – 민주주의를 현실로 받아들이면서도, 그것을 포획하고 제한하면서 자본주의와 모순되지 않는 방향으로 재편하고자 하였다. 자본주의와 민주주의의 경합 과정에서, 민주주의는 비록 자본 권력의 힘을 압도하지는 못했지만, 자신을 확장하면서 일정한 사회경제의 요구를 실현해 나갈 수 있었다. 그러나 97년체제하에서 개방과 시장자율 이데올로기로 무장한 신자유주의적 개방화 경제기조가 전면화됨으로써, 민주주의와 자본주의의 힘의 관계도 역전되었다.

신자유주의적 개방화 경제기조의 전면화는 이미 이전 시기를 통해서 진행되어져 온 한국 자본주의의 변화, 즉 개발독재적 자본주의로부터 신자유주의적 자본주의로의 전환이 전면화되고 가시화되는 것을 의미한다. 87년체제하에서 '자본주의와 민주주의의 각축'을 이야기할 때, 그 자본주의는 대중적 저항을 받는 '개발독재적 자본주의'였다. 그러나 이제 힘의 관계가 역전된 97년체제하에서 그 자본주의는 글로벌 정당성을 갖는 것으로 느껴지는 새롭게 변형된 '신자유주의적 자본주의'이다. 자본주의의 이런 변신은 과거와는 다른 방식으로 자본권력과 시장권력의 힘을 강화시켜 주며, 대중에 대한 규율효과와 동원효과를 증폭시킨다.

이런 점에서 김대중정부가 외환 위기 극복이라는 이름으로 전면화한 금융시장의 개방화와 신자유주의적 구조조정은 단순히 한국경제와 글로벌 경제의 관계 변화라는 측면뿐만 아니라, 한국경제 내부에서 힘의 관계를 변화시키는 것이도 하다. 개방화 기조로의 전환과 국제경쟁력 강화를 위한 신자유주의적 구조조정은 민영화, 노동시장 유연화, 작은 정부, 개방화, 친기업주의적 정책, 시장자율 등을 특징으로 하는 자본주의 재생산의 새로운 형태를 출현시킴과 동시에 내부에서 그러한 기조를 지향하는 자본권력과 시장권력을 대거 강화하였다. 이런 의미에서, 97년체제하에서의 민주주의는 거대한 새로운 도전에 직면하게 되었다. 즉 87년 6월 항쟁을 통해서 획득된 민주주의가 자본주의를 개혁하고 '시장의 사회화'를 도모하는 통로로 작용하기보다는, 새로운 '부르주아적 지배'의 계급적 장치로 전환된 것이다.

80년대 초반, 운동의 급진화과정에서 반공주의적 프레임에 맞선 저항이 존재하였다면(53년체제의 지형), 그와 달리 61년체제에 대한 도전은 충분히 이루어지지 않았다. 97년체제의 성립이 외환 위기와 결합되면서, 반독재개혁자유주의의 경제적 지향이 개발주의적 프레임의 신자유주의에 포획된다. 61년체제의 '국가주의적 발전주의(statist developmentalism)'가 97년체제에서 '신자유주의적 발전주의(neoliberal developmentalism)'로 변형된 것이다.[176]

176 이러한 신자유주의적 기조는 일국적 현상은 아니며, 1980년대 이후의 미국 주도의 일련의 지향이나 흐름이자, 1985년 플라자 합의나 97년 아시아 외환 위기를 계기로 하여 전지구적으로 강력한 힘을 가지면서 확산되었다. 이러한 신자유주의적 자본주의의 특징은 자본지배의 지구적 연계와 개방화와 금융자본의 헤게모니적 지위라고 생

3) 정치적 자유주의와 경제적 자유주의

개혁적 자유주의 세력의 양 측면, 즉 정치적 자유주의와 경제적 자유주의 중 97년체제하에서 정치적 자유주의의 진보적 요소는 약화되고, 경제적 자유주의가 자유주의 세력의 지배적 요소로 자리 잡아가게 된다. 경제적 자유주의는 시장자율, 기업활동의 자유, 탈관치, 사적 재산권의 보호 등을 포함하는 것이다. 87년 이후 민주주의의 발전 과정은 경제적 자유주의를 정치적 자유주의의가 공적으로 통제하는 과정의 산물이었다면, 이제 신자유주의적 논리의 전면화 속에서 그 관계가 역전된다. 정치적 자유주의가 경제적 자유주의 속에 포섭된 것이다. 이것을 '정치적 자유주의의 신자유주의화(neoliberalization of political liberals)' 현상이라고 말할 수 있다.

반독재개혁자유주의 좌파세력이 신자유주의로 전환하면, 사회적 정치의 역동성에 중요한 변화가 나타난다.

첫째, 새로운 신자유주의적 구조조정이 만들어내는 파괴적 결과가 대중의 사회경제적 삶을 점차 규정하게 되었다. 주지하다시피, 신자유주의적 자본주의는 그 체제 내부에 '양극화 축적체제'를 내장하는

각한다. 앞서 서술하였듯이, 신자유주의적 자본지배는 한편에서 지구적 지배와 연결되면서 작동하고 있으며 그렇기 때문에 후진국들에게 국민경제의 폐쇄된 형태가 아니라 개방경제로 작용하도록 강제되고 있다. 이 신자유주의에서 지배적인 자본운동의 형태는 금융자본이다. 다른 한편에서는 금융자본의 형태로 재생산되고 있다. 즉 이전에 자본 지배가 산업자본을 지배적 형태로 하여 작동하였다고 한다면, 이제는 금융자본을 지배적 형태로 하여 작동하고 있다고 할 수 있다. 그리고 2차대전 이후 사회민주주의적 국가개입을 반시장적인 것으로 비판하면서 친기업적인 시장주의를 기조로 하고 있다고 할 수 있다.

채로 작동하기 때문에, 양극화, 실업, 소득분배 등은 계속 확대된다. 통상 '20 대 80 사회'로 불리우는 사회의 양극화는 그 표현 양상이다. 더구나 이러한 신자유주의적 구조로의 전환은 자본권력과 기업권력의 강화와 함께 진행된다. 그래서 신자유주의적 자본주의 하에서 대중의 더 많은 삶의 영역을 자본의 지배 하에 포섭하게 되고, 이는 대중의 전 삶의 영역을 신자유주의적 자본지배의 파괴적 결과에 노출시킨다.

동일한 신자유주의적 자본주의라고 해도 해당 사회의 맥락에 따라 다르게 실현된다. 예컨대 1980년대 이후 서구의 신자유주의적 자본주의는 60·70년대의 복지국가를 전제로 하여 그것을 개혁한다는 명분으로 등장했다고 하면, 한국이나 아시아의 그것은 개발독재적 자본주의는−87년체제하의 일정한 '강요된 개혁'을 경험한 이후에−서구와 같은 복지국가적 기제 혹은 사회적 안전망의 전제 없이 출현했다. 이로 인해 한국에서 신자유주의적 자본지배는 더욱 가혹하게 작동했다. 한국자본주의 축적체제의 본래적인 가혹성에 더하여, 신자유주의적 세계경제의 불안정성이 더해지면서, 한국의 신자유주의적 자본주의는 대중들의 삶을 더욱 불안정하게 한다.

이러한 97년체제하에서 반독재자유주의 세력이 주도한 신자유주의적 개방의 전면화는 한국 자본주의의 재생산 방식의 변화, 그 속에서의 대중들의 삶의 조건 등을 변화시키게 됨으로써, 새로운 사회경제적 요구들을 산출하게 된다. 이러한 새로운 요구들에 반독재자유주의 민주정부가 부응하게 되지 못함으로써 97년체제는 다층적인 차원에서 균열하게 되고, 97년체제로부터의 다양한 이반들이 나타나게 된다.

여기서 반독재자유주의 세력의 헤게모니의 위기, 나아가 반독재

민주정부의 위기를 아시아와 비교하는 것은 흥비롭다. 반독재민주정부의 위기의 '질적' 성격은 앞서 지적한 대로 두 가지 유형, 즉 '신과두제 사회' 유형과 '포스트과두제 사회' 유형에 따라 상이하게 표현될 수 있다. 신과두제적 유형이란 구 독재적 보수세력이 강력하고 구 세력의 독점적 권력이 강력하게 지속되는 경우를 말하고, 포스트과두제 유형이란 구 독재적 보수세력의 독점적 권력이 균열되고 상대적으로 반독재자유주의 세력과 일정한 다원적 관계가 출현하는 경우를 말한다. 전자에서는 구 독재적 보수세력이 강력하고 반독재자유주의가 취약하고 불철저하기 때문에 양자 간에는 타협적 관계가 성립하고 그 결과 민주개혁이 불철저하게 진전된다. 반면에 포스트과두제적 사회에서 반독재자유주의 세력이 독재적 보수세력과는 상대적으로 대립관계를 유지한다. 물론 반독재적 자유주의 세력이 구독재적 보수세력을 뛰어넘는 사회경제적 지향을 갖지 못하는 경우가 대부분이다. 이렇게 보면, 두 가지 대치선이 존재하는 셈이다. 하나는 독재적 보수세력 대 반독재자유주의(+반독재급진진보세력)의 대치선이며 다른 하나는 독재적 보수세력과 반독재자유주의를 포함하는 친신자유주의 세력 대 반신자유주의 세력의 대치선이다.

신과두제적 유형에서는 독재적 보수세력과 반독재적 자유주의 간의 정치적 대결지점 조차도 불명확한 경우가 많다. 그러나 한국이나 대만과 같은 포스트과두제적 유형의 사회에서는 상대적으로 민주개혁이라는 점에서는 양 세력 간의 대치선이 분명하다. 이것은 반독재자유주의가 성취한 민주개혁에 대한 일정한 대중적 지지기반이 있다는 뜻이다. 독재적 보수세력이 반독재적 자유주의(와 급진민주세력)가 주도하는 민주개혁과 민주화의 과정을 역전시키고자 할 때 광범한 국민적 저항을 받는다(탄핵사례가 이를 잘 보여준다. 한국이나 대만에서 반독재자유주의 대통령에 대한 탄핵이 성공하지 못하고 독재적 보수세력에 타격으로 나타나게 되는 반면에, 필리핀이나 인도네시아의 경우—많은 요인들이 작용하였지만—탄핵이 성공하였다). 그러나 사회경제적 정책에선 특히 신자유주의적 정책의 지배적 확산 속에서, 독재적 보수세력과 반독재적 자유주의 간의 대결지점이 불명확하다. 97년 아시아 경제위기는 워싱턴 컨센서스로 상징되는 일련의 신자유주의적 정책기조가 동아시아 민주화 이행국가들에 강제되는 계기이기도 했다. 여기서 반독재자유주의 정부가 신자유주의적 프레임에 유폐됨으로써 나타나는 여러 가지 사회경제적 문제들에 어떻게 대응하느냐에 따라 반독재자유주의의 정치적 헤게모니가 좌우된다. 한국의 경우, 반독재자유주의 정부에서 상대적으로 폭넓은 정치적 개혁이 수행되는 유형이라고 할 수 있으며 동시에 반독재자유주의 정부의 사회경제적 한계가 상대적으로 크게 정치적 쟁점이 되는 사회라고 할 수 있다. 한국의 경우, 반독재자유주의가 주도하는 민주개혁에 대한 기반이 상당하게 존재하면서 동시에 반독재자유주의의 사회경제적 한계성으로 인하여 그 기반이 또한 급속하게 균열되는 이중성을 가지고 드러내고 있다.

따라서 반독재자유주의 좌파적 정치 혹은 통치 하에서 제도정치와 운동정치(투 트랙의 질적 성격)의 상호작용, 대중·시민사회의 이반과 실망의 질적 성격, 잠재적 저항성의 성격, 시민사회의 저항성의 성격 등이 변화한다. 즉 과거 '독재 대 반독재', '개혁 대 반개혁의 구도'로 규정되던 저항성이 상대적으로 약화되면서, 신자유주의적 구조조정, 신자유주의적 자본주의로의 이행에 따르는 새로운 경제적 모순이 대중의 잠재적 저항성을 형성한다(물론 이러한 것들이 정치적 쟁점으로 부상하는 것은 이후의 일이다).

둘째 그러나 김대중정부 하에서 이러한 한국자본주의의 신자유주의적 전환의 파괴적 결과는 시민사회의 잠재적 저항성을 확대하기는 하지만, 기성정치에 저항하는 정치성으로 나타나지는 않았다. 그것은 세 가지 이유 때문이다. 하나는 '민주개혁적 정치'가 신자유주의적 경제의 파괴적 결과로 인한 저항을 억제하는 효과를 발휘했다. 민주정부라는 개혁성을 갖는 정부가 추진하는 신자유주의적 개혁은 그것을 더욱 '불가피한' 것으로 수용하게 만들었다. 더구나 김대중정부의 일련의 개혁은 그것이 '외환 위기 극복'이라는 국민적 명분 하에서 추진되었기 때문에, 그 파괴적 효과에 노출되는 피해자들의 저항을 주변화하고 파괴적 효과를 국민들이 불가피한 것으로 수용하게 만들었다.

다음으로, 국제경쟁력 강화와 같은 요소들로 구성되는 신자유주의적 담론이 발휘하는 규율효과이다. 앞서 민주개혁 정치의 진전이 대중에게 해방적 효과를 가져온다는 점을 지적하였다. 그런데 이제 과거의 규율양식은 이완되면서 새롭게 신자유주의적 지구화의 논리가 내부화됨으로써 신자유주의적 규율양식이 대중을 제약한다.

내가 볼 때, 반독재민주정부 하에서 추동된 신자유주의적 자본주의로의 이러한 이행은 대중들의 정치적 태도에 복합적인 영향을 미쳤다. 개발독재 시기에는 구 개발 담론—근대화와 산업화, 부국강병, 반공주의 등—이 대중의 규율기제로 작동하였는데, 이제 국제경쟁력 강화, 탈규제, 시장 자율, 유연화, 작은 정부 등과 같은 신자유주의적 담론이 새로운 규율기제로 작용하게 되었다. 이러한 신자유주의 경제논리의 확산은, 87년체제하에서 '민주주의의 이름으로' 자본주의에 도전하던 민중들로 하여금 개방이나 구조조정을 '불가피'한 것으로 수용하게 만들었다.

특히 반독재민주세력이 신자유주의적 프레임을 수용한다는 것은 그것이 헤게모니적이 된다는 것을 의미하였다. 6월 민주항쟁에서 요구된 민주주의를 6·29선언을 통해 반민주주의 세력이 수용하여 그것을 헤게모니적으로 만드는 것과 유사하다. 이것은 신자유주의적 경쟁논리가 '외적 논리'로 강요되는 차원을 넘어 개개인의 삶을 내면에서부터 규율하는 기제로 작동하는 것을 용이하게 했다.

즉 대중들의 생활세계 속에 자본과 시장의 규율기제가 착근되면서, 신자유주의는 외재적인 규율로 작동하는 것이 아니라, 내재화된 자기정체성으로 작동하게 된다. 역설적이게도 민주화체제하에서 획득된 자유와 자율이-스펙 쌓기, 성형수술 등-'자기 계발의 의지'로 전화되고 있다. 여기서 개인은 이제 기업과 같이 스스로를 경영하는 주체로 재주체화되고 있다. "자기 인생을 기업으로 대상화시키고 그를 위해 자기를 기업가로 주체화하는"(서동진, 2009: 302) '자기경영담론' 혹은 '자기 계발 담론'이 지배화되고 있다. 이러한 "자기계발 담론의 주요한 효과는 자신을 계발, 관리 혹은 경영한다는 담론적 실천을 통해 자아에 관한 새로운 정체성을 구축"(291)하는 방식으로까지 작동한다. 이는 민주주의의 해체적 힘을 강화하게 된다.

셋째, 신자유주의적 개방화 경제로의 전환은 이데올로기적 차원에서 규율효과를 갖는 것을 넘어서서, 다양한 경제주체들을 신자유주의적 자본주의의 이해당사자(stake-holder)로 포섭하는 방식으로 작동한다.

주지하다시피, 신자유주의적 자본주의의 한 측면으로서의 금융자본주의적 속성은 더 많은 대중들을 주식시장에 이해관계를 갖는 당사자로 포섭하고 있다. 즉 수많은 대중들과 심지어 노동자들마저 주식 보유자 및 주식 투자자로 주식시장의 변동에 일희일비한다. 이것은 한국 자본주의의 안정적 재생산 자체에 이해관계를 갖는 다수의 대중이 출현했다는 뜻이다. 현대자동차의 파업에 대해, 이전에는 파업의 '정치사회적 효과'가 논란이 되었다고 하면, 이제 파업으로 인한 주식가격의 하락에 불안해 하는 많은 주식투자자 등 중상층 대중들의 문제가 중심이다. 이는 과거 초기 산업화 단계의 개발드라이브에 이해관계를 갖는 중상층과는 성격을 달리하지만, 새로운 신자유주의적 자본주의에 이해관계를 갖는 중상층이 강고하게 자리잡고 있다는 것을 보여준다. '주주자본주의'적 이해에의 포섭은 중상층뿐만 아니라 화이트칼라 노동자와 심지어 생산직 노동자까지 영향을 미쳤다.

4) 김대중정부 하에서의 노동의 현실

1988년 7·8·9월 노동자대투쟁으로 노동조합이 대거 조직되고 민주화의 초기 국면에서 노조조직률은 19.8%(조합수 7,861개, 전체 조합원수 1,932, 415명)에까지 이르렀다가, 1989년 이후부터 1998년까지 조직률은 19.8%에서 98년에는 12.6%로 7.1% 감소하였다(노동조합 수는 89년의 7,861개에서 98년의 5,560개로 무려 2,300여 개가 줄어들었고, 조합원수는 89년의 1,932,415명에서 98년의 1,401,940명으로 53만 여 명이 감소하였다).

그런데 이러한 경향은 반독재민주정부를 경과하면서 역전되지 않고 오히려 심화되었다. 민주정부의 성립으로 사회운동에 이전에 비해 상대적으로 넓은 노조 조직화 활동의 공간이 열렸음에도 불구하고 정작 노조 조직률은 지속적으로 하락하였다. 이것은 사실 노조조직이 불가능한 정도로 정리해고와 사내 하도급이 급속히 확대되었기 때문이다. 민주정부는 이러한 흐름을 개방화와 시장자율화 혹은 기업의 경쟁력 강화라고 하는 신자유주의적 원리에 따라 방치하고 그에 대한 제도적 억제책을 마련하지 않았다. 98년 2월에 파견근로가 허용되면서 기업들은 정규직 노동부문을 축소하였으며, 외부 하청이 불가능한 경우 '사내 하도급' 혹은 사내 하청의 형태로 확장하였다. 이 결과 비정규직 노동자가 양산되었다. 또한 비정규직의 양산이 큰 부문일수록 노조조직은 어려웠다. 그 결과 민주정부 하에서 오히려 노조조직률은 더 지속적으로 하락하는 결과가 나타났다.

사내 하도급의 경우 제조업과 서비스업, 민간부문과 공공부문을 막론하고 전 산업에 걸쳐 있다, 2008년 노동부 조사에서는 조사에 따르면 300인 이상 기업의 사내 하도급 근로자는 369천 명으로, 사내 하도급을 활용하고 있는 원청사업체 근로자의 28.0%로 나타나고 있다. 통계에 잡히지 않는 경우까지를 감안하면 실제는 더욱 확대되어 있다. "사내 하도급 활용 비중은 조선 100%, 철강 92.6%, 자동차 86.4%의 순이며 원청업체 근로자 대비 사내 하도급 근로자 활용 비중은 조선 122.1%, 철강 70.8%, 화학 24.8%"일 정도이다(은수미, 2012a)이다. "300인 이상 비정규직은 2008년 현재 전체의 17.3%(2010년 15.4%)이지만 여기에 사내 하도급을 산입할 경우 300인 이상 기업의 비정규직 비중은 약 37%로 늘어나며 300인 이상 전체 비정규직 중 사내 하도급의 비중이 53.5%를 차지한다." 이에 대해 은수미는 결국 '정리해고+아웃소싱'을 통해 노조조직이 가능한 기반 자체를 균열시키는 방식으로 노조의 조직화를 저지하는 전략을 수행하고 있다(은수미 외, 2011)고 말하고 있다.

정규직 노동자에 비해서 비정규직 노동자의 조직률이 현저히 낮으며, 대기업에 비해서 사업체 규모가 축소될수록 조직률은 낮아졌다. "전체 노동자의 50%를 차지하는 30인미만 사업체 노조조직률은 0.2%에 불과한 반면 전체 노동자의 13% 수준인 300인 이상 기업의 노조조직률은 42.4%이다. 또한 고용형태별 격차도 커서 비정규직의 노조조직률이 3.1%인 반면 정규직은 16.3%이고 비정규직의 노조조직률은 계속 하락하는 추세이다"(은수미, 2011).

결국 신자유주의적 프레임이 확산되면서, 사내 하도급이 늘어나 '노사관계를 분절화'시켰고 그것이 노동자의 조직화 자체를 제약한 것이다. 외환 위기 극복, 국제경쟁력 강화라고 하는 친기업적인 신자유주의 담론의 영향으로 자본은 제도정치를 더욱 쉽게 포획해서 사내 하청노동자 등의 비정규직 노동자의 요구와 이해가 제도정치에 반영될 수 없도록 한 것이다.

이것은 기본적으로 민주정부가 신자유주의적 프레임을 방지하는 적극적인 제도적 전환을 하지 못했기 때문이다. 오히려 김대중정부는 외환 위기 극복이라는 이름으로, 기업회생을 위한 촉진책의 일환으로 파견근로자, 사내하청 노동자 등 비정규직 노동자 확대를 가능하게 하는 제도 변경을 했고 그러한 흐름을 '방임'했다. 반독재민주주의 운동 속에서 노동운동과 결합되어 있었던 반독재개혁자유주의 세력이 이제 집권세력이 되어 외환 위기라는 특수상황을 배경으로 '자본의 관리자'로 변모한 것이다.

이러한 변화는 국민정부 이후 자본의 전략 변화의 보다 일반적인 현상의 일부이기도 하다. 국가권력 담당세력이 개혁자유주의 좌파세력으로 변화하면서 자본권력과 기업권력은 새로운 응전전략을 구사했다. 국가의 공권력이 자본·기업권력과 일체화되는 정도-계급적 성격의 본질적 변화는 아니지만-가 약화된다. 예컨대 개발독재 시기에 공권력이 개별기업과도 일체화되어 대형공장에서의 노사분규에 공권력이 곧바로 개입하였다. 동일방직이나 방림방적의 여성노동자들의 유명한 투쟁이 이것을 상징한다. 87년 이후 '공권력의 자본도구화'는 상대적으로 제약될 수밖에 없었다. 87년~97년 사이의 시기는 이런 의미에서 과도기적 성격이 있다. 98년 이후 공권력이 노사분규에 직접 친기업가적 개입을 하는 것이 어려워지면서, 자본·기업은 새로운 '민간적' 방법을 동원하기 시작하였다(물론 조폐공사 사건 같은 것이 있다. 국가관료의 본질은 변화하지 않는다)(사실 개별 자본가의 이해와 총자본의 이해의 분화도 사실은 이에 대응하는 것이다). 사내 하청과 같이 생산조직을 재조직화하거나 기업주들이 노조에 대한 '재산 가압류'나 '손해배상소송' 같은 전략을 활용하는 것이 바로 그러한 예이다. 또한 이종보(2010)가 보인 것처럼, 삼성과 같은 대자본이 스스로 '국가경영'을 하려는 시도도 나타나게 된다. 국가권력을 내부로부터 자본에 유리한 방향으로 작동하도록 하는 것이다. 여기엔 사법적 과정을 유리하게 하기 위해 법률변호사팀을 대거 보충한다거나 하는 방법이 동원되었다(돈을 통한 매수는 민주화 이후의 현상만이 아니라, 독재 시기를 관통하고 민주화 시기를 관통하고 있다)(법이 쟁투의 영역이 되는 것에 대응하기도 한다).

반독재자유주의정부가 신자유주의적 정책기조를 채택하면서 노동운동정치가 이에 대응하는 폭넓은 연대정치를 구현하지 못했다는 점도 여기서 지적되어야 할 것이다. 예컨대 기업별 노조 자체가 대기업 노동운동이 산업별 노조로의 위력적인 성장을 추구하지 않도록 만들었으며, '정규직' 노조의 틀이 보장하는 안정성에 안주하여 거시적으로는 한국 자본주의 신자유주의적 재편에 대응하는 추동력을 충분히 만들지 못했다.

5) 민주개혁 정치와 신자유주의 경제의 사이에서-부패의 정치

국민정부는 후반에 오면서 여러 가지 부패 사건에 의해서 큰 도전을 받게 되었고, 그것이 민주주의 블록의 내부관계를 균열시키면서 점차 적대적 관계가 확대되었다. 부패사건을 계기로 제도정치-운동-시민사회를 가로지르는 보수적 동원도 활성화되었다. 보수의 입장에서는 새로운 집권 개혁자유주의 세력과 구 독재세력이 부패에 있어 다르지 않음을 드러내고자 했는데, 일정 측면에서 성공을 거두고 있었다. 비록 부패의 수준, 부패의 주범과 종범의 차이가 있다고 하더라도 국민의 눈에서는 양자의 결정적인 차별성이 보이지 않았다.

이러한 반부패사건을 국민적 쟁점으로 만드는 적극적인 역할을 보수언론이 수행하였다. 이에는 김대중정부의 언론개혁 시도 이후 조중동을 포함한 주류 보수언론과 국민정부 간에 '적대적 긴장'이 강화된 이유도 있었다. 보수언론과 보수사회세력들은 김대중정부의 부패사건을 매개로 적극적인 공세를 펼쳤다. 이것은 민주주의 블록 내부에서도 긴장과 균열을 촉발하기도 했다. 물론 반독재민주정부의 부패수준이 과거 개발독재체제나 보수정부의 부패수준에 비해 일반적으로 낮다고 평가된다. 그러나 개혁자유주의정부나 진보세력에게서 요구되는 높은 청렴성에 의해 비추어 볼 때 부패사건이 '위기의 정치적 쟁점'이 되는 것은 다르지 않을 수 있다.

국민정부 부패사건의 대표적 사건은 검찰총장 '옷로비' 사건이었다. 이 사건은 1999년 5월 당시 김태정 검찰총장 부인 연정희가-외화밀반출 혐의를 받고 있던-신동아그룹 최순영 회장의 부인 이형자로부터 1998년 말경 고급 옷을 받았다는 보도가 나오면서부터 발생하였다, 1999년 12월 20일 특별검사팀은 옷로비 사건이 "이형자가 남편의 구명을 위해 고위층 부인들에게 시도한 실패한 로비"라고 결론을 내리기도 했지만, 국민정부의 공신력을 훼손시키는 사건이 되었다.

국민정부 후반기에는 측근비리와 가족비리가 문제가 되었다. 김대중 대통령의 장남인 김홍업이 1998년 한국전력 석탄 납품과 관련해 최재승 의원의 주선 하에 석탄 수입업자 구씨의 청탁 요구를 받고 3억원의 금품을 수수했다 돌려준 혐의로 2004년 징역 10월을 선고받았다. 삼남 김홍걸은 2000년에, 최규선과 체육복표사업자 선정 및 각종 이권에 개입해 금품을 수수한 이른바 '최규선 게이트'에 연루되었고, 이 일로 2000년 11월 징역 1년 6월의 판결을 받았다. 이 최규선 게이트는 김대중 대통령으로 하여금 대국민 사과 성명까지 해야 하는 계기가 되었다. 또한 2002년에는 김대중 대통령의 최측근인 권노갑이 이른바 '진승현게이트'라고 불리는 사건에 연루되었다. 국정원 차장 김은성을 통하여 진승현의 불법자금을 받은 혐의로 권노갑은 구속되었다(이는 2003년 항소심에서 무죄가 선고되었다).

이와 함께, 2002년에는 국정원에 있던 김대중의 측근들이 야당 인사에 대한 불법 도청을 한 사실이 공개되어서 파문이 일기도 했다. 이전 독재정권 하에서 이루어진 안기부의 불법도청이 반독재민주정부 하에서도 반복되는 것이 확인되자 김대중정부의 공신력은 심대한 타격을 받았다. 집권세력의 부패사건, 특히 가족비리 사건은 한국에서 민감한 주제이고 집권세력의 대중적 기반을 추락시키는 데 결정적인 기여를 한다(전두환, 노태우 대통령의 구속은 말할 것도 없고, 전두환의 동생 전경환 새마을중앙협의회 전 회장이 구속되었다).

흥미로운 것은 반독재세력의 일부인 개혁자유주의 세력의 집권기에도 부패사건이 끊임없이 문제가 되었다(이 점에서 노무현정부는 대단히 예외적이라고도 할 수 있다)는 점이다. 문민정부 시기 대통령 아들 김현철은 한보대출비리사건, 이권 청탁, 인사 개입 및 국정개입, 안기부 정보 보고 등 일련의 사안으로 문제가 되었고, 97년 5월 안기부 김기섭과 함께 구속이 되기도 했다. 이는 독재에 대항해서 저항했던 반독재자유주의 정치세력이 오랜 동안 제도정치권의 내부에서 활동해온 것도 한 조건이 되었다. 왜냐하면 '특권 알선과 뇌물 제공의 거래관계(trade-off)'로부터 자유롭지 않았기 때문이다. 독재에 대항하는 과정에서 저항운동의 선두에 선 야당정치인들이 '대중동원정치'를 하게 되었기 때문이기도 하다. 즉 독재에 대항하기 위해서는, 대중과 결합해야 하고 대중의 힘으로 독재의 억압에 저항해야 하는 관계로, 이것이 87년 이후 각축 국면에서 비공식적인 자금 동원을 불가피하게 만드는 측면도 있었다. 가장 상징적인 예가 김상현이 2000년 낙선낙천운동에서 부패 연루정치인으로 그 대상에 오른 것이다. 김상현은 김대중과 함께 반독재민주주의 운동과정에서 많은 시련을 받고 격동의 역사를 산 인물이지만, 부패로 유죄판결을 받기도 했다. 이것이 엄격한 기준을 적용하고자 했던 낙천낙선운동이 그를 명단에 포함한 이유가 됐다(당시 그는 낙선운동 사무실에서 낙선명단 기준 선정에 항의하며 농성을 하기도 했다).

지배체제에서 여러 행위자들 간의 타협적 공존이 이루어지는 중요한 기제 중의 하나가 부패였고 그래서 지배체제에 저항하는 행위자들은 바로 반부패운동을 핵심투쟁으로 하게 되었다. 부패를 쟁점화하고 부패 연루자를 처벌하도록 요구하는 투쟁은 사회적 정치가 제도정치의 지형을 변화시켜 가는 매개적 사안들이고 그런 점에서 반부패투쟁은 사회적 정치의 독점적인 영역이었다. 일련의 부패 사건과 권력남용 사건은 국민정부의 민주개혁 정치의 긍정적 효과에도 불구하고, 김대중정부의 시민사회적 기반을 균열시키고, 민주주의 블록 내부에서의 시민사회–운동정치–제도정치를 가로지르는 연대성이 균열을 촉발시키는 식으로 나타났다.

나아가 집권세력인 반독재자유주의 세력에 대항하여, 보수적 블록을 구성하는 보수정치인, 보수언론, 보수적 사회세력이 개혁자유주의 세력의 도덕성을 공격하면서 역동화되는 중요한 계기였다.

4. 2002년 선거의 동학: 김대중정부 하에서의 위기와 새로운 하위 경합

2002년 대선은 반독재자유주의 좌파정부가 재집권하여 '민주정부 10년'으로 이어질 것인가 아니면 반독재민주정부 5년을 거쳐 다시 보수정부로 이행할 것인가 하는 갈림길이었다. 주지하다시피, 2002년 대선은 새천년민주당 노무현 후보가 12,014,277표(48.9%)를 획득하고 이회창 한나라당 후보가 11,443,297표(46.6%), 권영길 민주노동당 후보가 957,148표(3.93%)를 획득하여, 노무현 후보가 57만 여 표 차이로 승리하였다.

1) 제도정치와 사회적 정치의 관계 상황

김대중정부에서 노무현정부로의 이행과정에서 발생한 위기의 성격에 대해서는 다양한 평가가 가능하다. 내가 김대중정부 시기와 노무현정부 시기를 구분하지 않은 것은, 전자에서 후자로 이행하는 국면이 집권세력이 된 반독재개혁자유주의 세력의 정치적·사회적 기반의 확대와 함께 그들의 이니시어티브 하에서 전개되었기 때문이다. 사실 인쇄매체 언론은 조중동 등 보수언론의 독점적 영향력이 크기 때문에, 이런 언론을 통해서 드러나는 여권 후보와 야권 후보 간의 '각축'의 수준은 대단히 높은 것처럼 보였다. 그러나 김대중정부에서 노무현정부로 이어지는 일련의 과정에서 – 2002년 대선에서의 역동성에도 불구하고 – 구 독재적 보수세력의 반독재민주정부에 대한 도전은 후자의 헤게모니를 위협할 수 있는 수준은 아니었다.

나는 제2경합국면에서 3당 합당적 질서를 저항적 시민사회와 운동이 뛰어넘지 못했던 것처럼, 진보적 정부–진보적 시민사회–운동의 질서를 보수적 시민사회가 뛰어넘지 못한 것이 바로 2002년 대선이라고 생각한다. 야당이 된 보수세력과 보수적 시민사회, 보수적 운동이 집권세력이 된 중도개혁자유주의 정부, 현저히 균열되지 않은 민주주의 헤게모니 블록(제도정치–운동정치–시민사회로 이어지는 반독재민주세력의 헤게모니적 지위)을 뛰어넘어 이를 압도하지는 못하였던 것이다. 진보적 헤게모니가 작동하는 구도에서 2002년 대선이 치루어졌다고 평가할 수 있다. 진보후보인 권영길이 100만 표를 얻으면서도 노무현 후보가 당선된 것에서도 드러난다.

먼저 김대중정부와 보수적 시민사회·운동정치 세력과의 관계이다. 전체적으로 집권 개혁자유주의 세력의 헤게모니가 존재하는 구조하에서 선거가 치러졌다고 말할 수 있다. 이러한 헤게모니 구조는, 김대중정부를 통하여 과거 독재적 보수세력에 의해 통제되던 국가기구의 다원화가 일정하게 진전되고, 최소한 반독재개혁자유주의 세력에 절대적으로 불리하게 작동하던 기존의 국가의 친보수적 작동양식에 일정한 변화가 나타났기 때문이다.

통상 '억압적 국가기구'로 분류되는 군, 검찰, 경찰, 국정원 등에 친민주당계의 인물들이 위로부터 배치되었으며, 시민사회 내부에서 독재체제를 떠받치고 있던 새마을중앙협의회, 바르게살기운동협의회, 자유총연맹 등 대표적인 관변단체가 '위로부터 개혁'을 경험하게 되었다. 또한 민화협 같은 조직과 남북정상회담을 통해서 보수세력이 시민사회를 동원하는 반북적 활동 영역에서도 김대중정부는 일정한 통제력을 갖게 되었다. 이것은 과거 구 보수적 국가-제도정치 내에서의 보수정당의 패권적 지위-시민사회 내에서 관변단체들이 보이던 친정부적 작동 구조가 활성화되는 것을 제약하였다.

군부독재에 의해서 육성된 보수적 시민사회 조직들은 국가권력과의 동맹 구조 하에서 활동하는데 익숙해져 있었기 때문에, 이를 벗어난 새로운 보수적 동원구조를 확립하지 못하였다. 이것은 이른바 '국가조합주의'적 조직들의 친정부적 성격 때문이었다(노무현정부 하에서는 역설적으로 이들이 독립적으로 재활성화되게 된다). 즉 위로부터의 개혁은 시민사회 내에서의 보수세력의 활동반경과 기반을 상당부분 제한했다. 김대중정부 하에서 일정하게 독재적 보수의 조직적·제도적 기반의 '중립화'가 출현했다고 할 수 있다.

김대중정부는 기본적으로 군부 및 보수세력의 반발을 '관리'하면서, 최초의 반독재야당정부의 정치적 기반을 안정화시키는 데 주력하였다. 김영삼정부의 하나회 숙정이 역류의 조직적 기반을 해체했다고 하면, 김대중정부는 역류의 정치적 기반을 해체했다고 할 수 있다. 이것은 보수적인 사회적 정치가 반독재개혁자유주의 세력이 주도하는 제도정치의 지형을 바꾸는 식으로 역동화되지 못하였음을 의미한다. 이런 점에서 '구조적으로' 노무현정부는-담론 상에서 김대중정부와 상당한 단절을 표방했지만-김대중정부 개혁의 성과에 크게 힘입고 있었다.

다음으로, 기존의 민주주의 블록의 내부 관계에 균열이 나타나고 있었음에도 불구하고, 이것이 전면적인 대결로까지는 나아가지 않았다는 점이다. 보수적 운동조직과 시민사회는 일정하게 통제되거나 중립화되고 그것에 대항하는 민주주의 블록은 일정한 내적 균열에도 불구하고 결정적인 대립관계로까지 발전하지 않았다.

앞서 국민정부의 신자유주의적 프레임으로의 경도는 분명 민주주의 블록 내부에서 민중진영과 자유주의 정부 사이에 대립과 긴장을 축적해 가고 있었다(화물연대 파업, 조폐공사 사건). 민주주의 블록 내부에서의 개혁자유주의진영과 급진주의진영의 균열은 존재했지만, 후자와 전자와의 관계는 '분립 속에서의 연대'관계였다. 이 점은 이후 노무현정부 하에서의 민주주의 블록의 해체적 위기와 구별된다.

그 이유로 몇 가지를 들어볼 수 있는데, 첫째는 자유주의 좌파 정부의 신자유주의적 정책들이 외환 위기의 극복이라고 하는 특수한 위기국면을 배경으로 시행되었기 때문이었다. 역으로 '금모으기 운동'과 같은 '국민적' 운동마저 있었기 때문이기도 하다. 외환 위기가 적대적 분화가 정치적 균열로 발전하는 것을 완화하는 효과가 있었다(이는 과거 새마을운동과 대비된다).

둘째, 이른바 당시까지만 해도 운동정치 내부에서 일부 좌파 그룹을 제외하고서는 '신자유주의적 개혁'의 심각성에 대한 인식이 크지 않았기 때문이었다. 예컨대 '공기업' 개혁의 경우 그것이 낙하산 인사나 관치경영 등의 문제점에 대한 인식이 강조되었지, 공기업의 소유권이 사유화되는 측면은 강조되지 않고 있었다. 신자유주의라는 담론이 저항담론의 지배적인 것으로 부상하는 데는 일정한 시간이 걸렸다.

셋째, 이른바 신자유주의적 개혁의 파괴적 결과가 현재화되는 데 일정한 기간이 필요했다. 더구나 그것이 정치적 저항이 되는 과정에는 시간이 더 필요했다. 노무현정부가 이런 점에서 더욱 첨예한 대결의 시기가 된다.

넷째, 이를 추진하는 김대중의 전략이 점진적 노선의 성격을 띠고 있었기 때문에, 상대적으로 정책의 문제점이 예각적으로 쟁점화되지 않았다. 여기에 김대중과 노무현의 리더십 유형의 차이가 존재한다. 김대중은 반독재민주화운동의 상징성이 크고 오랜 동안 반독재민주화운동 진영의 다수파 그룹과 '동맹적' 관계를 맺고 있었다. 이 때문에 자유주의 좌파세력이 집권세력이 되는 상황 변화에도 불구하고, 민주주의 블록 내의 개혁적 제도정치 진영과 급진적 운동 진영 간의 분리가 상대적으로 제약되어 있었다.

2) 정부 교체기의 우연적·전략적 요인

이상은 제도정치와 사회적 정치의 관계의 구조적 상황을 이야기하는 것이다. 다음으로 2002년 대선에서 반독재개혁자유주의 세력의 헤게모니가 보수의 도전을 압도할 수 있었던 데에는 우연적·전략적 요인이 작용했다.

먼저 2002년 6월에 열린 월드컵과 효순이-미선이 사건이 결합해서 만들어내는 시민사회에 대한 진보적 효과이다. 주지하다시피, 5월 31일부터 6월 30일까지 2002년 월드컵이 서울에서 열렸다. 이 월드컵에서 한국팀은 4강에 오르는 선전을 했고 이 과정에서 붉은 악마로 상징되는 열광적인 집단적 응원이 젊은 세대를 중심으로 이루어졌다. 이것은 과도한 국가주의와 집단주의적 문화라는 비판도 있었지만, 젊은 세대들이 일종의 '자학적 민족주의'를 넘어 '자긍적 민족주의' 의식을 갖는 계기가 되었다. 이 과정에서 젊은 세대들이 '역동화'되었다고 할 수 있다. 그런데 바로 이러한 자긍적 민족주의 의식이 편만한 바로 그 무렵에, 이른바 효순이-미선이 사건이 발생하였다. 2002년 6월 13일 일어난 미군 장갑차 여중생 사망 사건은 바로 제도정치와 운동정치가 상호작용하는 중요한 사례가 된다. 첫 대중적인 촛불시위가 되는 이 사건은 광범위한 시민참여의 저항운동으로 발전하였다. 이 운동은 제도정치의 지형을 바꾼 사건이 되었다. 이것은 사실 대선을 6개월여 남기고 일어난 사건으로서 대중들의 광범위한 반미정서를 촉발하였다. 그 결과 대선에 앞서, 대중정서를 진보적인 방향으로 이끌고 간 계기가 되었다. 월드컵과 미군 장갑차에 두 여중생이 죽은 효순이-미선이 사건이 결합하면서, 대선 시기 시민사회의 향방에 영향을 미친 것이다.

기존의 경합과정은 집권 보수 제도정치 세력에 대항하여 사회적 정치가 시민사회와 결합되어 역동화되고, 그를 통해 제도정치를 균열시키는 과정으로 전개되었다. 그러나 국민정부에선 반독재개혁자유주의 세력이 집권세력이었다. 이런 조건에서 시민사회의 진보적 활성화 현상이 나타나게 되었는데, 그에 대한 반동으로 보수적 시민사회-보수적 운동정치가 역동화되었다. 하지만 보수적 제도정치세력이 보수시민사회를 동원·결합하는 프로세스가 작동하기는 어려웠다.

둘째, 월드컵과 효순이-미선이 사건의 효과를 대선에서의 젊은 세대의 사이버 행동주의로 매개해 낸 노사모의 '선도적인' 사이버 행동주의의 효과를 들 수 있다.

노무현은 정몽준과의 연합을 해야 할 정도로 이회창 후보와 힘겨운 경쟁을 해야 하는 조건이었다. 노사모는 역동화된 젊은 세대의 진보적 기대를 대변하는 반(反)기득권적인 젊은 후보 대 '기득권적인 고령(高齡) 후보의 대립구도로 대선구도를 조성함으로써, '상징전쟁'에서 노무현 후보가 앞서는 데 크게 기여하였다. 또한 노사모로 상징되는 새로운 정치적 행동주의적 흐름은 민주당의 당내 경선과정에서 당내 기반이 대단히 취약한 노무현이 '광주경선'을 거치면서 유력한 후보로 등장하게 하고 대선후보로 결정되는 데 큰 기여를 하였다. 노사모적 흐름은 당내 경선을 넘어서서, 정몽준과의 후보단일화와 대선에서의 각축에 있어서도 오프라인 공간과 '사이버공간'에서 젊은 세대의 투표참여와 진보적 투표를 광범위하게 촉진함으로써 2002년 대선에 큰 개입력을 발휘하였다.

셋째, 이회창 후보와 비교할 때 노무현 후보가 갖는 반부패의 이미지이다. 김대중이 반독재개혁자유주의 좌파정치세력의 '주류'적 인물이라고 한다면, 노무현은 '비주류'적인 인물이다. 김대중과 김영삼은 반독재개혁자유주의 정치세력의 '주류'적 위치를 갖고 중앙정치에서 오랜 동안 제도정치의 중요한 행위자로 존재하여왔다. 그러나 노무현은 중앙정치에 오랫동안 몸담은 인물과 다른 궤적을 그렸기 때문에, 자연히 부패로부터 자유로울 수 있었고 그것이 중요한 이미지가 되었다.

앞서 김대중정부의 민주개혁적 정치의 긍정성에도 불구하고 '부패정치'로 인해 민주주의 블록의 내적 균열과 보수의 역동화가 초래되었다는 점을 서술하였다. 그러나 바로 부패에서 노무현 후보가 자유롭다는 점이 대선에서의 보수의 전략적 장점을 현저히 약화시키게 되었던 것이다.

결국 2002년 대선에서는 독재 대 반독재, 보수 대 진보, 세대 간 대립, 지역 간 대립(수도이전), 친기업 대 친서민의 상이한 균열이 노무현 후보에게 긍정적으로 수렴되었다고 할 수 있다. 일종의 진보적인 헤게모니적 접합이 나타난 것이다.

김대중정부 시기는 상대적으로 국가와 제도정치가 안정화되는 시기로 평가할 수 있다. 김대중정부에서 노무현정부로 '반독재민주정부' 시기가 연장되는 것은 보수적 사회적 정치의 시민사회에 기초한 도전(대중적 도전)이 제도정치의 지형을 변화시킬 정도에 이르지 못하고 상대적으로 취약했기 때문이다. 크게 보면 김대중정부 시기에는 반독재민주정부－진보개혁적 사회운동—반독재민주화운동과정에서 유지된 시민사회의 진보적 헤게모니의 구도가 유지되었다고 본다. 여기에 2002년의 구조적·전략적·우연적 요인이 결합하면서, 민주정부 5년의 시기에서 민주정부 10년의 시기로 이행하게 된다.

참고 문헌

1. 국내 문헌

2000총선시민연대 편, 『총선연대 백서』 상, 하, 2001.4.13.

4월혁명연구소 편, 『한국 사회변혁운동과 4월혁명』, 한길사, 1990.

5·18광주 민주화운동진상조사 특별위원회, 『국정조사보고서』, 1990.

강금실, "민간인 학살사건에 관한 법적인 문제점과 해결방향", 한국전쟁 전후 민간인학살 진상규명 범국민위원회 편, 『전쟁과 집단학살』, 2002.

강명세, "한국정치의 발전궤적?", 한국정치연구회 편, 『다시 보는 한국민주화 운동: 기원, 과정, 그리고 제도』, 선인, 2010.

강남식, "여성운동의 성과와 과제: 1987-2002", 『한국시민사회운동 15년사, 1987-2002』, 시민의 신문, 2004.

강남훈, "지식인운동-교수들의 민주화운동을 중심으로", 학술단체협의회 편, 『6월 민주항쟁과 한국 사회 10년』(2), 당대, 1997.

강문구, "민주적 변혁이론 지반의 심화·확장을 위하여: 김세균 교수의 '시민사회론' 비판에 대한 토론", 유팔무·김호기 편, 『시민사회와 시민운동』, 한울, 1995a.

______, "변혁지향 시민사회운동의 가능성과 한계, 그리고 일 전망", 유팔무·김호기 편, 『시민사회와 시민운동』, 한울, 1995b.

강상현, "제주 4·3 학살사건의 사회학적 연구-대량학살 시기(1948년 10월 중순~1949년 5월 중순)를 중심으로", 서울대 사회학과 석사학위논문, 2002.

강정구, 『분단과 전쟁과 한국현대사』, 역사비평사, 1996.

______, "한국전쟁 전후 민간인학살의 실태", 한국전쟁 전후 민간인학살 진상규명 범국민위원회 편, 『전쟁과 집단학살』, 2002.

강정인, "한국 현대정치의 이념적 지형: '민족주의의 신성화'", 《한국과 국제정치》29권 4호, 경남대학교 극동문제연구소, 2013.
강형민, “1980년대 조직운동의 전개과정에 대한 연구”, 《경제와 사회》 제6호, 비판사회학회, 1990.
경실련정책위원회, 『우리사회 이렇게 바꾸자』, 비봉출판사, 2000.
고병권, 이진경 외, 『코뮨주의 선언—우정과 기쁨의 정치학』. 교양인, 2008.
광주광역시 5 · 18 사료편찬위원회, 『5 · 18광주민중항쟁』, 광주광역시 5 · 18사료편찬위원회, 1997.
______, 『5 · 18민중항쟁사』. 광주광역시 5 · 18 사료편찬위원회, 2001.
______, 『5 · 18 광주민주화운동자료총서』 제2권, 광주광역시 5 · 18사료편찬위원회, 2005.
교육혁명공동행동 연구위원회, 『대한민국 교육혁명』, 살림터, 2012.
구자호 편, 『民推史』, 민주화추진협의회, 1988.
권형철, 『한국변혁운동논쟁사』, 일송정, 1990.
그람시, 안토니오, 이상훈 옮김, 『그람시의 옥중수고 1-정치편』, 거름, 1999.
______, 『그람시의 옥중수고 2-철학, 역사, 문화』, 거름, 1999.
급진민주주의연구모임 데모스 편, 『민주주의의 급진화: 급진민주주의리뷰 데모스 No.1』, 데모스, 2011a.
______, 『연대성의 정치학: 급진민주주의리뷰 데모스 No.2』, 데모스, 2011b.
______, 『한국 급진민주주의 프로젝트: 비판과 모색 1: 급진민주주의리뷰 데모스 No.3』, 데모스, 2013a.
______, 『한국 급진민주주의 프로젝트: 비판과 모색 2: 급진민주주의리뷰 데모스 No.4』, 데모스, 2013b.
김동춘, 『근대의 그늘 : 한국의 근대성과 민족주의』, 당대, 2000a.
______, 『전쟁과 사회: 우리에게 한국전쟁은 무엇이었나?』, 돌베개, 2000b.
______, “20세기 국가폭력과 과거청산”, 『인권과 평화』, 성공회대 인권평화센터, 2001.
______, “민간인학살문제의 해결방안”, 한국전쟁 전후 민간인학살 진상규명범국민위원회 편, 『전쟁과 집단학살』, 2002.
______, 『1997년 이후 한국 사회의 성찰-기업사회로의 변환과 과제』, 길, 2006.
김무용, “한국현대사와 5 · 18 민중항쟁의 자화상”, 학술단체협의회 편, 『5 · 18은 끝났는가』, 푸른숲, 1999.

김보현, 『박정희 정권기 경제개발』, 갈무리, 2006.
김세균, 『한국 민주주의와 노동자-민중정치』, 도서출판 현장에서 미래를, 1995.
______, "'시민사회론'의 이데올로기적 함의 비판", 유팔무 · 김호기 편, 『시민사회와 시민운동』, 한울. 1995a.
______, "그람시를 넘어서 나아가야 한다", 유팔무 · 김호기 편, 『시민사회와 시민운동』, 한울, 1995b.
김연수, "2008 촛불항쟁 담론 연구", 성공회대 석사학위논문, 2010.
김영미, 『그들의 새마을 운동: 한 마을과 한 농촌운동가를 통해 본 민중들의 새마을운동 이야기』, 푸른역사, 2009.
김용복, 2012, "한국민주주의의 발전과 정당정치: 최장집교수의 정당민주주의론에 대한 비판적 고찰", 〈민족문화연구〉 56호, 고려대 민족문화연구원.
김용철, 『삼성을 생각한다』, 사회평론, 2010.
김유진, "민주주의이행기 과거청산의 동학", 조희연 편, 『국가폭력, 민주주의 투쟁, 그리고 희생』, 함께읽는책, 2002.
김은미, "한국 지역정치의 변화와 지역운동의 제도화", 이화여자대학교 박사학위논문, 2000.
김인걸 외 편저, 『한국현대사강의』, 돌베개, 1998.
김장한 외, 『80년대 한국노동운동사』, 조국, 1989.
김재민, "한국의 해외입약 정책연구: 국가기록물과 언론보도를 중심으로", 성공회대 사회학과 박사학위논문, 2016.
김진국 · 정창현, 『WWW.한국현대사.COM』, 민연, 2000.
김재문, 『한국전통 민주주의 이론과 법의 정신』, 아세아문화사, 2007.
김재중, "진보가 '뉴라이트'로부터 배워야 할 것들", 『한국 사회포럼 2006』, 3.24, 서울 여성플라자, 2006.
김정훈 · 조희연, "지배담론으로서의 반공주의와 그 변화-'반공규율사회'의 변화를 중심으로", 조희연 편, 『한국 사회의 정치사회적 지배담론과 민주주의의 동학』, 함께읽는책, 2003.
김정훈, "민주화세대는 어디에 있는가?", 《황해문화》 통권 53호, 새얼문화재단, 2006.
______, "민주화 · 세계화 이후 한국 시민운동의 전개와 평가", 민주화운동기

념사업회 외 주최, 6월 민주항쟁 20년 기념 학술대토론회, 서울 프레스센터 국제회의장. 6월 4일, 2007.
______, 『87년체제를 넘어서』, 한울아카데미, 2010.
김준, 『아시아권위주의 국가의 노동정치와 노동운동: 한국과 대만의 비교연구』, 서울대 사회학과 박사학위논문, 1993.
______, "대만의 민주화", 《동향과 전망》 26호, 한국 사회과학연구소, 1995.
김창진, "광주민중항쟁의 발전구조-무장투쟁과 '민중권력'", 『광주민중항쟁연구』, 사계절, 1990.
______, "시민의 저항과 무장항쟁", 광주광역시 5 · 18사료편찬위원회, 『5 · 18 민중항쟁사』, 광주광역시 5 · 18사료편찬위원회, 2001.
김호기, 『한국 시민사회의 성찰』, 아르케, 2007a.
______, "민주주의와 한국사회, 1945~2005", 김호기 · 이병천 · 홍윤기 편, 『다시 대한민국을 묻는다-역사와 좌표』, 한울아카데미, 2007b.
______, "쌍방향 소통 '2.0 세대'", 《한겨레신문》, 5월 14일, 2008.
김홍명 · 김세균, "광주5월민중항쟁의 전개과정과 성격", 한국현대사사료연구소 편, 『광주5월민중항쟁』, 풀빛, 1990.
김홍열, 『디지털시대의 공간과 권력』, 한울아카데미, 2013.
김희송, "민주화 이후 지역 시민사회의 변화와 담론투쟁: 광주광역시를 중심으로", 2012년 비판사회학회 춘계학술대회, 5월 17일. 이화여대 포스코관, 2012.
나의갑, "5 · 18의 전개과정", 광주광역시 5 · 18사료편찬위원회, 『5 · 18 민중항쟁사』, 광주광역시 5 · 18사료편찬위원회, 2001.
노무현, "대한민국 진보, 달라져야 합니다", 《국정브리핑》 2월 17일, 2007.
노영기, "'5 · 18항쟁과 군대'에 대한 연구", 《민주주의와 인권》 5(1), 전남대학교 5·18연구소, 2005.
노중기, "한국의 노동체제 변동, 1987-1997년", 《경제와사회》 36호, 1997/겨울호, 비판사회학회, 1997.
______, 『한국의 노동 체제와 사회적 합의』, 후마니타스, 2008.
대검찰청 공안부 편, 『좌익사건실록』, 대검찰청 공안부.
동아일보사, 『현대한국을 뒤흔든 60대사건-해방에서 제5공화국까지』, 《신동아》 1월호별책, 동아일보사, 1988.
류근일, 『권위주의체제하의 민주화운동연구: 1960-70년대 제도외적 반대세력의 형성과정』, 나남출판, 1997.

문부식, 『잃어버린 기억을 찾아서: 광기의 시대를 생각함』, 삼인, 2002.

문순홍, 『녹색국가의 탐색』, 아르케, 2006a.

______, 『정치생태학과 녹색국가 – 문순홍 유고전집2』, 아르케, 2006b.

민교협 · 학단협 외 편, 『독단과 퇴행, 이명박정부 3년 백서』, 메이데이, 2010.

민족민주연구소, 『국민운동본부: 민주쟁취국민운동본부 평가서(1): 자료편』, 민족민주연구소, 1989.

민주화를 위한 전국교수협의회, 『민교협 월보』 제25호, 1995년 10월호, 1995.

______, 『민교협 월보』 제26호, 1996년 1월호, 1996.

민주화실천가족운동협의회 · 민족민주연구소 편, 『80년대 민족민주운동: 10대 조직사건』, 아침, 1989.

민주화운동기념사업회 연구소 편, 『민주주의 강의 2』: 사상, 오름, 2007.

민주화운동정신계승연대, '민주화운동 명예회복 및 보상 등에 관한 법률 개정안', 민주화운동정신계승연대, 2001a.

______, 『국가보안법 사건 민주화운동 관련자 명예회복을 위한 공청회 자료집』, 5. 28, 2001b.

바람과 물 연구소편, 『한국에서의 녹색정치, 녹색국가』,당대, 2002.

박명림, "한국전쟁과 한국정치의 변화–국민통합, 헌법정치, 한미관계를 중심으로", 『한국전쟁과 사회구조의 변화』, 백산서당, 1999.

______, "한국헌법과 민주주의; 무엇을, 왜, 어떻게 바꿀 것인가?", 창비–시민행동 공동심포지엄, 2005. 7. 15, 프레스센터, 2005.

박사명, "동남아의 경제위기와 정치적 선택", 『동남아의 경제위기와 정치적 대응』, 폴리데이아, 2005.

박상훈, "민주화의 퇴행과 보수적 대중운동", 『한국 사회포럼 2006』, 3.24, 서울 여성플라자, 2006.

______, 『만들어진 현실–한국의 지역주의, 무엇이 문제이고, 무엇이 문제가 아닌가』, 후마니타스, 2009.

박석률, 『푸른 하늘을 향하여』, 풀빛, 1989.

박세일, 『대한민국 선진화 전략』. 21세기북스, 2006.

박세일 · 나성린 · 신도철 공편, 『공동체자유주의: 이념과 정책』. 나남, 2008.

박영균, 2012, "'민주주의 이후의 민주화론'에 대한 맑스주의적 비판", 〈민족문화연구〉 56호, 고려대 민족문화연구원.

박원순. 『국가보안법연구』 1권, 역사비평사, 1994.
______, 『역사를 바로 세워야 민족이 산다』, 한겨레신문사, 1996.
______, 『한국의 시민운동: 프로크루스테스의 침대』, 당대, 2002.
박종성, 『인맥으로 본 한국정치』, 한울, 1997.
박찬승, "선언문 · 성명서 · 소식지를 통해 본 5 · 18", 광주광역시 5 · 18사료편찬위원회, 『5 · 18 광주민주화운동자료총서』, 제2권, 광주광역시 5 · 18사료편찬위원회, 2005.
박태순· 김동춘, 『1960년대의 사회운동』, 까치, 1991.
박현채, 『민족경제론』, 한길사, 1978.
박현채 · 조희연 편. 『한국 사회구성체논쟁』, 1–4권, 한울, 1989–1992.
배규식 · 윤진호 · 조효래 · 이정희, '87년 이후 노동조합과 노동운동–한국 노사관계 시스템의 변화와 미래전망, 《한국노동연구원 보고서》 제13–155호, 2008년 4월, 2008.
백낙청, 『흔들리는 분단체제』, 창비, 1998.
백욱인. "시민운동이냐, 민중운동(론)이냐: 김세균, 강문구 토론에 대한 비편", 유팔무 · 김호기 편, 『시민사회와 시민운동』, 한울, 1995.
서동진, "근대 자본주의사회에서 동성애 정체성의 사회적 구성에 관한 연구", 연대 사회학과 석사학위논문, 1993.
______, 『자유의 의지, 자기계발의 의지: 신자유주의 한국 사회에서 자기계발의 주체의 탄생』, 돌베개, 2009.
서미라, "정치적 기회구조의 변화와 '진보적' 여성운동의 제도화 – 〈한국여성단체연합〉을 중심으로", 성공회대 NGO대학원 석사학위논문, 2002.
서 승, "동아시아에 있어서 국가테러리즘 희생자들의 명예회복 · 배상에 대한 연구", 서울대 석사학위논문, 2000.
서영표, 『런던코뮌–지방사회주의의 실험과 좌파 정치의 재구성』, 이매진, 2009a.
______, "일상적 정치공간에 대한 통찰과 추상적 이론논쟁: 손호철 교수의 "'한국 사회체제론'을 다시 생각한다"에 대한 토론", 서강대 사회과학연구소 창립 20주년 기념 학술심포지움: '한국 사회체제론'을 다시 생각한다, 서강대 다산관 101호, 11월 13일, 2009b.
______, "일상의 정치공간에 대한 통찰부족", 〈레디앙〉 2009년 9월 23일자, 2009c.

______, 『사회주의, 녹색을 만나다 – 생태주의, 사회주의, 민주주의』, 한울아카데미, 2010.

성경륭, "한국정치민주화의 사회적 기원: 사회운동적 접근", 경남대 극동문제연구소 편, 『한국 정치 · 사회의 새흐름』, 나남, 1993.

세계편집부 편, 『공안사건 기록: 1964–1986』, 세계, 1986.

손낙구, 『대한민국의 정치사회지도』, 후마니타스, 2010.

손우정, "한국 진보정치운동의 궤적(1987–2014)", 성공회대 박사학위논문, 2014.

손호철, 「'전략 · 관계적' 국가론의 비판적 고찰: 밥 제솝을 중심으로」, 『한국정치학회 월례발표회 논문집』(4). 한국정치학회, 1994.

______, "'두려움의 동원' 정치를 넘어서자", 《레디앙》 1월 31일, 2007a.

______, "반 수구'보다 '반 신자유주의'가 핵심", 《한겨레신문》 2월 9일, 2007b.

______, "몇 가지 오해와 몇 가지 반론", 《레디앙》 2월 12일, 2007c.

______, "'한국체제' 논쟁을 다시 생각한다: 87년 체제, 97년 체제, 08년 체제론을 중심으로", 〈한국과 국제정치〉 25권 2호, 여름호, 11월 13일, 2009a.

______, "문제는 '반MB연합'과 '반신자유주의연합'의 결합이다", 《한겨레신문》 6월 28일, 2009b.

______, "위기의 한국사회, 어디로 가고 있나?", 노회찬 마들연구소 주최 '이명박 정부 평가와 대한민국 위기 극복' 심포지움, 프레스센터, 1월 20일. 2009c.

______, "'한국사회체제론'을 다시 생각한다–사회학적 서술주의와 추상성의 혼돈을 넘어서", 서강대 사회과학연구소 창립 20주년 기념 학술심포지움: '한국사회체제론'을 다시 생각한다, 서강대 다산관 101호, 11월 13일(〈마르크스주의 연구〉 16호, 6권 4호, 2009년 겨울호), 2009d

______, "내가 '신자유주의 환원론자'라굽쇼?", 《레디앙》 2009년 9월 16일자, 2009e.

______, "기꺼이 '이론주의자'가 되겠다". 《레디앙》 2009년 9월 24일자. 2009e.

송건호, "분단정치 40년", 『변혁과 통일의 논리』, 사계절, 1987.

신영복 · 조희연 · 장훈교. 2007. 「비합법 전위조직운동」, 정해구 외, 『한국정치와 비제도적 운동정치』, 한울.

심지연, 『한국민주당 연구(I): 정치적 성장과정과 정치이념 및 관계자료』, 도서출판 풀빛, 1982.
______, 『한국정당정치사』, 백산서장, 2004.
안문석 · 황민섭, "시민단체의 공직후보 낙선운동의 영향력 평가-16대 총선에서의 '총선시민연대'의 낙선운동을 중심으로", 《한국정책학회보》 11권 2호, 한국정책학회, 2002.
안병욱, 「의문사와 의문사진상규명의 의의」, 『역사와 현실』, 역사비평사, 2001.
______, "의문사와 의문사진상규명의 의의", 『역사와 현실』, 역사비평사, 2001.
안병용, "1960.70년대 공안사건의 전개양상과 평가", 한국역사연구회 현대사연구반, 『한국현대사(3): 1960 · 70년대 한국 사회와 변혁운동』, 풀빛, 1991.
양조훈, "제주 4 · 3의 역사적 조명", 《제주도연구》 15집, 1998.
역사문제연구소 · 역사학연구소 · 제주4.3연구소 · 한국역사연구회 편, 제주4.3 연구』, 역사비평사, 1998.
오장미경, "여성운동의 제도화, 운동정치의 확대인가, 제도정치로의 흡수인가", 《여성과 사회》16호, 한국여성연구소, 2005.
오유석, "외곽지역의 항쟁으로 본 5 · 18 민중항쟁", 학술단체협의회 편, 『5 · 18은 끝났는가』, 푸른숲, 1999.
왕혜숙 · 유석춘, 『참여연대 보고서』, 자유기업원, 2006.
유동렬, 『한국좌익운동의 역사와 현실』, 도서출판 다나, 1996.
유창선, "한국지역정당체제의 성립과 전개에 관한 연구-포괄정당적 동질성이 지역정당체제에 미친 영향을 중심으로", 연세대 사회학과 박사논문, 2001.
유팔무 · 김호기 편, 『시민사회와 시민운동』, 한울, 1995.
윤일웅, 『재야세력들』, 평범서당, 1985.
윤석규, "노무현의 불행은 삼성에서 비롯됐다: 내가 지켜본 노무현-삼성 관계", 프레시안 3월 17일. http://www.pressian.com/article/article.asp?article_num=60100316113253&section=03), 2010.
이근행, "한국 공동체운동의 형성과 전개에 관한 연구", 성공회대 NGO대학원 석사학위논문, 2006.
이나미, "한국의 보수단체의 이념적 분화", 『시민사회와 NGO』, 2(2), 가을/겨울, 2004.

이령경, "한국전쟁 전후 좌익관련 여성유족의 경험연구–여성주의 평화개념에서", 성공회대 시민사회복지대학원 석사학위논문, 2003.

이부영, "내가 겪은 사건 : 80년대 재야운동과 세 차례의 투옥–이돈명 변호사 구속사건과 박종철 고문치사 배후폭로의 진상", 《역사비평》 13호, 여름호, 역사비평사, 1991.

이병천, "신보수 시대 앞둔 진보 대 진보", 《레디앙》 2월 9일, 2007.

이삼성, 『20세기 문명과 야만』, 한길사, 1998.

이승원, "민주주의와 헤게모니: 현대 민주주의의 특징에 관한 이론적 재검토", 《비교민주주의연구》4(1), 2008.

이완범, "2008년 촛불시위의 영향: 촛불 진화 후 '중도실용' 구호를 내건 정부에 대한 시민의 '종이돌' 반격", 《정신문화연구》 제34권 제4호. 한국학중앙연구원, 2011.

이재오, 『해방 후 한국학생운동사』, 형성사, 1984.

이정희, "재야 정치집단의 민주화운동", 한국정치학회, 97년 연례학술대회 자료집, 1997년 12월 4–6일, 외교안보연구원, 1997.

이삼성, 『20세기 문명과 야망』, 한길사, 1998.

일월서각 편집부 편, 『4 · 19혁명론(2): 자료편』, 일월서각, 1983.

이종보, "민주주의 체제하 '자본의 국가 지배'에 관한 연구: 삼성그룹을 중심으로", 성공회대학교 사회학과 박사학위논문, 2010.

이종영, 『정치와 반정치』, 새물결, 2005.

이종회, "자본의 신자유주의적 공세와 한국의 시민운동", 《진보평론》 2호, 겨울호, 메이데이, 1999.

이준한, "사회운동과 민주화", 정해구 외, 『한국정치와 비제도적 운동정치』, 한울아카데미, 2007.

이창언, "분신자살(焚身自殺)의 구조와 메커니즘 연구 – 학생운동을 중심으로", 《기억과 전망》 제21호, 민주화운동기념사업회, 2009.

예춘호, 『서울의 봄, 그 많은 사연』, 언어문화, 1996.

외교안보연구원; 『암흑속의 횃불 – 7,80년대 민주화운동의 증언 1–4권』, 기쁨과 희망 사목연구소, 1997.

임영일, "한국의 산업화와 계급정치", 한국 사회학회 · 한국정치학회 편, 『한국의 국가와 시민사회』, 한울, 1992.

______, 『한국의 노동운동과 계급정치, 1987–1995』, 경남대출판부, 1998.

임영호, 『스튜어트 홀의 문화 이론』, 한나래, 1996.
임지현, "대중독재의 지형도 그리기", 임지현 · 김용우 편, 『대중독재: 강제와 동의 사이에서』, 책세상, 2004.
______ 편, 『근대의 국경 역사의 변경』, 휴머니스트, 2004.
임춘웅, "재야세력이란 누구인가", 《신동아》 6월호, 1980.
임희섭, 『집합행동과 사회운동의 이론』, 고려대 출판부, 1999.
임현진, 『한국의 사회운동과 진보정당』, 서울대학교출판부, 2009.
위평량, "재벌통제와 중소기업 활성화를 위한 개혁법안 제안과 그 배경", 2012년 비판사회학회 춘계학술대회. 5월 17일. 이화여대 포스코관, 2012.
은수미, "한국 노동운동과 시민운동의 경쟁, 그리고 헤게모니:이념과 쟁점형성을 통해서 본 사회운동의 동시성장과 정치세력화", 서울대 사회학과 석사학위논문, 2000.
______, "체제논쟁의 함의, 첫단추 끼우기", 서강대 사회과학연구소 창립 20주년 기념 학술심포지움: '한국 사회체제론'을 다시 생각한다, 서강대 다산관 101호. 11월 13일, 2009.
______, "한국의 사내 하도급: 원인과 대책", 《한국 사회정책》 18(3), 한국 사회정책학회, 2011.
______, "한국의 '노동 이중화': 중심은 있는가?", 2012년 비판사회학회 춘계학술대회, 5월 17일, 이화여대 포스코관, 2012a.
______, "새로운 노동운동의 모색", 미발표, 2012b.
______, "한국의 사내 하도급:현황과 대안", 《월간 노동리뷰》, 1월호, 2012c.
은수미 · 이병희 · 박제성, 『사내 하도급과 한국의 고용구조』, 한국노동연구원, 2011.
장훈교, "노동의 자기조절 실현을 위한 노동능력의 공통자원으로의 전화에 대한 연구: 공통자원 개념을 통한 안노티오 그람시 조절사회 개념의 재구성", 성공회대 사회학과 박사학위논문, 2014.
______, 『밀양 전쟁』, 나름북스, 2016.
전남사회문연구소 편, 『5 · 18광주민중항쟁 자료집』, 도서출판 광주, 1988.
전재호, "한국 민주주의와 학생운동-민주적 실천과 역사적 희생", 조희연 편, 『국가폭력 · 민주주의투쟁 · 역사적 희생』, 나눔의 집, 2002.
정근식, "청산과 복원으로서의 5월운동: 광주의 경험", 제주 4 · 3연구소,

2001.4.3.
정동철, "한국 사회운동의 제도화에 관한 연구 : 환경운동연합과 참여, 2001.
정성진, "반세계화의 세계화", 《황해문화》통권 제41호, 새얼문화재단, 2003.
정일준, "87년체제는 없다", 제10회 비판사회학대회, 10월 3일, 연세대 백양관, 2007.
정용대, "한국의 진보정당과 정치발전-생성과정을 중심으로", 《한국정치학회보》 23집 2호, 한국정치학회, 1989.
정철희, "민중 담론과 6월항쟁의 문화적 기원", 『상징에서 동원으로-1980년대 민주화운동의 문화적 동학』, 이학사, 2007.
______ 외, 『상징에서 동원으로-1980년대 민주화운동의 문화적 동학』, 이학사 연대의 사례", 연세대 사회학 석사학위논문, 2007.
정해구, "군작전의 전개과정", 광주광역시 5 · 18사료편찬위원회 편, 『5 · 18광주민중항쟁사』, 고령, 2001.
정해구 · 김태일, "비제도적 운동정치 연구서설", 『한국정치와 비제도적 운동정치』, 한울아카데미, 2007.
조대엽, 『한국의 시민운동: 저항과 참여의 동학』, 나남, 1999.
조진경 외, 『한국 사회의 성격과 운동』, 공동체, 1987.
조철민, "YMCA, 흥사단, YWCA의 활동을 통해본 시민운동 행위양식의 형성과 변화의 궤적(1981-2010)", 성공회대학교 박사학위논문, 2014.
조현연, 『한국 현대정치의 악몽 - 국가폭력』, 책세상, 2000.
______, 『한국진보정당 운동사』, 후마니타스, 2009.
조희연, "80년대 사회운동과 사회구성체논쟁", 『한국 사회구성체논쟁』 제1권, 한울, 1989.
______, 『현대 한국 사회운동과 조직』, 한울, 1993.
______, 『한국의 민주주의와 사회운동』, 당대, 1998a.
______, 『한국의 국가 · 정치변동 · 민주주의』, 당대, 1998b.
______, "지역감정의 '정치적 구조화'과정에 대한 연구", 『국가 · 민주주의 · 정치변동』, 당대, 1998c.
______, "한국 시민단체(NGO) 역사, 현황, 전망", 김동춘 외 지음, 『NGO란 무엇인가』, 아르케, 2000a.
______, "5 · 18과 80년대 사회운동", 광주광역시 5 · 18 사료편찬위원회,

『5 · 18 민중항쟁사』, 도서출판 고령, 2001a.

______, "'종합적 시민운동'의 구조적 성격과 변화전망에 관한 연구", 김호기 편, 『시민사회와 시민운동의 새로운 지평』, 한울, 2001b.

______, "한국의 민주주의와 사회운동의 전개: 민중운동과 시민운동의 관계를 중심으로", 『NGO가이드』, 한겨레신문사, 2001c.

______, "'국가-시장-시민사회'와 언론 · 언론개혁운동", 언론개혁시민연대 편, 『21세기 시민언론운동』, 언론개혁시민연대, 2001d.

______, "한국 지역주의의 성격과 대안적 극복방안-지역주의는 '진보적'?", 한림대 사회학과 편, 《한국 사회학평론》7호, 2002a.

______, "'과잉'과거청산인가 '과소'과거청산인가: 문부식 씨의 '우리 안의 폭력' 논의에 대한 재성찰", 《경제와 사회》, 한울, 2002b.

______, "정치적 자유화의 '축복'과 경제적 자유화의 '재앙'", 『시민과 세계』, 당대, 2002c.

______, "인간 · 사회 · 체제 · 참여행동", 조효제 편, 『NGO시대의 지식 키워드』, 아르케, 2003a.

______, "'제2기 민주화' 단계의 구조적 의미와 개혁담론의 방향", 2002 대선교수네트워크, 민교협, 학단협 외, 『2002 대선 평가토론회』, 2002. 12.23, 민주화운동기념사업회 강당, 2003b.

______, "국가의 정상화에 대응하는 사회운동의 급진화", 시민과세계 제4호, 참여연대 참여사회연구소, 2003c.

______, 『비정상성에 대한 저항에서 정상성에 대한 저항으로』, 아르케, 2004a.

______, "민주항쟁 이후 사회운동 변화와 그 특성 - 4가지 측면을 중심으로", 『한국시민사회운동 15년사, 1987-2002』, 시민의 신문, 2004b.

______, "박정희 시대의 강압과 동의", 《역사비평》통권 67호, 역사비평사, 2004c.

______, "민주항쟁 이후 사회운동 변화와 그 특성 - 4가지 측면을 중심으로", 『한국시민사회운동 15년사, 1987-2002』, 시민의 신문, 2005.

______, "장외(場外)정치, 운동정치와 '정치의 경계 허물기' - 비합법전위조직, 재야운동, 낙선운동, 광주꼬뮨". 신정완 · 조희연 외, 2006, 『우리안의 보편성』, 한울, 2006a.

______, "'87년체제'와 민주개혁운동의 전환적 위기 - 그 원인과 대안의 탐색", 《시민과세계》 제8호, 2006, 참여연대 참여사회연구소, 2006b.

______, 『박정희와 개발독재시대』, 역사비평사, 2007a.
______, "한국 '민주정부'의 위기에 대한 연구", 조희연 · 박은홍 편, 『동아시아와 한국』, 선인, 2007b.
______, "'신보수 정권' 시대의 대안적 프레임을 위한 시론–'생태평화 사회(적) 민주주의'론", 정건화 외, 《한국 사회의 쟁점과 전망–신자유주의 극복을 위한 새로운 패러다임 모색》, 박영률출판사, 2007c.
______, "'지적'의 올바름과 '진단'의 오류", 《레디앙》 1월 25일, 2007d.
______, "'제도정치 중심주의' 대 '사회중심주의'", 《레디앙》 1월 25일, 2007e.
______, "'신보수', 진보세력에게 좋은 조건인가?", 《레디앙》 2월 5일, 2007f.
______, "'정치 개혁' 넘어 '사회경제적 개혁' 향해", 《한겨레신문》 2월 12일, 2007g.
______, "반수구, 반신보수, 반신자유주의", 《레디앙》 2월 13일, 2007h.
______, "'민주화 이후 민주주의'의 복합적 갈등과 위기에 대한 새로운 접근을 위하여 – 총론적 프레임", 《동향과전망》 2007년 봄호(통권 69호), 한국 사회과학연구회, 2007i.
______, "'신자유주의 지구화 시대의 정치'와 신보수정권", 《계간 동향과 전망》 72호, 2008년 봄호, 2008a.
______, "신자유주의적 불평등/신보수정권 시대의 '복합적 반신자유주의 정치'", 《진보평론》 35호, 2008년 여름호, 2008b.
______, "'다층적인 탈독점화 과정'으로서의 민주화와 그 아시아적 유형': 민주화 이후 민주주의'의 복합적 갈등과 위기에 대한 비교정치사회학적 유형화를 위한 기초 논의", 조희연 편, 『복합적 갈등 속의 아시아 민주주의 – '정치적 독점'의 변형연구』, 한울, 2008c.
______, "서구 – 과거와 같고도 다른 '한국형 신보수 정권'", 한겨레신문, 3월 7일, 2008d.
______, "'신보수정권' 앞에서, '급진민주주의'의 관점에서 본 광주 5 · 18", 조희연 · 정호기 편, 『5 · 18민중항쟁에 대한 새로운 성찰적 시선』, 한울아카데미, 2008e.
______, "'헤게모니 균열'의 문제설정에서 본 현대한국 정치변동의 재해석", 《맑스주의 연구》 제5권 제1호 (통권 제9호), 경상대학교 사회과학원, 2008f.
______, "'87년체제' '97년체제'와 민주개혁운동의 전환적 위기", 김종엽 편,

『87년체제론』, 창작과비평사, 2009a.

______, '급진 민주주의론의 개념적 · 이론적 기초에 대한 시론', 성공회대 민주주의연구소 급진민주주의연구모임, 2009, 『민주주의의 외부와 급진민주주의 전략』, 성공회대 급진민주주의 세미나 창간준비 1호, 2009b.

______, "1987년 이후 한국에서의 민주화와 사회경제적 불평등의 정치사회적 동학", 조희연 · 김동춘 · 오유석 편, 2009, 『한국 민주화와 사회경제적 불평등의 동학–'사회경제적 독점'의 변형연구』, 한울, 2009c.

______, "'민주화 이후 민주주의'와 경제적 · 사회적 독점 변형적 재편–신자유주의적 지구화 속에서 진 민주화의 사회경제적 성격", 조희연 · 박은홍 · 이홍균 편, 2009, 『아시아 민주화와 사회경제적 불평등의 동학 – '사회경제적 독점'의 변형연구』, 한울, 2009d.

______, "'내전(內戰)형 개발파시즘'으로서의 남한 파시즘과 민주주의", 《문화과학》 58호, 문화과학사, 2009e.

______, "97년체제의 '이중성'과 08년체제하에서의 '헤게모니적 전략'에 대한 고민 – "허수아비를 만들어 부수는" 것이 아니라 성찰해야 하는 쟁점들을 만들고자", 서강대 사회과학연구소 주최 토론회('한국 사회체제론'을 다시 생각한다), 서강대 다산관, 11월 13일, 2009f.

______, "'87년체제', '97년체제'와 민주개혁운동의 전환적 위기", 김종엽 편, 『87년체제론: 민주화 이후 한국 사회의 인식과 새 전망』, 창비, 2009g.

______, 『동원된 근대화』, 후마니타스, 2010a.

______, "'한국 사회체제논쟁' 재론: 97년체제의 '이중성'과 08년체제하에서의 '헤게모니적 전략'에 대한 고민", 《민주사회와 정책연구》17호, 상반기, 2010b.

______, "국민 정치 · 대중 정치와의 상호작용 속에서 본 진보 정치", 《동향과 전망》통권 80호, 동향과 전망, 2010c.

______, "급진민주주의론의 정립을 위한 한 탐색–자본주의를 넘어서는 '민주주의의 급진화' 경로에 대한 연구", 《맑스주의연구》 제7권 제3호(통권 제19호), 경상대학교 사회과학원, 2010d.

______, "'외재하는 적'에서 '내재하는 적'과의 각축으로–한국 민주주의의 구성적 각축과정에 대한 일 연구", 《경제와 사회》 제86호, 비판사회학

회, 2010e.

______, “한국적 ‘급진민주주의론’의 개념적 · 이론적 재구축을 위한 일 연구: 자본주의와 사회적 차별질서를 넘어서는 ‘민주주의적 변혁주의’ 탐색”, 《급진민주주의리뷰 데모스 No.1: 민주주의의 급진화》, 급진민주주의연구모임 엮음, 도서출판 데모스, 2011a.

______, “지배, 정치, 헤게모니, 저항 그리고 ‘급진적 정치주의’: 급진 민주주의의 인간론·사회론적 기초에 대한 시론”, 《급진민주주의리뷰 데모스 No.1: 민주주의의 급진화》, 급진민주주의연구모임 엮음, 도서출판 데모스, 2011b.

______, “‘탈독점론적 민주주의’ 지표에 대한 이론적·개념적 논의와 그 구성”, 《동향과전망》 2012년 가을 · 겨울 호(통권 86호), 한국 사회과학연구소, 2012a.

______, 『민주주의 좌파, 철수와 원순을 논하다』, 한울(아카데미), 2012b.

______, “대선 이후의 진보정치의 혁신 과제”, 《진보평론》 55호, 진보평론, 2013.

______, 『국가폭력 · 민주주의투쟁 · 역사적 희생』, 나눔의 집, 2002.

______, 『한국 사회의 정치사회적 지배담론과 민주주의동학』, 함께읽는책, 2003.

______, 『복합적 갈등 속의 아시아 민주주의–‘정치적 독점’의 변형을 중심으로』, 한울, 2008.

조희연 · 김동춘 외, 『NGO란 무엇인가–성공회대 NGO총서 1, 아르케, 2000.

조희연 · 김동춘 편, 『복합적 갈등 속의 한국 민주주의–‘정치적 독점’의 변형을 중심으로』, 한울, 2008.

조희연 · 김동춘 · 오유석 편, 『한국 민주화와 사회경제적 불평등의 동학–‘사회경제적 독점’의 변형연구』, 한울, 2009.

조희연 · 김동춘 · 유철규, “‘민주화 이후 민주주의’의 복합적 갈등과 위기에 대한 새로운 접근”, 조희연 · 김동춘 편, 『복합적 갈등 속의 한국 민주주의 – ‘정치적 독점’의 변형연구』, 한울, 2008.

조희연 · 박은홍 · 이홍균 편, 『아시아 민주화와 사회경제적 불평등의 동학–‘사회경제적 독점’의 변형연구』, 한울, 2009.

조희연 · 서영표, “체제논쟁과 헤게모니전략–손호철의 97년 체제론에 대한 비판적 개입”, 《마르크스주의 연구》 15호, 6권 3호, 2009년 가을호,

2009.
조희연 · 이창언, "대안정치성의 접합경쟁, 안철수 현상, 이정희 효과: 진보적 관점에서 본 2012년 한국대선 평가와 그 비판적 함의", 《경제와 사회》 97호, 비판사회학회, 2013.
조희연 · 조현연, "국가폭력 · 민주주의투쟁 · 희생에 대한 총론적 이해", 조희연 편, 『국가폭력 · 민주주의투쟁 · 역사적 희생』, 나눔의 집, 2002.
조희연 · 장훈교, "'민주주의의 외부'와 급진민주주의 전략: '민주주의의 사회화'를 위한 새로운 연대성의 정치학을 향하여", 《경제와사회》 통권 제82호, 비판사회학회, 2009.
조희연 · 서영표, "체제논쟁과 헤게모니전략-손호철의 97년체제론에 대한 비판적 개입", 《맑스주의 연구》 15호, 6권 3호, 2009년 가을호, 2009.
조희연 · 홍일표 · 김정훈, 『정부 · 기업 정책형성과정에서 NGO의 역할: 참여연대 경제민주화운동 사례를 중심으로』, 한국행정연구원, 2003.
전남사회운동협의회 편 · 황석영 기록, 『죽음을 넘어 시대의 어둠을 넘어』, 풀빛, 1985.
정종권, "시민운동에 대한 비판적 평가", 유팔무 · 김정훈 편, 『시민사회와 시민운동(2)』, 한울, 2001.
제민일보 4.3취재반, 『4 · 3을 말한다』, 제민일보사, 1994-8.
제주 4 · 3사건 진상규명 및 희생자 명예회복위원회, 『제주 4 · 3사건 진상조사 보고서』, 2003.
주섭일, 『프랑스의 대숙청-드골의 나치협력 반역자 처단 진상』, 중심, 1999.
진태원, "최장집과 에티엔 발리바르- 민주주의의 민주화의 두 방향", 〈민족문화연구〉 56호,고려대 민족문화연구원, 2012.
최　웅, "재야세력의 민주화운동", 조진경 외, 『한국 사회의 성격과 운동』, 공동체, 1987.
최　원, "유연화는 민주당 헤게모니로의 종속", 〈레디앙〉 10월 5일, 2009a.
______, "08체제 강조는 '결국 비지론' 의심", 〈레디앙〉 10월 27일, 2009b.
______, "김대중-노무현, 민주주의를 공격했다", 〈레디앙〉 10월 28일, 2009c.
최장집, "군부권위주의체제의 내부 모순과 변화의 동학, 1972-1986", 『한국현대정치의 구조와 변화』, 까치, 1989.
______, "한국정치균열의 구조와 전개", 『한국 민주주의의 이론』, 한길사, 1993.

______, 『한국 민주주의의 조건과 전망』, 한길사, 1996.
______, 『민주화 이후의 민주주의: 한국 민주주의의 보수적 기원과 위기』, 후마니타스, 2005.
______, "위기의 노동, 위기의 민주주의", 최장집 편, 『위기의 노동 – 한국 민주주의의 취약한 사회경제적 기반』, 후마니타스, 2005.
______, 『민주주의의 민주화: 한국 민주주의의 변형과 헤게모니』, 후마니타스, 2006.
______, "한국 민주주의의 회고와 전망". '4 · 19 50주년, 광주항쟁 30주년 기념 한겨레신문–성공회대 민주주의 연구소 공동주관 대토론회', 대한성공회 대성당, 4월 14일, 2010.
최정기, "한국의 정치변동과 사법적 처벌의 변화", 조희연 편, 『국가폭력 · 민주주의투쟁 · 역사적 희생』, 나눔의 집, 2002.
______, "광주민중항쟁과 한국의 사회변동: 광주민주항쟁의 사건사적 및 그 영향을 중심으로", 한국정치사회학회 · 한국정치연구회 · 경향신문 주최 '광주항쟁 30주년 기념 심포지움', 고려대 국제회의실, 5월 13일, 2010.
최정운, 『오월의 사회과학』, 풀빛, 1999.
______, "절대공동체의 형성과 해체", 광주광역시 5 · 18 사료편찬위원회, 2001, 『5 · 18민중항쟁사』, 광주광역시 5 · 18 사료편찬위원회, 2001.
최진섭, "한민통과 한민전", 《말》 2월호, 1991.
하만조, "공동체 운동 주체의 참여과정과 생태사회화", 성공회대 사회학과 석사학위논문, 2008.
한국기독교 교회협의회 인권위원회, 『1970년대 민주화운동』 전 5권, 동광출판사, 1987.
한국기독교사회문제연구원, 『1970년대 민주화운동과 기독교』, 한국기독교사회문제연구원, 1983.
한국기독교교회협의회, 『암흑속의 횃불–7, 80년대 민주화 운동의 증언 1–4권』, 기쁨과 희망 사목연구소, 1997.
한국기독교교회협의회 인권위원회, 『1970년대 민주화운동–기독교 인권운동을 중심으로(I)』, 한국기독교교회협의회, 1986.
______, 『1970년대 민주화운동(II)–기독교인권운동을 중심으로』, 한국기독교교회협의, 1987.

한국노동연구원, 『2011 KLI 노동통계』, 한국노동연구원, 2011.
한국전쟁 전후 민간인학살 진상규명 범국민위원회 편, 『전쟁과 집단학살』, 2002.
한국정신대연구회 편, 『한일간의 미청산과제』, 아세아문화사, 1997.
한국정치학회 편, 『한국현대정치사』, 법문사, 1995.
한국역사연구회 현대사연구반, 『한국현대사(3): 1960 · 70년대 한국 사회와 변혁운동』, 풀빛.
한국현대사사료연구소 편, 『광주5월민중항쟁』, 풀빛.
한상진 편, 『맑스주의와 민주주의』, 사회문화연구소, 1991.
한승헌, 『유신체제와 민주화운동』, 삼민사, 1985.
한홍구, 『대한민국』, 한겨레신문사, 2003.
한성훈, "'사찰' 국가의 인권침해와 시민사회의 식민화", 2012년 비판사회학회 춘계학술대회, 5월 17일, 이화여대 포스코관, 2012.
황규성, "격차 재생산 구조화의 사회적 성격", 2012년 비판사회학회 춘계학술대회, 5월 17일, 이화여대 포스코관, 2012.
황병주, "박정희체제의 지배담론과 대중의 국민화." 임지현 · 김용우 편, 2004, 『대중독재: 강제와 동의의 사이에서』, 책세상, 2004.
황윤옥, "공동육아운동 제도화경로와 탄력적 제도화", 성공회대학교 NGO대학원 석사학위논문, 2007.
호광석, 『한국의 정당정치: 제1공화국에서 제5공화국까지 체계론적 분석』, 들녘, 2005.
홍일표, "이제 다시 위태로운 모험의 기로에 선 한국시민운동", 유팔무 · 김정훈 편, 『시민사회와 시민운동(2)』, 한울, 2001.
홍석률, "4월혁명과 이승만 정권의 붕괴 과정: 민주항쟁과 민주당, 미국, 한국군의 대응을 중심으로", 고려대 주최 '4월혁명 50주년 기념학술대회'. 고려대 백주년 기념삼성관, 4월 17일, 2010.
홍성우, "3 · 1민주구국선언사건", 『현대한국을 뒤흔든 60대사건-해방에서 제5공화국까지』, 《신동아》 1월호 별책, 동아일보사, 1988.
홍성태 편, 『개발공사와 토건국가』, 한울아카데미, 2005.
허성우, "한국 민주주의 20년, 개혁주의 젠더정치학의 성과와 한계", 6월 민주항쟁 20주년 기념 학술대토론회, 6월 5일, 프레스센터 국제회의장, 2007.

______, “포스트 발전국가론과 여성주의적 개입”, 《한국여성학》 27(1), 2011.
허인, “1998년 이후 정부의 공공부문 노동통제와 노동조합의 대응 전략에 관한 연구 : 민주노총 공공연맹의 활동을 중심으로”, 성공회대 NGO대학원 석사학위논문, 2008.

2. 번역 문헌

그람시, 안토니오. 이상훈 옮김, 『그람시의 옥중수고(I): 정치편』, 거름, 1999a.
______, 『그람시의 옥중수고(II): 철학 · 역사 · 문화편』, 거름, 1999b.
네그리, 안토니오 · 하트, 마이클. 윤수종 옮김, 『제국』, 이학사, 2001.
______, 조정환 · 정남영 · 서창현 옮김, 『다중』, 세종서적, 2008.
달, 로버트, 조기제 옮김, 『민주주의와 그 비판자들』, 문학과 지성사, 1999.
달턴, 러셀. J. 『새로운 사회운동의 도전』, 한울, 1996.
달톤, R. J., 퀼러, M. 편, 박형신 외 역, 『새로운 사회운동의 도전』, 한울아카데미, 1998.
데사이, 메그나드 · 사이드, 야이하. “반자본주의 운동”, 헬무트 안하이어 외 지음, 조효제 옮김, 『지구시민사회: 개념과 현실』, 아르케, 2004.
라클라우, 에르네스토 · 무페, 샹탈. 김성기 외 옮김, 『사회변혁과 헤게모니』, 터, 1990.
랑시에르, 자크. 양창렬 옮김, 『정치적인 것의 가장자리에서』, 도서출판 길, 2008.
______. “민주주의에 맞서는 민주주의‘들’”, 아감벤 외, 김상운 외 옮김, 『민주주의는 죽었는가?: 새로운 논쟁을 위하여』, 도서출판 난장, 2010.
루시마이어, D. 박명림 옮김, 『자본주의 발전과 민주주의』, 나남, 1997.
리피에츠, 알랭. 박지현 · 허남혁, 『녹색 희망–아직도 생태주의자가 되길 주저하는 좌파 친구들에게』, 이후, 2002.
레닌, V. I. 강철민 옮김, 『국가와 혁명』, 새날 1991.
미헬스, 로베르토. 김학이 옮김, 『정당사회학–근대 민주주의의 과두적 경향에 관한 연구』, 한길사, 2003.
밀리반트, 랄프. 김영희 외 옮김, “공산주의 정권의 위기에 관한 성찰”, 『몰락 이후』, 창작과 비평사, 1994.
무어, 베링턴, 『독재와 민주주의의 사회적 기원』, 까치, 1985.

무페, 샹탈 편, 장상철 외 역, 『그람시와 맑스주의이론』, 녹두, 1992.
______, 이행 옮김, 『민주주의의 역설』, 인간사랑, 2006.
미헬즈, 로베르토. 김학이 옮김, 『정당사회학-근대 민주주의의 과두적 경향에 관한 연구』, 한길사, 2003.
바디우, 알랭. 현성환 옮김, 『사도바울: '제국'에 맞서는 보편주의 윤리를 찾아서』, 새물결, 2008.
바칸, 조엘. 윤태경 옮김, 『기업의 경제학: 세상을 지배하는 절대권력의 진실』, 황금사자, 2010.
보비오, 노베르토, "마르크스주의 국가이론은 존재하는가", 구갑우 · 김영순 편, 『마르크스주의 국가 이론 은 존재 하는가: 보비오 논쟁』, 의암출판사, 1992.
브라운, 웬디, "오늘날 우리는 모두 민주주의자이다…", 아감벤 외, 김상운 외 옮김, 『민주주의는 죽었는가?: 새로운 논쟁을 위하여』, 도서출판 난장, 2010.
사쑨, A. S. 최우길 옮김, 『그람시와 혁명전략』, 녹두, 1984.
샤츠슈나이더, E. E. 현재호 · 박수형 옮김. 『절반의 인민주권』, 후마니타스, 2008.
스콧, 알랜. 이복수 옮김, 『이데올로기와 신사회운동』, 한울, 1994.
슘페터, J. 이상구 옮김, 『자본주의 · 사회주의 · 민주주의』, 을유문화사, 1982.
아감벤, 조르조, 『호모 사케르: 주권권력과 벌거벗은 생명』, 새물결, 2008.
아감벤 외. 김상운 외 옮김, 『민주주의는 죽었는가? 새로운 논쟁을 위하여』, 도서출판 난장, 2010.
앤더슨, 페리 · 보그, 칼. 김현우 · 신진욱 · 허준석 편역, 『안토니오 그람시의 단층들』, 갈무리, 1995.
앤더슨, 베네딕트. 윤형숙 옮김, 『상상의 공동체』: 민족주의의 기원과 전파에 대한 성찰, 나남, 2002.
오페, 클라우스, "새로운 사회운동: 제도정치의 경계에 대한 도전", 이병천 · 박형준 편저, 1993, 『후기자본주의와 사회운동의 전망: 마르크주의의 위기와 포스트맑스주의 III』, 의암출판사, 1993.
오도넬, G. 한상진 옮김, 『제3세계 정치체제와 관료적 권위주의』, 한울, 1990.
우드, E. M. 손호철 옮김, 『계급으로부터의 후퇴』, 창비, 1993.
울리히 벡. 홍성태 옮김, 『위험사회-새로운 근대(성)을 향하여』, 새물결,

1996.
_______. 문순홍 옮김, 『정치의 재발견』, 거름, 1998.
잉글하트, 로날드. 정성호 옮김, 『조용한 혁명』, 종로서적, 1983.
제솝, 밥. 이양구 외 옮김. 『자본주의와 국가』. 돌베개, 1985.
_______. 유범상 · 김문귀 옮김,『전략관계적 국가이론』, 한울, 2000.
젠시티, G. 외, 박동진 옮김, 『그람쉬, 어떻게 읽을 것인가?』, 백두, 1992.
지젝, 슬로보예. 한보희 옮김, 『전체주의가 어쨌다구?』, 새물결, 2008.
카터, 에이프릴. 조효제 옮김, 『직접행동: 21세기 민주주의, 거인과 싸우다』, 교양인, 2007.
커밍스, 브루스, "유실된 개방: 남미의 경험에 비추어 본 한국", 임현진 · 송호근 편, 『전환의 정치, 전환의 한국 사회』, 나남, 1995.
조치 카치아피카스, "역사 속의 광주항쟁", 《민주주의와 인권》 2(2), 전남대학교 5 · 18연구소, 2002.
캘리니코스, 알렉스. 정성진 · 정진상 옮김, 『반자본주의 선언』, 책갈피, 2003.
캐비어, 자빈. 이철규 옮김, 『안토니오 그람시의 시민사회』, 백의, 1994.
토크빌, 알렉시스 드. 임효선 · 박지동 옮김, 『미국의 민주주의 1』, 한길사, 2002.
______. 임효선 · 박지동 옮김, 『미국의 민주주의 2』, 한길사, 2002.
틸리, C. 진덕규 옮김, 『동원에서 혁명으로』, 학문과 사상사, 1995.
페트라스, J, H. 벨트마이어. 원영수 옮김, 『세계화의 가면을 벗겨라: 21세기 제국주의』, 메이데이, 2008.
폰투손, 요나스, "그람시와 유로코뮤니즘-계급지배와 사회주의로의 이행개념에 대한 비교연구", 페리 앤더슨 외, 김현우 외 옮김, 『안토니오 그람시의 단층들』, 갈무리, 1995.
풀란차스, N. 박병영 옮김, 『국가 · 권력 · 사회주의』. 백의, 1994.
하버마스, 위르겐, "오늘날 사회주의란 무엇인가?: 만회의 혁명과 좌파노선 수정의 필요", 김영희 외 옮김, 『몰락 이후』, 창작과 비평사, 1994.
______. 『의사소통행위이론2-기능주의적 이성비판을 위하여』, 장춘익 옮김, 나남, 2006.
하비, 데이비, 『최병두 옮김, 신자유주의-간략한 역사』, 한울아카데미, 2007.
홀, 스튜어트. 임영호 옮김, 『대처리즘의 문화정치』, 한나래, 2007.
헬드, 데이비드. 박찬표 옮김, 『민주주의의 모델들』, 후마니타스, 2010.

헬드, 데이비드 외, 조효제 옮김, 『전지구적 변환』, 창비, 1999.

3. 외국 문헌

Aabedi, Amir, *Anti-Political Establishment Parties: A comparative analysis*, Londong: Routledge, 2004.

Beck, U. *Power in the Global Age*. Cambridge: Polity, 2005.

Birchfield, Vicki and Annette Freyberg-Inan. "Organic intellectuals and conter-hegemonic politics in the age of globalisation: the case of ATTAC", edited by Catherine Eschle and Bice Maiguashca, *Critical Theories, International Relations and 'the Anti-Globlaisation Movement': The Politics of Global Resistance,* London: Routledge, 2005.

Boggs, Carl. *Social Movements and Political Power: Emerging forms of Radicalism in the West*. Philadelphia: Temple Univ Press, 1984.

Buci-Glucksmann, Christine, *Gramsci and the State*, trans. by D. Fernbach, London: Lawrence and Wishart, 1980.

Buechler, S.M. "New Social Movements Theories", Buechler, Steven M., F.K. Cylke eds., 1997, *Social Movements: Perspectices and Issues, Mountain View*, CA: Mayfield Publishing Company, 1997.

Carroll, William K., *Organizing Dissent: Contemporary Social Movements in Theory and Practice*, Canada: Garamond Press, 1992.

Cho, Hee-Yeon. "The Structure of the South Korean Developmental Regime and Its Transformation", *Inter-Asia Cultural Studies* Vol. 1 No.3. Dec, 2000.

______, "Political Sociology of Kwagŏch'ŏngsan in South Korea", *The Review of Korean Studies* Vol. 6, No. 1. June, 2003.

______, "The Democratic Reform, Social Movements and NGOs". in Cho, Hee-Yeon, Lawrence Surendra and Eun-hong Park eds., *States of Democracy: Oligarchic Democracies and Asian Democration*, Chinnai: Earthworm Books, 2008.

Cho, Hee-Yeon and Eun Mee Kim. "State Autonomy and its social Condition for Economic Development in South Korea and Taiwan', in Eun Mee Kim ed., *The Four Asian Tigers: Economic Deveolopment and the Global Political Economy*, San Diego: Academic Press, 1998.

Cho, Hee-Yeon and Jessop, Bob. "The Listian warfare state power in Korean Developmental mobilization regime in the East Asian anticommunist regimented society: a study on the characteristics of the state and accumulation regime in South Korea and Taiwan", paper presented at 'In search of East Asian Modes of Developement: Regulationist Approaches', Tunghai University, Taichung, 19-20 April, 2001.

Cohen, Jean L. and Andrew Arato, *Civil Society and Political Theory,* Cambridge, MA: The MIT Press, 1992.

Cumings, Bruce, 1989, "Abortive Abertura: South Korea in the Light of Latin American Experience", NLR 173, January/February.

Davies, C. "Toward A Theory of Revolution", *American Sociological Review*, 27(1), 1962.

Diamond, Larry. *Developing Democracy: Toward Consolidation*, Baltimore: The Johns Hopkins Univ. Press, 1999.

Friedman, Milton and Rose Friedman. *Free to Choose*, Harmondsworth: Penguin, 1980.

Friedrich, C.J. and Zbigniew Brzezinski. *Totalitarian Dictatorship and Autocracy*, NY: Praeger, 1956.

Fogel, Robert W. and Stanley L. Engerman, *Time on the Cross: Evidence and methods, Little, Brown*, 1974.

Fontana, Benetto, *Hegemony and Power: on the relation between Gramsci and Machiavelli*, Minneapolis: Univ of Minnesota Press, 1993.

Gamson, W.A. "Constructing Social Protest".Buechler, Steven M., F.K. Cylke eds., 1997, *Social Movements: Perspectices and Issues, Mountain View*, CA: Mayfield Publishing Company, 1997.

Garner, Oberta, *Social Movement Theory and Research: An Annotated Bibliographical Guide*, Pasadena, CA, Salem Press, 1997.

Giddens, A. *The Nation-State and Violence*, Cambridge: Polity, 1985.

Gills, Barry, Joel Rocamora. "Low intensity democracy". *Third World*

Quarterly 13(3), 1992.

Gurr, Tedd. *Why Men Rebel?*, Princeton, NJ: Princeton Univ. Press, 1970.

Gramsci, Antinio, trans by Quintin Hoare, *Selections from the Prison Notebooks*, New York: International Publishers, 1971.

Hardt, Michael and A. Negri. "Adverntures of the Multitude: Response of the Authors", *Rethinking Marxism*, Vol. 13, No. 34, Fall/Winter, 2001.

Harris, David, *From Class Struggle to the Politics of Pleasure: The Effects of Gramscianism on Cultural Studies*, London: Routledge, 1992.

Held, David, *Democracy and the Global Order: From the Modern State to Cosmopolitan Governance*, Cambridge: Polity, 1995.

Held, David and Anthony McGrew. *Globalization/Anti-Globalization*, London: Polity Press, 2002.

Hirsch, Herbert. *Genocide and the Politics of Memory-Studying Death to Preserve Life*, Chapel Hill: The University of North Carolina Press, 1995.

Howarth, D. and Y. Stavrakis. "Introducing discourse theory and political analysis". Howarth, D, A. J. Norval and Y. Stavrakis (ed.), *Discourse theory and political analysis: identities, hegemonies and social change*, Manchester: Manchester Univ. Press, 2000.

Howarth, David R. and Jabob Torfing eds. *Discourse Theory in European Politics*. NY: Palgrave Macmillan, 2005.

Hunt, Alan. "Rights and Social Movements: Counter-Hegemonic Strategies", *Journal of Law and Society* 17(3), Autumn, 1990.

Huntington, Samuel. *The Third Wave: Democratization in the Late Twentieth Century*, Norman: Univ. of Oklahoma Press, 1991.

Jessop, Bob. *State Theory: Putting Capitalist States in their Place*, Pennsylvania: The Pennsylvania State University Press, 1990.

Katsiaficas, Georgy. "Neoliberalism and the Gwangju Uprising", 7 July. *Seungyeonkwan Seminar Rm*, Sungkonghoe Univ., 2006.

Keane, John, *Democracy and Civil Society*, London: Verso, 1988.

Korea Journal, Vol. 42, No. 3, *Special Issue: The Issue of Settling the Past in the Modern Korean History*, 2002.

Kubik, Jan, "Institutionalization of Protest During Democratic Consolidation". D.S. Meyer and S. Tarrow. eds., *The Social Movement Society*, Lathan: Rowman and Littlefield Publishers, Inc., 1998.

Laclau, E. "Populism : what's in a name?", *Francisco Panizza ed. Populism and the Mirror of Democracy*, London: Verso, 2005.

Lapsley, Michael. "Confronting the Past and the Creating the Future: The Redemptive Value of Truth Telling". *Social Research*, Vol. 65. No. 4. Winter, 1998.

Lester, Jeremy. *Dialogue of Negation: Debates on Hegemony in Russia and the West*, Pluto, 2000.

Linz, Juan J. Transitions to Democracy, *Washington Quartely*, No.13, 1990.

Mainwaring, S., G. O'Donnell, and J. S. Valenzuela(eds.), *Issues in Democratic Consolidation: The New South American Democracies in Comparative Perspective*, Notre Dame: Notre Dame Press, 1992.

McAdam Doug. "The Political Process Model" Buechler, Steven M., F.K. Cylke eds. *Social Movements: Perspectices and Issues, Mountain View*, CA: Mayfield Publishing Company, 1997.

McCarthy, J.D. and M.N. Zald. "Resource Mobilization and Social Movements: A Partical Theory". Buechler, Steven M., F.K. Cylke eds., 1997, Social Movements: Perspectices and Issues, *Mountain View*, CA: Mayfield Publishing Company, 1997.

Meyer, D.S. and S. Tarrow. "A Movement Society: Contentious Politics for New Century". D.S. Meyer and S. Tarrow. eds., *The Social Movement Society*, Lathan: Rowman and Littlefield Publishers, Inc, 1998.

Motti, Tahi, "The Analysis of Countermovements". Buechler, Steven M., F.K. Cylke eds., 1997, *Social Movements: Perspectices and Issues, Mountain View*, CA: Mayfield Publishing Company, 1997.

Murphy, Viren. "The Democratic Potential of Confucian Minben Thought", *Asian Philosphy*, 10(1), 2000.

O'Donnell, Guillermo and Philippe C. Schmitter. *Transitions from*

Authoritarian Rule: Tentative Conclusions about Unvertain Democracies. Baltimore: The Johns Hopkins Univ. Press, 1986.

Panizza, Francisco. "Introduction", Francisco Panizza ed., *Populism and the Mirror of Democracy*, London: Verso, 2005.

Plotke, D. "What's So New About New Social Movements?", *Socialist Review*, Vol.20, No.1(Jan–Mar), 1990.

Przeworski, Adam, *Democracy and the Market: Political and Economic Reforms in Eastern Europe and Latin America*, Cambridge: Cambridge Uni. Press, 1991.

Przewoski, Adam and John Sprague, *Paper Stones: A History of Electoral Socialism*, Chicago: The Univ. of Chicago Press, 1986.

Ray, Larry, *Rethinking Critical Theory: Emancipation in the age of global social movements*, London: Sage, 1993.

Robinson, William I., *Promoting Polyarchy*, Cambridge: Cambridge University Press, 1996.

Snow, David, E.B. Rochford, S.K. Worden and R.D. Benford,"Frame Alignment Processes, Micromobilization, and Movement Participation". Buechler, Steven M., F.K. Cylke eds., 1997. *Social Movements: Perspectices and Issues, Mountain View*, CA: Mayfield Publishing Company, 1997.

Stohl, Michael and George A. Lopez eds., *The State as Terrorist: The Dynamics of Governmental Violence and Repression*, Greenwood Press: Conneticut, 1994.

Tarrow, Sidney, *Power in Movement: Social Movements and Contentious Politics,* Cambridge: Cambridge Univ Press, 1998.

Therborn, Goran, *State Apparatuses and. State Power Under Feudalism, Capitalism and Socialism,* London: NLB, 1978.

Torfing, Jacob, *New Theories of Discourse: Laclau, Mouffe and Zizek,* London: Blackwell, 1999.

Townsend, Jules. "Discourse Theory and Political Analysis: a New Paradigm from the Essex School?", *British Journal of Politics and International Relations* 5(1), 2003.

Young, *Iris Marion, Inclusion and Democracy*, NY: Oxford Univ Press,

2000.

Waterman, Peter, "The Global Justice and Solidarity Movement", Jai Sen et. al. eds., *Challenging Empires: World Social Forum*, New Delhi: The Viveka Foundation, 2004.

찾아보기

용어

ㄴ

ㄷ

ㅂ

ㅅ

ㅇ

ㅈ

ㅊ

ㅌ

ㅍ

ㅎ

인명

ㄱ

ㄴ

ㄷ

ㄹ

ㅁ

ㅂ

ㅅ

ㅇ

ㅈ

ㅊ

ㅋ

ㅌ

ㅍ

ㅎ